INDICS 工业互联网平台系列培训教程

云端应用工作室应用教程

林林　编著

郭立　刘鹏　王旭亮 等　参编

科学出版社

北京

内 容 简 介

云端应用工作室是 INDICS 平台"一脑一舱两室两站一淘金"系统级工业应用之一，为企业提供智能制造、协同制造、云制造所需的云端产品数据管理、云资源计划协同、云制造执行等云制造核心应用功能。

本书从工业互联网入手，介绍 INDICS 工业互联网平台结合基于云平台的智能工厂理论描述云端应用工作室涉及的技术框架、业务模型、目标用户、产品定位和功能，并循序渐进介绍云端应用工作室的应用方法，在本书结尾分享四个应用案例供各位读者参考。

本书主要面向产品研究机构、生产制造企业从业者，包括工业互联网研究人员、智能制造研究人员、企业的高层管理者、部门管理人员、产品设计人员、工艺设计人员、销售人员、采购人员、计划人员、车间操作人员等。通过阅读本书，企业的研发人员将了解在云端应用工作室上完成研发设计、生产制造等协同管理业务的过程，并能够快速实践。

图书在版编目（CIP）数据

云端应用工作室应用教程 / 林林编著. —北京：科学出版社，2020.11
（INDICS 工业互联网平台系列培训教程）
ISBN 978-7-03-064249-3

Ⅰ. ①云…　Ⅱ. ①林…　Ⅲ. ①互联网络－应用－制造工业－应用软件－技术培训－教材　Ⅳ. ①F407.4-39

中国版本图书馆 CIP 数据核字（2020）第 017824 号

责任编辑：刘　博　霍明亮 / 责任校对：郭瑞芝

责任印制：张　伟 / 封面设计：迷底书装

科学出版社出版
北京东黄城根北街 16 号
邮政编码：100717
http://www.sciencep.com

北京凌奇印刷有限责任公司印刷
科学出版社发行　各地新华书店经销
*
2020 年 11 月第 一 版　开本：720×1000　1/16
2020 年 12 月第二次印刷　印张：17 1/4
字数：380 000

定价：98.00 元

（如有印装质量问题，我社负责调换）

“INDICS 工业互联网平台系列培训教程”

编委会

赋能工业企业　智享云端资源

——“INDICS 工业互联网平台系列培训教程”序

习近平总书记在党的十九大报告中指出，要“加快建设制造强国，加快发展先进制造业，推动互联网、大数据、人工智能和实体经济深度融合。”①

2019 年的政府工作报告中明确提出，要“打造工业互联网平台，拓展‘智能+’，为制造业转型升级赋能”。

工业互联网理念于 2012 年由美国 GE 公司提出后，其内涵持续不断发展，目前我们对其解读为：基于泛在互联网，借助制造科学技术、人工智能技术、信息通信科学技术及制造应用领域专业技术 4 类技术深度融合，将制造全系统及其全生命周期活动中的人、产品、资源、数据、能力、智能认知/分析/决策/执行系统等智能地连接在一起，构成人、信息空间与物理空间集成、融合的智能互联制造系统，促进制造全生命周期活动中制造模式、手段、业态的创新，从而大大提高制造业的创新制造能力和服务能力，进而实现制造业的再革命。

近年来的实践表明，工业互联网作为新一代互联网、大数据、人工智能技术与制造业深度融合的产物，已日益成为新工业革命的关键支撑，对未来工业发展正产生着全方位、深层次、革命性影响。当前，工业互联网的实践正从其局部突破的初级阶段发展到垂直深耕、跨行业、跨领域体系/全局实践的阶段，随着发展日益深化，工业互联网赋能工业未来的蓝图正在徐徐展开。

2015 年以来，中国航天科工集团航天云网公司积极响应国家制造强国发展战略，并结合航天科工集团数字化转型升级发展的内生需求，整合了航天科工集团在智能制造与仿真、网络安全与自主可控、军民产业链融通等方面的优势，基于先进云制造理论与技术体系，打造了世界首批、我国首个工业互联网平台——INDICS(industrial internet cloud space)平台，并坚持以“信息互通、资源共享、能力协同、开放合作、互利共赢”为核心发展理念，按照“重战略、双驱动，重研发、强核心，重特色、创口碑，重扎根、接地气，重协同、不烧钱”的总体原则，致力于在工业互联网领域为客户提供有竞争力的、安全可信赖的产品、解决方案与服务，先后面向全球发布了实现工业互联网的 INDICS 平台及云制造支持系统(cloud manufacturing support system，CMSS)——“一脑一舱两室两站一淘金”(企业大脑、

① 《人民日报》，2017 年 10 月 19 日。

企业驾驶舱、云端业务工作室、云端应用工作室、企业上云服务站、中小企业服务站、数据淘金）系统级工业应用产品，进而构建了可支持跨行业、跨领域，可连接制造企业全要素、全价值链和全产业链，具有智能协同云制造新模式、新手段和新业态的工业互联网系统——“航天云网”，创新地实践了中国特色工业互联网道路，为我国制造强国发展战略目标的实施做出了积极的贡献。值得指出的是，基于持续发展的 INDICS 平台和首创的“一脑一舱两室两站一淘金”系统级工业应用软件，正在为全球工业企业提供云端/边缘层的产品、能力、资源服务，进而实现智能化制造、网络化/云化协同制造、个性化/柔性化制造。

“企业大脑”可解决企业决策层关注的核心问题，为企业决策层制定战略、科学决策提供重要数据支撑，提高决策效率。“企业驾驶舱”可为企业经营层提供大数据可视化服务，并可实时提取生产、销售、产品、运营等环节数据，及时掌握管理动态，打造数据驱动型企业。“云端业务工作室”面向工业企业从业者，提供以交易为核心的一站式全流程业务服务；通过与企业自有信息系统的数据互通，实现客户到供应商业务流程的集成贯通。“云端应用工作室”通过设计研发、生产制造和运营管理的有效集成，最终形成跨单位、跨专业的数字化协同设计、协同试验和协同制造能力。“企业上云服务站”可为企业上云提供引导和路径，帮助企业设备、产线及业务快速上云，实现生产管理数据与业务数据的采集和应用，实现网络化协同制造。“中小企业服务站”汇聚线上线下优质资源，提供一站式企业服务，降低企业运营成本，激活创新潜力。“数据淘金”可为用户提供基于特定场景下的知识服务，通过人机交互，快速获取工业知识，唤醒“休眠”数据，形成知识图谱，实现数据价值最大化。

目前，“一脑一舱两室两站一淘金”系统级工业应用已经覆盖航空航天、电子信息、通用设备等十余个行业，在全国不同区域、不同企业间成功部署。

该系列培训教程对 INDICS 平台和企业大脑、企业驾驶舱、云端业务工作室、云端应用工作室、企业上云服务站、中小企业服务站、数据淘金等进行系统阐述，并对其相关工具进行介绍，具有良好的可操作性，可指导具体工作的开展。同时，培训教程中还包含广义的 INDICS 平台应用、APP 应用及开发环境介绍等内容，使读者快速入门，快速掌握工业互联网平台理论以及实践方法。

不忘初心，方得始终。期望中国航天科工集团航天云网公司将持续为研发中国工业互联网发展模式与技术手段开展创造性实践，始终聚焦客户需求，扎根企业应用，持续深化工业互联网生态体系建设，持续完善国家级工业互联网主平台，推动工业互联网建设“破壳羽化”，为中国制造业转型升级贡献“中国方案”。

李伯虎

2020 年 3 月 16 日

前　　言

全球制造业正进入平台竞争时代，工业互联网平台正成为促进产业价值链向中高端升级、建设制造强国的关键，基于平台的工业互联网 APP（以下简称工业 APP）生态成为关键中的关键。国务院《关于深化“互联网+先进制造业”发展工业互联网的指导意见》明确要求加快工业互联网平台建设，培育百万工业 APP，实现百万家企业上云，形成建平台和用平台双向迭代、互促共进的制造业新生态。工业和信息化部印发《关于完善制造业创新体系，推进制造业创新中心建设的指导意见》指出，亟需在发挥已有各类创新载体作用的基础上，打造高水平有特色的国家制造业创新平台和网络，推动我国制造业向价值链中高端跃升，为制造强国建设提供有力支撑。

云端应用工作室以制造为核心，覆盖设计、制造、生产、试验、维修等流程，旨在通过设计研发、生产制造和运营管理的有效集成，最终形成跨单位、跨专业的数字化协同设计、协同试验和协同制造能力。

信息化水平低、研制周期长、沟通成本高、生产监管工作量大、管理成本高等是传统企业具有普遍性的痛点问题，根据实际应用场景，INDICS 平台可为企业提供“量身定制”的解决方案：以云端应用工作室建设覆盖其各业务环节的一体化协同工作环境。通过云端应用工作室，企业可实现从订单到交付各环节的进度把控，实现企业数据的集中管理，最终达到提高生产效率、降低运营成本的目的。

本书在编写过程中力求深入浅出、重点突出、简明扼要，尽可能地方便不同专业背景和知识层次的读者阅读。本书第 1 章由编委会统筹编写，第 2 章和第 5 章由林林、王旭亮、郭立、刘鹏、张精华、吕不凡、赵新燕共同编写，第 3 章和第 4 章由林林编写，第 6 章案例来自郭立、刘鹏、陈晓双、王宇的分享。

衷心希望本书对读者有一定的参考价值，让我们共同为实现“中国制造 2025”继续努力！

编　者

2020 年 3 月

目　　录

第 1 章　INDICS 工业互联网平台

工业互联网是人与机器、机器与机器连接的新一轮技术革命。工业互联网平台作为工业互联网的核心，是工业全要素连接的枢纽。本章主要介绍工业互联网的起源与现状，并介绍世界首批、我国首个工业互联网平台——INDICS 工业互联网平台(以下简称 INDICS 平台)，以及 INDICS 平台的核心系统级工业应用——“一脑一舱两室两站一淘金”(企业大脑、企业驾驶舱、云端业务工作室、云端应用工作室、企业上云服务站、中小企业服务站、数据淘金)。

1.1　工业互联网简介

工业互联网深刻影响着研发、生产和服务各个环节，当今工业互联网技术与应用日渐丰富，传感器互联、网关通信转换、工业应用综合集成、虚拟化技术、大规模海量数据挖掘预测等信息技术的应用呈现出更为多样的工业系统智能化特征；此外，工业互联网还影响着工业物联网的商业与管理创新进程，潜移默化地改变着产品的技术品质和生产效率。

1.1.1　工业进化史

工业发展的变革始于 18 世纪的英国，也被称为第一次工业革命。这次工业革命标志着人类社会发展史上一个全新时代的开始，拉开了整个人类社会向工业化社会转变的帷幕，工业进化史如图 1-1 所示。

1. 工业 1.0——机械化

瓦特改良了蒸汽机，开启了工业革命，实现工厂机械化。

第一次工业革命是指 18 世纪从英国发起针对生产领域的技术革命，它开创了以机器代替手工劳动的时代。此次革命以工作机的诞生开始，以蒸汽机作为动力机被广泛使用为标志。蒸汽机的改良推动了机器的普及以及大工厂制的建立，从而推动了交通运输领域的革新。这次技术革命和与之相关的社会关系的变革，称为第一次工业革命或者产业革命。

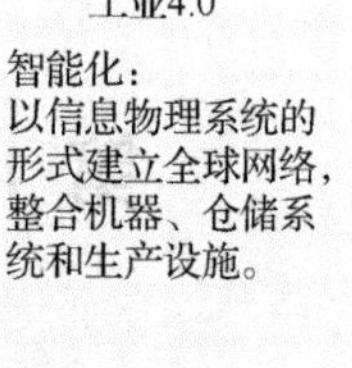

图 1-1　工业进化史

2. 工业 2.0——电气化

发电机的发明，使得电器被广泛使用，人类进入了电气自动化设备的年代。

第二次工业革命是指 19 世纪中期，欧洲的一些国家和美国、日本的资产阶级革命。此次革命促进了经济的发展，出现的新兴工业，如电力工业、化学工业、石油工业和汽车工业等，都要求实行大规模的集中生产，垄断组织在这些部门中应运而生，企业的规模进一步扩大，劳动生产率进一步提高。此次革命强调电力驱动产品的大规模生产，并开创了产品批量生产的新模式，人类进入了电气时代。

3. 工业 3.0——自动化

网络资讯的发展连接全球各地，各种精密机器的发明大幅提升了生产的效率与品质。

第三次工业革命始于 20 世纪四五十年代，电子与信息技术的广泛应用，使得制造过程不断实现自动化，是人类文明史上继蒸汽技术革命和电力技术革命之后科技领域里的又一次重大飞跃。第三次工业革命以原子能、电子计算机、空间技术和生物工程的发明与应用为主要标志，是涉及信息技术、新能源技术、新材料技术、生物技术、空间技术和海洋技术等诸多技术的一场信息控制技术革命，不仅极大地推动了人类社会经济、政治、文化领域的变革，而且影响了人类的生活方式和思维方式。随着科技的不断进步，人类的衣食住行用等日常生活的各个方面也发生了重大的变革。电子计算机的广泛应用促进了生产自动化、管理现代化、科技手段现代化和国防技术现代化，也推动了情报信息的自动化。以全球互联网络为标志的信息高速公路正在缩短人类交往的距离。

4. 工业 4.0——智能化

工业 4.0 起源于德国，核心概念是利用虚实整合系统，将制造业甚至整个产业供应链互联网化。

第四次工业革命的工业 4.0 战略于 2011 年诞生于德国，是德国联邦教研部与联邦经济技术部在 2013 年德国汉诺威工业博览会上提出的概念，其内容是将互联网、大数据、云计算、物联网等新技术与工业生产相结合，最终实现工厂智能化生产，让工厂直接与消费需求对接。工业 4.0 描绘了制造业的未来愿景，提出继蒸汽机的应用、规模化生产和电子信息技术三次工业革命后，人类将迎来以信息物理系统(cyber physical systems，CPS)为基础，以生产高度数字化、网络化、机器自组织为标志的第四次工业革命。随着物联网及服务的引入，制造业正迎来第四次工业革命，企业能以 CPS 的形式建立全球网络，整合其机器、仓储系统和生产设施。

1.1.2　工业互联网

工业互联网是通过人、机、物的全面互联，全要素、全产业链、全价值链的全面连接，对各类数据进行采集、传输、分析并形成智能反馈，推动形成全新的生产制造和服务体系，提升资源要素配置效率，充分挖掘制造装备、工艺和材料的潜能，提高企业生产效率，创造差异化的产品并提供增值服务。

工业互联网是新一代信息通信技术与工业经济深度融合的全新工业生态、关键基础设施和新型应用模式，它通过新一代信息通信技术建设连接工业全要素、全产业链的网络，以实现海量工业数据的实时采集、自由流转、精准分析，从而支撑业务的科学决策，实现资源的高效配置，推动制造业融合发展。工业互联网的技术与实践是全球范围内正在进行的人与机器、机器与机器连接的新一轮技术革命，并在美国、德国、中国三个制造业大国依据各自产业技术优势沿着不同的演进路径迅速扩散。工业互联网的实践是以全面互(物)联网与定制化为共性特点形成制造范式，深刻影响着研发、生产和服务等各个环节。工业互联网的内涵日渐丰富，传感器互(物)联网与综合集成、虚拟化技术、大规模海量数据挖掘预测等信息技术应用呈现出更为多样化的工业系统智能化特征。基于工业互联网的商业与管理创新所集聚形成的产业生态将构建新型的生产组织方式，也将改变产品的技术品质和生产效率，进而从根本上颠覆制造业的发展模式和进程。

1.1.3　工业互联网平台

从技术角度来看，网络、平台及安全是构成工业互联网的三大体系，其中网络是基础，平台是核心，安全是保障。

工业互联网平台作为工业互联网的核心，是面向制造业数字化、网络化、智能化需求，构建基于海量数据采集、汇聚、分析的服务体系，支撑制造资源泛在连接、弹性供给、高效配置的载体，是工业全要素连接的枢纽。

美国和德国等国家的先进企业正在以工业互联网平台为竞争点，在全球范围内扩张，工业互联网平台成为国内外先进企业抢占全球制造业主导权的必争之地。

基于各国工业体系与基础环境不同，全球工业互联网建设形成了三种范式。德国采取自下而上的模式，以完善的信息物理系统为基础，从设备的智能化开始，逐步向上延伸到生产线智能化、车间智能化、工厂智能化，最终通过打造智能制造平台逐步实现工业 4.0 的目标。美国采取由中间向两端全产业链延伸的模式，在基本实现智能制造的垂直配套体系之中，以线下全球协同制造分工布局为基础，打造全球化线上协同制造与协同售后服务平台，继续保持全球制造业垂直分工体系的主导地位。中国采取自上而下逐步深化的模式，在绝大部分企业不具备智能制造能力，企业的运营流程尚未完成信息化改造，且短时间内不可能完成智能化改造和信息化改造的前提下，从云制造生产方式变革入手，在渐进开展制造能力智能化改造和企业运营流程信息化改造过程中，同步开展企业制度的调整与变革，最终实现从云制造到协同制造、从协同制造到智能制造的逆袭。

中国航天科工集团有限公司的 INDICS 平台选择的就是第三种范式，即首先搭建工业领域公共云平台，从打造云制造产业集群生态起步，先把分散在全国各个角落市场主体的资源配置与业务流程优化工作放在中心地位，配合中国制造业的群体转型，重点服务中小微企业生产方式转变，以及企业组织结构和企业制度变革的需求，从云端企业“省钱、赚钱、生钱”三个层次逐步递进，着力打造云制造产业集群生态。INDICS 平台上线 4 年后交出的答卷，初步验证了具有中国特色、自上而下逐步深化工业互联网发展路径的现实合理性。INDICS 平台模式，既是通过“智能+”为中国制造业高质量发展和转型升级“赋能”的“航天方案”，也是为国际工业互联网建设贡献的“中国方案”。

我国政府高度重视工业互联网平台的发展，倡导工业企业云上发展，国务院印发的《关于深化“互联网+先进制造业”发展工业互联网的指导意见》也提出了到 2020 年，推动 30 万家企业应用工业互联网平台，到 2025 年，实现百万家企业上云的具体任务目标。工业企业认识到未来云化发展趋势及带来的好处，纷纷将生产数据、信息系统等迁移到云上，逐步形成平台化发展。

目前，国内外主流的工业互联网平台见表 1-1。

表 1-1 国内外主流的工业互联网平台

序号	平台名称	企业	主要描述
1	Predix 平台	GE	Predix 平台的四大核心功能是链接资产的安全监控、工业数据管理、工业数据分析、云技术应用和移动性；平台架构共分为三层，分别为边缘连接层、基础设施层和应用服务层
2	MindSphere 平台	西门子	基于云的开放式物联网操作系统；对于工业设备的数据采集，西门子提供了一个 MindConnect 的工具盒子，可以让设备轻松入网
3	Ability 平台	ABB	“边缘计算+云”架构；边缘设备负责工业设备的接入，对关键设备的参数、值和属性进行数据采集，由边缘计算服务进行数据的处理和展现，最上层的云平台对工业性能进行高级优化和分析
4	INDICS 平台	航天云网	INDICS 平台通过高效整合和共享国内外高、中、低端产业要素与优质资源，以资源虚拟化、能力服务化的云制造为核心业务模式，以提供覆盖产业链全过程和要素的生产性服务为主线，构建“线上与线下相结合、制造与服务相结合、创新与创业相结合”，适应互联网新业态的云端生态
5	根云平台	树根互联	根云平台主要基于三一重工股份有限公司在装备制造及远程运维领域的经验，由 OT 层向 IT 层延伸构建平台，重点面向设备健康管理，提供端到端工业互联网解决方案和服务；主要具备智能物联、大数据和云计算、SaaS 应用和解决方案三方面功能
6	COSMOPlat 平台	海尔	COSMOPlat 平台共分为资源层、平台层、应用层和模式层；COSMOPlat 平台已打通交互定制、开放研发、数字营销、模块采购、智能生产、智慧物流、智慧服务等业务环节，通过智能化系统使用户持续、深度参与到产品设计研发、生产制造、物流配送、迭代升级等环节，满足用户个性化定制需求

1.2 INDICS 平台简介

中国航天科工集团有限公司依托多年来在先进制造业和信息技术产业的雄厚实力，倾力打造世界首批、中国首个工业互联网平台——INDICS 平台。2015 年 5 月，中国航天科工集团有限公司成立航天云网科技发展有限责任公司；2017 年 6 月，航天云网科技发展有限责任公司打造的 INDICS 平台面向全球正式发布。

1.2.1 概述

1. 云制造的内涵

云制造是一种基于泛在网络，借助新兴制造技术、新兴信息技术、智能科学技术及制造应用领域技术4类技术深度融合的数字化、网络化、智能化技术手段。制造云构成了以用户为中心的制造资源与能力的服务云(网)，使用户通过智能终端及制造云服务平台能随时随地按需获取制造资源与能力，对制造全系统、全生命周期活动(产业链)中的人—机—物—环境—信息进行自主智能的感知、互联、协同、学习、分析、认知、决策、控制与执行，促使制造全系统及全生命周期活动中的人/组织、经营管理、技术/设备(三要素)及信息流、物流、资金流、知识流、服务流(五流)集成优化；构成一种基于泛在网络，以用户为中心，人机物融合，互联化、服务化、协同化、个性化(定制化)、柔性化、社会化的智能制造新模式(云制造范式)，进而高效、优质、节省、绿色、柔性地制造产品和服务用户，提高企业(集团)的市场竞争能力的新型制造模式。

2. INDICS平台与云制造

INDICS平台以云制造为核心，以生产性服务为主的综合服务为依托，采用开放的技术体系、开放的商业模式与低成本高效的管控体系，形成可复制、可移植的顶级现代服务业运行体制与机制，优化整合国内外资源，形成产业发展的社会化大平台，以实现“企业有组织、资源无边界”“不求所有、但求所用”的目标。

3. INDICS平台内涵

INDICS是以区块链、边缘计算、大数据智能、新一代人工智能技术等为核心的工业互联网开放空间，面向全球开发者、设备制造商和集成商以及合作伙伴提供全生命周期工业应用的开发、部署和运行环境。INDICS平台作为一种提供跨行业、跨领域、跨地域的产品全生命周期、全产业链的工业操作系统，可实现对工业设备、工业服务和工业产品的感知与物联、共享与协同、学习与决策、控制与调度，全面支撑智能制造、协同制造、云制造等新型制造模型和生态。

1.2.2　INDICS平台功能

INDICS平台基础架构及功能模块采用五层结构，分别是应用层(SaaS层)、平台服务层(PaaS层)、数据服务层(DaaS层)、基础设施服务层(IaaS层)和工业物联网层(IIOT层)，如图1-2所示。

(1)应用层(SaaS层)：提供工业应用服务，包括精益制造、智能研发、智慧控制和以远程监控、智能诊断、售后服务、资产管理为核心的智慧服务等制造全产业链的工业应用服务功能。

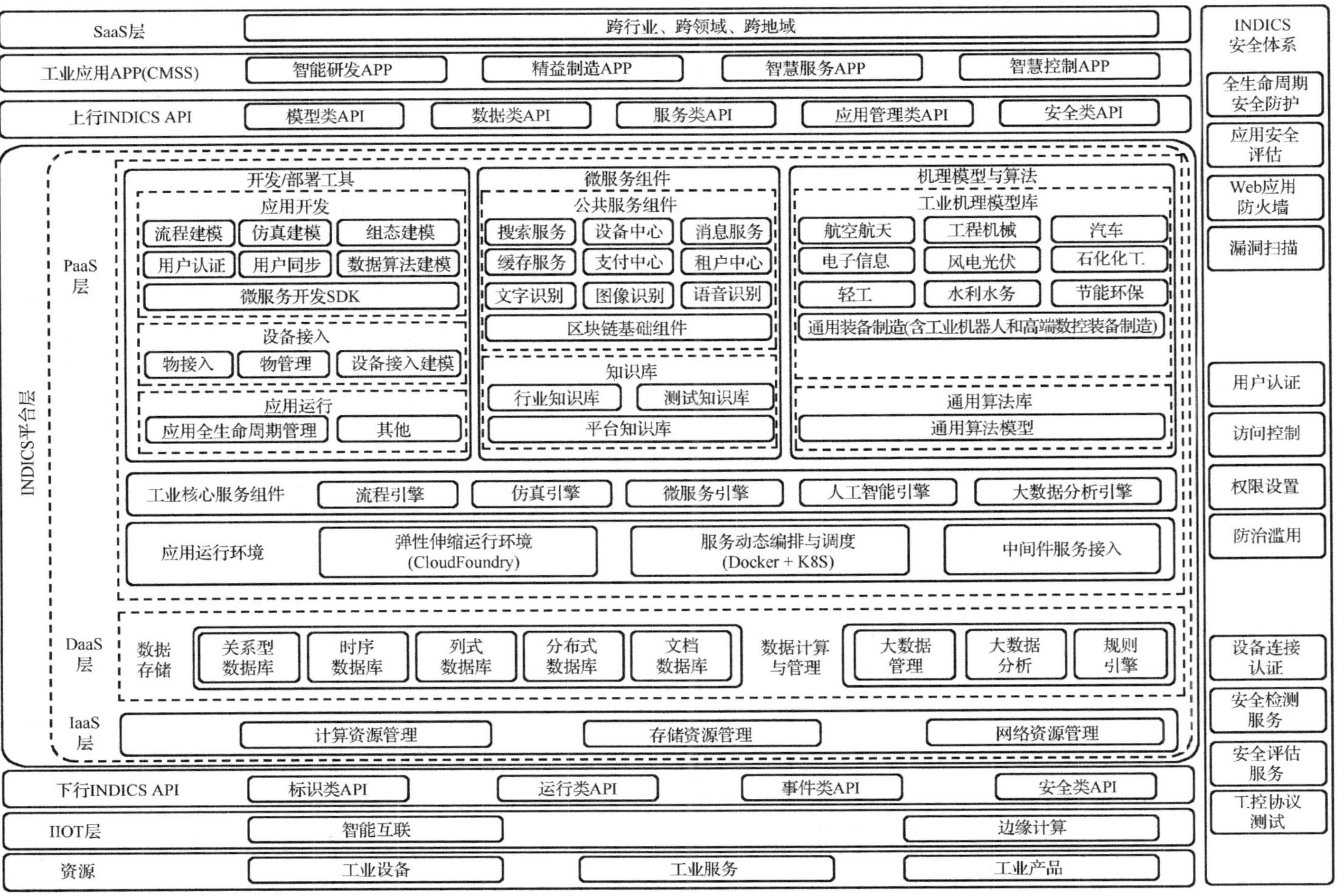

图 1-2　INDICS 平台总体架构

(2)平台服务层(PaaS 层)：以 CloudFoundry 基础架构作为底层支撑架构，扩展基于 Docker 和 Kubernetes 的混合容器技术，提供弹性伸缩运行环境和服务动态编排与调度功能；面向工业领域，提供微服务引擎、流程引擎、大数据分析引擎、仿真引擎和人工智能引擎等工业 PaaS 服务；面向开发者提供流程建模、仿真建模、组态建模、数据算法建模等工具，提供应用全生命周期管理工具，提供第三方工业互联网平台应用环境产品。

(3)数据服务层(DaaS 层)：提供 Hadoop 分布式、HBase 列式、Cassandra 时序等大数据存储能力以及 Storm 流式、Spark 内存计算等大数据分析能力，助力工业大数据分析和人工智能算法业务分析。

(4)基础设施服务层(IaaS 层)：自建数据中心，将数据中心内的服务器、存储、网络和接入的制造资源进行虚拟化和服务化，从而提供云主机服务、云存储服务、云数据库服务、制造资源服务，对外提供程序应用接口(API)、控制台、命令行等形式的调用方式，为平台上的应用提供运行环境支撑、数据支撑和物联接入支撑。

(5)工业物联网层(IIOT 层)：提供智能网关 INDICS EDGE、虚拟网关 SDK，支持各类工业服务、工业设备和工业产品接入平台。

INDICS 平台面向用户提供了包含云端应用运行工具、云端应用开发工具、云平台服务、物联网接入工具、工业互联网网关等平台工具，提供了包含企业大脑、企业驾驶舱、云端业务工作室、云端应用工作室、企业上云服务站、中小企业服务站、数据淘金等用户产品服务的云制造支撑系统体系，构建适应互联网经济业态与新型工业体系的完整生态系统，产品架构如图 1-3 所示。

1.2.3　云制造支撑系统

云制造支撑系统(cloud manufacture support system, CMSS)是智能化的端到端应用集成与服务系统，主要包括工业品营销与采购全流程服务支持系统、制造能力与生产性服务外协与协外全流程服务支持系统、企业间协同制造全流程支持系统、项目级和企业级智能制造全流程支持系统等四个方面，全面支持云制造产业生态。采用“一脑一舱两室两站一淘金”的业务界面提供用户服务。

1. CMSS 发展背景

全球制造业正进入平台竞争时代，工业互联网平台正成为促进产业价值链中高端升级，建设制造强国的关键，基于平台的应用 APP 生态成为关键。《关于深化“互联网+先进制造业”发展工业互联网的指导意见》指出，加快工业互联网平台建设，突破数据集成、平台管理、开发工具、微服务框架、建模分析等关键技术瓶颈，形成有效支撑工业互联网平台发展的技术体系和产业体系。工业和信息化部积极推动工业互联网平台建设，大力推进工业技术软件化和百万 APP 工程。

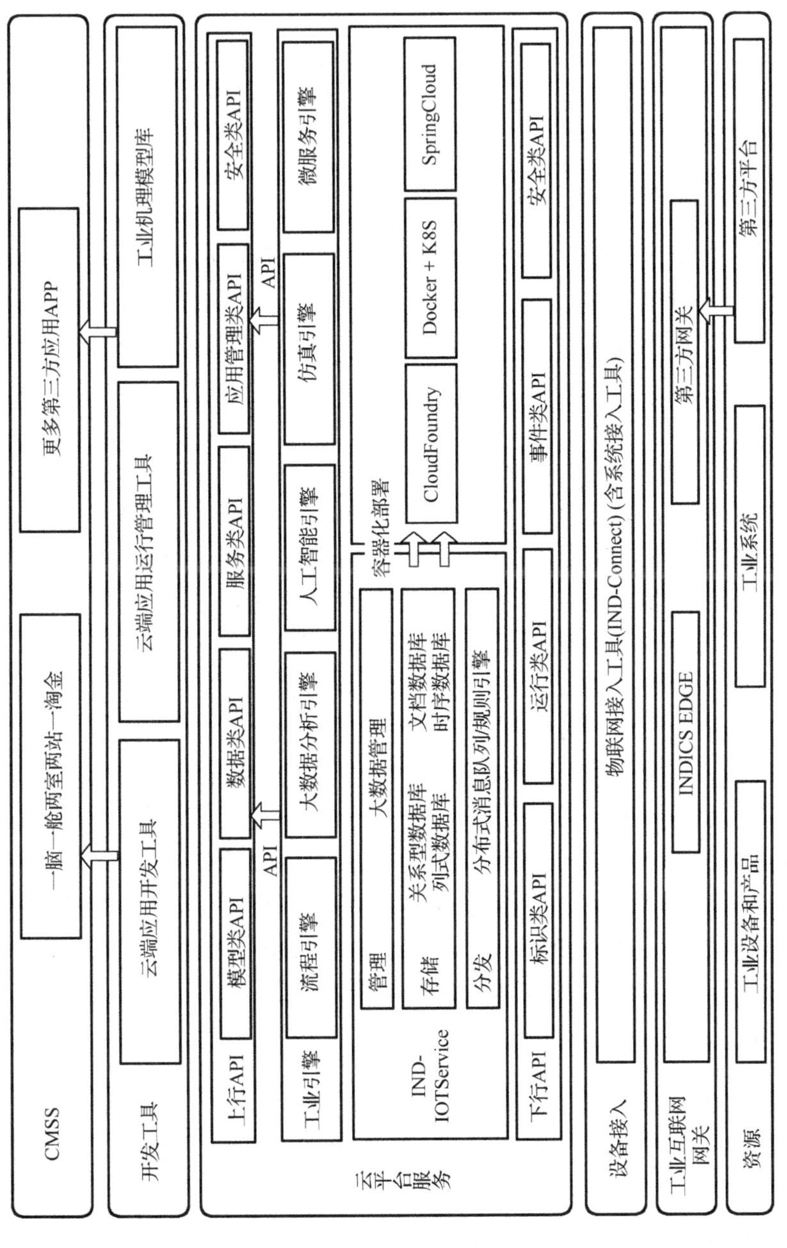

图 1-3　INDICS 平台产品架构

为深入贯彻落实以上重大举措，促进产业转型及未来企业生产经营模式升级，中国航天科工集团有限公司提出 INDICS+CMSS 发展战略，着力开展 INDICS+CMSS 体系研发，并于 2018 年正式对外发布，实现智能制造、协同制造、云制造“三类制造”发展，支撑基于软件定义的新业态体系建设。CMSS 可整合积淀的优势工业应用资源，促进制造业资源的优化配置，带动制造业产业链的重构，实现制造业转型升级。

2. CMSS 与 INDICS 平台

INDICS+CMSS 搭配，目标是构建和涵养以工业互联网为基础的云制造产业集群生态，服务于智能制造、协同制造和云制造三种现代制造形态，运用大数据和人工智能技术以及第三方商业与金融资源，促进制造业技术创新、商业模式创新与企业管理创新关联互动，推动企业转型产业升级。

CMSS 的建设目的是丰富工业应用，构建一个系统全面、开放共享、使用便捷的创新生态。由于工业场景高度复杂，行业知识千差万别，传统由少数大型企业驱动的应用创新模式难以满足海量制造企业精细化、差异化的转型需求。INDICS+CMSS 创造工业 APP 开发、部署、运行等一系列新的产业环节和价值，在工业知识高度积累、复用的基础上实现应用创新的爆发式增长，有效支撑智能化改造、协同制造和云制造等新型制造模式的实现。

INDICS 为 CMSS 提供平台支撑：对下为 CMSS 赋予设备资源管理能力，提供标识类、运行类、事件类、安全类接口服务，支持工业设备、工业产品和智能产品资源接入，在 CMSS 的设备层和产线层，支持设备控制与监控类 APP，数据驱动的设备运营类 APP，基于边缘智能的 APP 应用；对上为 CMSS 提供平台应用服务能力，为 CMSS 提供应用开发和运行所需的微服务、机理模型、建模和开发工具、公共服务组件，以及流程引擎、大数据分析引擎、人工智能引擎、微服务引擎、仿真引擎五大引擎服务和应用全生命周期管理工具，提供第三方工业互联网平台环境，支持应用的快速迁移和部署。

3. INDICS+CMSS 的用户价值

以用户为中心，打造 INDICS+CMSS 整体解决方案，实现工业服务、工业设备和工业产品的社会化集成共享、优化配置和业务协同，重塑行业边界及产业结构，实现价值链转型，构建新的制造模式和制造生态。其内在商业驱动力为 3M（省钱（to save money）、赚钱（to get money）、生钱（to make money））。

利用 INDICS+CMSS 整体解决方案，帮助企业实现快速上云，实现资源的社会化集成、配置和协同，建立体系化运作结构，形成新竞争格局和新商业盈利模式，助力制造企业进行战略转型；打破传统面向单一产品和环节的技术壁垒，重塑价值链中的研发、制造、客户服务等活动，推动价值链转型；通过对技术体系、标准体系、产业体系的重塑，构建智能制造新模式和新生态。

1.3 “脑舱室站金”简介

1.3.1 概述

INDICS 平台“一脑一舱两室两站一淘金”系统是将企业发展战略转化落地的基本模式，通过对业务场景、用户需求、分工界面、组织结构等方面的内容实现规范化、标准化处理，形成统一的可复制推广的总体架构模式，进一步延伸至平台其他产品，形成统一架构的工业应用集成环境，指导平台产品建设，拓展第三方工业应用资源合作。

INDICS 平台“一脑一舱两室两站一淘金”系统面向大型集团企业、中小微企业内的决策层、经营层与业务层提供三大层面上的服务。决策层主要指企业领导班子成员，负责公司战略制定、开拓与规划新业务；经营层指各部门管理中层，负责公司研发、生产、采购与销售等日常业务的日常运行；业务层由研发部门、生产部门、销售部门、采购部门、财务部门、仓库管理等其他综合支撑部门组成，负责公司具体业务执行。

“企业大脑”是指企业决策支持系统，主要服务于公司决策层，通过数据和专家系统、规则库、知识库、模型库、算法库、数据库等资源支撑企业战略管控与战略决策。

“企业驾驶舱”是指企业运行支持系统，主要服务于公司经营层，支撑企业经营管控活动，可为企业经营层提供大数据可视化服务，并可实时提取生产、销售、产品、运营等环节数据，及时掌握管理动态，打造数据驱动型企业。

“两室”主要服务于业务层，实现企业经营业务流程全覆盖。其中“云端业务工作室”是指企业交易流程支持系统，围绕企业在线采购与销售业务，打通线上合同的“对接、商签、履约、结算”业务流程和电子签章服务；打通财务、税务、物流等业务流程，可通过与企业自有信息系统的数据互通，实现客户到供应商业务流程的集成贯通，提供以交易为核心的一站式全流程业务服务。“云端应用工作室”是指企业制造过程支持系统，支撑工程类业务开展，可通过设计研发、生产制造和运营管理的有效集成，最终形成跨单位、跨专业的数字化协同设计、协同试验和协同制造能力。

“两站”主要实现企业的上云接入和服务支撑。其中“企业上云服务站”是指企业设备/业务上云服务系统，为企业上云提供引导和路径，帮助企业设备、产线及业务快速上云，帮助企业上云及智能化改造服务，实现生产管理数据与业务数据的采集和应用，实现网络化协同制造。“中小企业服务站”是指企业管理外包服务系统，给企业提供生产性、综合性服务支撑，可汇聚线上线下优质资源，提供一站式企业服务，降低企业运营成本，激活创新潜力。

“数据淘金”是指基于数据价值挖掘的知识服务系统，服务于所有企业内部角色，基于平台数据，面向企业和生态伙伴(数据增值服务商)提供增值服务。

航天云网“一脑一舱两室两站一淘金”系统架构图如图 1-4 所示。

1.3.2　“脑舱室站金”的应用价值

“一脑一舱两室两站一淘金”系统级工业应用作为 INDICS 平台的业务界面，是云端应用的集成环境，支持满足不同行业、不同领域企业的数字化、网络化、智能化、云化需求，无须企业单独部署，利用云端应用场景集成工业 APP 功能体系，具备一站式、多租户的特性，同时支撑工程类业务人员、协作配套类业务人员、企业经营管理者、企业决策者等类型用户不受区域限制开展云端业务。

因此，“一脑一舱两室两站一淘金”总体架构应采用“分层-微服务”的架构方式。分层架构即满足底层数据资源到顶层应用价值实现。微服务架构以面对不同种类客户、不同行业领域业务工作的较大差异，应具备良好的功能延展性、部署的便利性和高可定制性，实现渐进式开发或引入，以适应用户在不同阶段、不同时期的需求。

1. 平台层

基于 INDICS 平台提供 PaaS、IaaS 云架构服务，以 API 形式为“一脑一舱两室两站一淘金”的第三方工业应用的系统集成及业务开展提供接口。INDICS 平台具有 5 个重要功能：①提供多源异构数据接入与管理能力，帮助企业实现数据的汇聚，为实现数据分析、建模提供支撑；②构建可靠的工业应用部署运行环境，实现海量工业应用接入；③依托大数据、人工智能等新一代技术，实现核心工业引擎，提升平台服务能力；④通过对工业大数据、工业知识、技术、经验的融合，形成机理模型、算法及微服务，供开发者调用；⑤构建开放式的环境，借助机理模型、微服务组件、应用开发工具等，帮助用户快速实现工业应用开发。随着“一脑一舱两室两站一淘金”业务活动开展的不断深化、业务流程的不断丰富，大量的业务模块按照微服务的形式下沉至平台，形成可以反复调用的微服务组件，通过业务中台的构建进一步强化平台的业务开展能力和“一脑一舱两室两站一淘金”系统级应用的可剪裁、可拓展能力。

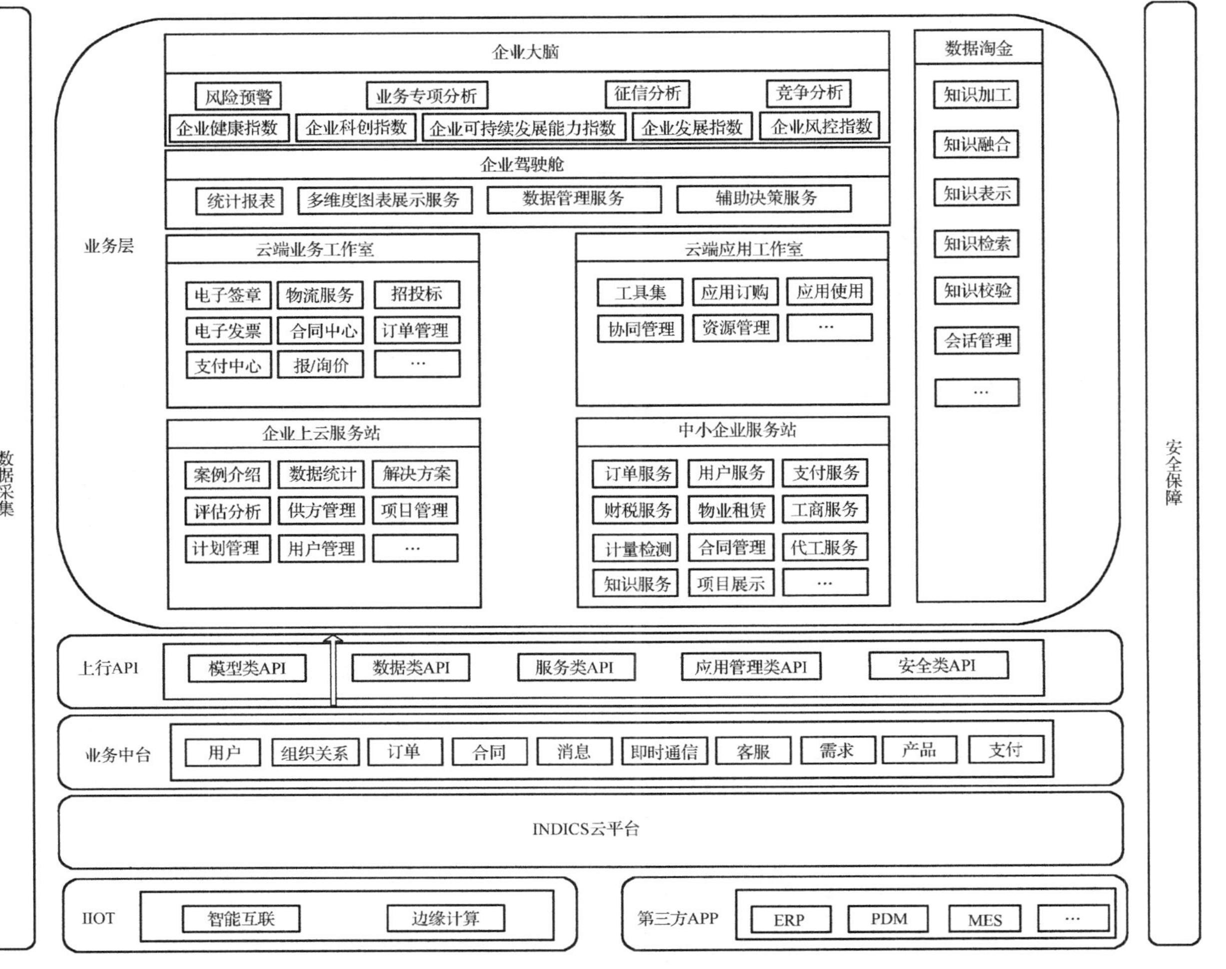

图 1-4　“一脑一舱两室两站一淘金”系统架构图

2. 业务层

业务层囊括了“一脑一舱两室两站一淘金”系统级应用的功能模块，面向不同行业、不同领域、不同地域的工业企业，为企业提供全方位、全周期、全流程的云端业务服务。

针对大中型企业决策层，通过企业大脑的功能实现了企业在经营管理中进行资源优化和整合，支持企业高层管理人员及时准确地把握和调整企业发展方向，为企业科学决策提供支撑服务。企业大脑功能主要分为五大子系统：数据支撑系统、大脑工作台、四库引擎系统、三池资源系统、大脑应用系统。数据支撑支持跨平台异构数据实时或批量传输，兼容主流的 RDBMS、NoSQL 数据库、分布式文件系统，同时可以根据其他合作厂商提供的 API 接口爬取数据。大脑工作台重点应用于企业多维度横向定性和纵向定量展示。四库引擎为企业大脑运转提供核心功能库，企业决策层可直观地认识算法库、语料库、知识库和模型库具体搭建的基础平台和基础模型，方便决策层了解企业数据库推演的理论基础。三池资源为企业大脑运转提供知识池库，包括专利池、专家池和标准池。大脑应用为决策层提供统计报表服务、数据的多维度图表展示服务、数据管理服务以及辅助决策服务等，涉及的功能场景有客户、市场、计划供应、生产质量、能源能耗、财务、人力等。

面向管理经营层，能够实现内部系统之间的数据交换，目的是实现财务系统、业务系统、办公自动化(OA)系统等数据对接。业务层与企业外第三方系统产品之间可实现数据交互和应用集成两种对接方式，前者对包括物流运输数据查询等功能提供支撑，后者将第三方的功能和服务接入应用市场中。CMSS 基础业务系统以接口形式调用业务层的数据与功能，包括需求、订单、合同、产品等数据和功能。业务层是线上线下相结合的特殊服务功能层，可以满足各类企业深度参与云制造产业集群生态建设的现实需求。

面对业务人员，通过协同空间、个人空间、资源管理、任务管理四大功能暨平台上各类 APP、资源和任务，帮助用户快速构建云端工作环境。协同空间包括工作圈管理、协同工作台等功能，与任务管理功能一起实现 IPD 协同研制模式中的核心要素，即协同团队定义、任务和目标的分解/集成，以及团队协同；个人空间包括应用订阅、应用使用、应用订单三大功能，旨在为用户提供一站式集成应用环境；资源管理包括组织人员管理、工具服务管理和应用支撑环境、工程资源库，实现人员、工具系统、知识的统一管理，以及云端和本地的协同；任务管理包括任务规划、任务看板、任务统计等功能，实现产品研制全生命周期的任务规划、任务执行、可视化管理，为任务管理提供预警提醒、决策支持。基于云端应用工作室的任务管理版块获取待办任务、消息通知等信息，通过 API 调用协同类 APP 进行企业内协同计划、协同设计、协同生产、协同仿真、协同试验等工作；调用专业类 APP 实现智慧管控、智慧研发、智能制造、智能服务；通过应用工作室的资源共享管理、工具服务管理支撑企业的云制造模式落地实施。

各企业在研发过程中，从协同制造层获取研发需求，开展设计、仿真和试验等，基于云平台通用资源版块，在云端或线下使用 CAX 工具软件，从知识库获取相关知识和标准件、元器件模型，以及开展跨企业的协同研发应用。在生产过程中，向云平台传递工艺、主计划、设备状态、生产能力等信息，开展跨企业排产和工艺仿真等应用，生成的外协、外购计划发布至协同供应链版块进行供需对接，企业针对自制计划利用云平台进行工艺仿真和产线仿真等，形成优化、合理的生产计划和节拍，基于制造执行系统(MES)下发到工业现场，利用虚拟工厂监控生产运行过程，并在生产过程及时向云平台智慧管控版块更新交货期信息，反馈质量情况。另外，针对工业现场的设备、产线和高价值装备的运行、维护需求，可利用云平台的智能服务版块，获取装备在线保障、智能资产管控、故障诊断预测等应用。

面对上云企业，通过企业上云服务站为企业提供一站式上云服务，成为企业上云工程实施抓手，支持基于云平台的智能化改造服务。通过中小企业服务站为中小微企业提供融合物业空间、政务、创业辅导、技术咨询、营销推广、科技、金融等一站式科技创新服务。

面对数据价值挖掘，数据淘金具有知识图谱、知识检索、语义识别、人机交互等功能。数据淘金接入 INDICS 平台的 DaaS 层、平台及第三方应用、专家经验等数据，通过知识抽取、知识融合、知识存储等处理过程，形成知识图谱，支持第三方合作伙伴知识库的插入，同时通过建立人工智能(AI)自学习算法，系统可以根据用户的提问、现有的数据或者知识推导出新的知识，扩充系统的知识图谱。数据淘金系统架构的重点是知识图谱模块、问题分析/语义理解模块和知识检索模块。其主要功能有 2 个：①基于工业基础词库的分词和命名实体识别；②对用户问题进行意图识别和实体抽取。意图识别是要弄清楚用户到底要问什么，如是查询故障发生次数还是查询故障原因；实体抽取是这个意图下的具体槽位值，如问句是“上个月发电机故障次数是多少”，意图就是“查询故障次数”，故障名称的槽位值是“发电机故障”，时间的槽位值是“上个月”。通过 AI 自学习模块和关系抽取实现知识图谱的抽取。知识检索模块实现路径是首先对问题进行分类，按照用户输入的问题可分为事实型和列举型问题、定义型问题、交互式问题三类。

第2章　云端应用工作室

随着信息技术、制造技术以及新兴物联网技术等的交叉融合，云制造作为云计算在制造领域的落地与延伸应运而生。鉴于云制造模式对于支撑我国制造业转型的重要性，2010年国家高技术研究发展计划(863计划)就适时地提出了云制造服务平台关键技术研究的重大项目，有力地推动我国制造业信息化工作。2017年11月27日，国务院发布《关于深化“互联网+先进制造业”发展工业互联网的指导意见》(以下简称《意见》)。这是十九大之后，国务院发布的首个落实十九大“关于建立社会主义新型经济体系，关于互联网、大数据、云计算等与实体经济相结合”的重要文件。《意见》明确工业互联网任务之一是“促进融合应用，提升大型企业工业互联网创新和应用水平，加快中小企业工业互联网应用普及”。目前工业和信息化部已在16个省启动“工业云创新行动计划”，部分省市开展云制造应用示范。

我国制造业技术含量不高，一直处于国际产业价值链的低端环节。随着人口红利的逐步消失，工厂企业需要找到一种全新的生产模式，以缓解昂贵的劳动力成本和应对快速更新的产品需求。云制造的出现，为制造业提供了新的思路。通过物联网连接产品生命周期的所有阶段，从原料采购到生产、再到交付和进入客户家中，整个过程都能可视化管理。

在云制造的生态环境中，原料供应商知道何时应该发货，制造商知道如何保证产品质量，每个客户反馈的信息让厂商获得对产品和市场新的认识，云制造解决了供应商、制造商和客户之间信息隔断的问题，同时整合各类制造资源，并通过虚拟化技术提供标准化制造服务。云制造将制造业服务能力提升到一个全新的水平。

航天云网公司基于INDICS云平台搭建总体架构为“一脑一舱两室两站一淘金”的云制造服务体系。其中“两室”即企业云端业务工作室和云端应用工作室；云端业务工作室重点为企业提供供应链、营销、财务、税务等功能；云端应用工作室为企业提供智能制造、协同制造、云制造所需的PLM、ERP、MES等云制造核心应用功能。云端应用工作室作为云制造服务体系中的重要组成部分，为企业打通产品全生命周期流程和数据，实现设计研发、生产制造和运营管理的有效集成。

2.1　云端应用工作室概述

企业制造过程支持系统(enterprise manufacturing process support system, EMPSS)简称“云端应用工作室”，是 INDICS 平台“一脑一舱两室两站一淘金”系统级工业应用之一。

云端应用工作室是云端应用的统一入口，为用户提供集成应用环境，为协同业务提供跨企业跨地域协同环境，支撑产品全生命周期的研制过程。其作用在于支持企业内业务层各部门用户，实现企业生产制造各环节的业务协同，实现对企业产品全生命周期流程的过程管理，支撑生产制造过程与业务管理的深度集成，实现对生产要素高度灵活的配置，实现企业智能制造、云制造的升级改造。

云端应用工作室与脑舱室站金系统(图 2-1)共同作为 INDICS 平台系统级工业应用为企业提供云端的企业整体解决方案。企业大脑面向决策层，重点提供大数据应用、企业咨询、决策支撑、专利池、专家池等功能。企业驾驶舱面向企业中层管理人员，通过主题数据的分析，提供指挥、决策、控制等功能。云端业务工作室和云端应用工作室面向企业的执行层，其中云端业务工作室提供企业的供应链、营销、财务、税务等功能，云端应用工作室提供企业智能制造、协同制造、云制造等功能。企业上云服务站提供一站式“企业上云”服务。中小企业服务站为初创企业提供科技创新服务。

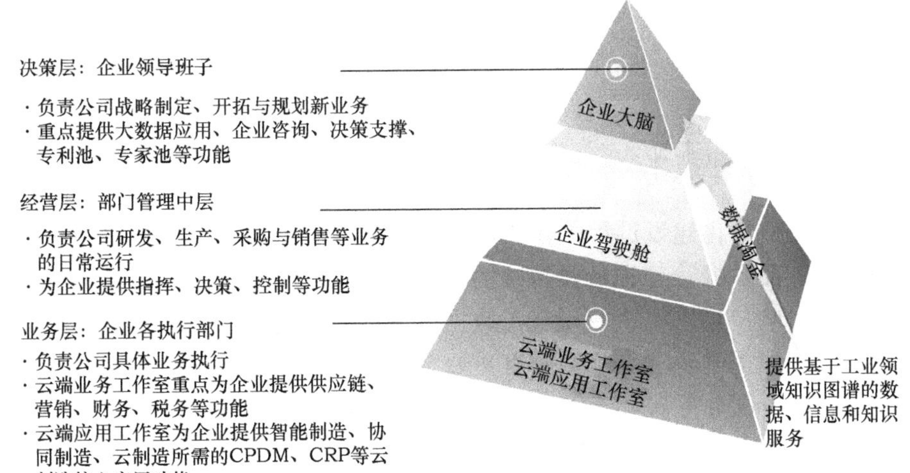

图 2-1　脑舱室站金系统

企业上云之后使用云端应用工作室支撑产品全生命周期的研制过程，云端应用工作室从云端业务工作室获取订单或需求，以任务为主线集成工业软件，订阅数据，从上云服务站集成获取设备或产线能力及运行数据，为企业驾驶舱提供企业研制过程数据进行主题分析，为企业大脑和数据淘金提供制造过程运营数据开展大数据分析。另外依据企业大脑和管理驾驶舱的决策指令，优化产品研制过程，基于数据淘金形成的知识库支撑产品研制过程。云端应用工作室与脑舱室站金系统的关系如图 2-2 所示。

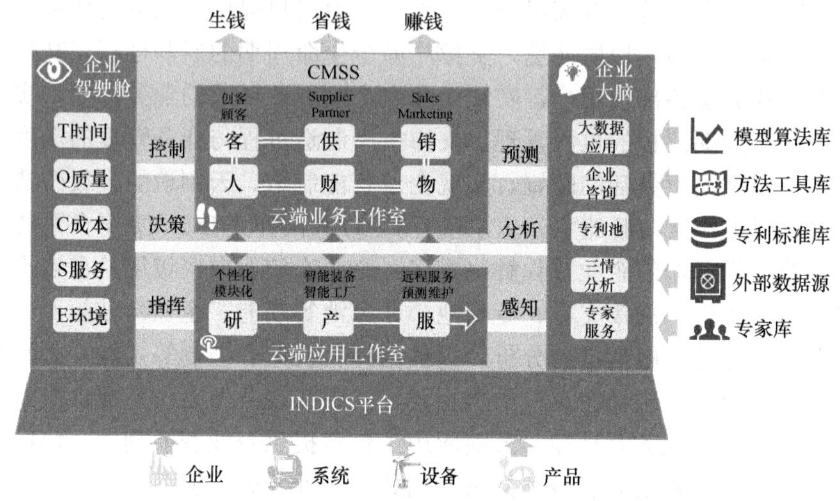

图 2-2　云端应用工作室与脑舱室站金系统的关系

2.2 基础理论

2.2.1 BOM 管理技术

在制造业信息化建设过程中，BOM 管理的意义已经被广泛认同与重视。BOM 管理是企业产品数据管理领域要解决的核心问题，对制造企业的信息流和业务流程具有重要影响，可以说企业 BOM 数据架构已是企业架构的一部分，对促进企业的内部管理和提高企业竞争力具有重要意义。

覆盖企业不同业务领域 BOM 需求的总体解决方案，其可能包括的 BOM 形态有 DBOM、EBOM、PBOM、MBOM、SBOM、LTP BOM、采购 BOM 等形式。特定企业的 BOM 架构方案与行业特点以及企业自身特点密切相关，BOM 管理系统实施过程中需要按业务需求、业务成熟度管理 BOM 的形态，在实现管理目标和降低 BOM 架构复杂度之间取得合适的平衡点。

1. 物料管理

物料作为 BOM 的基本单元，一般来说，物料管理包括物料信息(主数据)管理，物料申请流程，物料与技术资料的关联，物料版本与变更等内容。下面将重点分析和 BOM 相关的两个方面，包括企业物料和厂商物料的对应管理，以及物料的替换管理。

2. 企业物料与厂商物料

我们把企业自身的物料号称为企业编码(或是企业物料)；如果这个物料属于外购件(反之定义为设计件或自制件)，则会另外有厂商编码。厂商物料的管理在很多企业用于管理物料的寻源流程和结果，记录对不同厂商的授权。

许多信息系统均提供同时管理企业编码与厂商编码及其关联关系的功能，如 PLM 系统通过定义物料的 MEP(制造商件)/SEP(供应商件)来解决这类问题。然而，在这种管理模式下，不同厂商的物料仍然可以选择申请一个企业编码或多个企业编码，而选择的不同将对基于企业编码的 BOM 构建产生重要影响，我们分两种情况进行分析。

1) 企业编码对应单一厂商编码

BOM 中主要功能件往往是被重点管理的物料，如计算机产品中的 CPU、内存，汽车中的发动机，风力发电机中的叶片、齿轮箱等。针对这些物料，往往不同厂商提供的零件在企业内部采用不同的物料号进行管理，以方便进行识别和业务控制。

这种一对一模式对 BOM 的影响包括以下几方面。

(1) BOM 清单是由企业编码物料组成的，BOM 设计中就直接指定了这些大部件物料的厂商或品牌。

(2) 如果需要进行品牌变更，则需要通过 EC 流程对 BOM 执行变更以替换掉 BOM 中的企业编码物料。

(3) 不同厂商供货的物料同时使用可能要编制不同的 BOM 清单。这将造成管理成本增加。

很多企业希望使用不同企业物料号管理多个厂商的同种物料，这样可避免混淆，实现某种形式的“一物一码”。但反过来又希望在不对 BOM 进行变更的情况下，不同厂商的同种物料能够在企业级 BOM 环境中实现较灵活的替换管理，这就对企业物料和厂商物料的管理模式提出了较大挑战。通过“替换件/互换件”功能可以解决部分问题，但是零件替换会带来其他环节复杂性。

2) 企业编码对应多个厂商编码

相反的方案，对一些小零件如螺栓等紧固件、电阻电容等元器件，通常建议通过一个企业物料号代表多个厂商的供货。

这种处理方式对 BOM 的影响包括以下几方面。

(1)BOM 内装入的是企业物料号，企业物料号通过 MEP/SEP 管理厂商物料的准入(厂商物料)。

(2)BOM 中并不精确指定具体厂商，由下游生产、采购部门根据实际情况进行采购与投料。

(3)其优势之一在于 BOM 中不需要考虑不同厂商物料的替换问题。

(4)当厂商切换时，不需要对 BOM 发起 EC 变更。

(5)存在的主要问题：无法根据企业物料编码区分不同厂商供货，确定唯一实物。采购、仓库、生产等方面需针对不同厂商供货的管理制定对应的解决方案，或确定模糊管理不会存在问题。

如何处理物料的厂商供货件管理问题，要根据企业在管理上的侧重点和习惯采取对应的方案。大部分企业可能都是一种混合管理的模式，如有部分企业通过定义不同物料分类的“厂商相关性”来解决问题，厂商相关性包括强相关、弱相关、不相关等类型，其含义如下所示。

(1)强相关：一个企业编码对应一个厂商编码。

(2)弱相关：一个企业编码对应多个厂商编码，并指定优选厂商。

(3)不相关：物料不需要管理厂商准入，采购部门根据相关规格直接在市场上采购合适的物料即可。

定义企业物料和厂商物料的相关性，需要由产品开发部门和生产、采购部门达成共识，并充分地考虑物料管理模式对 BOM 管理的影响，并需要针对确定的管理方案进行业务的适应性调整。

3. 物料替换

物料替换管理是支持 BOM 中同一位置上多种物料选择的解决方案，用于应对生产过程中的缺料替代、多厂商供货等问题。如上面提到的，如果采用企业编码和厂商编码一对一的管理方案，有可能存在较大量的物料替代需求或同时使用的需求，此种情况可考虑物料替换管理。

一般来说，根据物料替换范围的不同，定义为以下两种形式的物料替换。

(1)互换件：在全系统范围内，一个物料与另外一个或多个物料存在全局替代关系。

(2)替换件：在特定的 BOM 环境中，一个物料与另外一个或多个物料存在替代管理。

基于 EBOM 的物料替换管理定义并不复杂，但是复杂的情况发生在替换关系随 EBOM 往下游生产系统传递的环节。因为物料替换具有较复杂的数据逻辑关系，其对于 BOM 形态转换(EBOM-PBOM-MBOM)、接口数据交换、变更管理等业务环节均较大地增加了 BOM 管理的复杂性和难度。因此，如果需要应用物料替换管理，则下游采购、生产环节和管理系统需要定义对应的业务规范和系统功能以处理物料替换的逻辑。

4. EBOM 管理

EBOM 管理重点介绍 EBOM 管理过程中的一些关键业务和问题。EBOM 是由产品开发部门输出的产品结构，由可制造或采购的物料对象组成。EBOM 是 BOM 体系内最核心的一部分。

EBOM 管理的关键内容包括(不限于)以下方面。

(1) EBOM 与 CAD 的关系。先有 BOM 还是先有 CAD 结构，CAD 结构与 EBOM 是否结构完全一致等这些都是 BOM 管理过程中的重要议题。对于这个问题，不同的企业可以有各自的做法，本书不对此进行深入探讨。

(2) EBOM 与产品配置管理。产品配置管理是 BOM 管理中比较高级的应用，具体的内容包括构建超级 BOM 结构、定义特征选项库、执行产品配置、输出精确 EBOM 等过程。

(3) EBOM 版本与变更管理。如何处理 BOM 中某个层级零部件/装配版本变更对整个 EBOM 结构的影响。

下面将针对 BOM 版本和配置相关的部分问题进行相关讨论。

1) BOM 版本与 3F 原则

在 EBOM 中，任何层级的零部件均有可能发生变更，某一层级的装配件修订升级后，将导致整个 EBOM 结构发生变化。大部分情况下，基于减少工作量和避免数据冗余的考量，产品开发部门希望仅对产品 EBOM 中需要改动的部分进行修订升级，所变更零部件上级装配则可保持版本不变，当新版本零部件发布时可以自动替换上级装配中的旧版本零部件。

基于这一诉求，信息系统(如 PLM)一般都实现新版本发布自动替换所有 BOM 中的旧版零部件的功能(如“最新发布版有效”或“FLOAT 原则”)。

同时，为了让工程师理解零部件修订升级所带来的替换后果，产品数据管理(PLM)业界专家提出“3F 互换原则”。3F 为“接口尺寸(Fit)，使用功能(Fuction)，几何形状(Form)”。3F 互换原则的引申含义：如果满足“3F 互换原则”，设计师就可通过“升级版本”的方式进行 BOM 和设计变更。因为满足“3F 互换原则”这一前提，变更执行后就会适应系统的“自动替换”原则，从而保证不出现不能替换的意外情况。

对于广大设计师来说，在实际工作中并不需要纠结“3F 互换原则”，简单来说可以归纳为以下两点。

(1)如果变更方式是采用“升级版本”，意味着全系统替换。

(2)如果不能全系统替换(在所有产品中替换)，则不能“升级版本”，而需要针对变更对象申请新的编码，并针对某产品升级其上级装配件。

2)层层修订原则

BOM 管理实践很好地体现了辩证法理论。某一个管理方案给我们带来方便的同时，也存在某些限制和缺点。

EBOM 的“最新发布版有效”管理方案存在一个问题，就是在 EBOM 中的每个层级都有可能发生过多次版本变更，我们无法精确地保存和追溯某一批次产品的 EBOM 结构。虽然通过时间有效性、单元有效性等有效性控制是可从某种程度上追溯精确 BOM，但维护及管理复杂，能够很好应用的企业少之又少。

基于以上问题，部分企业为了实现精确的 EBOM 管理，当 EBOM 中某个层级发生变更时，从该层级往上到产品总成需要进行层层升级，以保证每个版本的总成件下均具有精确的 BOM 结构。

对大部分企业来说，层层升级是不合理的处理方式，尤其是结构复杂，层级较多，多人协作，变更频繁的产品基本不适用这个模式。但对于一些产品结构简单，变更可控的产品来说，不失为一种精确管理 BOM 的方式。

5. 产品配置与模块化

BOM 管理中有一个重要的议题是产品配置管理，本书将针对产品配置的两种模式，以及模块化管理思想进行讨论。

1)过滤式配置

过滤式配置模式下，在产品结构的各个层次，以及每一个装配和零件上都有可能对 BOM 结构进行配置规则定义，最终的 BOM 输出体现为针对现有产品结构中的部分零部件进行隐藏。

过滤器式配置的特点如下。

(1)不需要预先进行平台配置性规划，可在已经成型的 BOM 上逐步增加配置。

(2)对 BOM 设计过程的约束较少。

(3)具体体现为某个系统或子系统装配根据选项的不同展现为不同的产品结构。

(4)不依赖产品模块化设计。

(5)与模块化配置相比，过滤式配置可更加容易与 CAD 结构进行对接。

过滤器式配置存在的问题如下。

(1)BOM 需要结合变量/选项才能确定精确结构，产品结构存在不稳定因素。

(2)其重点管控的是超级 BOM，难以对某款配置精确 BOM 做固化和深入管控，因此对于下游基于具体配置的精确 BOM 需求难以满足。往往通过 Excel 导入获得产品配置精确 BOM。

过滤器式配置应用场景如下。

(1)比较适用于配置规模较小，配置规则较简单的产品。

(2)比较适用于对单配置精确 BOM 依赖较少的产品。

2)模块化配置

模块是能够完成某种固定功能的系统、子系统、组件。在进行模块化配置平台规划时，首先需要将产品平台架构划分为系统、子系统、模块等几个层级的功能结构，功能结构顾名思义是以逻辑功能的维度来分解产品结构的；与之相反的概念是物理结构，即从产品各个组成的物理位置来进行划分，如图 2-3 所示。

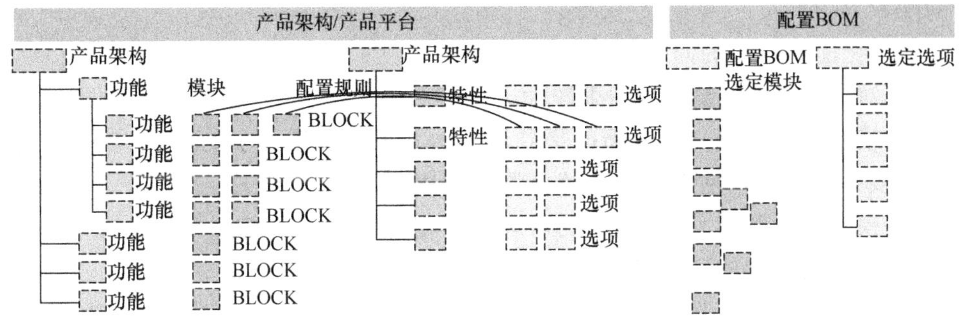

图 2-3　模块化配置管理模型

大部分企业的产品架构均合适采用功能结构来支持配置，因为市场选项往往基于功能点的有无。如果考虑生产制造因素，期望配置出来的 BOM 能够较好地适应生产制造，将需要更多地考虑产品的物理布局。

大部分产品的功能结构和物料结构有相似性，在进行模块化配置平台划分时，综合考虑功能结构和物料结构是有可能的。

模块化配置的一个特点是强调仅在定义为模块(BLOCK)的层面进行选配，在模块内部不再支持选配功能，即模块本身定义为“不可拆分的单元”。这种模式的意义如下。

(1)向产品开发部门明确 BOM 构建的原则，即将变量部分定义在模块级别，而不是随意的。

(2)有利于简化产品结构的复杂性，BOM 差异主要关注模块清单的多少以及不同，而不需要关注某个模块在具体产品中会有不同结构(过滤式配置特征)，因为某个具体的模块内部的 BOM 是精确无变量的。而 BOM 的精确性和稳固性对

BOM的应用是非常重要的，不需要进行二次化处理的BOM清单是最可能被广大业务部门所接受和使用的。

(3) 模块化配置有利于促进模块级别的重用，而非物料级别的重用，从而较大地提高了标准化。

模块化配置的其他特点包括以下几方面。

(1) 设计早期就需要进行模块划分以及产品平台和配置的规划工作。

(2) 要求BOM的构建工作面向产品配置平台，可配置模块划分与模块不可拆分的思想需要贯彻设计始终，即需要模块化设计。

(3) 产品配置架构与产品BOM为相对独立的控制体系，如在PLM系统将定义为不同的数据类型。

(4) 针对某个具体的产品配置，输出精确的模块(BLOCK)清单，以此组成稳固的配置BOM。

模块化配置存在的问题如下。

(1) 对产品BOM设计的约束较大，尤其对模块化设计思想的贯彻要求较高。

(2) 模块化配置是一种全新的平台化BOM管理思想，与传统的BOM管理方式存在较大差异，包括在信息系统上的数据模型设计。

(3) 模块化配置与CAD结构的对应难度相对较大。

(4) 模块化配置的应用场景。

(5) 适用于模块化设计较好的行业，如汽车行业标准将整车划分为300个模块，基于这些模块进行多选配的开发和管理。

(6) 比较适用于配置选项较多的复杂产品。

这里总结一些关于模块化配置管理的建议如下。

(1) 产品模块化的目的是重用和产品配置。明确某个子系统、组件为模块即代表提倡对其进行共用。

(2) 模块化设计需要解决模块的外部接口(包括之前提到的3F原则)、功能、外形的标准化和一致性，以保证模块能够被重用到多产品环境。

(3) 产品变型、产品配置时需要面向模块级别，而不应该将选配延伸到模块内部，即模块是不可拆分单元。

(4) 通过信息系统(如PLM)管理模块化设计时，需要对功能、模块、零部件的类型进行清晰定义以区别管理。

(5) 实施产品模块化配置时，其第一切入点是EBOM，并向前延伸到CAD模块化设计，先后延伸到模块化配置、模块化工艺和生产制造(难度相对较大)。而不建议采用CAD驱动BOM的方式。

6. MBOM 管理

在制造业领域，部分企业能够基于一套 BOM 解决产品设计和生产制造业务；而对于另外部分企业，不同业务领域对 BOM 的需求和定义具有较大的差异，从而产生了不同的 BOM 形态。在众多的 BOM 形态中，其中最典型的就是 EBOM 和 MBOM。

1) MBOM 的产生方式

从 EBOM 到 MBOM 的转换，我们认为有两种操作方式：①从 EBOM 直接重构 MBOM；②从 EBOM 投递到工艺(PBOM)，再从 PBOM 生成 MBOM。

有很多理论和方法论认为第二种方式是正确的 MBOM 生成方式，但是很多实践经验表明，EBOM-PBOM-MBOM 的数据操作路径长且复杂。首版的 MBOM 生成问题还不大，但是一旦变更发生，其复杂程度将成倍增加，很多情况下其效率是不能被接受的。这其中的关键影响是：①需要执行 EBOM 变更、PBOM 变更、MBOM 变更的串行流程；②当一个变更还没有结束时，另外一个变更可能已经开始。

变更在这三个环节上的传递，其执行效率远不是三者叠加那么简单，而是更多倍数的效率损失。因此我们认为，EBOM 后端的 PBOM(工艺)设计和 MBOM 设计可以是并行的，而不是串行的。

我们在多个制造企业的经验表明，大部分工艺设计人员在拿到 EBOM 后，他们对 MBOM 的架构是胸有成竹的，而且初步工艺规划和工艺方案可能在很早就已经开始了。因此他们可以快速形成初步的工艺流程，并确定应该在哪些节点部署半成品/合件，哪些需要拆分投料。把这些重构需求在系统内用 MBOM 结构直接搭建出来，有利于快速固化工艺思想，有利于结构之间的快速映射、结构比较和分析等操作。

因为产品数据的变更路径往往和首版的编制路径类似，因此当变更发生时就可以直接从 EBOM 传递到 MBOM，快速实现变更的承接和转换。

在生成 MBOM 的同时，可以进行工艺路线的规划，工艺路线规划和 MBOM 的构建两者相互促进，两者完成后通过 MBOM 的工序分配进行工艺的完整性验证。

2) MBOM 有效性管理

各个制造企业在 MBOM 架构设计上各有特点，不尽相同。MBOM 管理过程中有很多议题需要讨论，如 MBOM 的层次化和扁平化、MBOM 自动转换、工艺虚拟件管理等。本书中我们重点关注的是 MBOM 变更和有效性管理的话题，这是 MBOM 管理过程中最关键的内容之一。

我们针对 EBOM 和 MBOM 的变更模型进行了对比分析，将其中的关键点总结如下。

(1) EBOM 以零部件的版本来管理变更，新版本的装配发布时，即替换原来的整个装配(也支持有效性管理)。而在 MBOM 中，零部件版本的概念比较弱化，MBOM 更多关注的是某个料号下的增加和删除动作。

(2) EBOM 的变更往往是成套的，一次变更中间可能替换或更改多个零部件，并指定每颗物料的生效时间。

(3) 而生产上的物料切换，要充分地考虑库存因素，某些旧版物料有可能需要继续消耗，因此需要以每颗物料的有效性来控制新旧物料切换的时间。

(4) MBOM 中的物料生效是离散的，即使是同一次 EC 内的物料，也可能在不同时间切换。而 MBOM 必须准确地反映生产上的物料切换时间。

(5) ERP 系统的生产计划是根据 MBOM 有效性来进行物料需求计划(MRP)的。

综上所述，MBOM 的有效性管理模型和 EBOM 的 BOM 版本管理模型是两种不同的模式，如何将 EBOM 的“版本式管控”机制转换到 MBOM 上的“有效性管控”机制，是在信息系统实施过程中要解决的重要问题。目前来看，业内的一些 PLM 产品如 ENOVIA、Teamcenter、Windchill 等都有自己的解决方案，或是复杂程度高，或是灵活性差，总体来说还没有可广泛重用的完成解决方案。在 BOM 管理的实践中，我们需要充分地认识到 MBOM 有效性管理与 EBOM 管理的差异，并在系统实施过程中根据具体企业情况进行方案的架构与实现。

2.2.2　云排产技术

云制造是一种基于网络的、面向服务的智慧化制造新模式，它融合发展了现有信息化制造技术与云计算、物联网、服务计算、智能科学和高效能计算等新兴信息技术，将各类制造资源和制造能力虚拟化、服务化，构成制造资源和制造能力的服务云池，并进行统一、集中的优化管理和经营。用户只要通过云端就能随时随地按需获取制造资源与能力服务，进而智慧地完成其制造全生命周期的各类活动。云制造模式和技术的应用能够促进我国制造业发展，加快制造业向智慧化迈进，提高我国制造企业的自主创新能力和市场竞争力。云制造的典型技术特征包括五点，即制造资源和能力的物联化、虚拟化、服务化、协同化、智能化，其综合地体现为“智慧化制造技术特征”。

云制造的兴起为制造企业带来了新的机遇。这是一种基于网络的、面向服务的智慧化制造新模式。这种模式融合发展了现有信息化制造技术及新兴信息技术，将各类制造资源虚拟化后于云端作为一种服务统一管理及经营，用户可按需付费使用并柔性完成制造全生命周期的各类活动。供应链上的企业大规模协同生产方式是制造业发展的最高级模式：上游企业掌握下游企业的需求信息；下游企业了解全部上游企业的生产计划、执行情况及所有库存信息；供应链上下游企业达到了高度协同、信息共享、互利共赢。

企业亟须协调上下游企业动态组织生产资源，针对性地开展有限产能的调度及柔性生产，最大限度地解决企业剩余能力，按任务资源分配到各企业中去。智慧云排产研究技术定位于云制造、智能制造支撑技术，有效地协调多家制造企业动态组织、共享资源信息，针对性地开展智能计划排程和柔性调度，旨在为供需双方提供一个便捷的制造能力交易管理平台。通过云资源动态调度系统的推广使用，可牵引企业资源和能力物联化及虚拟化，以专业单元为基本单位，将平台企业的制造资源统一管理，有效地提高产能利用率，从而为生产制造领域供需双方解决制造业企业的能力和资源不足，人工排产错误多，目标优化不足等问题。

1. 引擎技术

云排产引擎采用了一种适用于云制造环境下跨企业资源调度的混合集合规划技术。该技术基于切削算法框架，综合考虑多种约束，通过多种有效求解策略，实现了面向订单的跨企业有限能力调度算法。

1) 特点

云排产引擎以工期最短、资源利用均衡为目标，支持有限能力强约束、跨企业资源计划排产。该引擎适用于跨企业、多约束、多品种和小批量的生产模式，可为供需企业提供拖期小、费用低、跨度短的协同生产计划。

2) 执行逻辑

排产引擎执行逻辑为分支切削(branch and cut)算法框架求解。通过分支切削算法求解变量值域中不满足约束的部分，极大收缩值域空间，再启动优化的搜索策略进行启发式的值域搜索，最终找到最优解或证明无解。图 2-4 为云排产执行逻辑。

3) 主要算法

变量及其值域的选择顺序直接影响算法效率。去排产算法通过合理设置求解策略并结合最小松弛度搜索准则、最小遗憾度搜索准则、贪婪搜索准则对问题进行求解。

算法优先确定任务的专业单元，然后确定任务开始时间、各专业单元生产数量、每个批次的日生产工时及天数，最后确定任务的后继企业及任务结束时间。

2. 算法约束

企业可以自主选择参数进行个性化排产。

(1) 企业内代表本次排产仅使用企业内的生产资源。

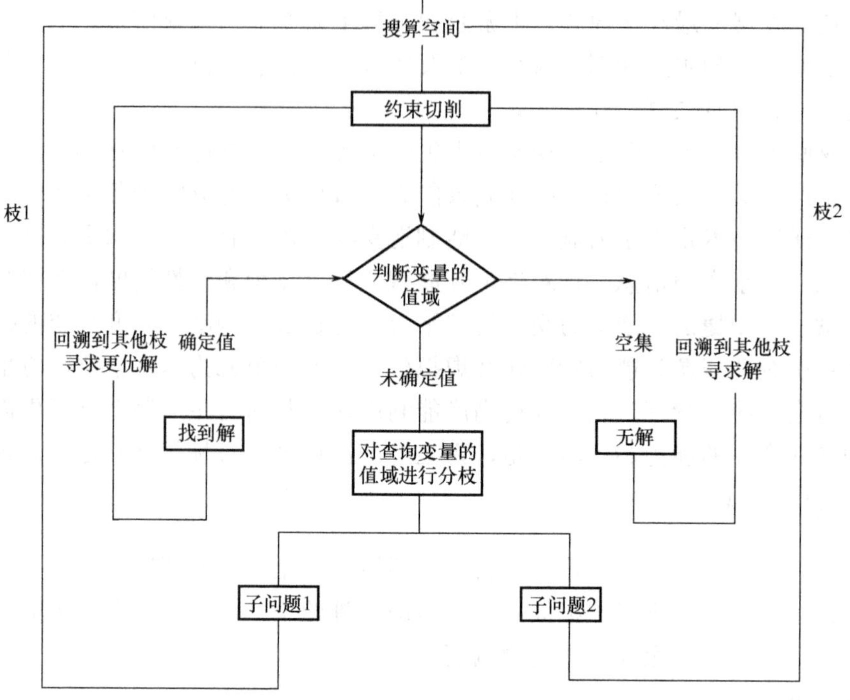

图 2-4　云排产执行逻辑

(2) 企业外代表本次排产将与平台上的其他企业资源完成协同生产；如果未勾选“企业参与”则表明仅使用外部企业生产。

(3) 距离代表需要引擎考虑企业间运输的时间因素。

(4) 正向代表本次排产为顺排，从最早开始时间开始顺排。

(5) 逆向代表本次排产为倒排，从最晚交货时间开始倒排；如果倒排时间已经到当前时间之前，则重新按最早开始时间进行正排。

1) 任务约束

任务约束包括生产数量、订单指定专业单元、最早开工、最晚完工时间、订单优先级、订单企业、专业单元约束。

2) 产品 BOM 及工艺路线约束

产品 BOM 约束包括零件是否采用自主加工、采购、外协、库存，是否指定专业单元约束。

工艺路线约束包括工艺流程、前后继、工序多资源类需求、工序加工时间、工序自动拆分、拆分上下限、工序转移批量及转移数量或时间上下限、工序转移时间 (工序距离矩阵)、工序单件日加工能力约束。

3）专业能力产能约束

专业能力产能约束包括专业单元日加工能力、可用日期、优先级、承接订单能力约束。

4）库存约束

云排产提供企业简单业务管理并形成任务描述数据，包括订单管理、BOM 管理、物品管理、属性管理、库存信息；资源管理由资源类型、地理信息、生产中心管理信息、工作日历共同构成资源模型数据。匹配与推荐功能距离优先、报价优先、承接量优先等规则为用户提供参与排产企业，由用户自主选择实际排产企业。并通过 CMOM 接收 CRP 有限产能计划排产结果，指导企业内细化派工与执行管理，同时反馈计划进度。图 2-5 为有限产能计划。

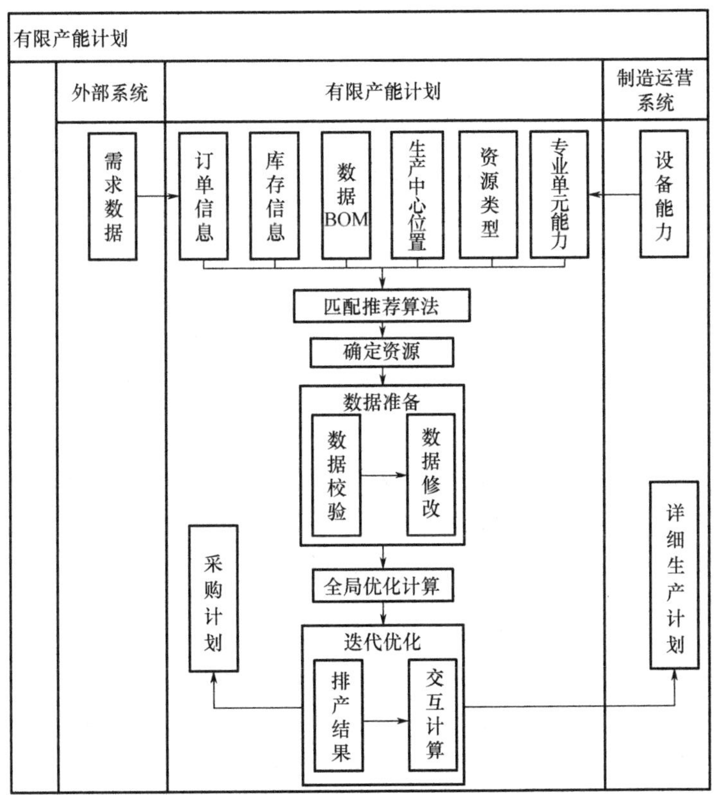

图 2-5　有限产能计划

2.2.3　制造运营技术

制造企业生产过程执行系统（manufacturing execution system，MES）日益成为

当下制造的转型升级的焦点之一。但遗憾的是，MES 近年来的发展与演进却似乎略显滞后，传统的 MES 已经难以完全满足数字化制造的需求。在这样的背景下，早在 2012 年即已被部分企业开始探索实践的 MOM，在近年来逐渐被更多企业认可与接受。

制造运营管理(MOM)在 2000 年由美国仪器、系统和自动化协会(Instrumentation，System and Automation Society，ISA)最先提出，2003 年，国际标准化组织(ISO)和国际电工委员会(IEC)联合发布国际标准《IEC/ISO 62264 企业控制系统集成》。

制造运营管理(MOM)通过协调管理企业的人员、设备、物料和能源等资源，把原材料或零件转化为产品的活动。它包含管理那些由物理设备、人和信息系统来执行的行为，并涵盖了生产调度、工厂产能、产品定义、生产装置等信息，以及与之相关的资源状况。

1. MES 与 MOM 的前世今生

MOM 从 MES 开始起跑，而 MES 是一个很久远的概念。早在 1990 年，美国先进制造研究协会首次提出制造执行系统的概念。

从历史发展上看，MES 的出现是为了满足企业上层计划管理系统与底层工业控制之间集成的需求，是工厂与管理之间的枢纽。而“集成与互联互通”恰恰是智能制造的核心诉求，而 MES 正是生产制造、工程技术与供应链三大维度的价值中枢，因此，在智能制造风起云涌的今天，MES 也随之成为炙手可热、饱受市场追捧的“宠儿”。

近年来，为了早日实现“转型升级”，我国制造企业争先恐后地采用 MES，并将成功上马 MES 视为智能制造落地的标志，这股狂热的风潮恍如十年前的 ERP，其结果也是惊人的相似。但 MES 的实施，也碰到很多困难。

2. MES 的主要问题

MES 的主要问题，包括以下四方面。

(1)定义模糊导致市场乱象丛生。虽然制造执行系统国际联合组织(MESA)提出了含有 11 个模块的 MES 功能模型，对 MES 进行了描述性定义，但却并非具备全部 11 个模块才能被定义为 MES，而是具备其中一个或几个模块也属于 MES 系列的单一功能产品。这种定义的模糊性，给 MES 造成非常多样化的形态。图 2-6 为 MESA 定义中 MES 的 11 个功能模块。

(2)功能范畴并未做到与时俱进。随着制造工艺复杂程度的日益提高，制造企业的需求从单一的品种大批量制造，到现在的多品种小规模定制化制造；产品生命周

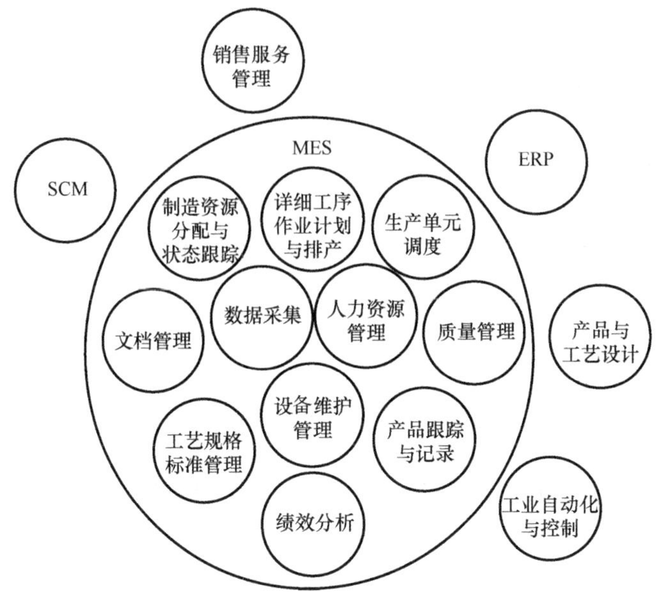

图 2-6　MESA 定义中 MES 的 11 个功能模块

期变得越来越短，设计变得越来越复杂；从单一产品的质量管理，到整个质量管理体系的构建；从内部库存管理，到整个供应链管理；以致整个制造管理体系的全面升级，这使得制造企业对软件功能的种类和要求也日趋提高。虽然在智能制造、物联网、云计算等新兴技术快速发展的影响之下，MESA 于 2016 年 1 月发布了 MESA 智能制造 52 号白皮书，对物联网、机器人、个性化定制等智能制造的相关理念进行了详细的阐述，但是，MES 的新标准与新定义，却并没有出炉。

(3) 理论与应用之间存在鸿沟。MES 所面对的下游行业，既涉及离散制造业，也涉及过程制造业，行业工艺千差万别。在实际应用当中，MES 除了软件系统本身的功能模块，还包含了因提供特别行业解决方案而发生的功能周延，以及与其他系统之间的融合，仅仅以 MESA 定义的 11 大功能模块而论，尚难以实现目前智能制造的多学科融合、多数据流动的复杂局面。

(4) 集成与互联互通是制造业从数字化向智能化迈进的必备条件之一，然而企业在历史发展的不同阶段所采购的由不同供应商所提供的软件系统之间，却无法有效地实现信息交互，即便是同一软件系统供应商的不同的软件系统之间，有时也会存在互联互通问题。以往专注于解决生产问题的 MES，无法满足生产运行需要与企业管理中与生产有关的管理软件之间的耦合与集成问题。

在上述问题的诉求之下，部分领先企业首先尝试采用运营管理平台(operation management platform，OMP) 来解决这一问题，将包括 MES 在内的多种软件功能集中在同一个运营管理平台之上，在此类实践的基础之上，于 2000 年形成具备理论雏形的 MOM，随着近年来理论的不断成熟与实际应用的持续发展演进，逐渐被业界所认识与接纳。

MOM 将维护运行管理、质量运行管理和库存运行管理与生产运行联系起来，并详细定义了各类运营管理的功能及各功能模块之间的相互关系，在下游行业的实际应用中，以整体解决方案的方式，对客户的具体需求具有更强的针对性和有效性。图 2-7 为 MOM 边界示意图。

3. MOM 与 MES、ERP

MOM 与 MES、ERP 等软件系统之间的异同主要体现在本质、覆盖范围、责任对象与功能四个方面。

(1) 从本质上看，MES 是一种用于解决具体问题的标准软件产品，而 MOM 是一种由多种软件构成的制造管理集成平台，其中不仅包括 MES 软件系统及与制造管理相关的各种功能，而且包含 MES 主体之外的用于解决具体问题的功能延伸与价值增值部分。

(2) 从覆盖范围上看，MES 所涉及的范围，会因为其所针对的下游行业、软件系统的设计理念、功能模块的设置等影响因素而各有不同，没有明确的界限，而 MOM 则实现对整个制造运行过程中的一切活动进行管理，换句话说，无论是哪一种 MES 软件系统，功能如何变化，也不会超过 MOM 的边界。ERP 中的生产管理更加偏重于企业战略管理，而 MOM 则更注重对具体生产过程的实时管理。

(3) 从责任对象上看，MES 主要针对生产运行，对生产以外的其他环节运营管理功能相对较弱，无法满足当今制造企业日益增长的对于生产质量、安全、效率的诉求，如食品饮料、医药行业等。而 MOM 则主张使用与生产运行统一的框架，对维护运行、质量运行和库存运行管理进行强化和提升，并对模型内部主要功能及其关联关系进行了细化，以求更有效地提升制造企业的整个制造管理体系。

(4) 从功能上看，MOM 作为一种集成软件平台，在集成标准化、开放性等方面都强于 MES，而且能够实现云部署，是未来制造运营管理软件发展的方向。

总而言之，MOM 与 MES 之间并非一种非此即彼的替代关系，而是一种包含关系，MOM 更像是一种为了解决制造管理问题而定义的功能组合体系，是制造管理理念的升级产物，而 MES 则是包含在 MOM 之中的使能工具。

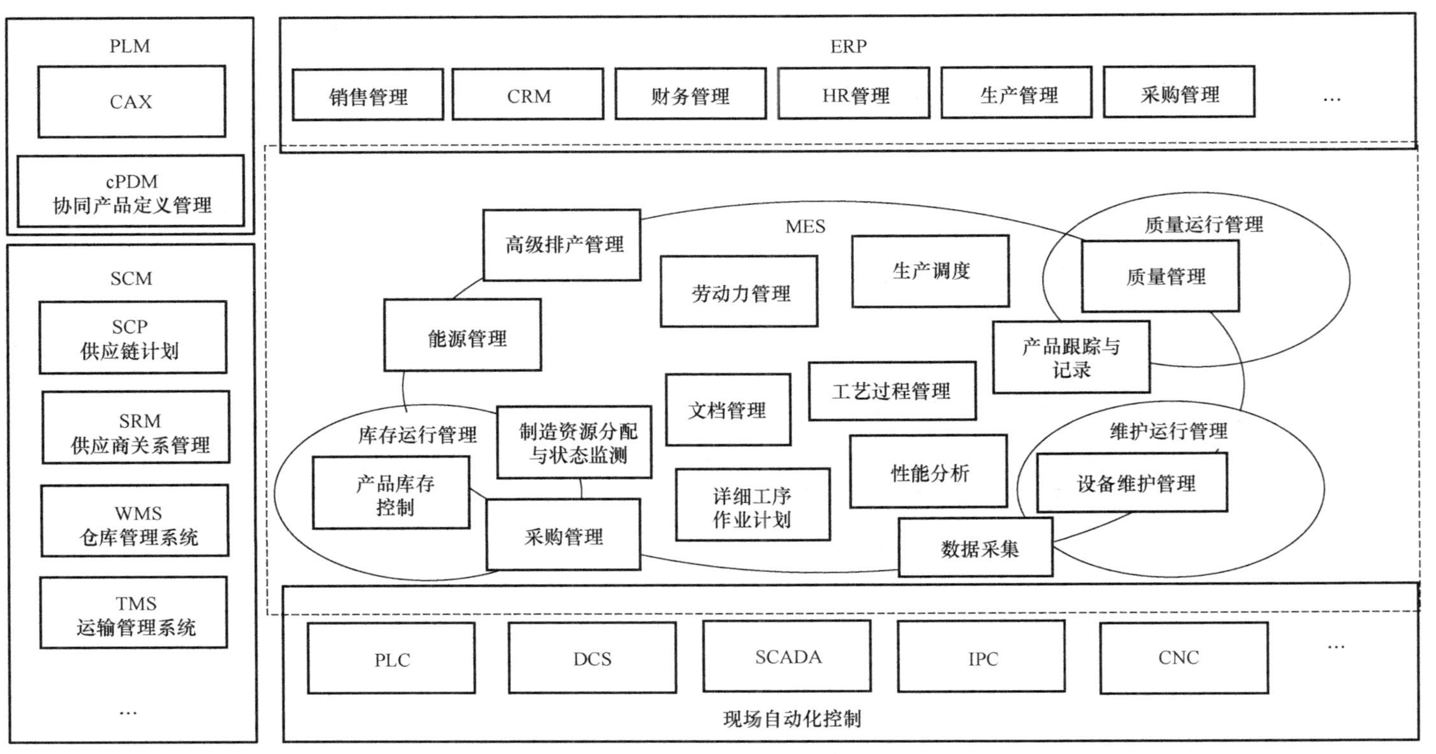

图 2-7　MOM 边界示意图

4. MOM 与数字化及智能制造

MOM 概念的提出，比工业 4.0、智能制造等新概念早了近十年之久，却是在这些新概念被提出之后，由于被部分企业所采用和付诸实践，才逐渐被业界所关注。

在 MOM 的倡导与践行者之中，不乏 Rockwell、Wonderware、Dassault、Siemens 等知名软硬件供应商。2012 年，Siemens 公司开始系统地将其 SIMATIC IT 从 MES 向 MOM 进行扩展，增加安全管理、能源管理、环境管理、质量管理等一系列功能模块，打造集成软件平台，为全面提升制造企业整体管理体系提供综合解决方案。如今，MOM 已经成为 Siemens 数字化企业战略中不可或缺的重要组成部分。

无独有偶，Siemens 在工业软件领域的老对手 Dassault 也是 MOM 的倡导者。2013 年 7 月，Dassault 以 2.05 亿美元收购美国 MES 软件及解决方案供应商 Apriso，并将其并入 DELMIA 旗下，以补全自身在制造领域的短板，并宣称其基于 Apriso 的解决方案不限于 MES 的功能，而是能够帮助客户实现对于制造运行的全面管控的生产运营管理解决方案。

2016 年 2 月，美国国家标准与技术研究院发布的报告《智能制造系统现行标准体系》中定义了智能制造系统模型，其中也用 MOM 取代了 MES，意味着美国对于制造运营管控认知的全面升级。图 2-8 为美国 NIST 智能制造系统模型。

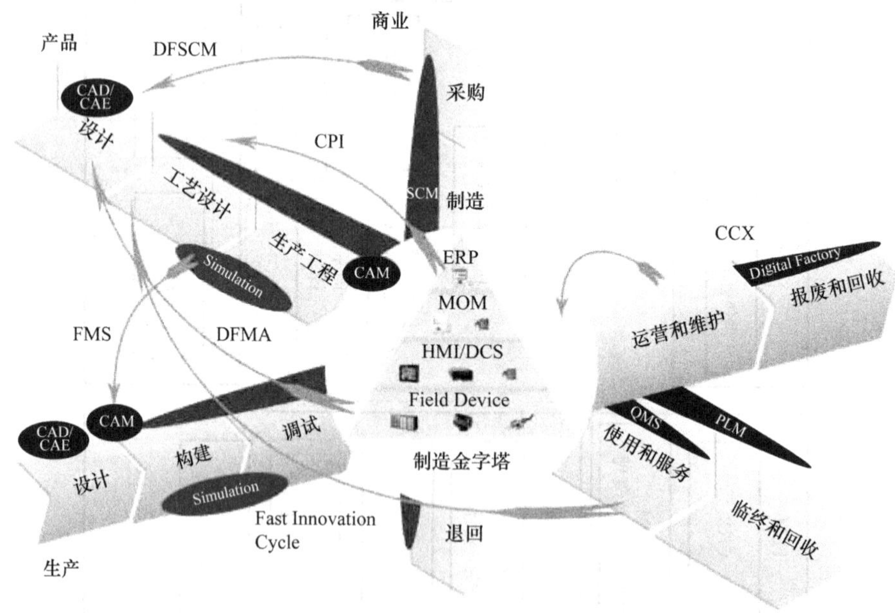

图 2-8　美国 NIST 智能制造系统模型

国内 MES 供应商对于 MOM 理念的认知，也在进行探索和实践中。例如，武汉艾普工华推出了 MOM 套件，聚焦制造企业整体运营管理，并将其认定为数字化工厂整体解决方案的核心。

MOM 在实践层面上，未来仍有很大的发展与提升空间。例如，对于维护运行、质量运行、库存运行管理的软件系统与功能的优化，如排产管理等 MES 高级应用功能模块提升与强化，以及 MOM 与其他软件系统之间集成与互联，都是 MOM 未来发展的方向。

2.3　功 能 概 述

云端应用工作室功能清单如图 2-9 所示。

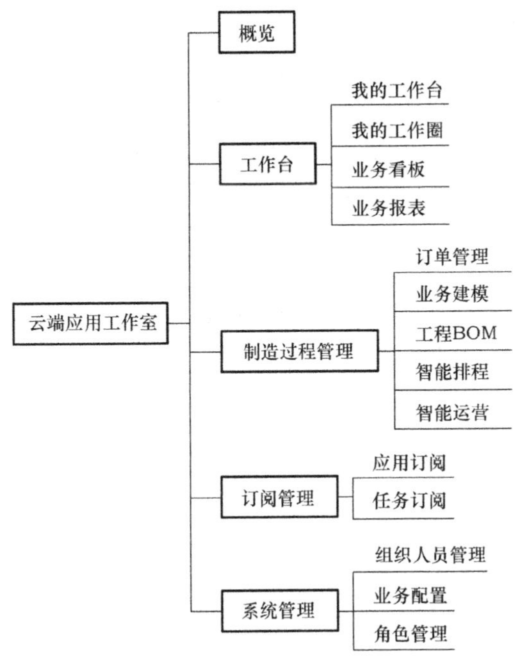

图 2-9　云端应用工作室功能清单

2.3.1　概览

概览页面包含应用工作室功能介绍、使用帮助、个人基本信息、数据总览(我参与的工作圈、我的未读消息、订阅任务更新、预警任务、逾期任务)即对应跳转入口、我的待办(订单管理和我的工作台快捷入口)；同时侧边栏有辅助功能快捷键：隐藏菜单/恢复菜单、返回、帮助、用户反馈模块。

2.3.2 工作台

1. 我的工作台

我的工作台是我相关的各项内容的集合页面，包含我的任务(待办/进行中/已完成)、任务按时完成率、任务总览、任务订阅、任务预警以及我的工作圈列表等内容，便于用户快捷进入相关的任务去建模或执行设计、工艺或生产制造等活动。

2. 我的工作圈

我的工作圈是云端应用工作室的组织形式，为工程应用人员提供协同工作圈管理，主要包含以下功能模块。

(1)创建工作圈：创建一个新的工作圈，提供属性信息定义，选取企业人员成为工作圈成员等功能。

(2)工作圈管理：对自己创建的工作圈进行管理，如启停、编辑工作圈信息、编辑工作圈内人员、解散工作圈等，并以列表形式展现用户可使用的工作圈。

(3)工作圈基础服务：提供群聊、点到点消息、公告、文件共享、相关任务列表等功能，为成员提供协同交流空间。

3. 业务看板

计划管理人员通过业务看板可以直观地总览一级任务和二级任务的从属关系进行任务进度的展现，让管理层直观地总览订单进度、任务情况及订单详情。

4. 业务报表

通过业务报表可以查看订单任务规划情况；并且可以单击甘特图查看订单的进展情况。

2.3.3 制造过程管理

1. 订单管理

订单管理用于业务需求管理，是由集成系统订单数据和用户自行录入需求组成的。需求信息作为任务管理功能的任务信息的数据来源，为任务规划、执行提供输入信息。订单管理主要包含以下功能模块。

(1)需求录入：包含系统自动进行订单数据集成和由用户自行录入完成提交两种需求数据录入途径。

(2)任务规划：根据需求的录入，由市场人员判断需求的任务类型并下发，任务规划人员进行一级任务规划。

2. 业务建模

业务建模模块包括业务规划器、阶段创建、消息预警、业务看板等功能，根据订单类型，进行阶段建模和任务建模，定义任务开始时间、结束时间，定义工作圈，订阅应用，为任务分配人力资源和应用资源。

(1) 业务建模规划器：云端业务发布后，业务规划人员通过可拖拽的规划器，针对某业务订单进行阶段任务划分，规划订单的产品设计、工艺设计、生产制造等阶段任务。

(2) 阶段节点创建：定义阶段任务，包括阶段任务名称、起止时间、任务描述、责任人、成果物要求、分配任务工具、关联工作圈。

3. 业务模板

业务模板为企业产品研制策划提供模板，基于模板可以快速创建业务建模实例。

4. 工程 BOM(CPDM)

工程 BOM 面向大中型企业的跨地域研制协同、客户协同及供应商协同；小型企业间的上下游协同，可作为企业的云端 PDM 系统应用；还可作为个人工作中心和配套参与平台。

工程 BOM 功能介绍如下。

(1) 多维项目管理：包括多产品项目、多类型项目的分类管理、顶层规划、集中监控，通过逐层分解，以任务形式完成。

(2) 产品数据管理：产品全生命周期数据的结构管理和迭代演进，客户和供应商通过登录系统，可以在线查看各类型文件。

(3) BOM 管理：针对复杂产品生命周期数据进行结构化管理，同时实现 BOM 的维护及配置、BOM 数据的应用、技术状态管控及协同。

(4) 工程资源管理：管理产品设计研发过程中依赖的基础数据、应用资源、参数模型及知识资源，同时支持资源的更新扩充及应用推送。

(5) 协同审签与研讨：参与各方对项目与设计无误的模型文件、参数数据或工艺文件组织相关人员进行批准、会签、电子签章等。

工程 BOM 包括以下三个协同场景。

(1) 各事业部协同：主要开展项目管理，实现设计项目的云端管理；设计协同实现异地事业部的设计协同；变更协同实现异地事业部的变更协同；产品数据管理实现文档的在线预览，版本管理。

(2) 供应商协同：主要开展供应商协同，实现供应商信息的在线反馈，图纸传递；产品数据管理实现文档的在线预览，版本管理。

(3)客户协同：主要开展客户协同，实现客户信息的在线反馈，图纸/模型的在线预览；产品数据管理实现文档的在线预览，版本管理。

1)项目管理

项目管理是多事业部协同设计中的起点，系统支持项目创建和项目拆分，可查看设计师的项目任务。一个项目可以是科研项目，也可以是一个市场订单中的产品，设计师根据异地协同的不同分工，将项目拆分到不同的事业部，各事业部接收拆分的子任务，之后进行线下设计。支持设计经理查看设计任务，上交设计成果，进行成果审核、关闭项目等业务流程。

项目管理主要包括以下功能。

(1)项目管理：包括项目创建，项目查看，项目删除，子项目的创建、查看、发送等。

(2)项目设计：展示设计师收到的设计任务列表信息，包括待提交、已提交、已完成三个页签，待提交页签内可实现设计文件上传操作，已提交页签内管理已上传设计成果的项目，已完成页签内管理已关闭的项目信息。

2)个人数据中心

个人数据中心用于管理用户个人上传的模型、图纸、文档等文件，文件显示为树形结构形式，用户不用安装任何看图、文档软件，即可在线查看和审签各类型文档、二维图纸、三维模型、动画。公司的销售人员、外协人员可以通过产品数据管理系统发送文件给客户和供应商。客户和供应商通过登录系统，可以在线查看各类型文件。

个人数据中心包括以下功能。

(1)文件管理：包括文件结构整理，文件检入检出，文件发起评审、流程及人员配置，文件的发放和接收等。

(2)客户协同：包括上传客户需要的模型、动画、文档，发放给客户。

(3)协同信息：开放给客户的页面，用来查看协同的文件和数据。

3)产品数据管理

产品数据管理用于管理企业级的模型、图纸、文档等文件，文件显示为树形结构形式，用户不用安装任何看图、文档软件，即可在线查看和审签各类型文档、二维图纸、三维模型、动画。

产品数据管理包括以下功能。

(1)文件管理：包括文件结构整理，文件检入检出，用户外发文件的接收。

(2)文件评审：包括文件发起评审、流程及人员配置。

(3)外发文件专用：外发文件审批表单的创建、审批，附件的上传、发放等。

4) 审签管理

审签管理是工程 BOM 系统的一个重要组成部分，方便评审人员进行文件签审，记录评审意见，进行文件审签进度监控。

审签管理包括以下功能。

(1) 文件审签：主要包括待评审、已评审的文件列表，可查看文件明细，进行评审，查看评审意见。

(2) 审签进度监控：展示流程列表信息，可查看文件审签进度、评审意见。

(3) 操作流程：评审人员进入文件审签处进行文件审签和预览，在文件进度监控处查看文件审签进度。

(4) 业务应用：各部门人员在审签管理中找到待评审的文件，进行在线文件预览和会签，文件评审的发起者可在审签进度中监控文件审签流程。

5) 消息管理

消息管理用于分类管理用户接收的所有任务消息，通过各消息提醒模块，用户可查看相关消息列表、单击操作按钮链接至相应菜单进行操作，方便用户及时发现和处理自己待办任务，避免遗漏。

消息管理包括以下消息分类。

(1) 项目消息：展示设计经理接收的项目分派消息，单击“查看消息”按钮，可链接至“项目管理”→“项目设计”→“待提交”页签查看项目详情。

(2) 评审待办消息：展示参与流程评审的评审人员收到的评审任务消息，单击“查看消息”按钮，可链接至“审签管理”→“文件审签”→“待评审列表”查看文件详情和录入评审意见。

(3) 评审结果消息：展示设计经理发起的所有审签流程的评审结果，单击“查看消息”按钮，可链接至“审签管理”→“审签进度监控”菜单查看审签进度情况以及每一步的审签意见。

(4) 发放消息：展示设计经理、客户等收到的文件发放消息，设计经理单击“查看消息”按钮，可链接至“产品数据管理”→“文件管理”菜单查看供应商传来的设计文件的文件详情，进行在线看图等，客户单击“查看消息”按钮，可链接至“产品数据管理”→“协同信息”菜单进行在线预览三维模型、装配动画以及阅读产品技术说明文档。

6) BOM 管理

BOM 管理是工程 BOM 系统基于模型协同的一个重要体现，便于设计人员实现基于 BOM 的协同设计。

BOM 管理主要包括以下功能：导入 xls/xlsx 格式文件解析 BOM 结构，创建 BOM 树，查看 BOM，修改模型，基于模型的评审，删除产品模型，发起变更等。

5. 智能排程(CRP)

智能排程系统是一款基于 INDICS 平台的云端企业资源协同管理系统，通过调度云端企业联盟中的制造资源，提供基于有限产能排产的高级应用，实现动态企业联盟间的资源协同共享及管理；并为云端单企业提供内部供应链及生产管理应用，以实现企业内部规范化管理。

智能排程主要涵盖订单管理、专业能力管理、有限产能排产、外协外购管理四大功能版块。

1) 订单管理

订单管理是智能排程重要组成部分，包含了销售订单、生产工单，出库、退货的单据管理。销售订单作为企业经营管理活动的来源，记录了销售合同中的重要客户、物品信息，并为后续业务提供单据依据。生产工单、销售出库单、销售退货单以销售订单为业务依据，在系统内完成业务流转。

2) 专业能力管理

专业能力管理用于提供企业生产中心、专业单元能力等能力管理，是排产的重要约束条件，主要功能包括以下几方面。

(1) 生产中心管理：维护企业在同一地点的专业单元，可等同于企业的分厂级概念。

(2) 专业能力查询：查询平台接入的专业能力。

3) 有限产能排产

排产管理定位于云制造、智能制造支撑技术，帮助企业协调多家上游供应商企业动态组织、共享资源信息，针对性地开展智能计划排程和柔性调度。

通过排产管理的推广使用，牵引企业资源和能力物联化及虚拟化，以专业单元为基本单位，将平台企业的制造资源统一管理，提高产能均衡及利用率，从而为生产制造领域供需双方解决制造业企业的能力和资源不足等问题提供有效解决方案。

排产管理主要包括以下功能。

(1) 有限产能计划：根据用户提供的 BOM 信息、专业能力信息、生产中心间距离信息对生产任务进行有限产能计算，可提前正向、逆向排产，考虑生产能力、生产时间、生产距离及生产费用的排产结果。

(2) 生产计划管理：可维护企业的手动生产任务。

(3) 距离配置：配置距离对应的时间配置，包括企业内生产和跨企业生产中心间距离。

4) 外协外购管理

采购是企业物资供应部门按已确定的物资供应计划，通过市场采购、加工定制等各种渠道，取得企业生产经营活动所需要的各种物资的经济活动。采购管理是智能排程重要组成部分，提供了计划、订单、入库等完整的采购流程。

采购管理主要包括以下功能。

(1) 基础数据：主要包括物品、仓库、供应商。

(2) 初始化：参数设置。

(3) 日常业务：采购业务的日常操作管理，系统提供了采购计划、采购订单、采购入库单等功能。

(4) 账表查询：提供对采购数据的各种统计、汇总及查询分析。

6. 智能运营(CMOM)

智能运营是面向企业生产制造过程管理和运营数据分析的制造运营管理系统，为企业提供基于工业互联网的全局运营云协同服务。通过系统数据集成，提供基于 IIoT 技术的制造运营管理及工业大数据分析解决方案，以满足企业内生产制造过程管理及企业间协同制造运营管理需求，实现企业产品生产制造过程的数据接入、业务管控、智能分析应用功能，实现互联、透明、智能的工厂。

智能运营主要包括以下功能。

1) 设备管理

设备管理支持设备档案维护、维修保养计划制定、维修保养任务处理、故障报修等业务流程，并提供了设备 OEE 计算与看板，设备状态采集接口功能。通过与企业数据采集系统集成实现设备状态监控与分析，为企业生产运营提供丰富的数据分析报表。

设备管理主要包括以下功能。

(1) 基础数据：主要包括部门、厂商等。

(2) 初始化：参数设置及期初录入。

(3) 日常业务：主要包括设备档案维护，维修及保养单次计划，维修及保养循环计划，维修保养任务处理，报修单管理，报修评价，设备利用率及 OEE 看板。

(4) 账表查询、统计分析：主要包括提供对设备利用率、OEE 数据的查询分析。

2) 产线管理

随着科技的发展和社会的进步，当今制造业的生产越来越依靠设备进行，组织管理也按照产线的模式进行。产线是设备和人的组合，也可以是单纯为设备或者人；可以按工艺原则布置(机群式布置)，也可以按产品原则布置(流水线布置)或者其他形式布置。但是，无论哪种布置方式，产线在制造业的生产管理中都处于十分重要的位置，及时地掌握产线的信息，就是掌握企业的生产信息，产线运行的平稳，就是企业生产的平稳，所以产线管理也变得越来越重要。产线监控模块能实时反馈生产现场当前情况，让不同部门的人员、不同班组的人员能及时地了解产线信息，进行相应的生产活动或者发现生产问题，使得信息交流更加清晰、迅速，问题的发现和处理更加及时，从而提高产线的生产效率，提升企业的效益。

产线管理主要包括以下功能。

(1)产线设备监控：主要反馈产线上设备运行的情况，产品产量的情况，包括生产设备数、生产设备的运行数、空闲数、关机数、维修数、机台报警次数、运行率、故障率、设备的开机时间、关机时长、运行时长、空闲时长、维修时长，以及当日计划、当日产量等。

(2)产线故障分析：根据产线设备实时预警数据进行数据分析，展示产线设备多维度的故障趋势，辅助挖掘产线设备问题出现原因，从产线、设备、故障、时间等维度分析故障。

(3)产线节拍分析：为了平衡整个企业产线与产线间以及设备与设备间的生产节拍，通过对产线和设备间节拍数据的分析计算产线和设备的实际生产节拍，为生产人员调整生产节拍提供数据支撑。

3)生产模块

生产模块可以统计产值、产量、齐套情况。同一数据在不同模块中使用时，数据在主要模块中录入后，其余模块数据可直接引用；数据统计口径及目标均应与年度纲要及绩效合同保持一致；为业务部门授予权限；数据体系库中已有采集的数据，需要时职能部门应直接从数据库中提取。

生产模块的报表主要包括以下功能。

(1)产量/值数据维护：包括单位、经营指标、产品分类、产品、本月完成产量/值数据、计量单位、年度(月份)信息的导入、编辑、保存，以及历史月份数据的查询功能。

(2)生产数据分析：展示某个事业部或集团的产量/值分析表和产量/值分析图。按照年度、单位、类型、指标条件进行查询，定义方案功能可设置图表展示方案。

(3)年度目标维护：包括单位、指标分类、经营指标、年度目标、计量单位、年度信息的编辑、保存，以及历史月份数据的查询功能。

(4)齐套入库产值数据录入：包括组织机构、考核月份、周开始日期、周结束日期、车间、产线、产品种类、任务来源、月初结转齐套金额、齐套产值、入库产值月度目标、入库产值、入库产量信息的导入、编辑、保存。按照周开始日期、周结束日期、单位条件进行查询。清除所选条件，则按照当前月份查询数据。

(5)事业部齐套产值分析表：展示某个事业部按照考核月份齐套产值图表。

(6)集团齐套产值分析表：展示所有事业部按照考核月份齐套产值图表。

4) 财务模块

财务模块可以统计营业收入、应收账款、存货等情况。同一数据在不同模块中使用时，数据在主要模块中录入后，其余模块数据可直接引用；数据统计口径及目标均应与年度纲要及绩效合同保持一致；为业务部门授予权限；数据体系库中已有采集的数据，需要时职能部门应直接从数据库中提取。

财务模块报表主要包括以下功能。

(1) 存货数据维护：生产部门、存货类别编码、存货类别名称、仓库编码、仓库名称、账龄、单位、日期可编辑选择，存货金额在线录入，可查询历史月份数据。

(2) 回款数据维护：生产部门、销售部门、客户编码、客户名称、集团类型、所属行业、单位、日期可编辑选择，现金回款和票据回款金额在线录入，可查询历史月份数据。

(3) 应收账款数据维护：生产部门、销售部门、客户编码、客户名称、集团类型、所属行业、账龄、单位、日期可编辑选择，应收账款金额在线录入，可查询历史月份数据。

(4) 营业收入数据维护：可新增或删除营业收入数据，部门、日期、单位可编辑选择，营业收入(不含关联方)、营业收入(关联方)、营业成本本月发生数在线录入，可查询历史月份数据。

(5) 存货资金分析表：按照部门、月份查询集团和各个事业部的存货资金分析图表。

(6) 回款分析：按照部门、集团类型、行业、销售部门、月份查询集团和各个事业部的货款回笼分析图表。

(7) 应收账款分析：按照部门、月份查询集团和各个事业部的应收账款分析图表。

(8) 营业收入分析：按照部门、月份查询集团和各个事业部的营业收入分析图表。

5) 销售模块

销售模块可以统计订货额、销售额、销售收入、货款回笼等情况。同一数据在不同模块中使用时，数据在主要模块中录入后，其余模块数据可直接引用；数据统计口径及目标均应与年度纲要及绩效合同保持一致；为业务部门授予权限；数据体系库中已有采集的数据，需要时职能部门应直接从数据库中提取。

销售模块报表包括以下功能。

(1) 订货数据维护表：在线编辑数据，保存数据，查询历史月份数据。

(2) 销售数据维护表：在线编辑数据，保存数据，查询历史月份数据。

(3) 订货分析表：按照时间、部门、行业、片区条件查询数据。

(4) 销售收入分析表：按照时间、部门、行业、片区条件查询数据。

(5)销售资金分析表：按照时间、部门、行业、片区条件查询数据。

6)人力模块

人力模块可以统计人力数据情况。同一数据在不同模块中使用时，数据在主要模块中录入后，其余模块数据可直接引用；数据统计口径及目标均应与年度纲要及绩效合同保持一致；为业务部门授予权限；数据体系库中已有采集的数据，需要时职能部门应直接从数据库中提取。

人力模块报表包括以下功能。

(1)岗位改善项目评定基础表：在线编辑数据，保存数据，查询历史月份数据，下载模板，导入数据。

(2)岗位改善分析表：可以查询数据，导出数据，编辑可视化图。

(3)人力数据基础表：可以在线编辑数据，保存数据，查询历史月份数据，下载模板，导入数据。

(4)人事费用基础表：可以在线编辑数据，保存数据，查询历史月份数据。

(5)从业人员劳动报酬基础表：可以在线编辑数据，保存数据，查询历史月份数据。

(6)人事费用率与工资产出分析表：可以查询数据，导出数据。

(7)劳动工资数据分析表：可以查询数据，导出数据，编辑可视化图。

7)科研模块

科研模块可以统计科研数据情况。同一数据在不同模块中使用时，数据在主要模块中录入后，其余模块数据可直接引用；数据统计口径及目标均应与年度纲要及绩效合同保持一致；为业务部门授予权限；数据体系库中已有采集的数据，需要时职能部门应直接从数据库中提取。

科研模块报表包括以下功能。

(1)专利数据基础表：在线编辑数据，保存数据，查询历史月份数据。

(2)专利数据分析表：查询数据，导出数据。

(3)科研数据基础表：在线编辑数据，保存数据，查询历史月份数据。

(4)科研数据分析表：查询数据，导出数据。

(5)项目申报情况基础表：在线编辑数据，保存数据，查询历史月份数据。

(6)项目申报情况分析表：查询数据，导出数据。

(7)科研计划完成率基础表：在线编辑数据，保存数据，查询历史月份数据。

(8)工艺攻关完成率基础表：在线编辑数据，保存数据，查询历史月份数据。

(9)新品商品化率基础表：在线编辑数据，保存数据，查询历史月份数据。

(10)科研数据基础表(产品)：在线编辑数据，保存数据，查询历史月份数据。

(11)科研数据分析表(产品)：查询数据，导出数据。

8) 质量模块

质量模块根据质量目标基础数据，统计质量目标下达数据，生成质量目标分析数据。

9) 计划管理

计划管理支持内部创建生产订单和接收智能排程计划，生成工序级计划。支持资源能力实时计算，具有有限能力的工序计划分解功能，可将生产任务按可用能力分解下发至具体机台资源。

计划管理主要包括以下功能。

(1) 基础数据：主要包括部门、物品、工艺路线、工作中心、资源、工作日历等。

(2) 初始化：包括参数设置及期初录入。

(3) 日常业务：包括生产订单、CRP 计划接收、工序计划、有限能力派工。

(4) 账表查询、统计分析：提供对资源占用能力、可用能力的计算分析。

用户在初次使用计划管理时，需要先做应用准备，再进行业务处理。计划管理操作流程如图 2-10 所示。

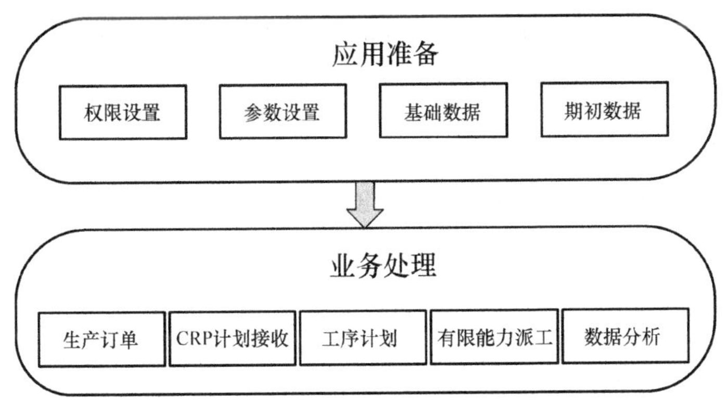

图 2-10　计划管理操作流程

计划管理满足离散制造业车间计划管理业务需求，同时通过与智能排程的集成实现了资源能力实时发布。智能排程生产计划的接收功能，用户可以根据企业实际情况，灵活设置系统参数，实现数据可视化及车间计划的管控。

2.3.4　订阅管理

1. 应用订阅

平台应用资源汇集，按照行业、领域、交付方式进行筛选，获取需要订阅的应用。工业 APP 云市场为 INDICS 平台企业用户提供统一的应用市场功能，企业用户可试用、选购，并以在线和离线方式使用 SS 类应用和下载应用，具有应用心愿清单和应用管理功能。

2. 任务订阅

任务订阅含任务订阅以及订阅提醒。

(1)任务订阅：通过对订单中已建模的任务进行订阅操作，实现数据驱动的研制管理模式，解决任务执行过程中的数据输入问题。

(2)订阅提醒：对用户已订阅的任务进行提醒，当任务有状态变更时进行提醒。

2.3.5 资源管理

资源管理用于支撑云端应用工作室，方便快速进行人员角色管理，知识检索、应用，知识信息共享。资源管理主要包含以下功能模块。

1. 组织人员管理

组织人员管理提供组织管理、人员管理、角色管理和生态企业管理功能。对工作室部门、岗位、人员等信息进行定义，并将任务管理、工作圈管理、组织人员管理、工具维护等功能使用权限赋予角色，按照企业号添加上下游企业，为上下游企业维护业务人员信息。

2. 角色管理

系统角色管理对企业各子账号进行角色权限资源的分配与管理。

3. 业务配置

业务配置定义阶段任务的阶段属性。

4. 系统配置管理

为确保系统可以流畅运行，系统运行维护是智能排程系统必不可少的组成部分。系统配置管理包括用户管理、参数设置、操作日志、流程配置、编码方案和资源类型等功能，系统管理员可通过设置中心完成系统使用的运行维护工作。

5. 基础数据管理

为了确保系统可以流畅运行，基础数据的录入维护是任意系统使用前的必要准备工作。基础数据模块可以维护企业、部门、职员、客户、供应商、仓库、物品、BOM、计量单位、辅助属性、结算账户等多种数据，并可对客户、供应商、物品进行分类操作，通过简易的操作实现用户数据的数字化，并充分地利用数据为智能排程系统其他功能提供数据支持。

基础数据管理主要包括以下功能。

(1) 企业信息：用于录入企业信息。

(2) 部门：用于企业部门的管理。

(3) 职员：用于部门的职员管理。

(4) 客户分类：用于客户分类信息的管理。

(5) 客户：用于客户信息的管理，支持导入导出功能。

(6) 供应商分类：用于供应商分类信息的管理。

(7) 供应商：用于供应商信息的管理，支持导入导出功能。

(8) 仓库：用于仓库信息的管理。

(9) 计量单位：用于计量单位的管理，支持单计量和多计量两种自定义方式。

(10) 物品组：提供物品多维度的分析管理。

(11) 物品分类：用于物品分类信息的管理。

(12) 物品：用于物料主数据详细信息和参数的管理，支持导入导出功能。

(13) 辅助属性：用于物料辅助属性的管理。

(14) BOM 结构：生产 BOM，即物料清单，详细记录母件与所有子件的从属关系、单位用量及其他属性，有些行业也称为材料表或配方等。

(15) 结算账户：用于结算账户的管理。

(16) 币种：用于管理货币的代码及名称。

(17) 汇率：用于管理一国货币与另一国货币的比率或比价。

2.4　作用和价值

2.4.1　目标用户

大中企业：为大中企业提供集成化的应用前台，通过工作室提供的应用互联功能将应用工作室与线下系统集成，打通应用之间的流程和数据，形成云端协同工作环境。

中小企业：为中小企业提供一站式应用，整合 INDICS 平台的企业信息化 SAAS 套件，包括 ERP、PDM、MES、CAD、CAE、TDM、QMS、SCADA、DNC 等，提供整体数字化转型解决方案。

项目组或型号组：为项目组或型号组提供协同空间，即时开展技术讨论，支持模型的在线浏览和评审，支持任务间数据的传递和管理，无须建立烦琐流程即可开展并行工作，实现各专业设计工具、文档资源、设计知识的共享。

云端应用工作室提供云 ERP、云 PDM、云 MES、云 MOM 等云端软件，支持与企业线下的 ERP、PDM 等管理集成，提供 CRP、CPDM、CMOM、CMES 等协同管理软件支撑跨组织跨企业协同，通过任务预警机制，触发消息机制，推动任务执行，提供任务订阅机制，推送任务数据至订阅人，及时获取任务数据状态。

面向个人应用、企业内部团队协同应用、跨企业跨地域协同应用三类应用场景，实现平台各类 APP、工业资源集成，为用户提供一站式集成工作环境，帮助用户快速实现业务数字化转型。

(1)提供云上 APP 资源，大幅降低信息化建设和运行维护成本。

(2)提供云上跨企业跨地域的协同环境，解决企业信息系统“碎片化”“信息孤岛”问题，推动网络化协同制造模式的应用。

(3)沉淀形成可复制的工业知识、应用模式，快速赋能云上企业，形成工业互联网核心竞争力。

2.4.2 面向生产管控的价值

生产管控是对生产过程中各要素的管控，包括生产现场、生产人员、生产设备(工装)、生产物料及生产质量中的管控。在制造业，生产管控一直都是企业的核心管理内容。生产管控能力的高低决定了企业实际生产能力的高低，特别是当本订单或不同订单间的产品特征变化较大时，其生产管控的难度会大大增加。应用工作室能够有效地采集和汇聚设备运行、工艺参数、质量检测、物料配送和进度管理生产现场的数据。数据通过分析和反馈后，可以在设备维护、制造工艺、运营管理、质量管理等具体场景中优化应用。

在设备优化场景中，应用工作室可以采集生产设备的制造工艺、运行状况等数据信息，部署生产设备运行维护和管控相关的工业 APP 及系统解决方案，开展设备的状态监测、能效监测、异常报警、健康诊断、优化调控、智能维修等服务，降低设备运行能耗，提高设备运行维护效率，实现生产设备全生命周期的健康管理。

在工艺优化场景中，应用工作室可以以数据互联的形式将实时的制造数据采集汇总，然后将车间设备、人员、工艺、质量等海量数据通过智能算法，精准分析出与生产质量相关的关键参数，发现影响制造质量的关键环节，给出面向全过程的关键参数，进一步提高企业的制造品质。

在运营优化场景中，应用工作室通过对生产进度、现场能耗数据、物料管理、企业管理等数据的分析，提升排产、进度、物料、人员等方面的管理准确性，对设备、产线、场景、能效使用等进行合理规划。应用工作室通过对工厂内各类设备能耗状况以及能源产、输、转、耗全过程的监控和分析，实现工厂全局性的能耗优化。

在质量优化场景中，应用工作室通过接入的工业互联网平台中的边缘计算服务器在检测端通过深度学习的方式弥补了机器检测与人工历史检测在经验方面的不足。其强大的计算能力可以进行模式识别等复杂计算，从而保证机器检测的有效性和一致性，自动化工厂最终实现产品质量的全机器检测，提高产品检测效率，降低产品的不良率。

对制造业来说，生产管控的关键环节在于信息的共享、组织的有序和关键点的控制。组织的有序依赖于业务流程的梳理和优化、简化的设计以及数据传递机制，保障流程无缝衔接。应用工作室可以及时反馈设备状态、在制品状态等信息，及时组织生产，实时管理实物，以更低的成本得到更高的制造质量和效率。

2.4.3　面向资源协同的价值

应用工作室可以实现制造企业与外部用户需求、创新资源、生产能力的全面对接，推动设计、制造、供应和服务环节的并行组织和协同优化。其具体场景包括协同研发、协同制造、供应链协同。

在协同研发场景中，面向复杂产品研制，针对产品高效研发创新的需求，企业依托应用工作室整合研发设计数据，部署各类研发设计类软件工具，利用云化研发设计软件和计算资源开展本地产品研发、工艺设计，实现研发设计数据的集成统一，支撑企业实施异地研发作业的协同操作和并行工程，并基于应用工作室的协同能力，建立涵盖复杂产品多学科多专业的虚拟样机系统，通过仿真完成系统级整体评估和验证工作，实现复杂产品的多学科设计优化，缩短新产品研发、工艺设计、工厂布局的周期，提高企业研发和设计的效率。

在协同制造场景中，应用工作室提供线上核心工业软件服务，实现跨企业的工艺协同，以及以计划为主线的生产全流程(进度、质量)管控。面向制造资源优化配置需求，鼓励企业依托应用工作室集聚不同企业的制造能力数据，推进各种工业软件、制造资源的在线调用和共享，开发部署制造能力在线发布、制造资源弹性供给、供需信息实时对接、能力交易精准计费等工艺 APP，提供众包众创、设备租赁、制造能力交易、制造资源在线调用等应用服务，组织实施网络化协同制造，实现制造能力开放、协同与共享，提高制造资源配置效率。

在供应链协同场景中，基于应用工作室的供应链管理包括计划、采购、制造、配送等。应用工作室可以实现跟踪现场物料消息，结合库存情况安排供应商精准配货，实现零库存管理，有效地降低库存成本。应用工作室通过对生产现场与企业运营管理、资源调度的协同统一，形成面向企业局部的生产过程优化、企业智能管理、供应链管理优化等重点应用，实现企业内部生产计划与外部供应计划衔接，提高生产效率，降低企业成本。

通过应用工作室承载的数以亿级的设备、系统、工艺参数、软件工具、企业业务需求和制造能力，是工业资源汇集的载体，是网络化协同优化的关键。目前这些资源在工业互联网平台上主要通过简单的信息交互实现供需对接与资源共享等浅层次应用。未来，随着工业互联网平台全局运行分析与系统建模能力的逐步提升，应用工作室将成为全局资源优化配置的关键载体，最终形成资源富集、多方参与、合作共赢和协同演进的制造业生态。

2.4.4　面向企业创新的价值

应用工作室在企业创新方面突出价值主要体现在个性化定制场景中，个性化定制的本质是依托数字化平台实现研发设计、生产制造、经营管理、市场营销等部门之间数据的自动流动，有效地提高企业的研发效率、生产效率和产品质量。当前我国个性化定制主要集中在消费电子、家具、制鞋、服装等消费品行业。典型的个性化定制模式有两类：一类是消费者需求反馈至生产制造端，形成动态感知、实时响应消费者需求的大规模个性化定制模式；另一类是消费者需求传导至研发设计端，形成“快速原型→模具开发→产品定制”的小批量个性化定制模式。应用工作室推动了制造业向生产服务型转变，激发制造企业竞相开展管理创新、模式创新和业态创新。

第3章 技 术 框 架

云端应用工作室围绕先进制造业务，面向设计、工艺、生产、试验、保障及工程管理人员提供一站式集成工作环境，以工作圈的形式组织管理 IPD 研发制造模式下的人员、资源、任务和数据，并集成协同工作所需的工具、软件和资源等，构建统一的协同工作环境；通过业务建模和输入、输出数据的关联管理，实现业务流、数据流的耦合，形成模型/数据驱动的研发制造模式。

3.1 技术框架概述

云端应用工作室是基于 INDICS 平台提供的基础设施，作为 CMSS 云制造支持系统的功能和业务界面之一进行建设。INDICS 平台体系架构图如图 3-1 所示。

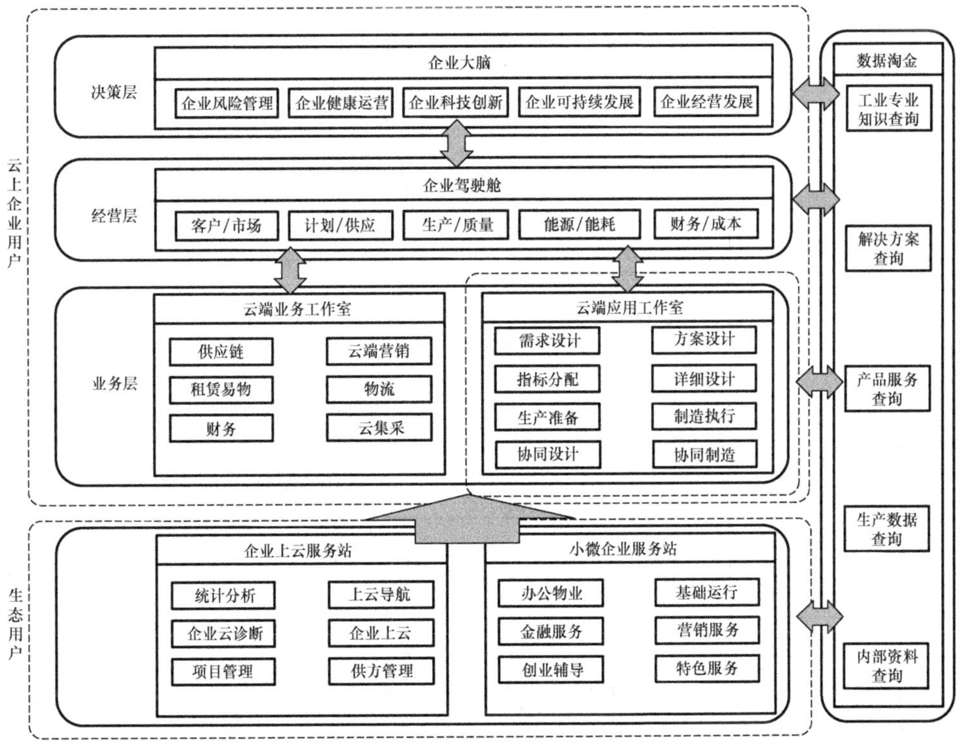

图 3-1 INDICS 平台体系架构图

企业上云之后，应用云端应用工作室支撑产品全生命周期的研制过程，为企业驾驶舱提供研制数据进行主题分析，基于应用工作室的大数据分析可以形成企业大脑的决策依据，产品制造过程数据为数据淘金提供数据源。反之依据企业大脑和管理驾驶舱的决策指令，优化产品研制过程，从数据淘金形成的知识库支撑产品研制过程不断进化。

3.2 业务架构

按照制造过程支撑业务应用需求，云端应用工作室的业务架构主要包含四个方面：云端协作、制造过程管理、制造过程支撑、云端应用管理，业务架构如图 3-2 所示。

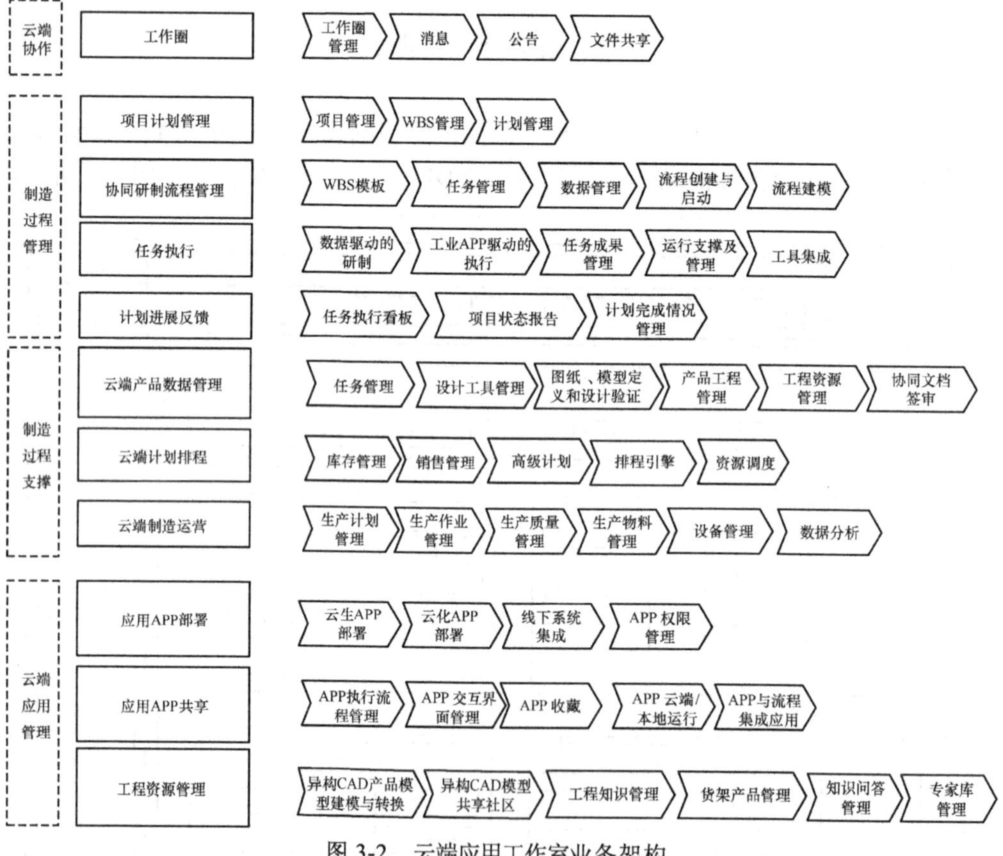

图 3-2　云端应用工作室业务架构

(1) 云端协作主要完成建群组，实现研发制造团队之间实时沟通，解决协同研制中的沟通效率。团队人员能够在线发起研讨，通过文字、图片、文档、模型等的传递，能够使问题快速得到解决。

(2)制造过程管理主要完成任务与流程驱动的多专业协同研制，包括项目计划管理、协同研制流程管理、任务执行、计划进展反馈业务。通过项目计划管理将客户订单按照 WBS 结构进行计划分解，通过协同研制流程管理在任务执行过程中进行流程控制和数据传递关系控制，通过数据驱动的研发和应用 APP 驱动的研发进行任务执行，生成任务数据按照研发过程数据管理方法进行数据传递，最终将任务提交完成，实现产品研制的全过程管理。

(3)制造过程支撑主要提供云端研制工作环境，包括云端产品数据管理、云端计划排程、云端制造运营。云端产品数据管理进行产品研发项目管控、产品数据全生命周期管理、企业设计应用和工程资源体系管理。云端计划排程对资源进行科学匹配，开展企业内、跨企业有限产能高级排产。云端制造运营面向企业生产制造过程管理和运营数据分析的制造运营管理。

(4)云端应用管理包括应用 APP 部署、应用 APP 共享、工程资源管理。应用 APP 部署与共享通过将各类专业应用 APP 统一封装与共享发布，实现专业 APP 与研制流程集成应用。工程资源管理与应用主要整合专业知识资源，实现专业知识资源基于分类树的机构化管理，通过统一的平台提供专业知识资源统一应用服务及知识资源与研发流程集成应用服务。

3.3 应用架构

云端应用工作室是工业互联网平台面向用户的集成工作环境，通过制造过程管理、制造过程支撑系统、工作圈、订阅管理、资源管理等功能管理与整合平台上各类 APP、资源和任务，通过应用工作室帮助用户快速构建云端工作环境。其中，制造过程管理主要是根据订单类型，完成产品研制过程规划，进而完成任务的细化分解、数据订阅等业务过程；制造过程支撑系统提供基于 INDICS 平台云原生的工程 BOM、智能排程、智能运营等企业核心应用；工作圈包括工作圈管理、协同工作台等功能，与任务管理功能一起实现 IPD 协同研制模式中的核心要素：协同团队定义、任务和目标的分解/集成，以及团队协同；订阅管理包括应用订阅、应用使用、应用订单 3 大功能，旨在为个人用户提供一站式集成应用环境；资源管理包括组织人员管理、工具服务管理和应用支撑环境、工程资源库，实现人员、工具系统、知识的统一管理，以及云端和本地的协同，应用架构如图 3-3 所示。

企业基于云端应用工作室的任务管理版块获取待办任务、消息通知等信息，通过 API 接口调用协同类 APP 进行协同计划、协同设计、协同生产、协同仿真、协同试验等工作；调用专业类 APP 实现智慧管控、智慧研发、智能制造、智能服务；通过应用工作室的资源共享管理、工具服务管理支撑云制造模式落地实施。

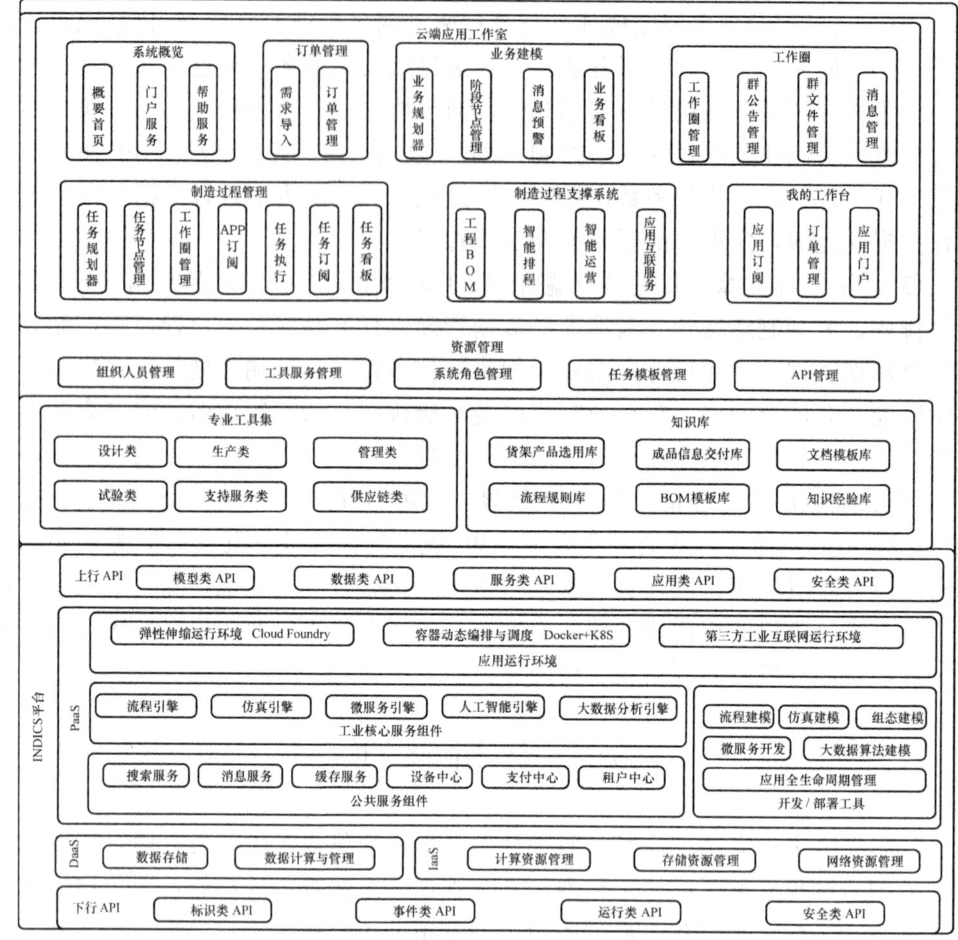

图 3-3　云端应用工作室应用架构

3.4 数据架构

云端应用工作室主要存在以下几类数据(图 3-4)。

(1) 制造过程管理数据，这类数据主要是基础数据，如人员组织管理、角色管理、企业物料管理等，这类数据由应用工作室产生沉淀于 INDICS 平台的 DaaS 层中。

(2) 应用工作室中的各制造业务模块将以微服务形式部署在平台 PaaS 层中，数据则统一在 DaaS 中进行管理，方便数据共享、大数据分析等 DaaS 功能的运作。

(3) 在应用工作室中会引入平台应用商店的制造类、协同类应用，这些应用由平台软件服务商提供，按照应用商店的统一规划，这些应用产生的业务数据也在平台 DaaS 层中存储并管理。

(4)部分企业在应用工作室的使用过程中会有线上业务结合线下业务的业务流程，这些流程的数据来源于企业中的 ERP、PDM、MES 等应用，它们是通过 API 中心的下行 API 通道将数据采集到平台中。

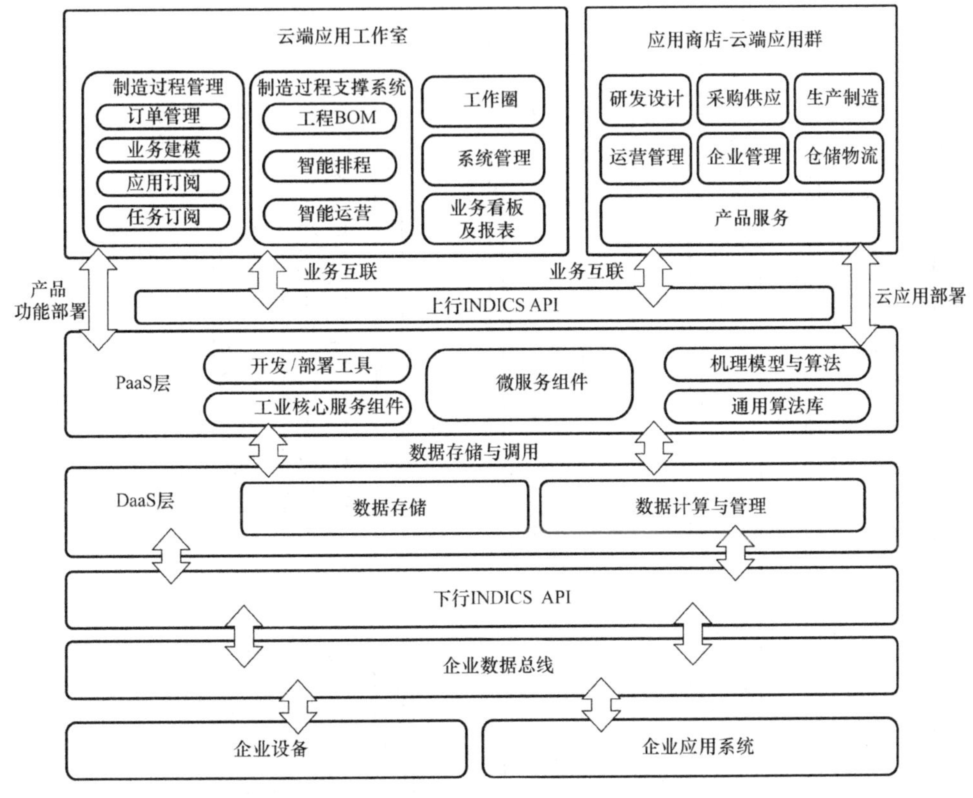

图 3-4 云端应用工作室数据架构

在业务上体现为各企业在研发过程中，从云端应用工作室获取研发需求，开展设计、仿真和试验等，基于云平台通用资源版块，云端使用 CAX 工具软件、获取相关知识和标准件、元器件模型，以及开展跨企业的协同研发应用。在生产过程中，向应用工作室传递工艺信息、主计划、设备状态、生产能力等信息，开展跨企业排产和工艺仿真等应用，生成的外协、外购计划发布至协同供应链版块进行供需对接，企业针对自制计划利用应用工作室进行工艺仿真和产线仿真等，形成优化、合理的生产计划和节拍，基于 MES 下发到工业现场，利用虚拟工厂监控生产运行过程，并在生产过程及时地向应用工作室业务规划更新交货期信息，反馈质量情况。另外，针对工业现场的设备、产线和高价值装备的运行、维护需求，可利用应用工作室的智能服务类 APP，获取装备在线保障、智能资产管控、故障诊断预测等应用。云端应用工作室与企业信息系统的数据关系图如图 3-5 所示。

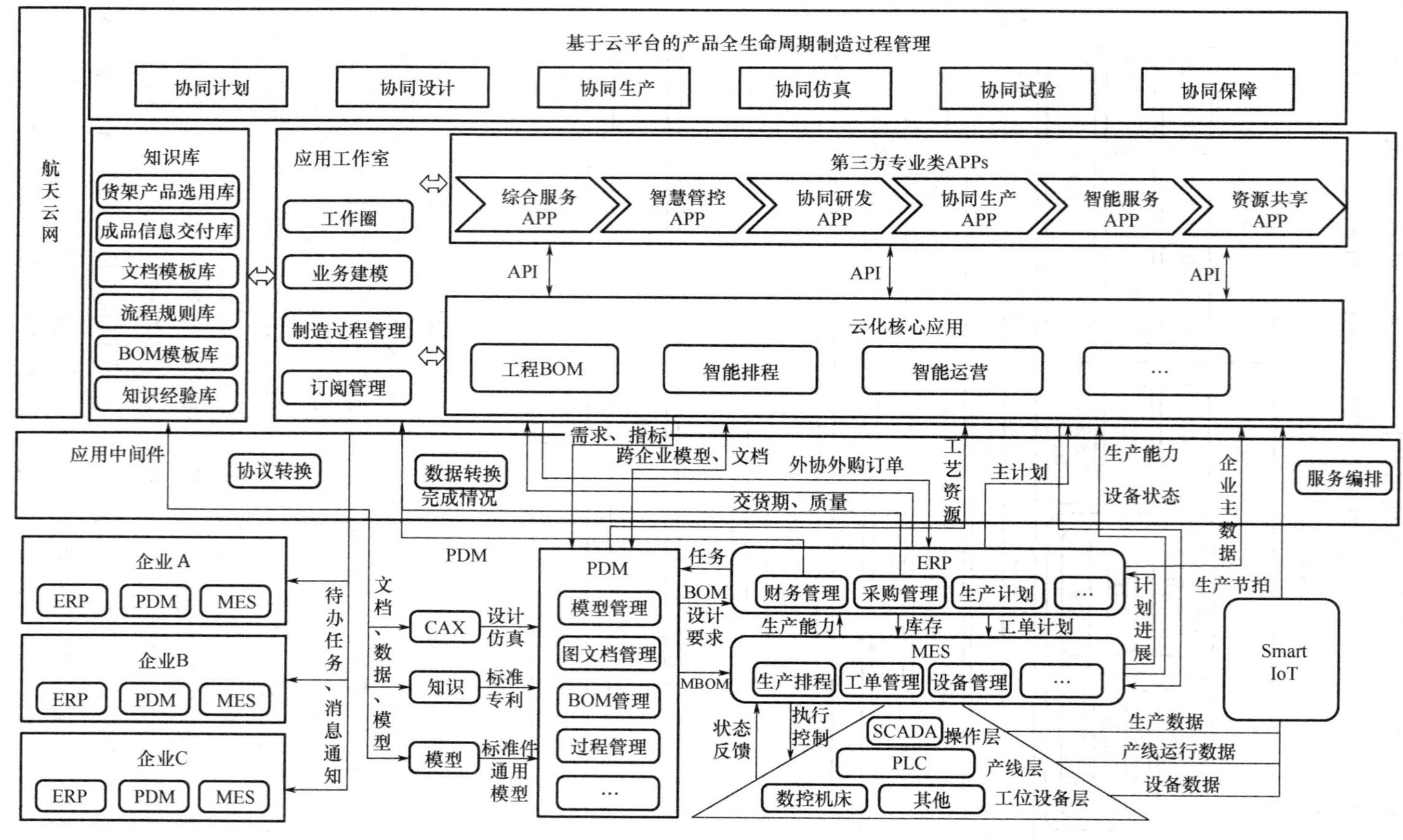

图 3-5　云端应用工作室与企业信息系统的数据关系图

第 4 章　业 务 模 型

云端应用工作室基于 MBSE 和 IPD 先进理念，打通产品全生命周期流程和数据，实现设计研发、生产制造和运营管理的有效集成，构建模型驱动的协同研发制造模式，辅助企业形成跨企业、跨专业基于知识的数字化协同设计、协同试验和协同制造能力。

云端应用工作室以制造为核心，覆盖设计、制造、生产、试验、维修等具体制造过程，通过打通产品全链条业务流程，支撑企业定制、设计、研发、试验及售后制造服务能力，包括企业间协同制造流程。

4.1　业务模型概述

云端应用工作室围绕先进制造业务，面向设计、工艺、生产、试验、保障及工程管理人员提供一站式集成工作环境，实现企业的数字化、网络化、智能化转型。一方面支撑模型、数据和流程驱动的科研生产体系的构建；另一方面通过面向产品全生命周期的深度应用带动云端用户活跃，以云端统一的数据规范带动科研生产模式规范化，以云端工作模式带动云端生态的形成。

云端应用工作室面向市场销售、计划管理、设计工艺、生产管理、外购外协、试验检验、装备保障、售后服务等人员，以工作圈的形式组织管理 IPD 研制模式下的人员、资源、任务和数据，通过工作圈集成协同工作所需的工具、软件和资源等，构建统一的协同工作环境；通过任务管理和输入、输出数据的关联管理，实现任务流、数据流的耦合，形成模型/数据驱动的研制模式，如图 4-1 所示。按照目标用户的应用模式，将业务模式分为大型企业业务模式和中小企业业务模式，下面分别介绍这两种模式。

4.2　大型企业业务模式

随着全球企业经营网络化和虚拟化时代的到来，企业活动专业化趋势越来越明显。地区、国家之间形成的 OEM、ODM 和 OBM 三种不同类型的价值链分工，已经成为国际分工的重要形式。同时，伴随着产业集群的崛起和高科技产业集群的成功，全球兴起了产业集群热，在全球价值链上，不同企业生存在产业链的不同环节，大型企业仍然面临很大的挑战。

云端应用工作室的产品全生命周期业务模式
云端业务工作室 需求/订单
需求管理
研发设计
工艺设计
生产计划
制造交付
云端业务工作室 产品销售
工作台
经营计划部
项目主管
研发部
主任设计师
主管设计师
工艺部
主任工艺师
主管工艺师
生产计划部
生产计划员
生产车间
计划调度
销售部
项目主管
项目主管工作台
需求指标 订单计划
按单生产 研制生产
业务建模
已有ERP
已有PLM CAx/PDM
主任设计师工作台
任务建模
总体设计
指标分配
订阅工具软件
主管设计师工作台
分系统设计
仿真验证
设计BOM管理
云市场 APP中心
主任工艺师工作台
任务建模
总体工艺方案
订阅工具软件
工艺路线
主管工艺师工作台
工艺规程
工时定额
材料定额
工艺BOM管理
已有MES
计划员工作台
智能排程
有限产能计划
物料采购计划
外协外购计划
车间作业计划
车间调度工作台
智能运营
自制计划指令
外协计划指令
班组计划指令
机台计划指令
产品交付
1 支持没有信息系统或信息系统不全中心就业，数字化转型
2 对于信息系统完整，且无缝集成的大型企业，集成现有系统，订阅数据，支持协同制造
3 支持云制造业务模式
我的工作台
我的任务看板
我的工作圈
业务建模
过程定义
计划与任务分解
工作圈定义
订阅软件工具
工程BOM
设计BOM管理
工艺BOM管理
智能排程
有限产能计划
物料采购计划
自制计划
外协计划
外购计划
车间作业计划
智能运营
自制计划指令
班组计划指令
台班计划指令
计划完成率
计划准时率
产品合格率

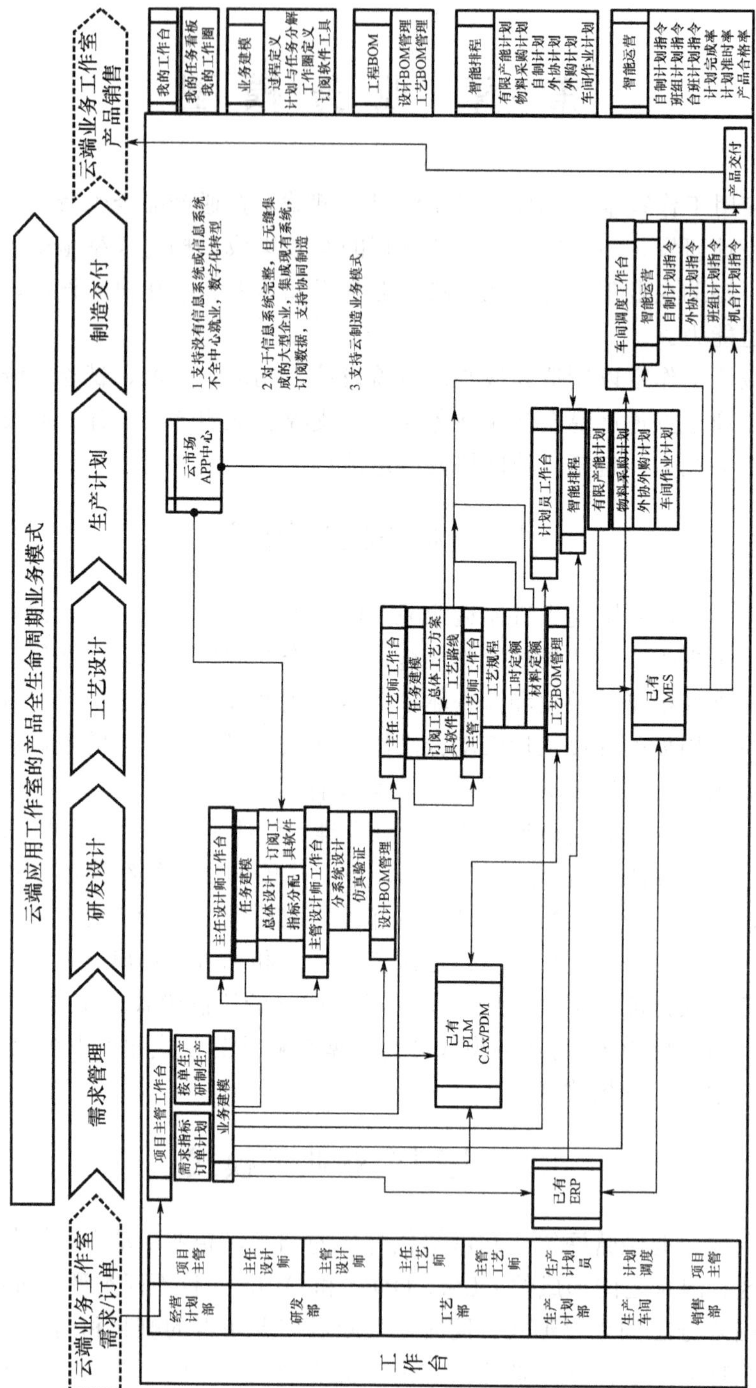

图 4-1　业务模型

1. 特点

大型企业业务模式的主要特点如下。

(1) 企业不同时期建设的不同制造过程阶段的应用系统，在企业内部形成了大量信息孤岛。

(2) 先建设后规划，致使应用系统之间数据、流程缺乏标准规范，数据识别、处理与传递效率低下。

(3) 越来越多的应用系统建设，让管理和使用变得复杂。

(4) 应用系统建设升级改造困难，较难适应企业新的业务流程。

(5) 企业内缺乏全制造过程监控，目前研发、生产、运营三大版块还主要依靠沟通会、邮件等方式进行任务协同及过程监控。

(6) 缺乏基于云端的信息系统构建的产业协同中枢，实现从单体企业业务流程到不同地点间的企业生产协同，目前企业间协同效率较低，难以实时监控。

2. 业务流程

面向大型企业，应用工作室基于 IPD 的管理模式，通过平台提供的应用中间件及应用集成框架，以任务为主线，将企业需求管理、研发设计、生产计划、运营管理等业务环节的信息系统的流程和数据打通。在平台中提供主数据服务，帮助企业建立数据规范和标准，助力不同格式数据的流转。

在云端应用工作室中基于行业特性，预置行业 WBS 最佳业务实践及配套云端生态体系，链接 INDICS 平台工业资源库，为企业赋能。通过应用工作室在行业的应用情况，沉淀行业 WBS 模型，建立业务分析框架，为企业提供行业结构分析、行业趋势分析、企业经营分析等大数据应用，服务于企业数字化转型。

在大型企业应用过程中，企业的项目负责人在订单管理模块从云端业务工作室接收订单或需求，按照产品属性进行处理；标准产品生成智能排程模块的订单，根据订单的交期和企业资源、能力状况进行有限产能排产；非标定制产品生成企业 PDM 软件的研制项目。

然后，项目负责人将业务建模模块依据公司的产品研制流程剪裁形成各阶段的任务分工和工作圈，系统发送消息给阶段负责人，提醒负责人开始任务策划。

主管设计师接收到任务通知后，根据输入的需求、技术说明书和公司产品谱系，将任务细化分解，如三维图纸设计、二维工艺转换、BOM 搭建，同时定义任务输入输出、工作圈维护、订阅应用等内容。

分管设计师从业务工作台接收到任务消息后，进入企业 CAD 类工具，绘制零件模型、装配模型，完成工作后，将模型文件存储到企业 PDM。同样，仿真工程师通过工作台调用 CAE 类工具，对输入的模型文件进行计算验证。

设计师在工作过程中，可以通过任务订阅前置任务，通过工具订阅选择云端应用开展工作，通过工作圈随时开展技术讨论，通过文字、图片、文档、模型等的传递，能够使问题快速得到解决。异地的协作配套单位也可以通过应用工作室完成零部件配套设计。

完成设计后，BOM、工艺路线传递至 ERP，同时企业与客户确定商务合同，进入制造规划阶段。

计划调度人员通过业务工作台，进入 ERP 模块，根据订单、BOM、本企业及配套企业的产线产能，进行智能排产。排产后，外购外协计划输出至业务工作室对外发布；自制计划传递至智能运营模块。

车间调度人员将 ERP 传递过来的作业计划通过 MES 分派到设备及人员，生产执行人员执行生产作业，作业完毕后在智能运营模块报工，整个订单完工后，系统自动反馈智能排程模块完工信息，计划调度人员根据出货计划，通知业务工作室完成订单交付。

项目负责人在业务工作台提交项目结题报告，结束项目。

3. 效果及意义

对大型企业而言，这种应用模式的效果及意义如下。

(1)形成了一站式集成工作环境。

(2)为跨地域、跨专业、跨学科工作提供交互平台。

(3)通过应用中间件进行协议的转换和数据格式的转换，将线上的应用工作室与企业线下的应用系统如 PDM/PLM、ERP、CRM、HR 等信息系统连接，实现这些应用之间的互联互通和相互协作、相互感知。

(4)降低了大量商业工具软件及协同工具的采购和建设费用。

(5)建立了 APP 之间数据、流程标准规范，提高了数据处理与传递效率。

4.3 中小企业业务模式

随着产品复杂度的不断提升，产品研制过程越来越复杂，越来越多的中小企业实施了 CAD/CAE/PDM/ERP/MES 方面的信息化建设，在很大程度上提升了产品研制能力，但在产品研制领域仍然存在不少短板。

1. 特点

中小企业业务模式具有如下特点。

(1)企业不同时期建设的大量信息化系统在企业内部形成了大量信息孤岛。

(2)产品研制过程需要借助大量商业工具软件及协同工具，信息化建设费用居高不下。

(3)先建设后规划，致使APP之间数据、流程缺乏标准规范，数据处理与传递效率较低。

(4)越来越多的APP使得管理和使用变得复杂。

2. 业务流程

面向中小企业，应用工作室内置企业常用的研发设计、生产计划、运营管理等系统，根据最佳业务实践，打通常用信息系统之间的流程和数据，为企业提供一站式云端工作环境。中小企业还可以根据需求，通过应用工作室订阅云市场中的优质APP，按照租赁模式、按次付费等使用云端应用，创新了应用服务模式，降低了中小企业信息化总成本。

在云端应用工作室中基于行业特性，提炼机械、电子、商贸等业务模式，建立行业WBS模板及配套工业APP体系，与INDICS平台工业资源库链接，为企业赋能。通过采集应用工作室在行业的应用情况，沉淀行业WBS模型，建立业务分析框架，为企业提供行业结构分析、行业趋势分析、企业对比分析等大数据应用。

在中小企业场景，企业的项目负责人在订单管理模块从云端业务工作室接收订单或需求，按照产品属性进行处理。标准产品生成智能排程模块的订单，根据订单的交期和企业资源、能力状况进行有限产能排产；非标定制产品生成云端PDM的研制项目。

然后，项目负责人将业务建模模块依据公司的产品研制流程剪裁形成各阶段的任务分工和工作圈，系统发送消息给阶段负责人，提醒负责人开始任务策划。

主管设计师接收到任务通知后，根据输入的需求、技术说明书和公司产品谱系，将任务细化分解，如三维图纸设计、二维工艺转换、BOM搭建，同时定义任务输入输出、工作圈维护、订阅应用等内容。

分管设计师从业务工作台接收到任务消息后，进入云端应用云CAD，绘制零件模型、装配模型，完成工作后，将模型文件存储到云端PDM。同样，仿真工程师通过工作台调用云端仿真工具，对输入的模型文件进行有限元分析。

设计师在工作过程中，可以通过任务订阅功能订阅前置任务，通过工具订阅选择云端应用开展工作，通过工作圈随时开展技术讨论，通过文字、图片、文档、模型等的传递，能够使问题快速得到解决。异地的协作配套单位也可以通过应用工作室完成零部件配套设计。

完成设计后，BOM、工艺路线传递至云端 ERP，同时企业与客户确定商务合同，进入制造规划阶段。

计划调度人员通过业务工作台，进入云端 ERP，根据订单、BOM、本企业及配套企业的产线产能，进行智能排产。排产后，外购外协计划输出至业务工作室对外发布。自制计划传递至智能运营模块。

车间调度人员将云端 ERP 传递过来的作业计划通过云 MES 分派到设备及人员，生产执行人员通过执行生产作业，作业完毕后在智能运营模块报工，整个订单完工后，系统自动反馈智能排程模块完工信息，计划调度人员根据出货计划，通知业务工作室完成订单交付。

项目负责人在业务工作台提交项目结题报告，结束项目。

3. 效果及意义

对中小企业而言，这种应用模式的效果及意义如下。

(1)形成云端工作环境，实现业务在线办理。

(2)以按次租赁或按时间租赁方式使用云端资源，降低企业信息化成本。

(3)各种 SaaS 软件充分地满足中小企业随需应变的业务特点。

(4)云化中间件打通各 APP 之间的流程和数据，减少信息断点。

第 5 章　应 用 环 境

云端应用工作室由工作台、制造过程管理、订阅管理、系统管理等功能模块组成，下面结合操作对功能进行简单的介绍。

5.1　应用环境概述

5.1.1　个人注册

(1)进入 INDICS 平台主页(http://www.casicloud.com)，单击右上角“用户注册”按钮，如图 5-1 所示。

(2)进入账户注册页面(图 5-2)，按照页面要求填写相应的信息进行个人账号注册。

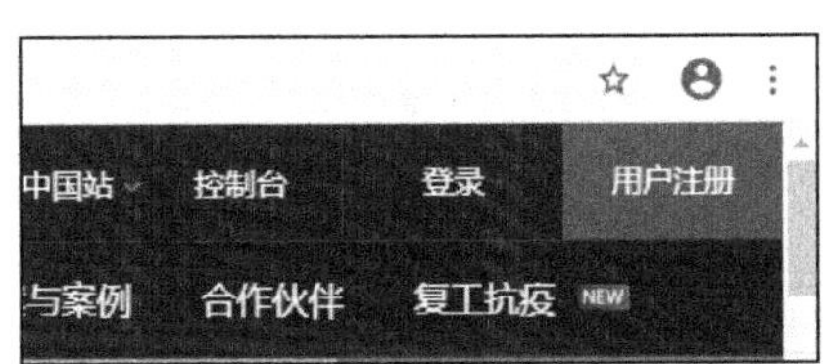

图 5-1　INDICS 平台主页

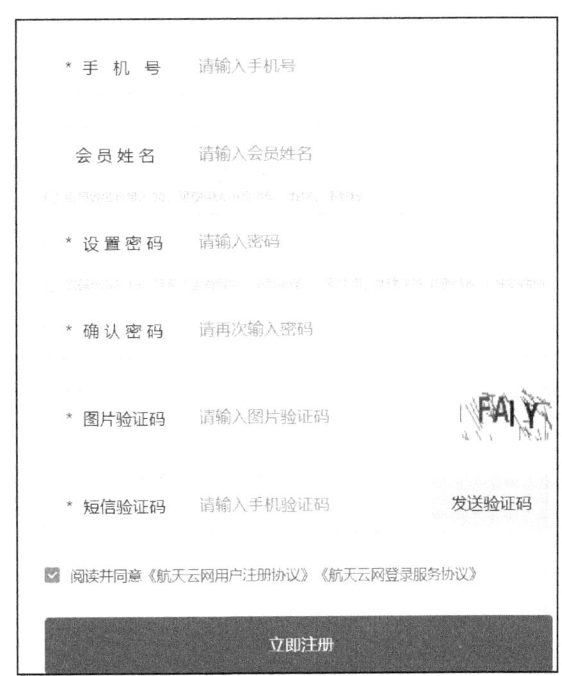

图 5-2　账户注册页面

5.1.2　成为企业用户

注册成功之后即成为个人用户，如图 5-3 所示。选择“成为企业用户”进行下一步的操作。

图 5-3　注册成功页面

已经注册过 INDICS 平台的用户，可以在 INDICS 平台首页(图 5-4)，鼠标指针悬停右上角人头像处，在菜单中选择“加入企业”。

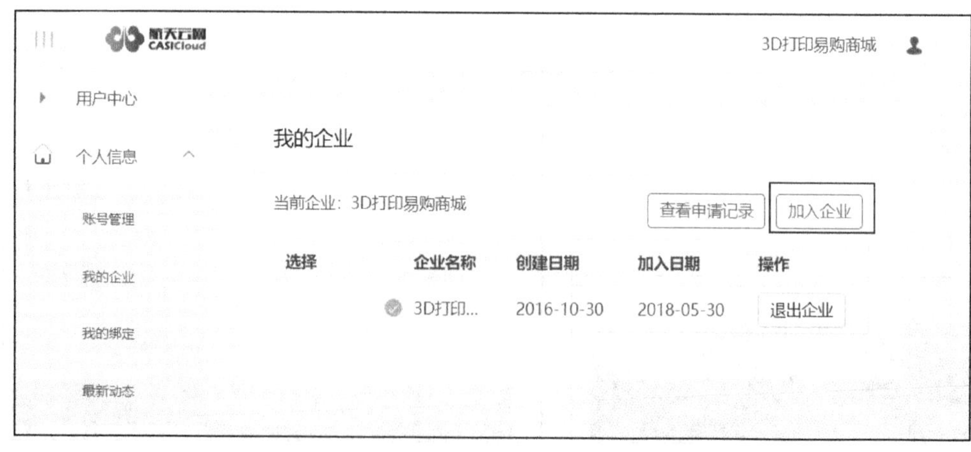

图 5-4　加入企业

若企业在 INDICS 平台尚未注册，则直接跳转(图 5-5)页面，完善信息即成为企业用户，就是第一个注册该企业的用户，即为该企业的企业管理员。

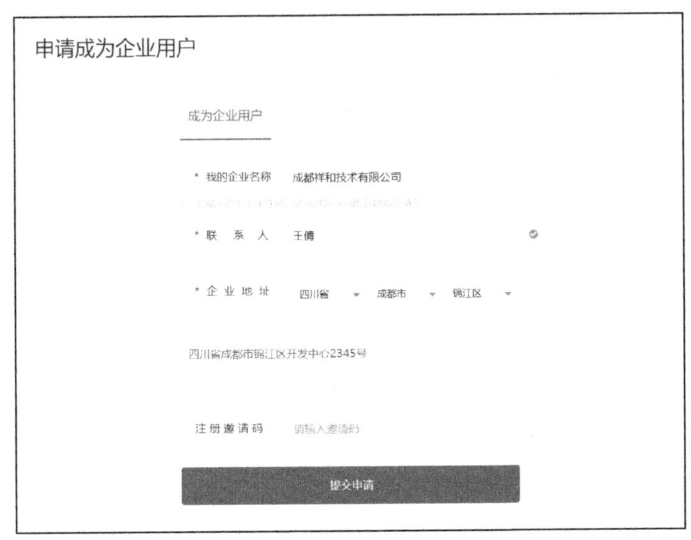

图 5-5　添加新企业

若该企业存在，可以申请加入该企业。如图 5-6 所示，输入正确的企业名称，提交申请后需要该企业的企业管理员进行审核。

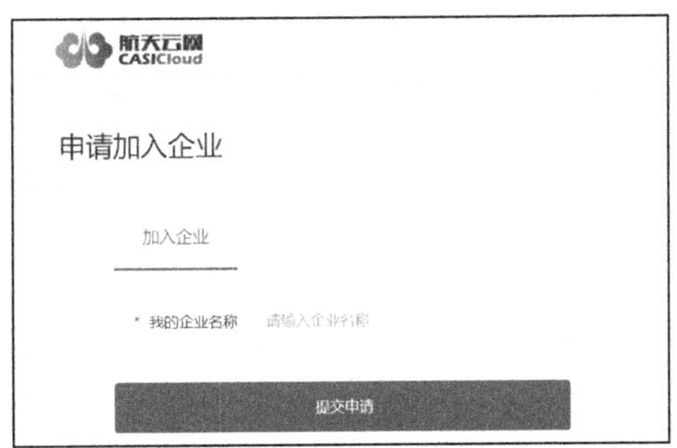

图 5-6　成为企业用户

完成上述流程即已经成为企业用户，可以正常使用 INDICS 平台云端应用工作室功能。

5.1.3　进入云端应用工作室

已经成为企业用户的用户，直接登录进入 INDICS 平台。登录之后，在首页滚动广告图下方导航栏中间单击“云端应用工作室”按钮(图 5-7)，进入云端应用工作室。

图 5-7　进入应用工作室

云端应用工作室概况页如图 5-8 所示。

图 5-8　云端应用工作室概况页

5.2 工作台使用方法

工作台功能区包含我的工作台、我的工作圈、业务看板、业务报表等功能，为个人用户提供一个协同工作环境。通过该功能，让个人用户清晰工作任务，并通过项目信息的展示和各角度的现状跟踪，供个人用户快速决策。

5.2.1 我的工作台

我的工作台(图 5-9)是我相关的各项内容的集合页面。含我的任务(待办/进行中/已完成)、任务按时完成率、任务总览、任务订阅、任务预警以及我的工作圈列表等内容，便于用户快捷进入相关的任务去建模或执行设计、工艺或生产制造等活动。

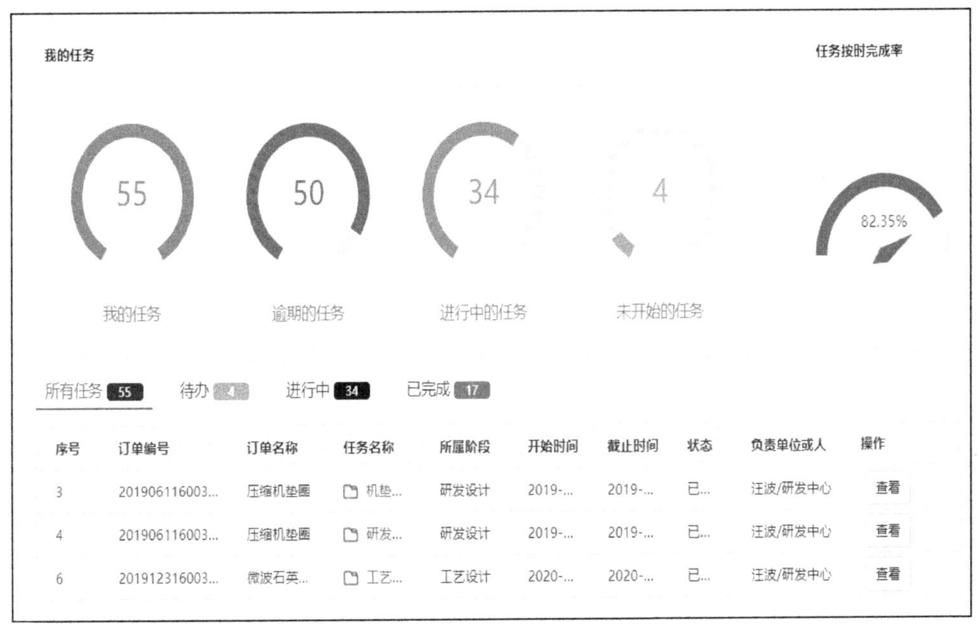

图 5-9 我的工作台

用户通过查看我的待办列表，去执行分配的任务，如图 5-10 所示。

在执行过程中，可以在任务工具中打开关联的云端 APP 协助执行任务，也可以在工作圈中，对问题展开协同研讨，如图 5-11 所示。图 5-12 为利用应用处理任务(CPDM)。

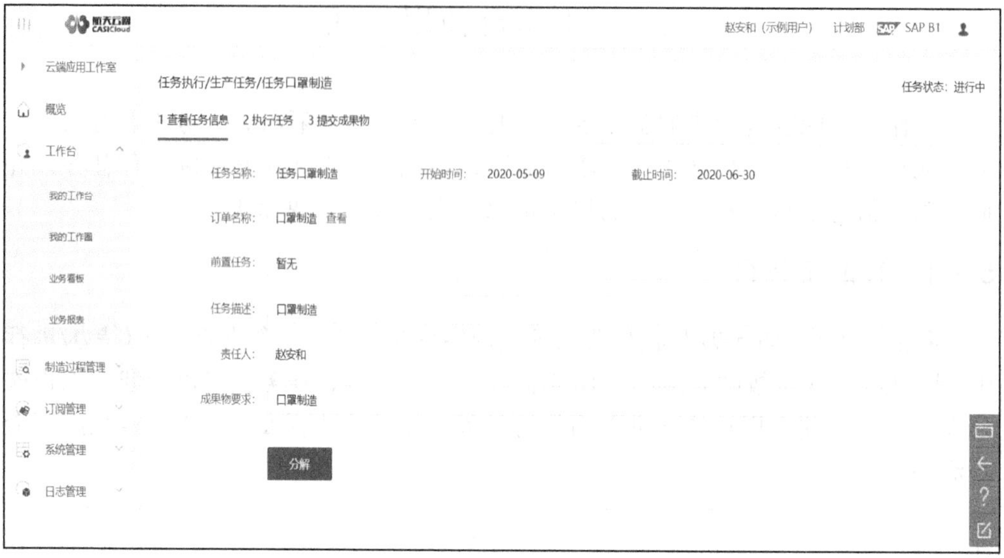

图 5-10　开始处理任务

图 5-11　执行任务

任务完成后，提交任务的成果物，结束任务，如图 5-13 所示。

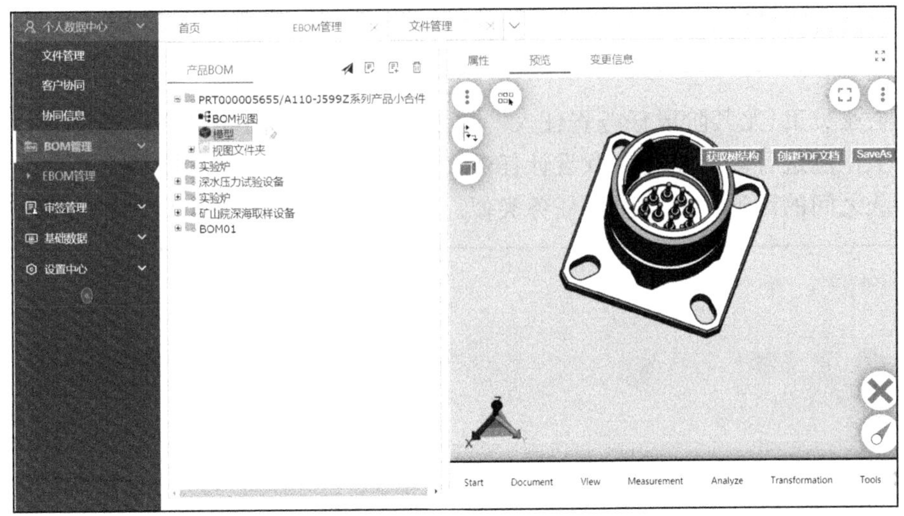

图 5-12　利用应用处理任务(CPDM)

图 5-13　任务完成后提交成果物

5.2.2　我的工作圈

企业员工(尤其阶段任务责任人，如设计部)接收到订单的设计任务后，可以基于工作圈进行团队组建关联设计任务，基于工作圈可以进行相关文档共享，以及团队之间的沟通。其他阶段任务类似。图 5-14 为协作空间(工作圈)列表。

图 5-14　协作空间(工作圈)列表

在协作空间中新建工作圈，如图 5-15 所示。

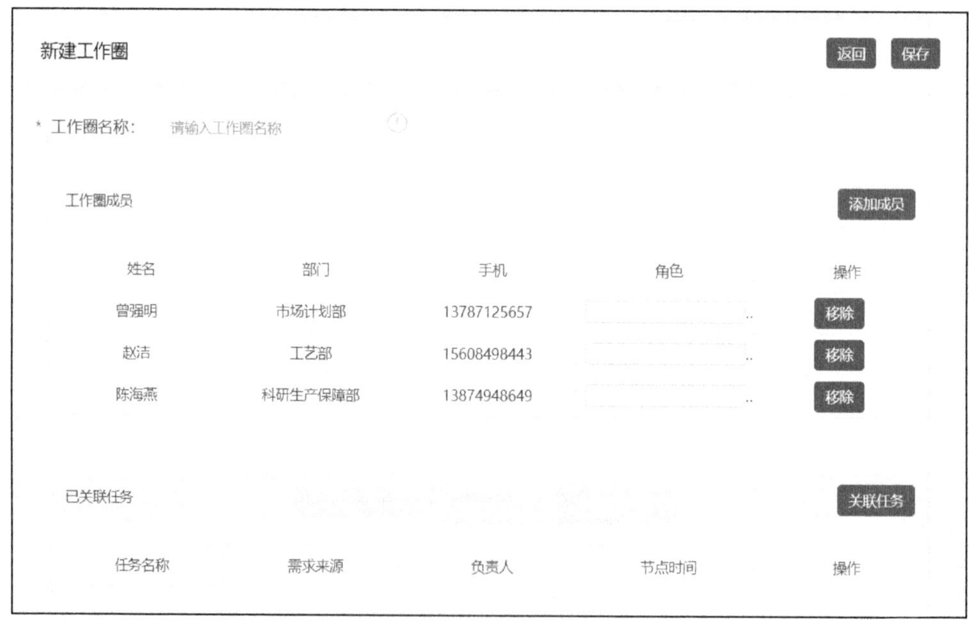

图 5-15　新建工作圈

添加成员如图 5-16 所示。

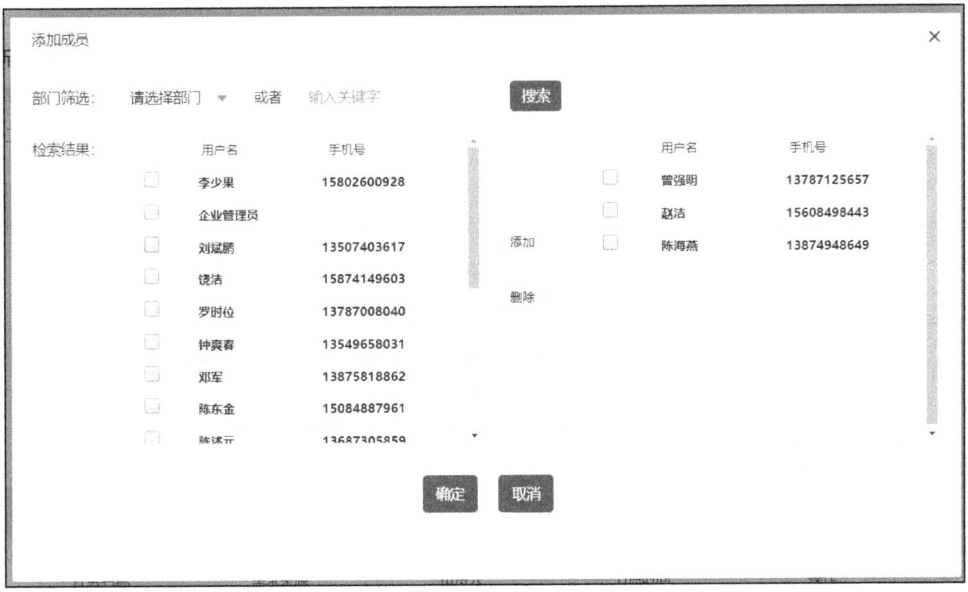

添加成员
部门筛选:
请选择部门
或者
输入关键字
搜索
检索结果:
用户名
手机号
李少果
15802600928
企业管理员
刘斌鹏
13507403617
饶洁
15874149603
罗时位
13787008040
钟爽春
13549658031
邓军
13875818862
陈东金
15084887961
添加
删除
用户名
手机号
曾强明
13787125657
赵洁
15608498443
陈海燕
13874948649
确定
取消

图 5-16 添加成员

关联任务如图 5-17 所示。

关联任务
需求来源:
磁电旧压机
任务清单:
序号
任务名称
负责单位或人
2-2
工艺规程
李少果/工艺部
2-3
定额编制
赵洁/工艺部
3
生产制造
邓军/制造三部
4
产品交付
汪波/研发中心
关联
移除
序号
任务名称
负责单位或人
1
研发设计
周飞/研发中心
2
工艺设计
赵洁/工艺部
2-1
工艺总方案
赵洁/工艺部
确定
取消

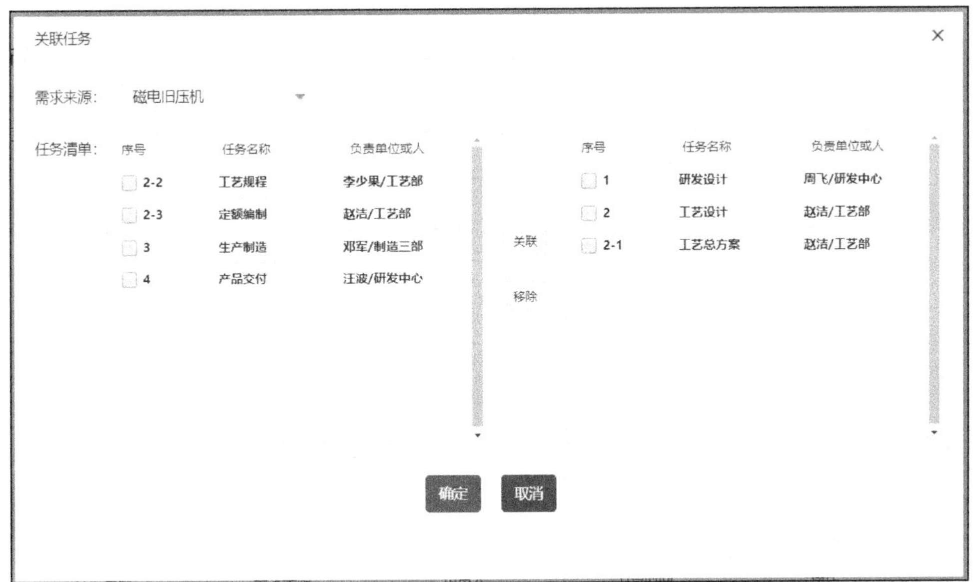

图 5-17 关联任务

填写完成后，单击“保存”按钮，保存到协作空间列表中，如图 5-18 所示。

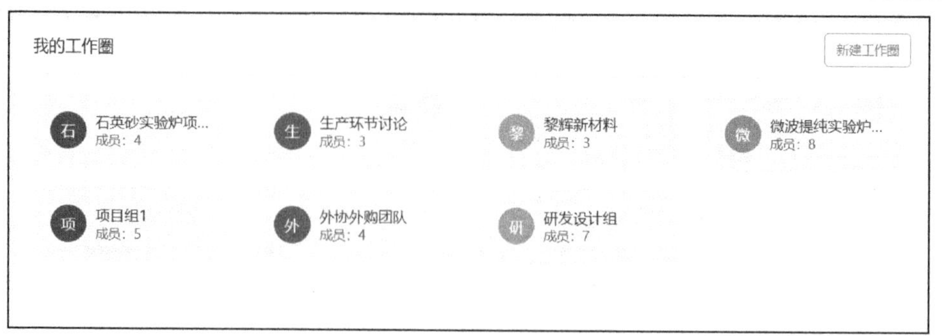

图 5-18　协作空间列表

工作圈的使用过程中，可与群成员之间进行消息沟通、发布群公告、共享文件等协同完成任务，如图 5-19 所示。

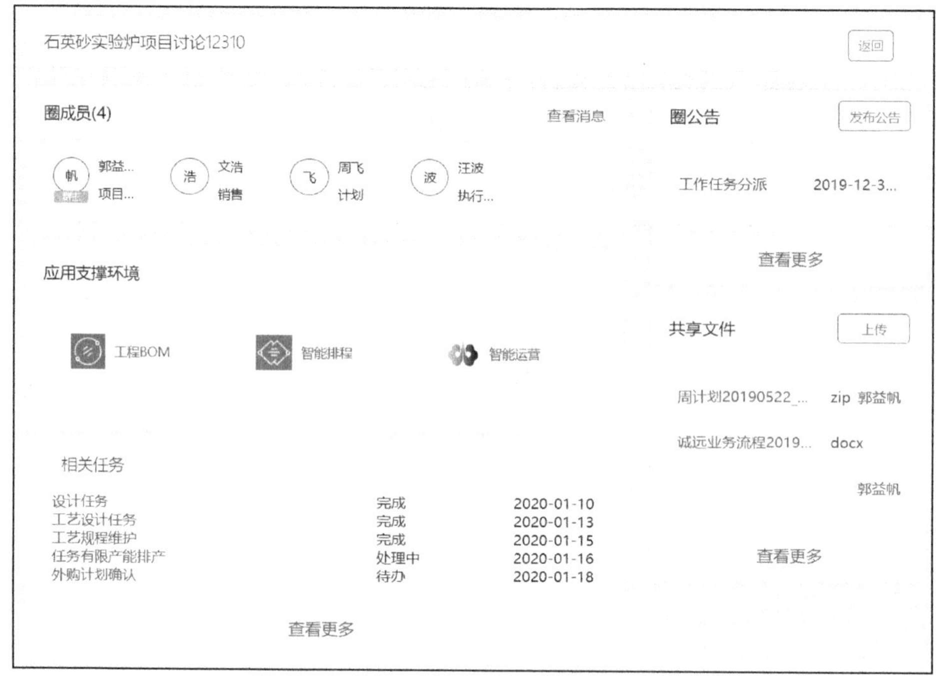

图 5-19　使用工作圈

5.2.3　业务看板和业务报表

1. 业务看板

通过业务看板(图 5-20)，让管理层直观地总览订单进度、任务情况及订单详情；让任务执行人查看任务当前进展、后续工作、预警信息、逾期情况等。

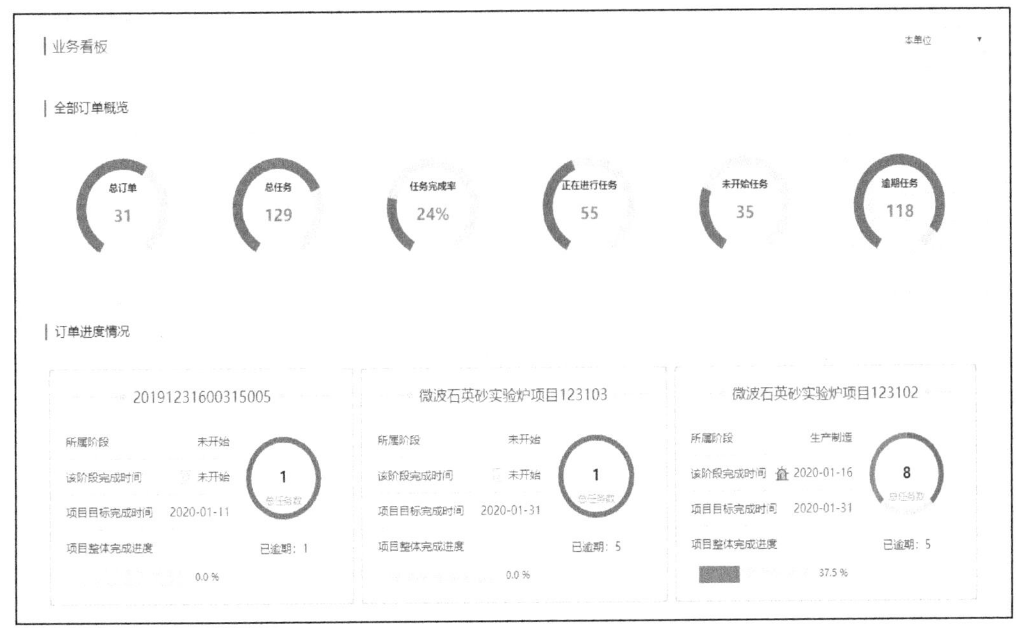

图 5-20 业务看板

2. 业务报表

在业务报表(图 5-21)页面，单击订单展开后查看订单任务规划情况；并且可以单击“甘特图”按钮(图 5-22)查看订单的进展情况。

业务报表 本单位订单 全部状态

▼ 订单编号：2019123160031500301 订单名称：微波石英砂实验炉项目123102 类型：ETO 按单设计 责任人/部门：郭益帆/研发中心 甘特图

任务名称	前置任务	开始时间	截止时间	状态	负责单位或人	操作
设计任务	无	2020-01...	2020-01...	已完成	汪波/研发中心	查看
工艺设计任务	无	2020-01...	2020-01...	已完成	汪波/研发中心	查看
工艺规程维护	无	2020-01...	2020-01...	已完成	汪波/研发中心	查看
任务有限产能排产	无	2020-01...	2020-01...	进行中	汪波/研发中心	查看
外购计划确认	无	2020-01...	2020-01...	待办	汪波/研发中心	查看
执行生产任务	无	2020-01...	2020-01...	进行中	汪波/研发中心	查看
产品检验任务	无	2020-01...	2020-01...	待办	汪波/研发中心	查看

图 5-21 业务报表页面

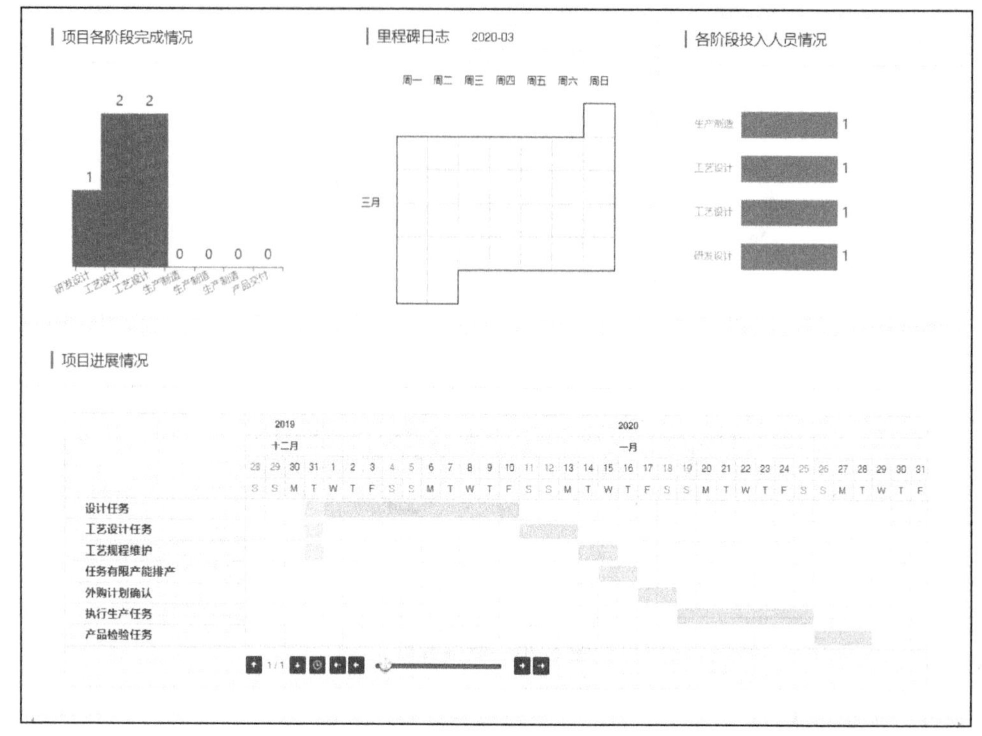

图 5-22　甘特图

5.3　制造过程管理使用方法

制造过程管理功能区包含订单管理、业务建模、工程 BOM、智能排程、智能运营等功能，为用户提供一个协同工作环境。

云端应用工作室不仅提供应用商店、应用集成环境，更重要的是内嵌了支撑企业智能制造、协同制造、云制造的云化应用，重点支持企业内各业务角色，实现企业生产制造各环节的业务协同，实现对企业产品全生命周期流程的过程管理，支撑生产制造过程与业务管理的深度集成，实现对生产要素高度灵活的配置，帮助企业数字化转型。

5.3.1　订单管理

单击“订单管理”按钮默认进入所有订单列表(图 5-23)，为该企业在云端应用工作室的订单。可对某一订单进行查看，可切换至不同状态查看“草稿”“已下发”“已完成”对应的订单，也可以单击右侧“新增订单”按钮，进行新建订单(图 5-24)操作。

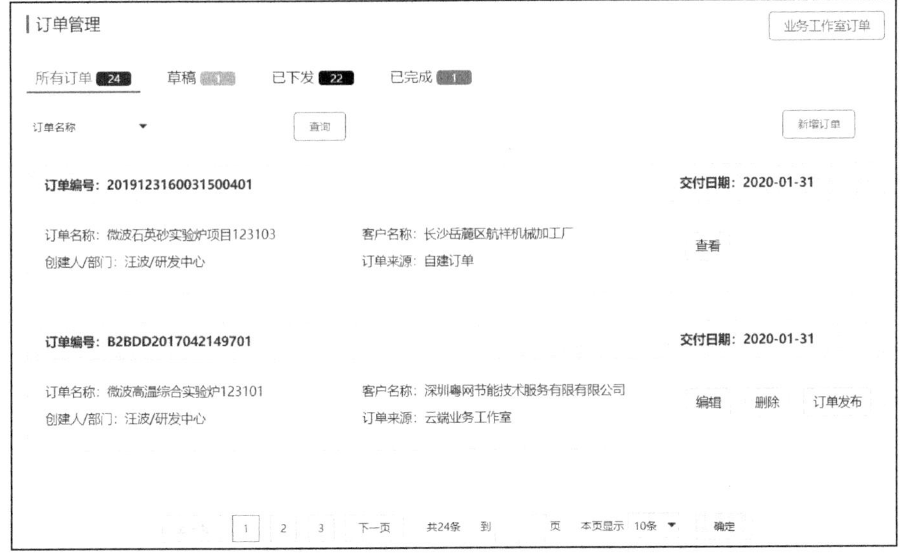

图 5-23　所有订单列表

新增订单

订单基本信息

*订单名称：请录入订单名称 0/20　*订单编号：20200309600315001

*订单概要：

*订单类型：请选择　*责任人：请选择责任人 选择

*截止时间：

*货物名称	*物料编码	*辅助属性	*单位	*数量
请录入货物名称	请录入物料编码	请选择	件、吨、个等	请录入数量

客户信息

*客户名称：请录入客户名称　企业联系人：请录入企业联系人

联系方式：请录入联系方式　企业邮箱：请录入企业邮箱

需求描述附件

上传

文件名	时间	操作

确定　取消

图 5-24　新建订单

新建订单完成后，该订单进入草稿列表(图 5-25)。

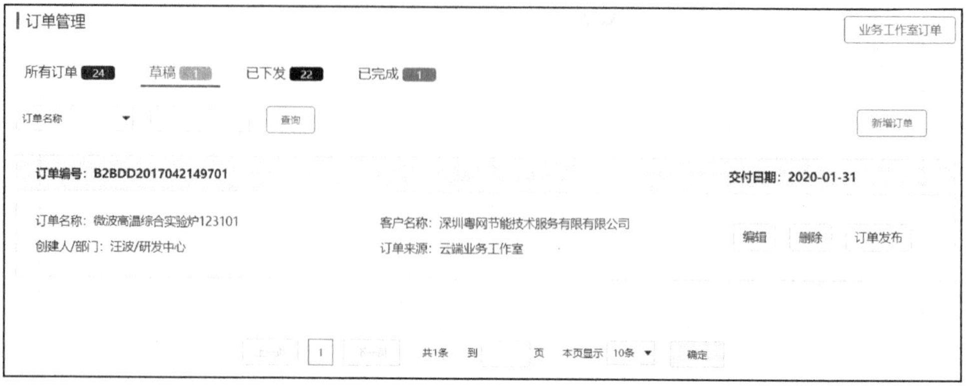

订单管理　业务工作室订单
所有订单 24　草稿 1　已下发 22　已完成 1
订单名称　查询　新增订单
订单编号：B2BDD2017042149701　交付日期：2020-01-31
订单名称：微波高温综合实验炉123101　客户名称：深圳粤网节能技术服务有限公司　编辑　删除　订单发布
创建人/部门：汪波/研发中心　订单来源：云端业务工作室
1　共1条　到　页　本页显示 10条　确定

图 5-25　订单草稿列表

发布业务订单后，进入任务规划阶段(图 5-26)。

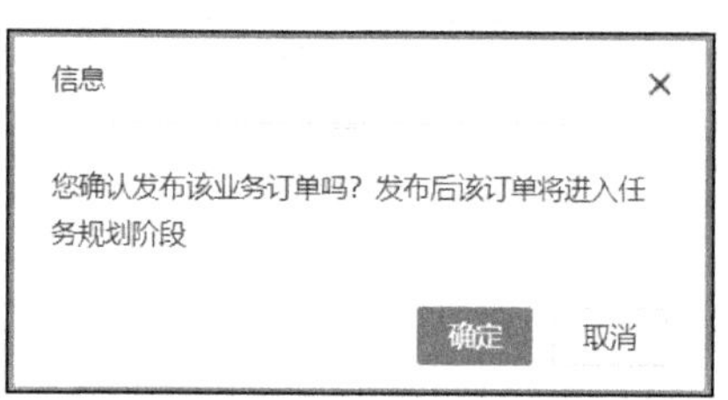

图 5-26　订单发布

订单完成后，指派给相应的业务人员后，发布该订单至负责人。

当企业接到云端业务工作室订单后，可以维护到系统中；同时也可以通过和云端业务工作室集成，自动获取相应的订单。单击“业务工作室订单”按钮，进入列表(图 5-27)，选择对应的订单，可以做“编辑”或“忽略”处理。

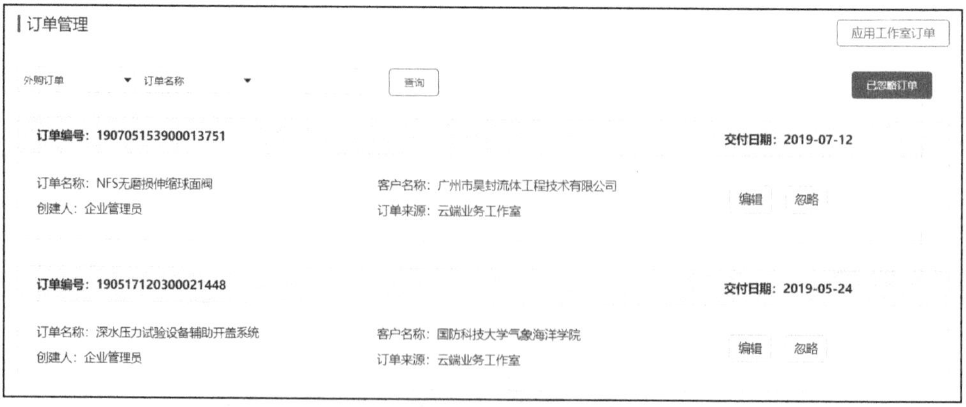

订单管理　应用工作室订单
外购订单　订单名称　查询　已忽略订单
订单编号：190705153900013751　交付日期：2019-07-12
订单名称：NFS无磨损伸缩球面阀　客户名称：广州市昊封流体工程技术有限公司　编辑　忽略
创建人：企业管理员　订单来源：云端业务工作室
订单编号：190517120300021448　交付日期：2019-05-24
订单名称：深水压力试验设备辅助开盖系统　客户名称：国防科技大学气象海洋学院　编辑　忽略
创建人：企业管理员　订单来源：云端业务工作室

图 5-27　业务工作室订单列表

单击“编辑”按钮进入编辑订单页面(图 5-28)，对应的部分字段由业务工作室导入订单详情字段，编辑订单页面即可对除订单编号以外的字段进行编辑修改。

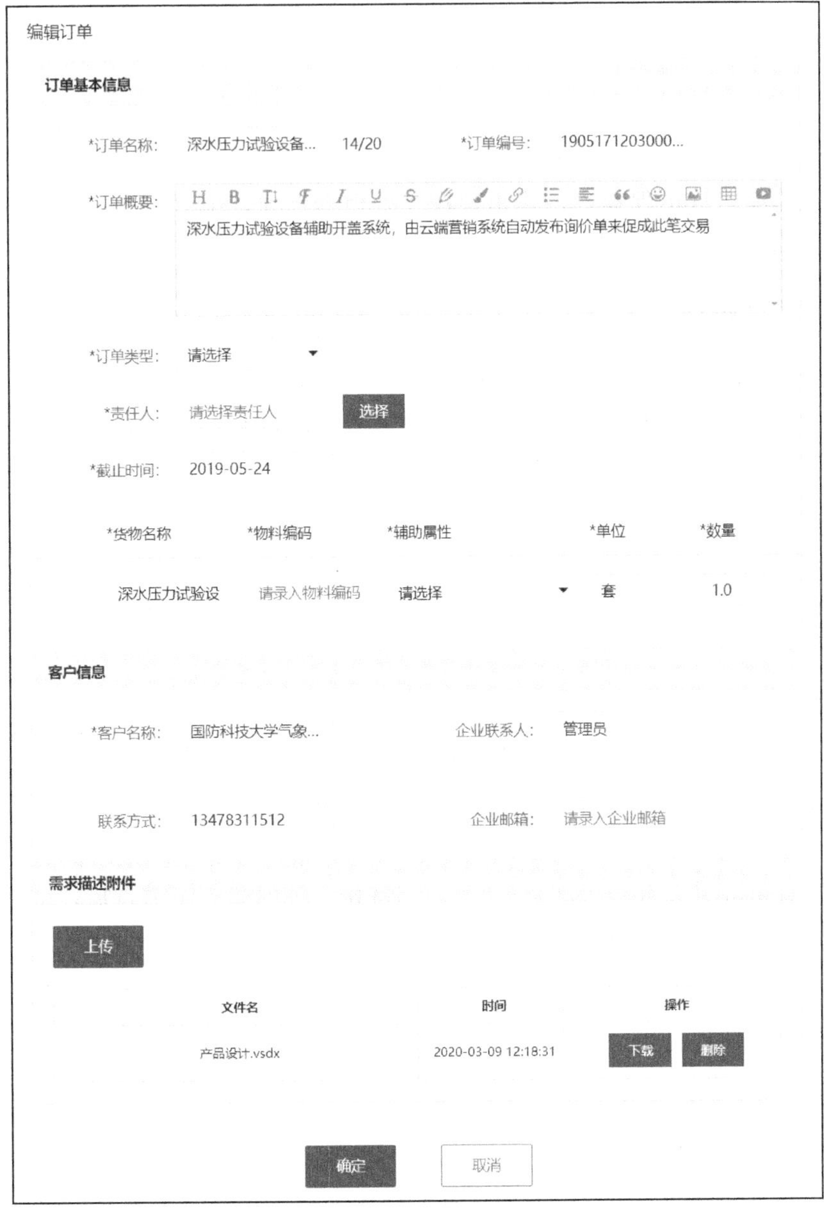

图 5-28　业务工作室编辑订单页面

单击“取消”按钮直接返回当前列表，如图 5-29 所示。

单击“保存”按钮保存后，弹窗提示并返回列表，如图 5-30 所示。

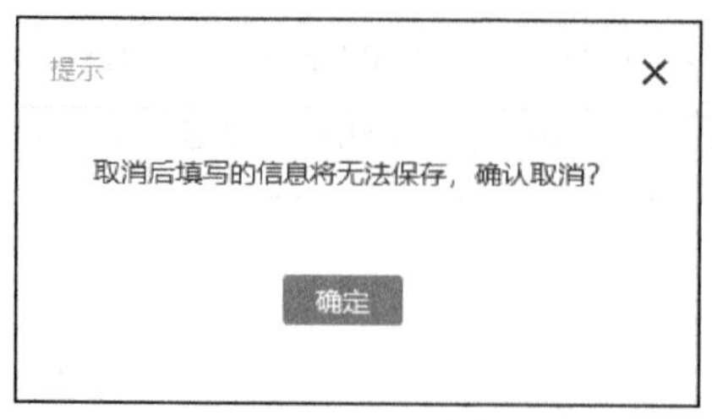

图 5-29　取消提示

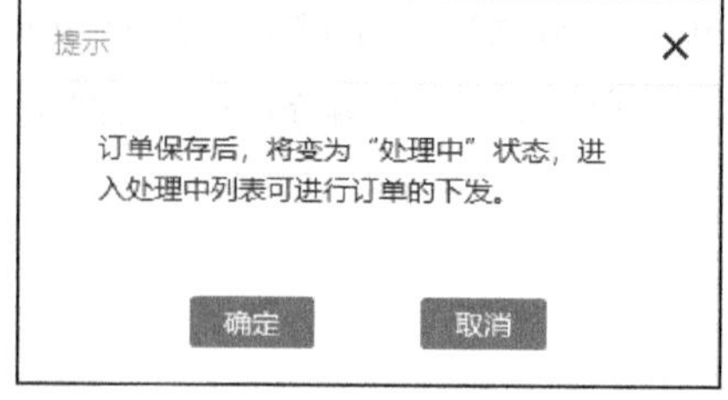

图 5-30　保存提示

导入的编辑订单保存后，将出现在“处理中”列表中。注意：云端应用工作室业务订单必填字段全部填写才可进行发布。

5.3.2　业务建模

完成订单后，订单会下发到对应的负责人，该负责人在业务建模菜单下(图 5-31)，可以对订单进行任务划分，定义各个阶段责任人、完成时间等内容。发布之后各个阶段任务会发送到责任人。

图 5-31　业务建模

针对订单进行任务规划业务建模，即对该订单进行阶段任务的划分。

通过拖拽的方式，在任务编辑器中(图 5-32)根据该订单的生产情况，建立所需的阶段任务元件，并与“起点”“终点”链接。每创建一个节点后，可进行“编辑”“删除”“关联工作圈”操作。

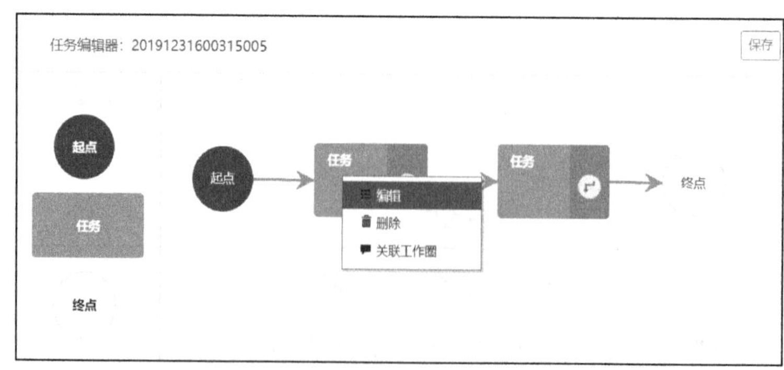

图 5-32　任务编辑器

在任务详情页面(图 5-33)创建/编辑阶段任务，定义任务名称、时间节点、任务描述、成果物要求以及关联工作圈(图 5-34)配置处理该任务指定相关应用。

图 5-33　任务详情

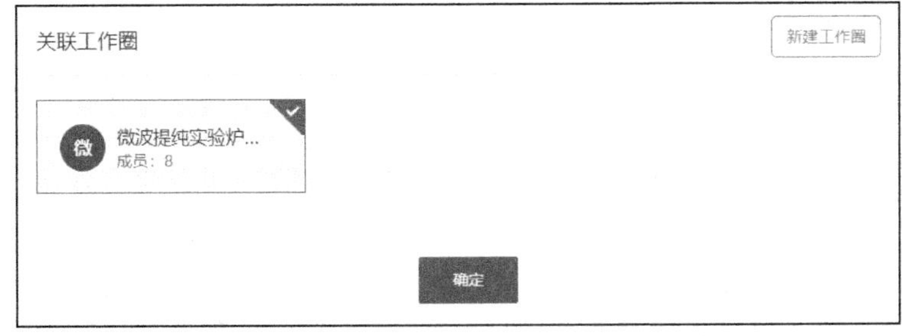

图 5-34　关联工作圈(支持创建后关联)

任务规划建立完成后(图 5-35)，业务建模列表可以查看该项目的甘特图(图 5-36)，以查看项目的整体进度。

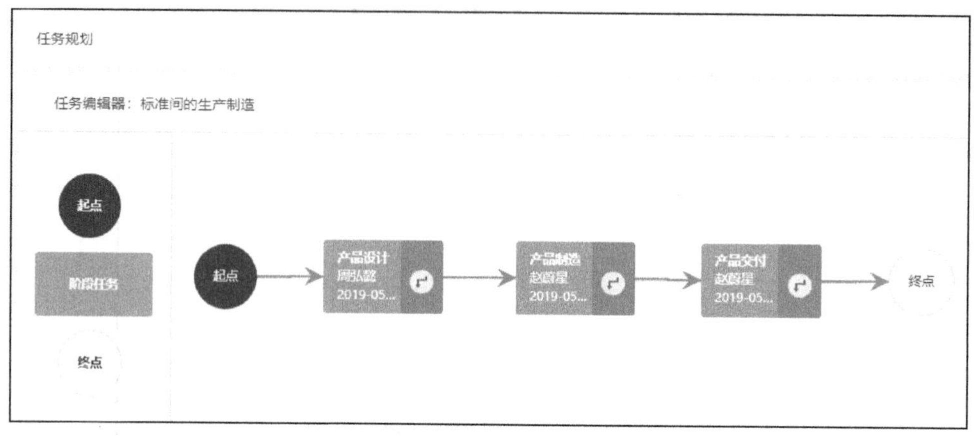

图 5-35 完成阶段任务规划

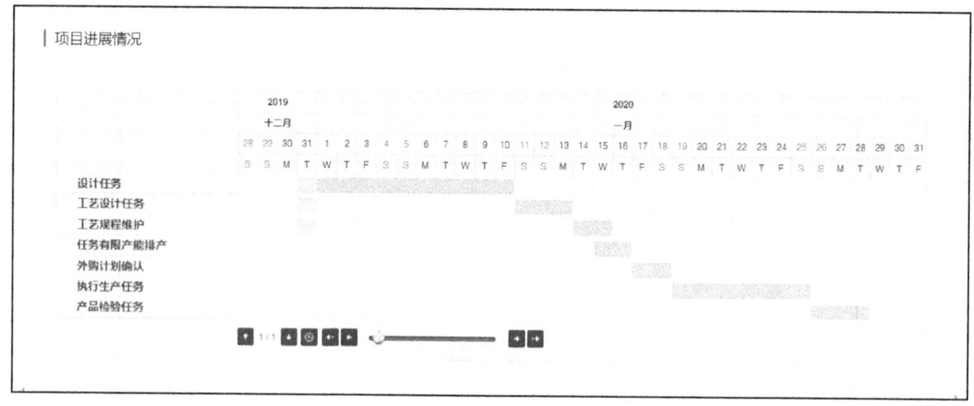

图 5-36 项目甘特图

5.3.3 工程 BOM

1. 项目管理

用户在初次使用项目管理时，需要先设置用户信息和企业对外接口人，用户信息配置也就是权限分配，企业对外接口人配置是为了方便其他事业部使用系统时及时地找到异地事业部的联系人。设置完成后，可创建项目信息，进行项目拆分，拆分后发送子项目，子项目负责人可接收到项目信息。项目管理操作流程图如图 5-37 所示。

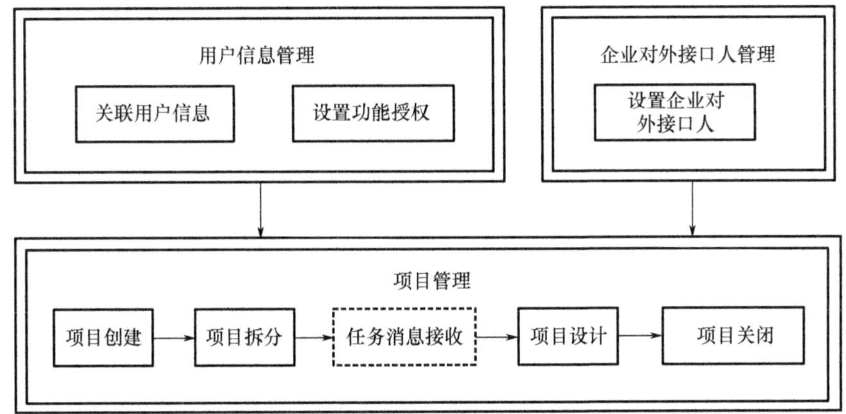

图 5-37 项目管理操作流程图

设计师接到设计任务后，进入项目管理页面进行文件提交，提交完成后，总设计师进行设计成果审核，审核通过后可关闭项目。

1)项目管理操作

项目管理具有以下功能：项目新增、查看、删除，按照条件查询，主界面为项目列表，包括项目拆分、下发及关闭。

(1)总体设计师收到异地设计任务后，登录系统创建一个新的项目分类文件夹，如图 5-38 所示。单击添加项目“ ”图标，弹出“新建项目分类”窗口，填写“名称”，单击“完成”按钮即可创建一个新的项目分类。

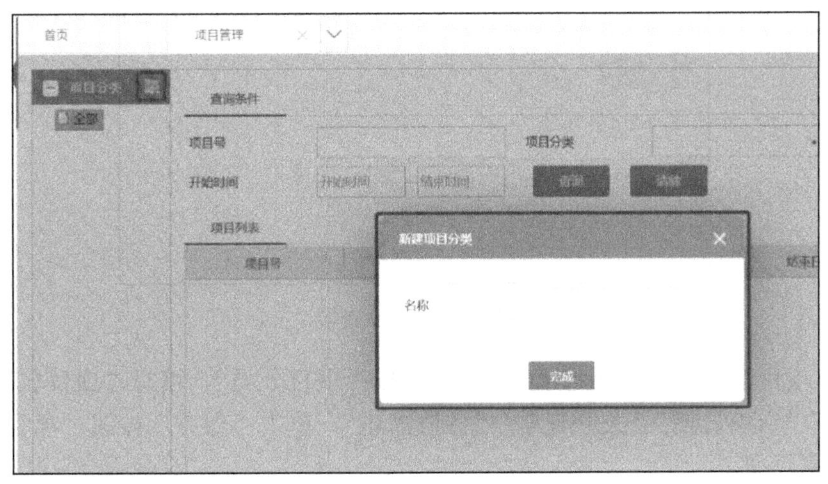

图 5-38 新建项目分类

(2)任选一个项目分类文件夹，右击，可进行“重命名”或“删除”操作，如图 5-39 所示。

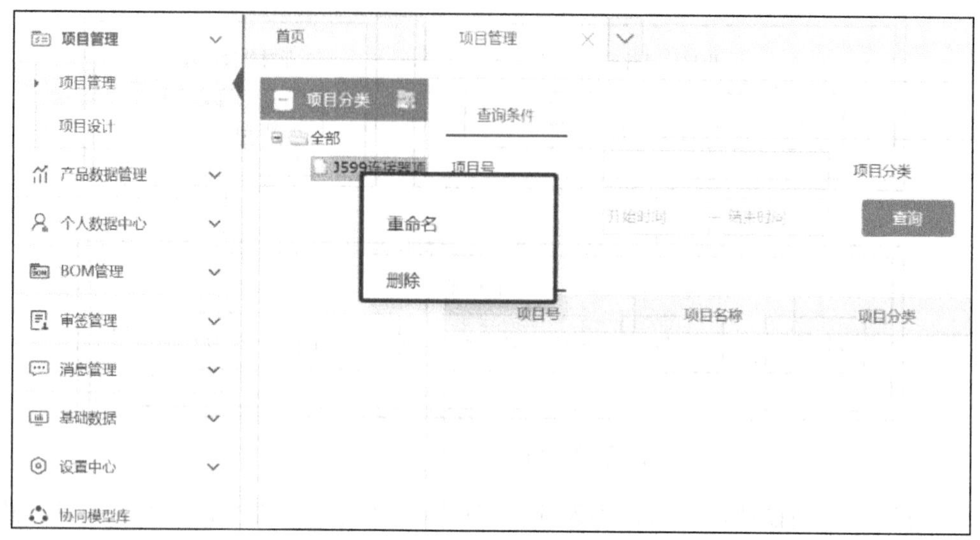

图 5-39　对项目分类文件夹进行重命名、删除操作

(3)选中新建的项目分类文件夹，单击“项目管理”按钮，再单击“新增”按钮，即进入项目新增页面，如图 5-40 所示。

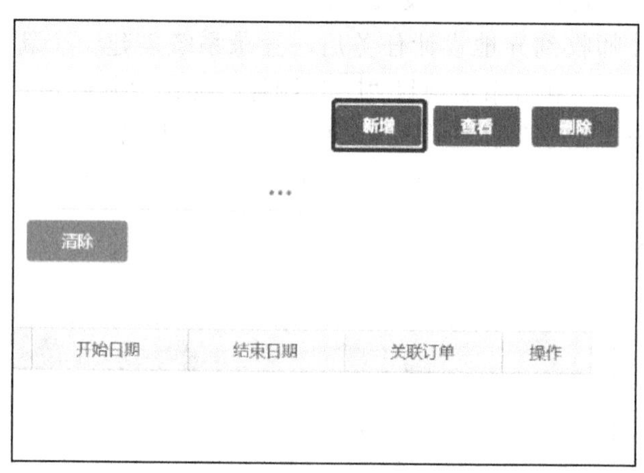

图 5-40　项目新增

(4)项目新增页面如图 5-41 所示，选择“项目分类”，填写“项目名称”“开始日期”“结束日期”“关联订单”“详情描述”，单击“保存”按钮，项目即进入项目列表页面。

(5)查询项目功能。在项目管理主页面有项目列表，根据项目号、项目分类、项目开始日期进行查询。“清除”查询条件后，再单击“查询”按钮，项目列表恢复全部内容，如图 5-42 所示。

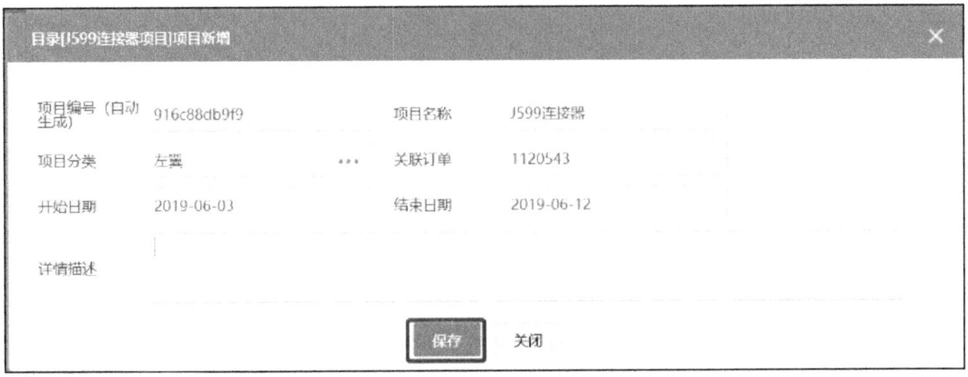

图 5-41 项目新增页面

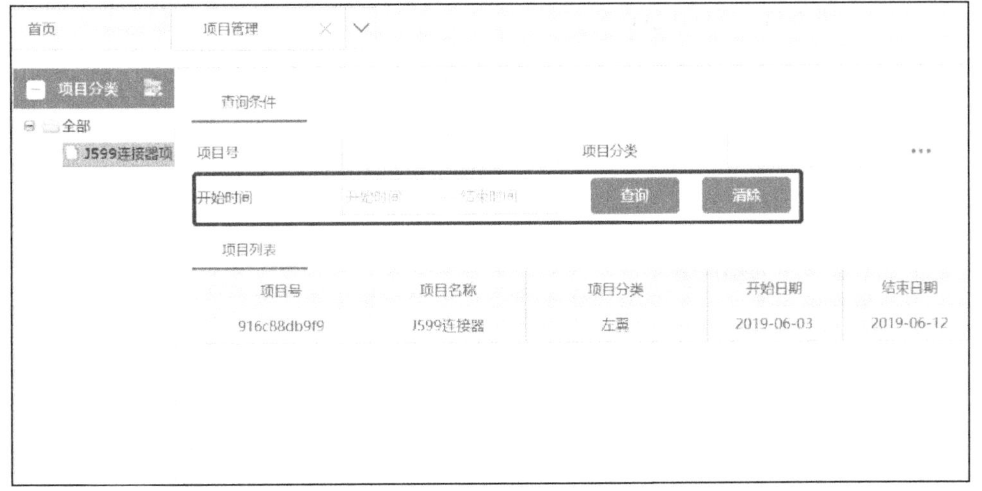

图 5-42 查询项目功能

(6) 项目详情查看。选中某一条项目信息，单击“查看”按钮，可查看项目详情，并且可进行编辑修改，如图 5-43 所示。

(7) 项目删除。以下情况可执行删除操作：①当项目没有进行拆分时；②项目已拆分，但是子项目没有发送出去，需要先删除子项目，才能删除父项目。若项目已拆分且子项目已发送，则不能执行删除操作。若此时单击“删除”按钮，则系统会提示不能删除，防止用户误操作，如图 5-44 所示。

(8) 项目拆分是把项目拆分成多个子项目，并分发给不同部门或者不同企业。单击拆分图标“▦”，即进入项目拆分页面，如图 5-45 所示。

(9) 创建子项目。进入项目拆分页面后，选中主项目，单击“新建文件夹”按钮，即弹出一个新建项目的对话框，填写“项目名称”“项目优先级”“项目分类”“研发人员”“开始日期”“结束日期”，如图 5-46 所示。

图 5-43　项目详情查看

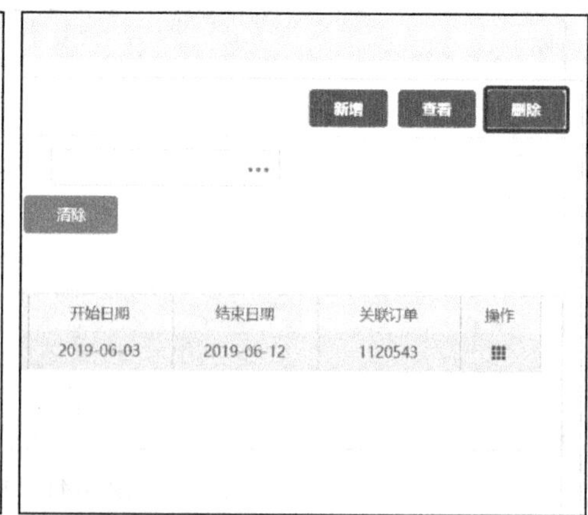

图 5-44　项目删除

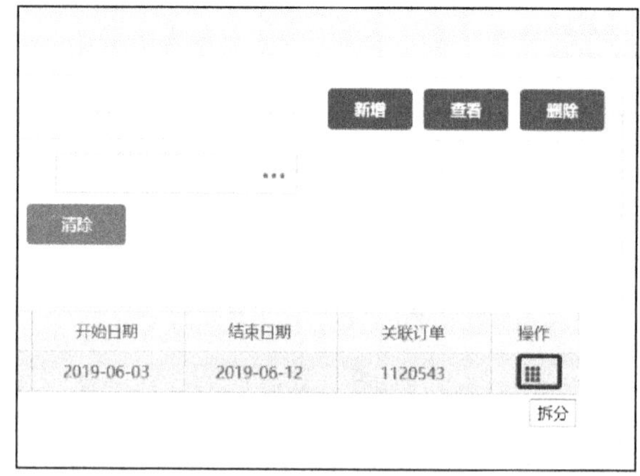

图 5-45　项目拆分

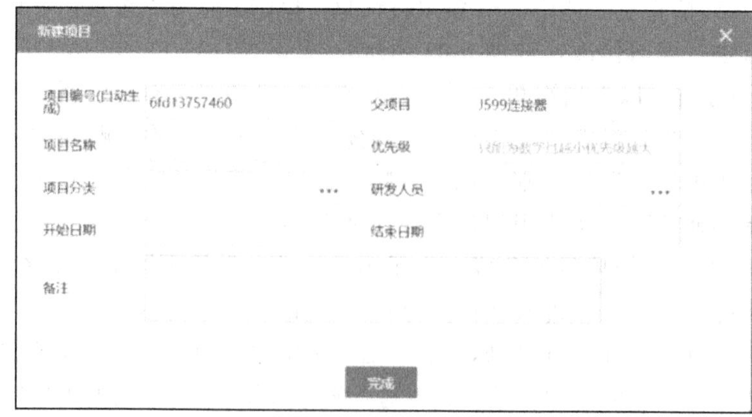

图 5-46　创建子项目

(10) 优先级只能填写 1～999 的整数，数字越小，优先级越高，优先级高的子项目完成后才能触发优先级低的子项目发送。优先级一样的子项目将会同时发送。一期此功能还在完善，填写的数字暂时不判断优先级。

(11) 研发人员的选择。创建子项目需选择研发人员，分为本企业和外企业人员，本企业人员可在搜索栏中快速搜索人名进行选择，其他企业人员为其他企业配置的对外接口人。选择完成后，单击“确定”按钮，即完成了研发人员选择，如图 5-47 所示。

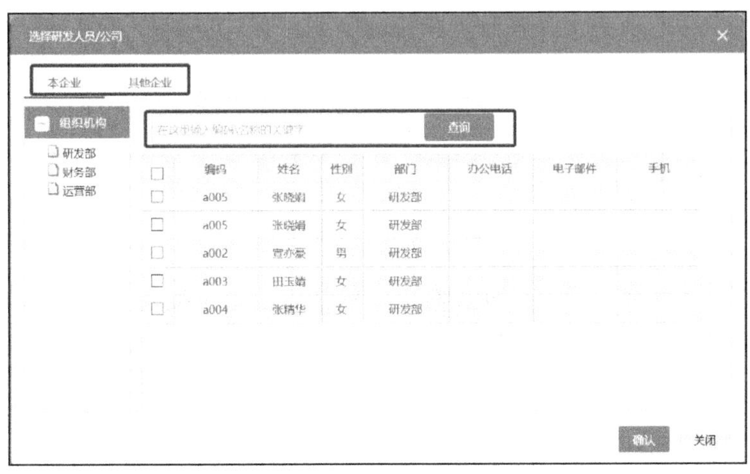

图 5-47　选择研发人员

(12) 子项目创建完成后，子项目信息显示在子项目信息表中，名称显示在项目结构树中，如图 5-48 所示。

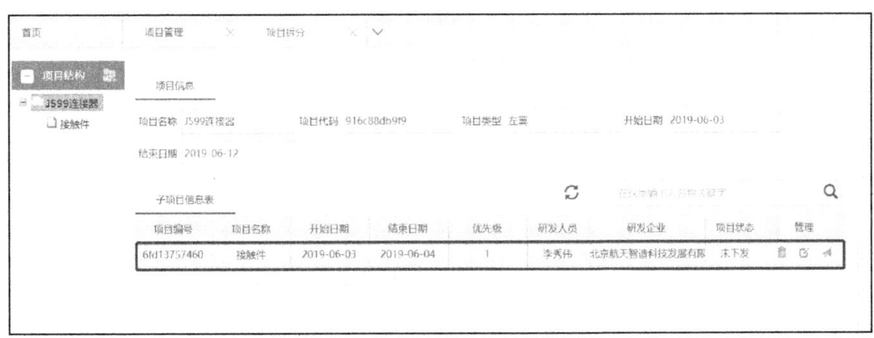

图 5-48　子项目信息显示

(13) 子项目删除和编辑。子项目在没有发送前，可以进行删除和编辑，可编辑“项目名称”“开始日期”“结束日期”“优先级”“研发人员”，如图 5-49 所示。

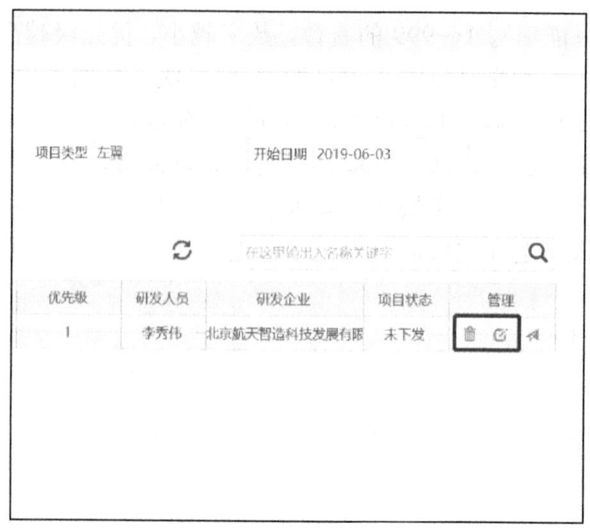

图 5-49　子项目删除和编辑

(14)子项目查询。子项目列表右上方的搜索框，可搜索项目名称，支持模糊搜索，单击“搜索”图标，可完成搜索，如图 5-50 所示。

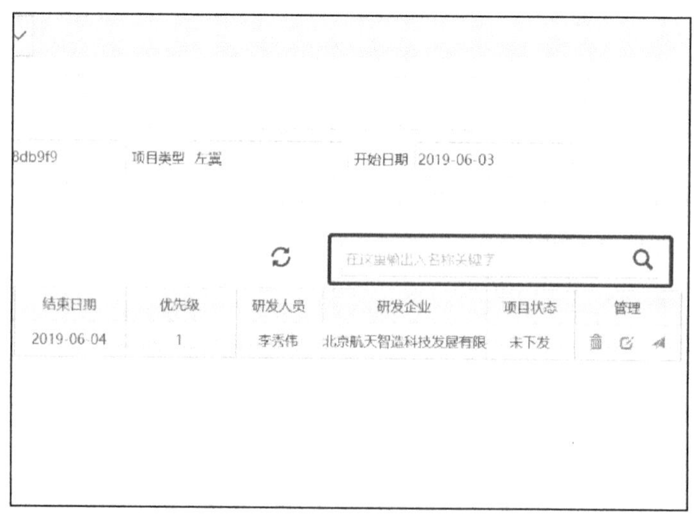

图 5-50　子项目查询

(15)任务发送。子项目列表中“管理”栏中有“发送”图标，单击该图标，子项目将发送给指定负责人，如图 5-51 所示。

(16)子项目任务接收。被分配任务后，在“我的消息”列表中，单击“项目消息”按钮，可以看到被分配的项目任务，单击“消息查看”图标，可以跳转到项目设计页面提交设计文件，如图 5-52 所示。

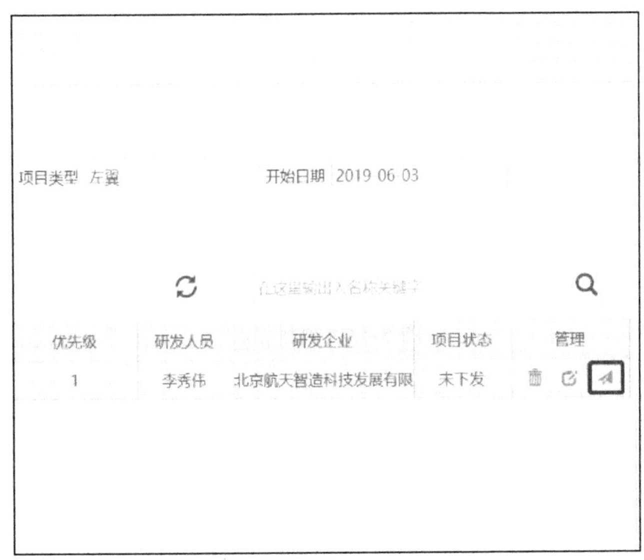

图 5-51　任务发送

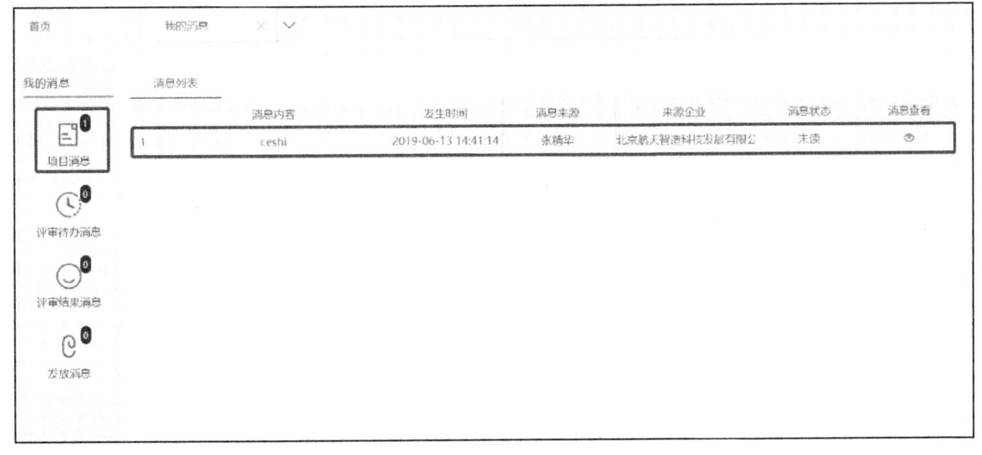

图 5-52　消息查看

2) 项目设计操作

(1) 项目负责人在“项目管理”模块拆分下发给设计经理的子项目，设计经理在自己账号的“项目设计”菜单→“待提交”页面下可以看到设计任务记录，如图 5-53 所示。

(2) 设计经理线下进行项目设计，完成后在“项目设计”→“待提交”页面管理属性下单击“添加文件”按钮，弹出文件提交窗口，如图 5-54 所示。

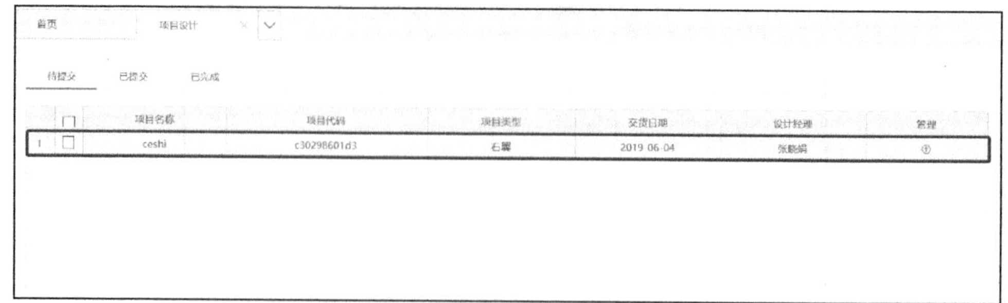

图 5-53　项目设计

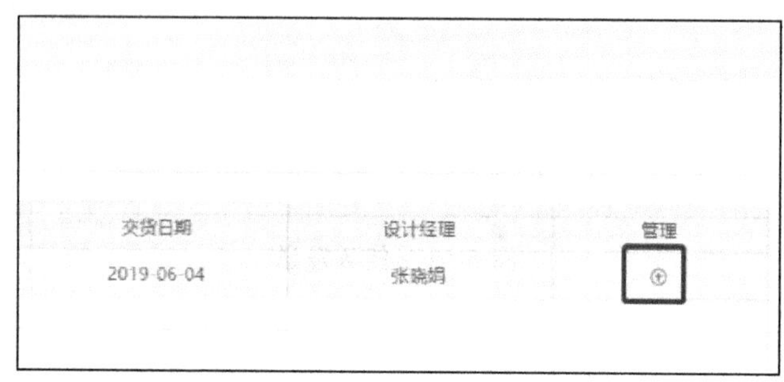

图 5-54　待提交页面管理属性

(3)单击左侧文件夹，查看右侧的文件列表，找到需要关联项目的文件(只能关联文件状态为“已通过”的文件)，单击“关联项目”→“确认提交”按钮，即可将文件挂接到此项目上，如图 5-55 所示。

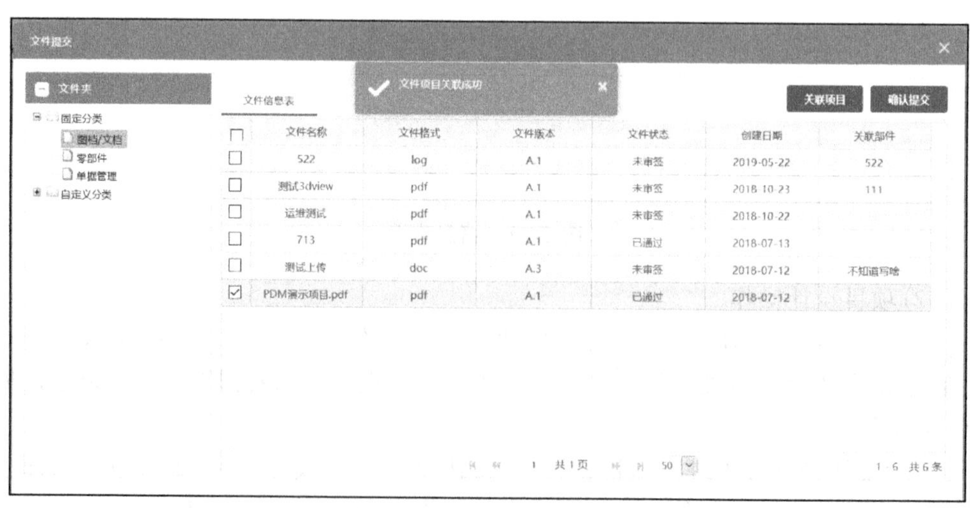

图 5-55　文件关联项目

(4)项目上传文件后，“待提交”页面内的项目记录自动转至“已提交”页面内的表中，单击管理属性下的“文件明细”按钮“”，弹出文件列表窗口，可单击预览图标“”，在线查看文件，也可单击“”按钮删除误上传的文件，若项目中的所有文件均被删除，则项目记录自动回到待提交页面下，如图 5-56 所示。

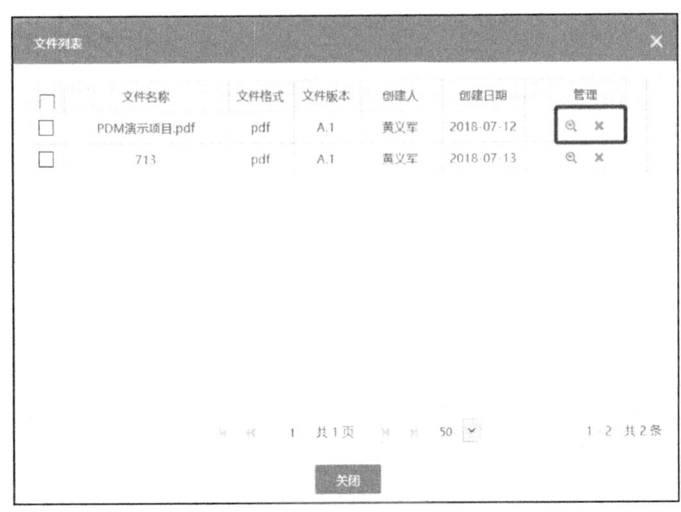

图 5-56　已提交文件预览、删除

(5)设计师提交设计成果后，总体设计师在项目拆分页面，单击“管理”按钮下的“”图标，弹出文件列表窗口，可看到子项目上传的文件信息，并在线进行文件预览，如图 5-57 所示。

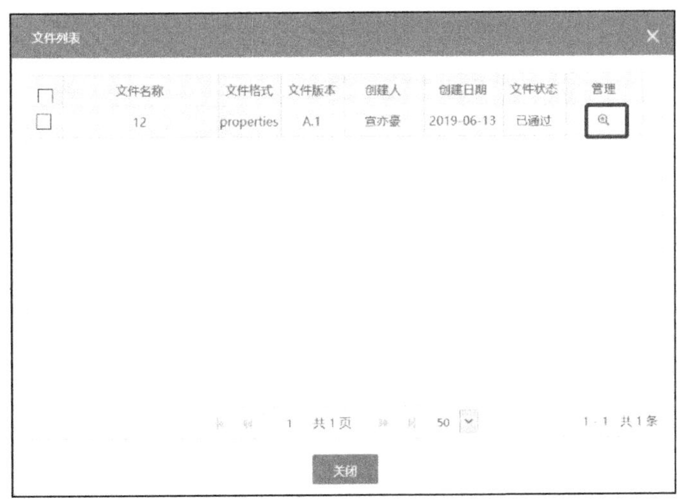

图 5-57　在线文件预览

(6) 设计成果审核无误后，总体设计师可单击“置完成”图标“”，将项目“置完成”后关闭，如图 5-58 所示。

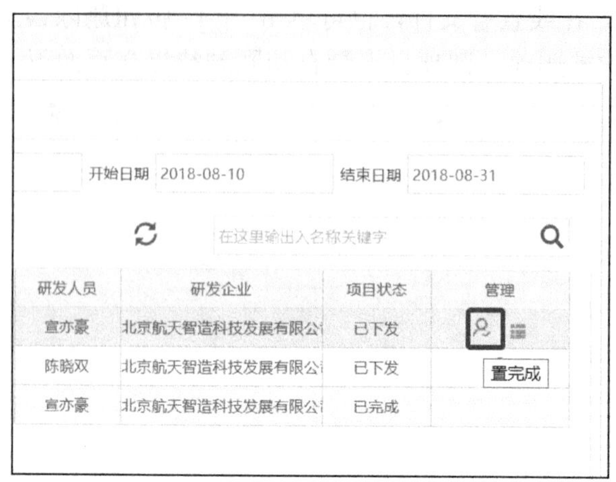

图 5-58　审核置完成

(7) 项目置完成后，设计师的该条项目记录自动地从“已提交”页面进入“已完成”页面下，单击管理属性下的“文件明细”按钮“”弹出文件列表窗口，可单击预览图标“”，在线查看文件，此时已无删除操作，如图 5-59 所示。

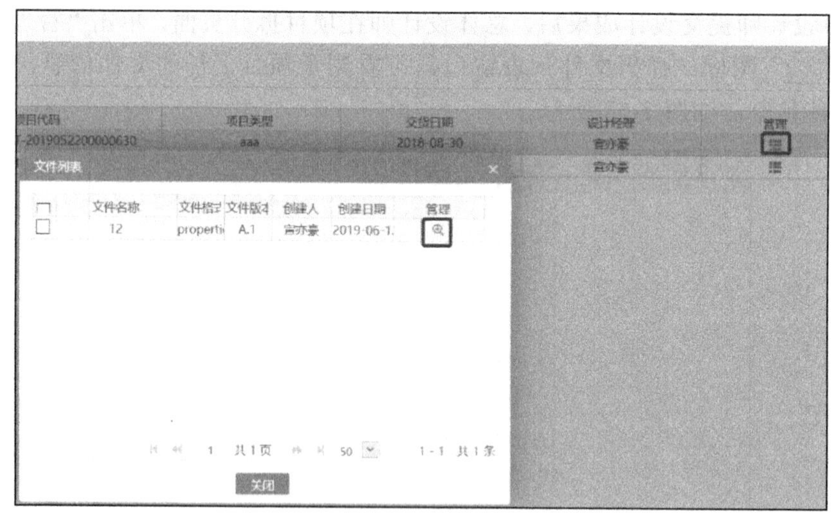

图 5-59　已提交文件预览

2. 个人数据中心

用户首次使用个人数据中心功能时，系统管理员需先设置用户信息，配置职员的功能权限，配置各角色的权限。个人数据中心包括了上传、查看、查询等功能，上传文件后，系统管理员对文件进行评审，评审完毕后文件归档在系统中，有权限的人员可将归档后的文件发送给客户和供应商进行下载查看。个人数据中心业务流程如图 5-60 所示。

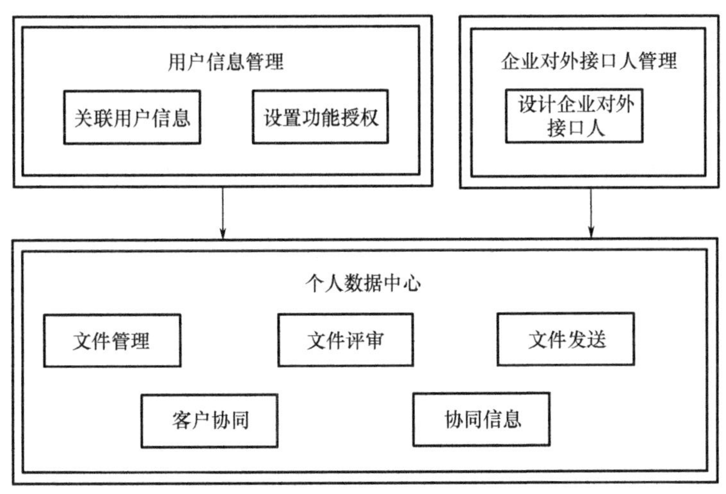

图 5-60　个人数据中心业务流程

个人数据中心用于管理上传的文件，文件的查询，检入检出，文件权限管理和发送，客户协同和协同信息管理。

用户在个人数据中心对文件进行项目关联，整理文件结构，设置文件权限。还可对文件发起评审，评审后的文件可以发送给供应商。

客户协同可实现三维模型、动画、文档的集中展示页面，供客户查看。

1) 文件管理操作

通过文件管理功能可对文件进行检入检出、文件结构整理、文件查询、文件评审、文件发放等操作。

(1) 文件结构整理。进入“文件管理”页面，左侧栏为用户个人创建的文件夹结构，包括固定分类和自定义分类两类文件夹。固定分类文件夹下的文件结构是系统默认的，不允许新增、修改和删除。用户可根据个人习惯和工作需要在自定义分类文件夹下创建个人的文件夹，进行文件结构的整理，如图 5-61 所示。

①单击自定义分类文件夹，单击“添加文件夹”图标“”，弹出“新建文件夹”窗口，填写名称后，单击“完成”按钮，可以在下方新建一个文件夹，如图 5-62 所示。

②右击文件夹，在右键菜单单击“重命名”命令，可对文件夹名进行重命名，如图 5-63 所示。

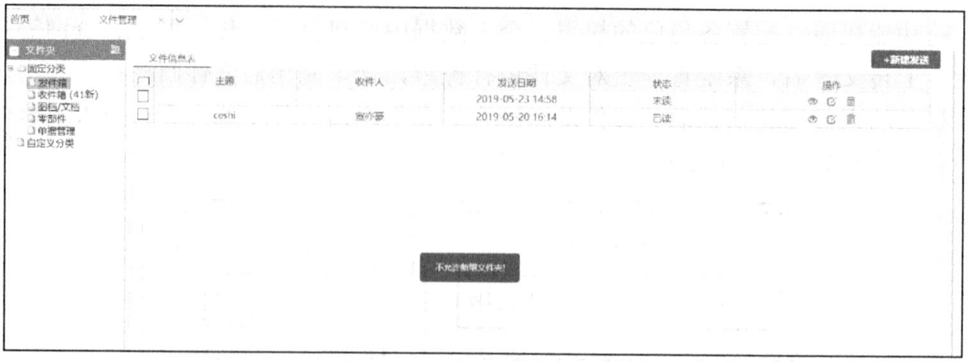

图 5-61　文件结构整理

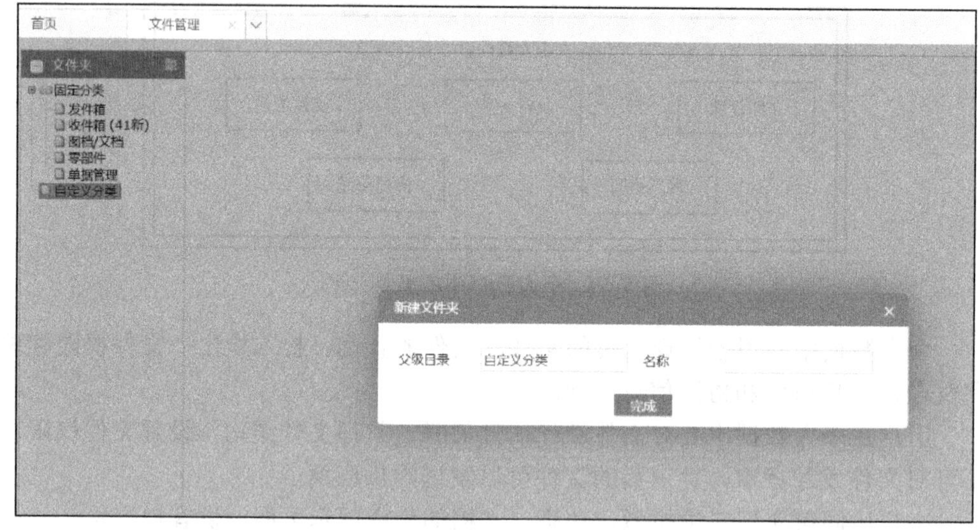

图 5-62　新建自定义分类文件夹

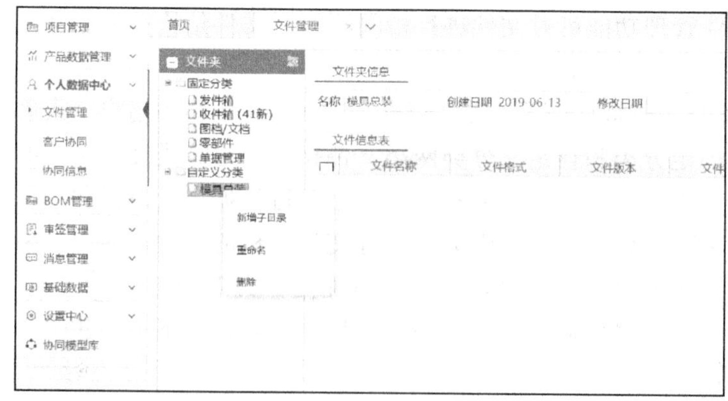

图 5-63　自定义文件夹重命名

③右击文件夹，在右键菜单单击“删除”命令，弹出提示信息，单击“确定”按钮，可删除空文件夹，如图 5-64 所示。

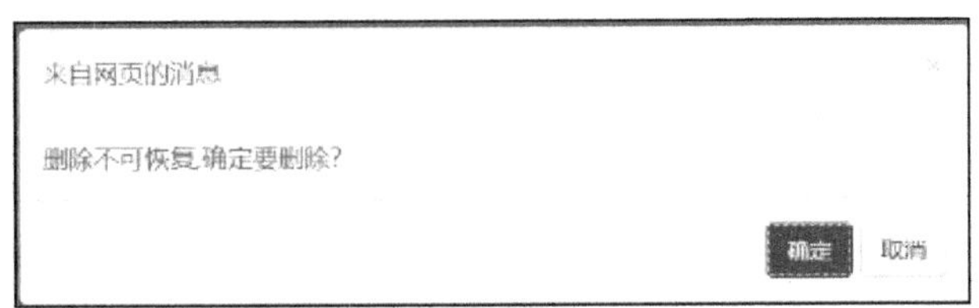

图 5-64　自定义文件夹删除

(2) 文件检入检出。

①选中图档/文档、零部件、单据管理以及自定义分类下的某个文件夹，单击“检入”按钮，弹出“检入到目录[xxx]”窗口，填写“名称”“说明”等字段信息，单击“浏览”按钮可上传本地文件，单击“确定”按钮，文件信息即显示在文件信息列表中，如图 5-65 所示。

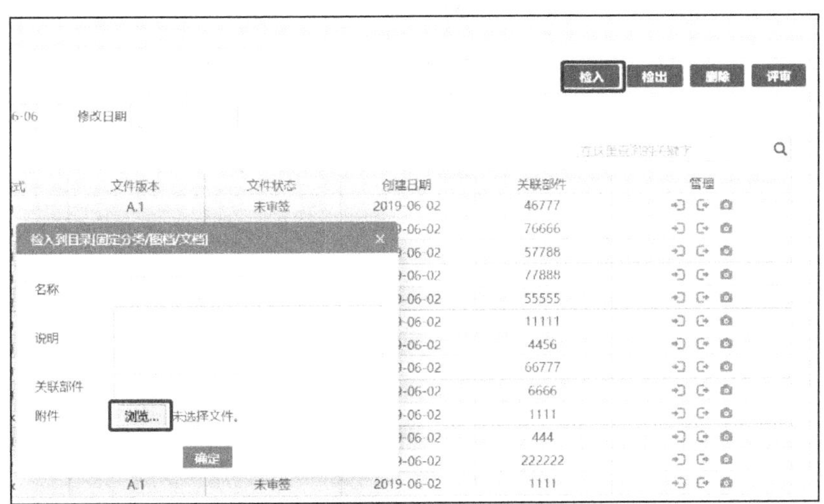

图 5-65　文件检入

②选中某文件夹的某个或者多个文件，单击“检出”按钮，弹出检出文件用途窗口，填写用途说明，单击“确定”按钮，即可将文件下载到本地，如图 5-66 所示。

③文件检入检出记录。同一个文件检入多次，则只显示最新版本，历史版本查看方式如下：单击文件信息表“管理”中的“检入记录”图标“”，系统会弹出所有版本的信息，每个版本都可以下载和查看说明，单击对应的“”“”图标即可，如图 5-67 所示。

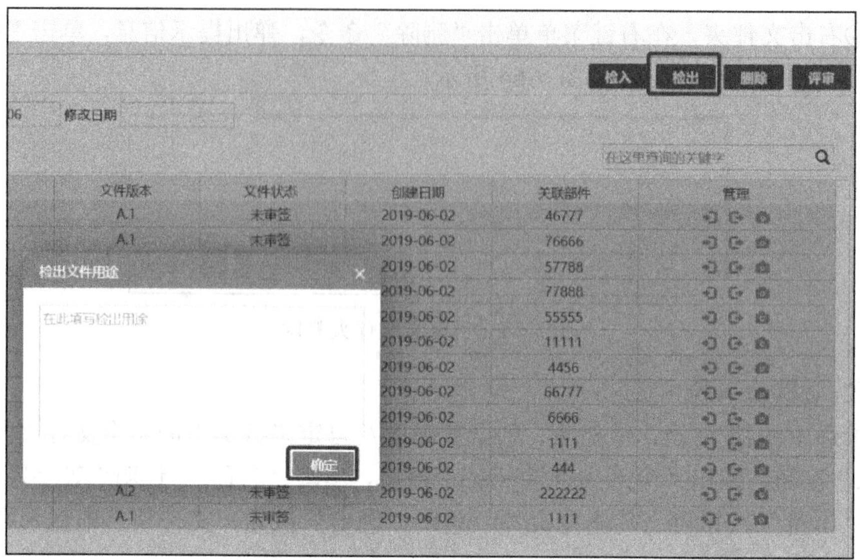

图 5-66　文件检出

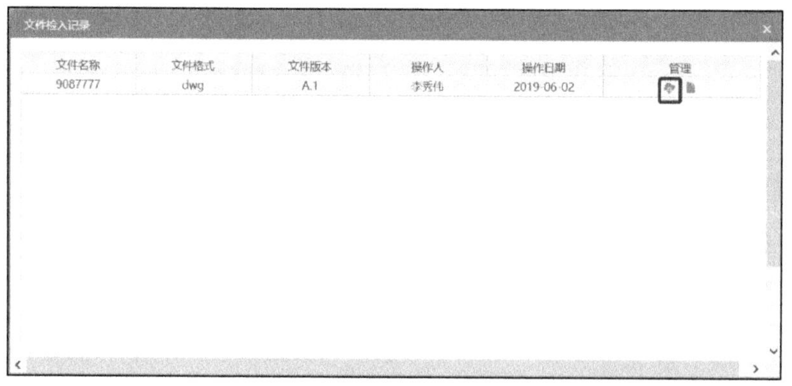

图 5-67　检入记录下载

④单击“管理”中的“检出记录”图标“”，系统会弹出所有下载的信息，每条文件记录都可以下载和查看下载说明，单击对应的“”“”图标即可，如图 5-68 所示。

(3) 文件查询。可查询全部文件夹的某个文件，选中文件夹后，也可以查询该文件夹的文件，在输入框输入查询条件，单击“查询”按钮，查询结果显示在文件信息表中，如图 5-69 所示。

(4) 文件在线查看。单击文件信息表的“管理”中的“在线看图”图标“”，可在线查看文件，不需要安装任何桌面软件，如图 5-70 所示。

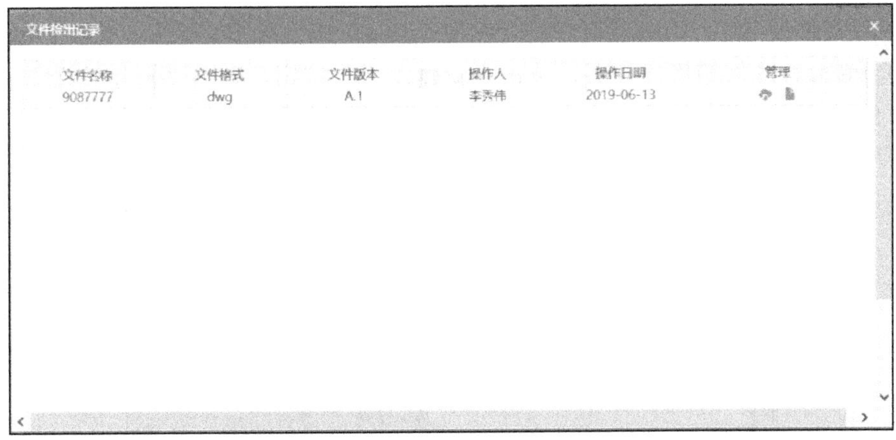

图 5-68　检出记录下载

首页　文件管理

文件夹
固定分类
发件箱
收件箱 (41新)
图档/文档
零部件
单据管理
自定义分类
模具总装

检入　检出　删除　评审

文件夹信息

名称 图档/文档　创建日期 2018-06-06　修改日期

文件信息表

文件名称	文件格式	文件版本	文件状态	创建日期	关联部件	管理
9087777	dwg	A.1	未审签	2019-06-02	46777	
577899	dwg	A.1	未审签	2019-06-02	76666	
678899	dwg	A.1	未审签	2019-06-02	57788	
66678	dwg	A.1	未审签	2019-06-02	77888	
44444	dwg	A.1	未审签	2019-06-02	55555	
11111	dwg	A.1	未审签	2019-06-02	11111	
33455	dwg	A.1	未审签	2019-06-02	4456	
5767888	dwg	A.1	未审签	2019-06-02	66777	
46678	dwg	A.1	未审签	2019-06-02	6666	
112344	docx	A.1	未审签	2019-06-02	1111	
虞焗风	dwg	A.1	未审签	2019-06-02	444	
测试62	java	A.2	未审签	2019-06-02	222222	
62-测试	docx	A.1	未审签	2019-06-02	1111	

图 5-69　文件查询

检入　检出　删除　评审

创建日期	关联部件	管理
2019-06-02	46777	
2019-06-02	76666	
2019-06-02	57788	
2019-06-02	77888	
2019-06-02	55555	
2019-06-02	11111	
2019-06-02	4456	
2019-06-02	66777	

图 5-70　文件在线查看

(5)文件发放。

①单击“发件箱”文件夹，单击“新建发送”按钮，弹出“新建发送”窗口，如图 5-71 所示。

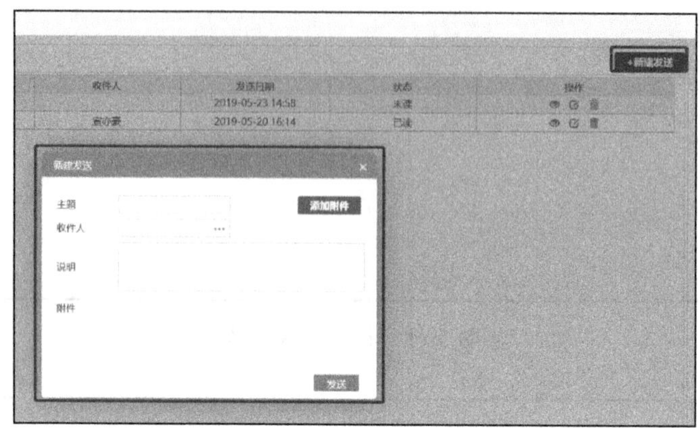

图 5-71　新建文件发放

②填写“主题”“说明”等字段信息，单击收件人右边的“…”图标，弹出“文件发放”窗口，可以选择本企业、其他企业和跨网企业的用户(其他企业和跨网企业的用户只能发放文件状态为“已通过”的文件)，单击“确定”按钮即可选中收件人，如图 5-72 所示。

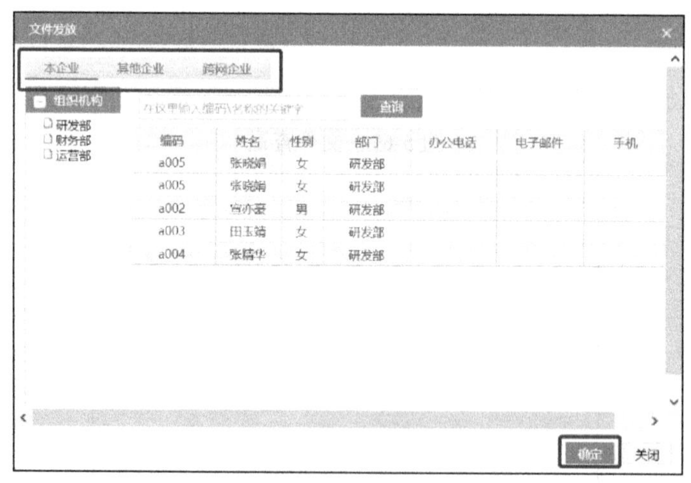

图 5-72　收件人选取

③单击“添加附件”按钮，弹出“文件提交”窗口，可以选择个人数据中心文件管理内已有的文件夹中的文件，单击“确认提交”按钮即可上传文件，如图 5-73 所示。

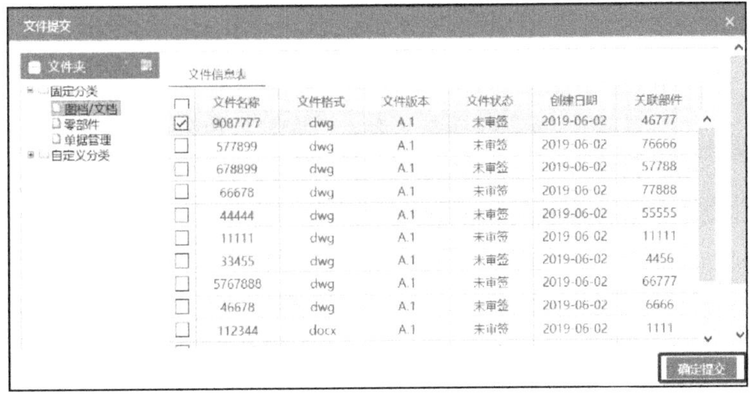

图 5-73　发送文件选取

所有文件信息填写完毕后，单击“发送”按钮，即可将文件发送给收件人，如图 5-74 所示。

新建发送
主题 0523
添加附件
收件人 张晓娟
说明
附件 9087777
发送

图 5-74　文件发送

单击文件信息表中的“”图标，可以查看发送详情，如图 5-75 所示。

单击文件信息表中的“”图标，可以对已发送的内容进行重新编辑修改，提供一种快速发送方式，如图 5-76 所示。

单击文件信息表中的“”图标，可以删除文件发放记录，清理发件箱，如图 5-77 所示。

(6) 文件接收。

①单击“收件箱”文件夹，文件信息表中列出当前收到的所有信息记录。未读文件记录字体加粗显示，同时在收件箱文件夹右侧显示未读记录的数量，如图 5-78 所示。

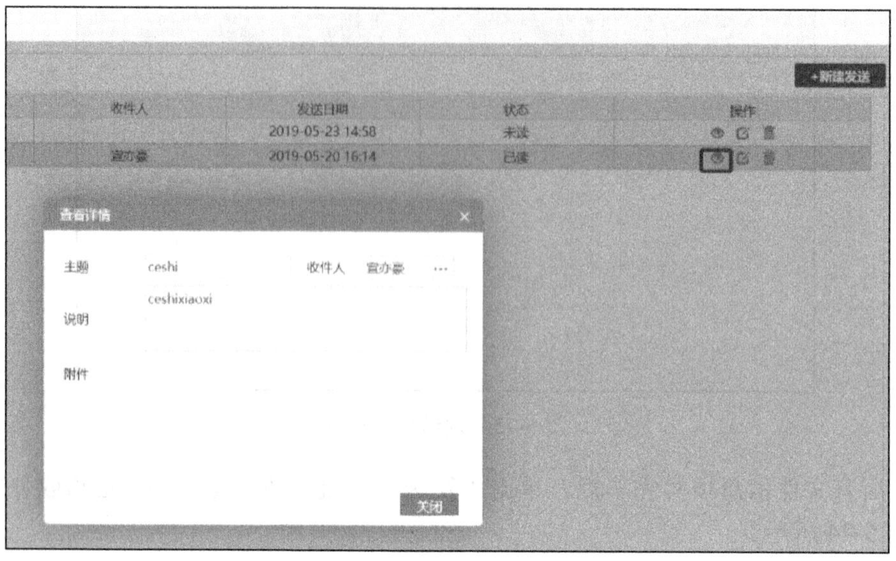

图 5-75　查看发送详情

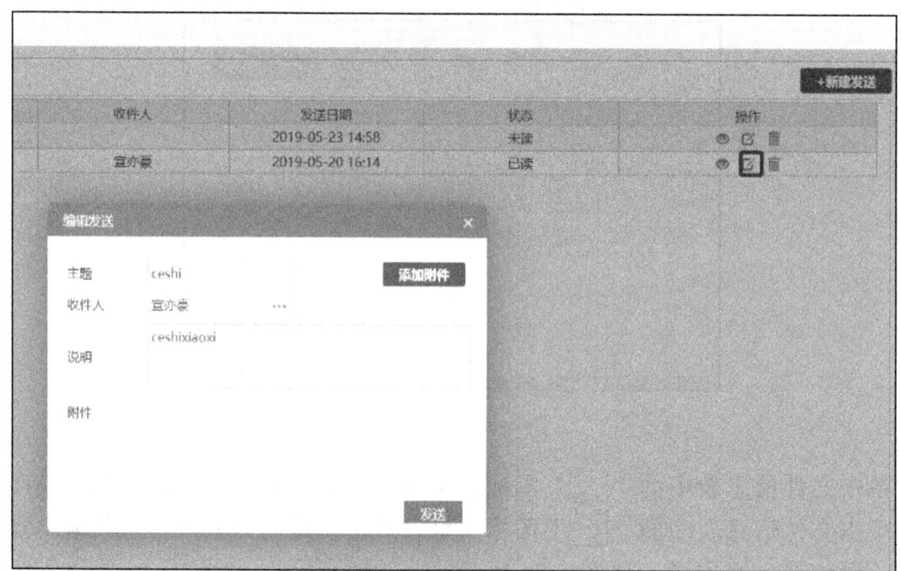

图 5-76　已发送内容编辑重发

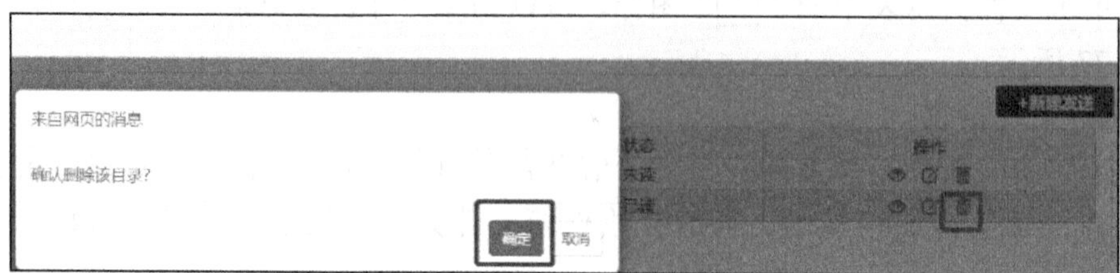

图 5-77　删除文件发放记录

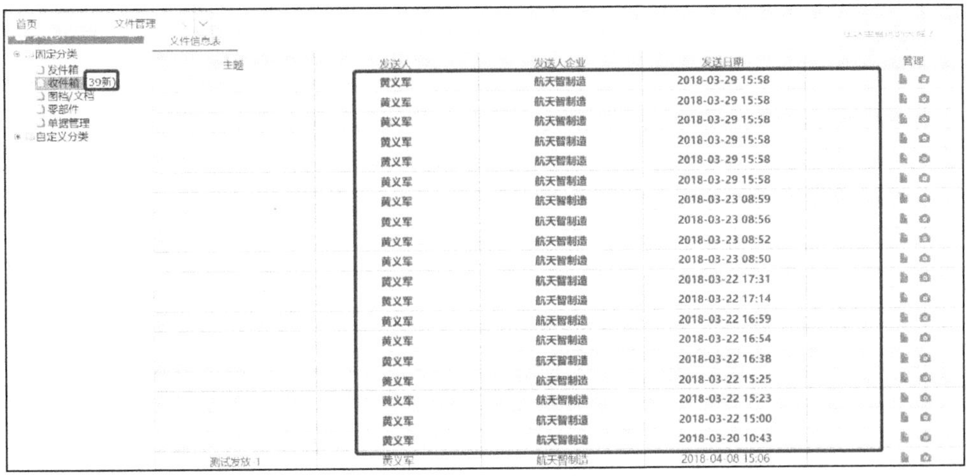

图 5-78 文件收件箱

②单击管理属性列下方的“ ”图标，可以查看文件说明，如图 5-79 所示。

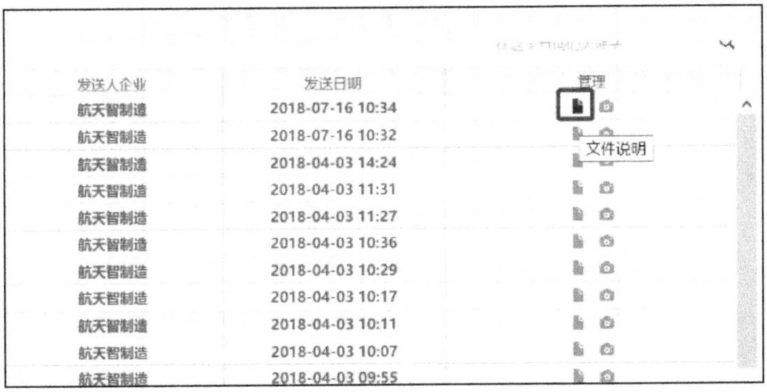

图 5-79 查看文件说明

③单击管理属性列下方的“ ”图标，可以查看附件列表。单击“ ”图标可将文件下载至本地，单击“ ”图标，可在线预览文件。单击“ ”图标后，文件自动由未读状态变为已读状态，文件记录字体由粗体变正常，同时发件人发件箱中此文件记录的状态也变为已读状态，如图 5-80 所示。

(7)文件评审。

检入文件后，发送文件前，若需要对文件进行评审，则可以使用文件评审功能。选择要评审的文件，单击“评审”按钮，进入评审流程模板设置页面，如图 5-81 所示。

选择流程模板，填写流程名称，指定各流程节点的执行人，可以选择跳过某一环节，在是否跳过“□”图标中打“√”，然后单击“启动流程”按钮，则流程开始执行，评审完成后，“文件状态”变为已审签，如图 5-82 所示。

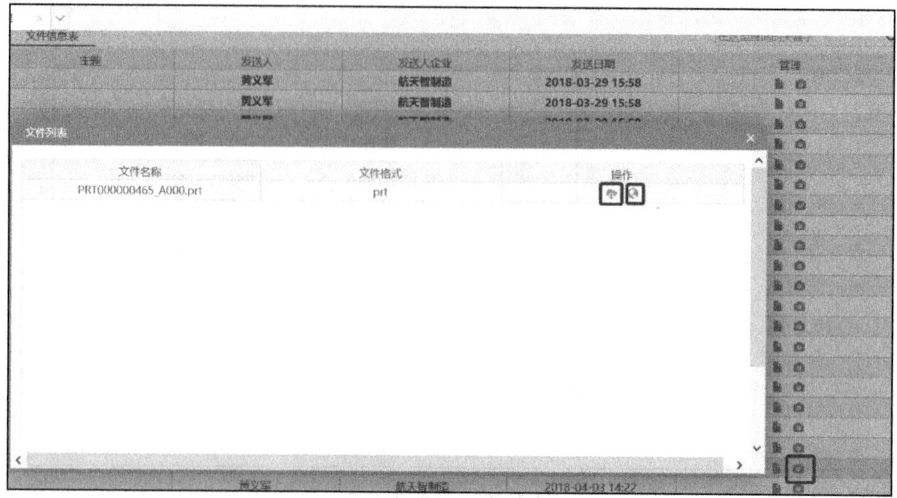

图 5-80　文件下载、预览

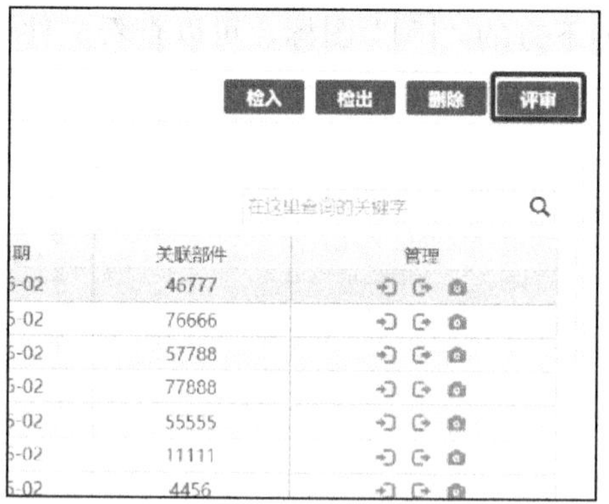

图 5-81　文件评审

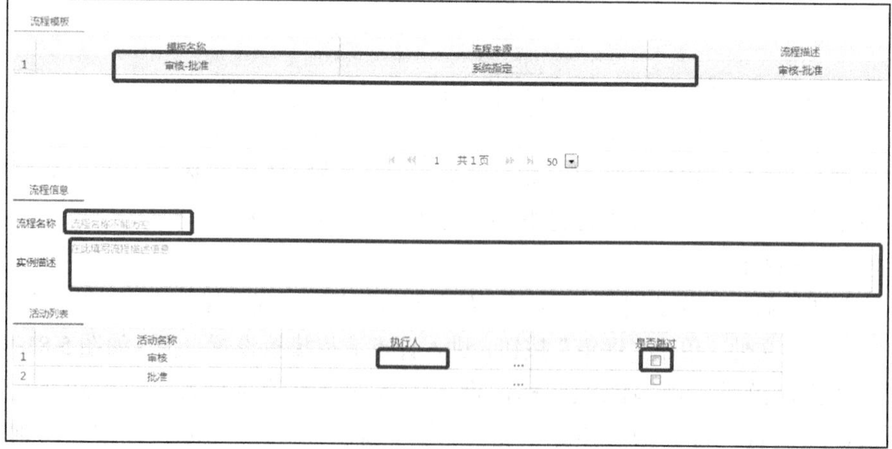

图 5-82　新建流程模板

2) 客户协同操作

客户协同主要管理发给客户的文档，上传客户需要的模型、动画、技术文档。系统生成三者合成的展示页面，发送给客户浏览。客户协同主页面如图 5-83 所示，主要负责管理所有发给客户的协同信息记录，如图 5-83 所示。

首页　客户协同

新增

查询条件

信息名称　客户名称　企业名称　时间　查询　清除

信息列表

发放说明	客户名称	企业名称	发放日期	操作
测试stp516	黄义军	航天智造	2018-05-16 10:59:04	
pdf	黄义军	航天智造	2018-05-15 17:00:45	
测试pdf及视频	黄义军	航天智造	2018-05-14 14:58:20	
测试514	黄义军	航天智造	2018-05-14 14:44:10	
0510	黄义军	航天智造	2018-05-10 15:40:50	
prt模型	黄义军	航天智造	2018-05-10 09:30:18	
测试pdf预览	黄义军	航天智造	2018-05-09 10:28:19	
协同测试0509	黄义军	航天智造	2018-05-09 10:15:56	
测试pdf	黄义军	航天智造	2018-05-08 15:28:42	
测试视频预览	黄义军	航天智造	2018-05-08 15:13:55	
444	陈晓双	航天电器上海事业部	2018-05-03 15:53:59	
测试中文23	黄义军	航天智造	2018-04-23 10:18:09	

图 5-83　客户协同

(1) 单击信息列表中“操作”属性栏下的“ ”图标，可以进入“客户协同信息”页面，浏览已发送给客户的协同信息，如图 5-84 所示。

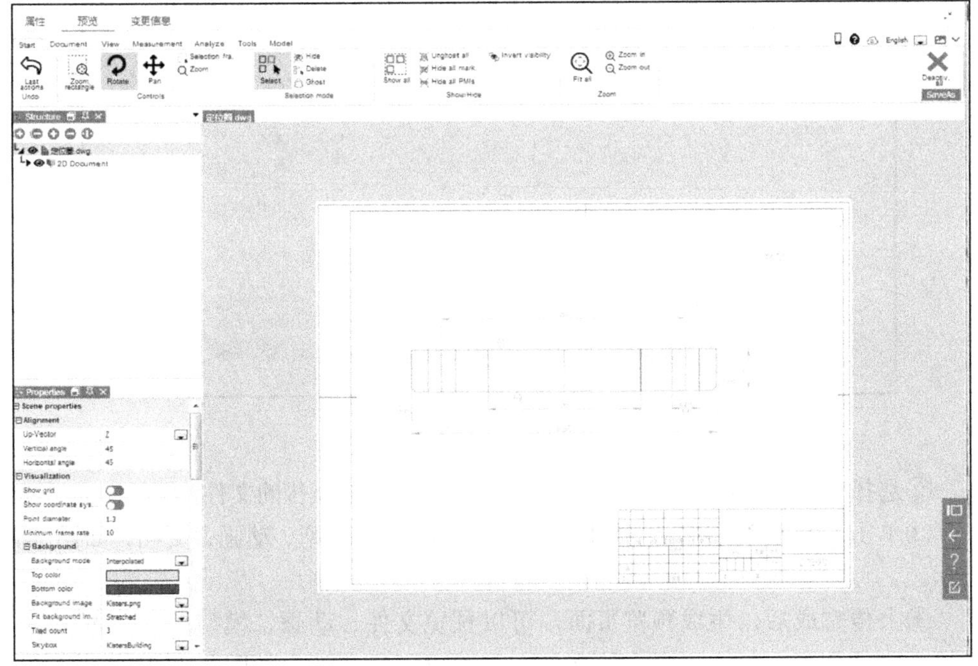

图 5-84　客户协同信息页面

(2)单击信息列表中“操作”属性栏下的“ ”图标，可以进入“文件列表”页面，单击操作属性下的“ ”图标，可以将文件下载保存到浏览器默认路径下，如图 5-85 所示。

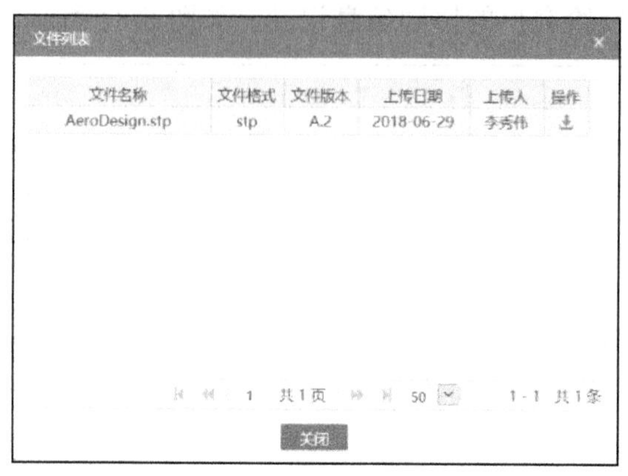

图 5-85　文件下载列表

(3)单击“新增”按钮，可以创建客户协同信息，上传模型、pdf 文件、动画，发送给客户，具体操作方法如下。

①单击文件夹选项如图 5-86 所示。

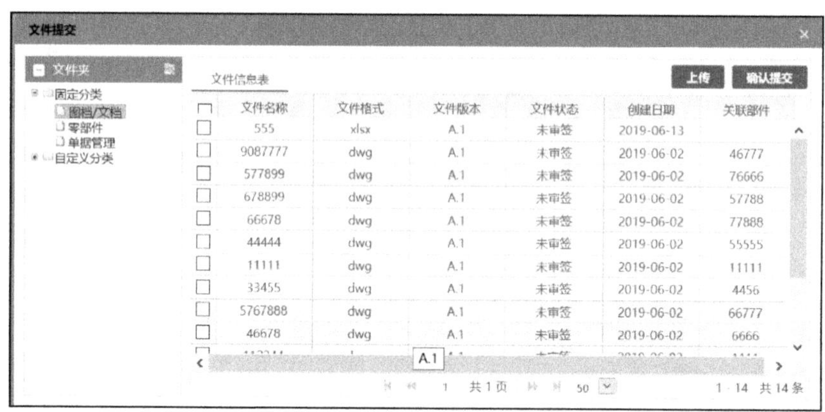

图 5-86　上传文件夹

②选择文件夹或者添加一个新的文件夹，用于存放上传的文件，如图 5-87 所示。

③单击“上传”按钮，上传本地文件。依次上传模型、动画、文档，如图 5-88 所示。

④上传完成后，生成预览页面，可以预览文件、动画、模型，并在页面右上方显示文件列表，单击列表中的文件名称即可下载文件，如图 5-89 所示。

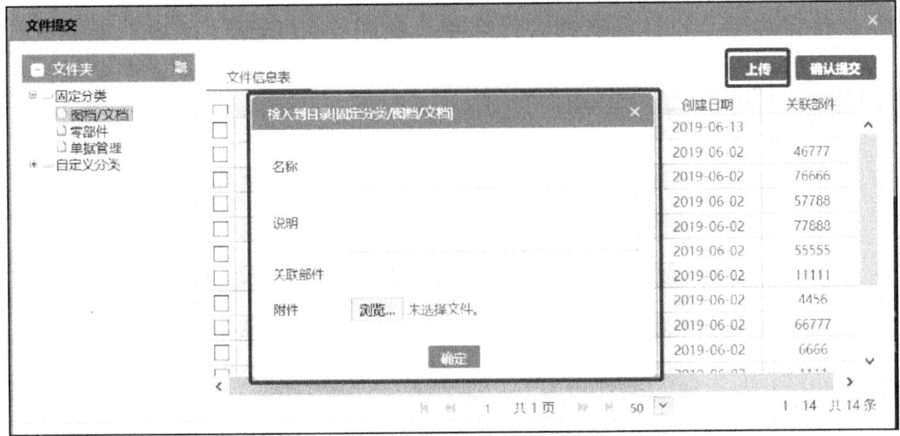

图 5-87 新建上传文件

文件提交

文件夹

固定分类
图档/文档
零部件
单据管理
自定义分类

文件信息表 上传 确认提交

	文件名称	文件格式	文件版本	文件状态	创建日期	关联部件
☐	555	xlsx	A.1	未审签	2019-06-13	
☐	9087777	dwg	A.1	未审签	2019-06-02	46777
☑	577899	dwg	A.1	未审签	2019-06-02	76666
☐	678899	dwg	A.1	未审签	2019-06-02	57788
☐	66678	dwg	A.1	未审签	2019-06-02	77888
☐	44444	dwg	A.1	未审签	2019-06-02	55555
☐	11111	dwg	A.1	未审签	2019-06-02	11111
☐	33455	dwg	A.1	未审签	2019-06-02	4456
☐	5767888	dwg	A.1	未审签	2019-06-02	66777
☐	46678	dwg	A.1	未审签	2019-06-02	6666

1 共 1 页 50 1 - 14 共 14 条

图 5-88 选择文件上传

图 5-89 上传文件预览页面

⑤上传完成后，设计师选择客户名称，如图 5-90 所示。

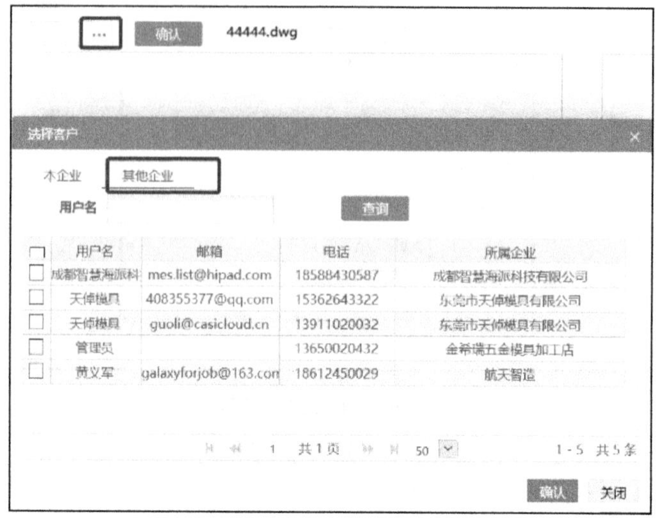

图 5-90　客户选择

⑥单击“确认”按钮，填写发送说明，系统即把页面发送给客户，如图 5-91 所示。

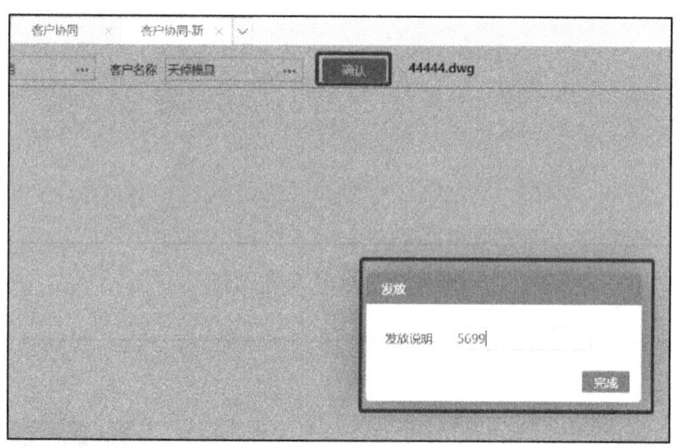

图 5-91　发送确认

3) 协同信息操作

客户登录系统，单击“产品数据管理”→“协同信息”按钮，进入“协同信息”页面，如图 5-92 所示。

单击每条记录右侧的“[👁]”图标，弹出“协同信息→查看”窗口，可以预览模型、动画、pdf 文件。单击 pdf 文件预览窗口上方的“pdf 查看”按钮，可以放大 pdf 文件预览窗口，如图 5-93 所示。

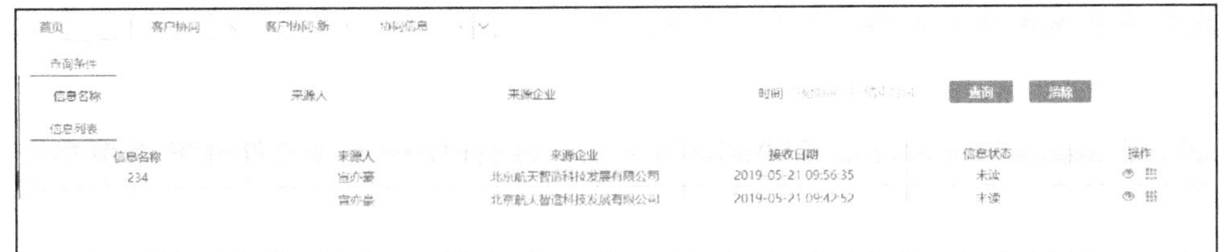

图 5-92 协同信息页面

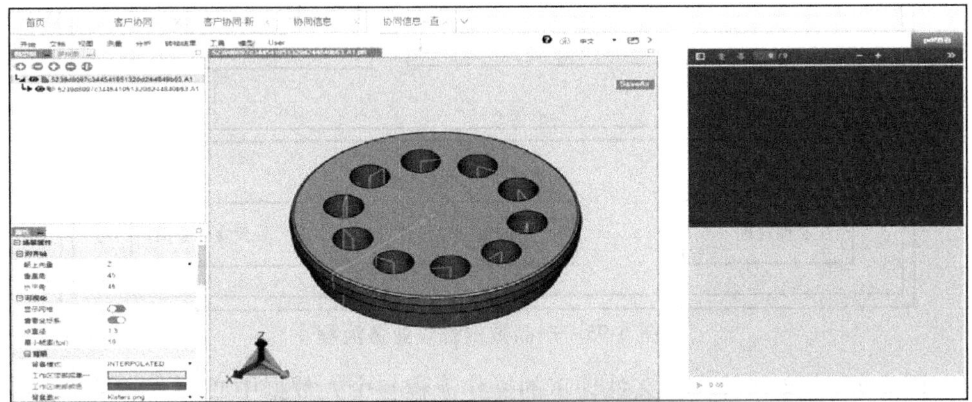

图 5-93 预览模型窗口

单击每条记录右侧的“▦”图标，弹出“文件列表”窗口(图 5-94)，可以查看已上传的文件，单击文件列表中的下载图标“⤓”，可以将文件保存至浏览器的默认路径下。

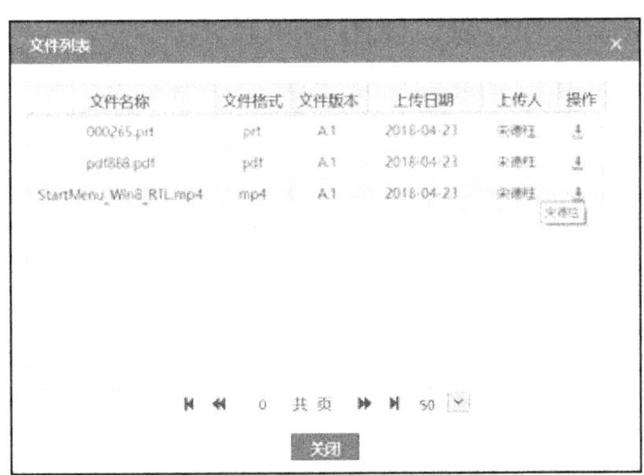

图 5-94 文件查看列表

3. 产品数据管理

用户首次使用产品数据管理功能时，系统管理员需先设置用户信息，配置职员的功能权限，配置各角色的权限。产品数据管理包括了上传、查看、查询等功能，上传文件后，对文件进行评审，评审完毕后。文件归档在系统中，用户可在线将文件通过商密网发给互联网用户。产品数据管理业务流程如图 5-95 所示。

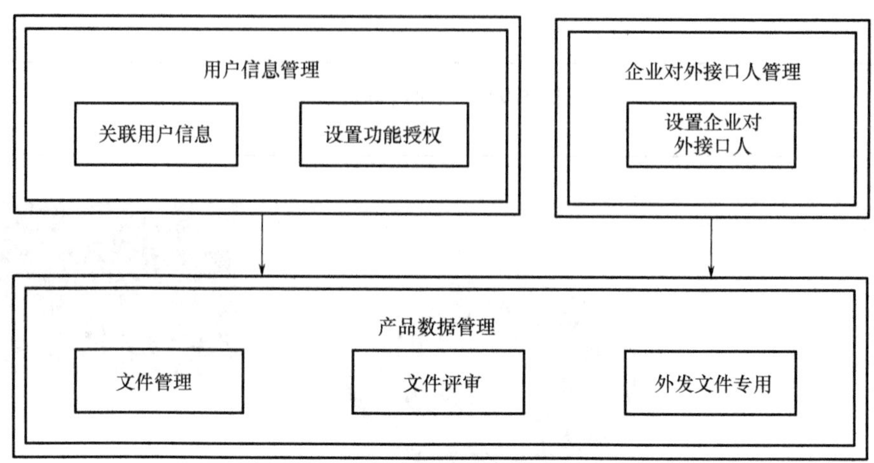

图 5-95　产品数据管理业务流程

图 5-95 中文件管理、文件评审的操作流程与个人数据中心(文件管理、文件评审、文件发放)菜单操作流程完全一致，此处不再赘述。

4. 审签管理

1) 文件审签操作

评审人员接收到评审待办消息，进入“审签管理”→“文件审签”页面，可查看自己待评审的流程信息列表，如图 5-96 所示。

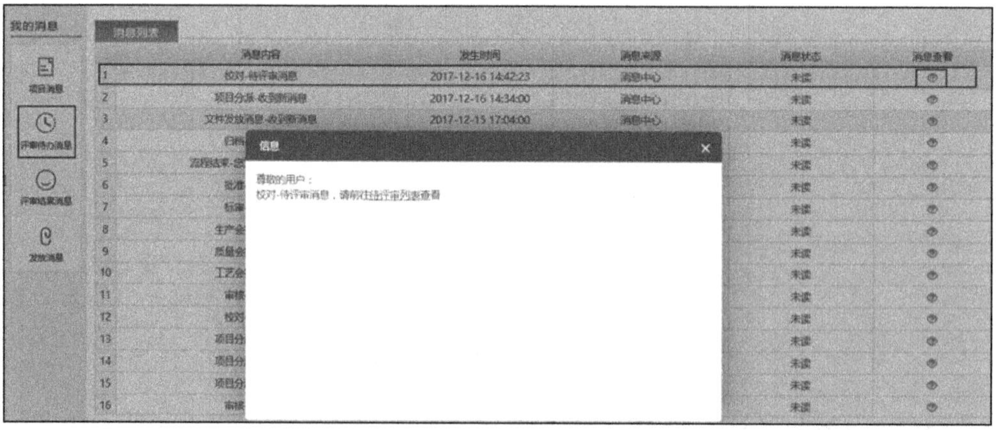

图 5-96　文件审签

单击操作属性下的“文件明细”按钮可查看待评审的文件信息列表，如图 5-97 所示。

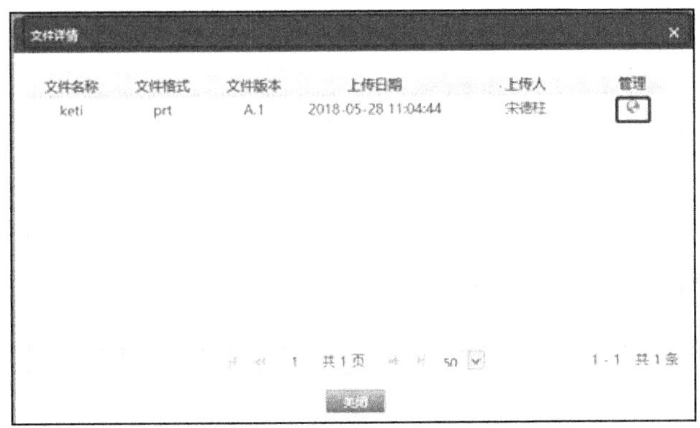

图 5-97　审签文件详情

单击文件详情窗口文件记录右侧的“ ”图标，可对评审文件进行在线预览，单击预览页面“工具”菜单下的“文本”工具，可以在线增加文本批注信息，单击右上方“Save AS”按钮，可以保存批注信息，如图 5-98 所示。

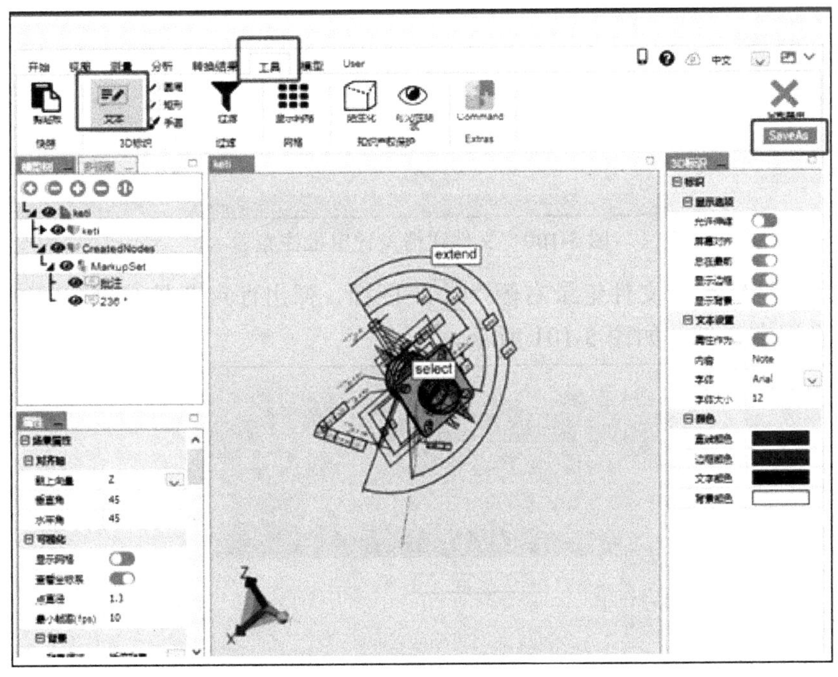

图 5-98　审签文件预览批注

单击列表右侧的评审按钮图标“ ”，弹出“录入评审意见”窗口(图 5-99)，单击评审意见右侧的倒三角下拉菜单，可以选择评审意见“不同意”或者“同意”，然后单击“确定”按钮，该条记录自动进入“已评审”列表内。

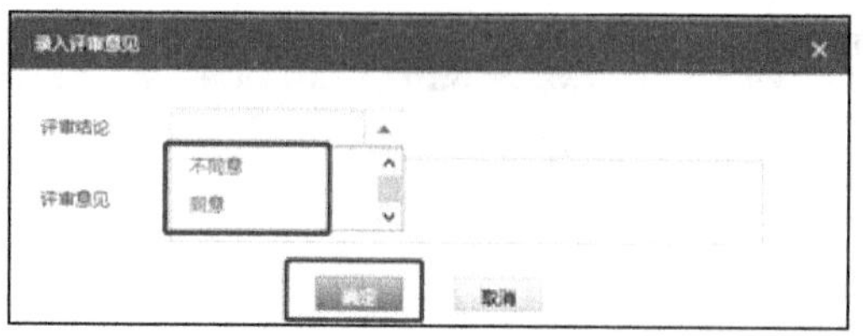

图 5-99　录入评审意见

已评审列表最右端操作属性下包含两种操作按钮，单击可分别查看文件详情及评审意见(图 5-100)。单击右侧“[图标]”图标，弹出文件详情窗口，单击“[图标]”图标，可以在线预览模型及评审批注信息。

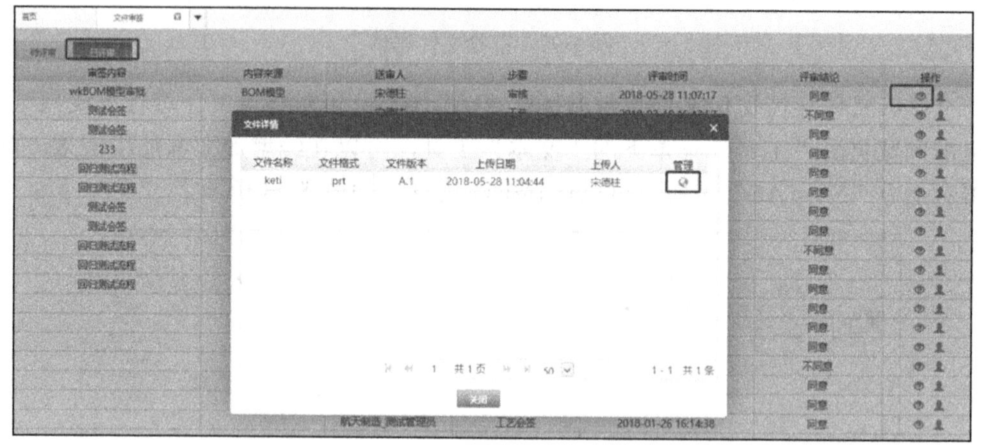

图 5-100　文件详情及评审批注查看

单击已评审列表文件记录右侧“[图标]”图标，弹出评审意见窗口，可以查看评审结论及评审意见，如图 5-101 所示。

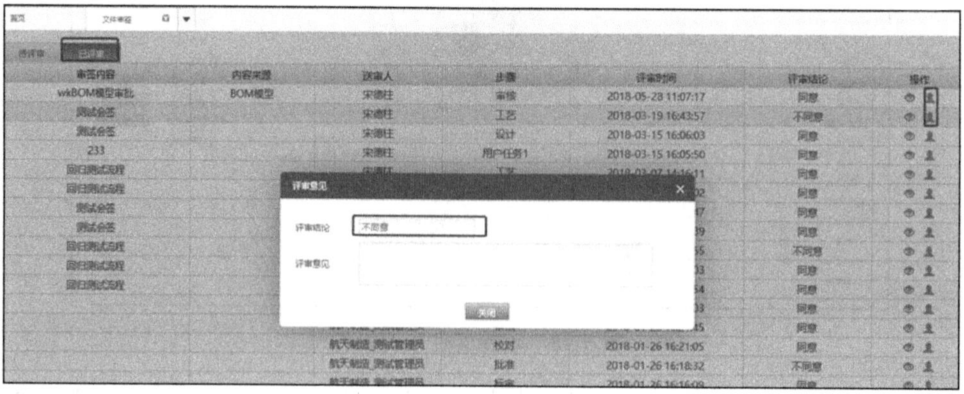

图 5-101　评审结论及评审意见查看

若审签没通过，则审签流程发起人可在评审结果消息中看到专家的评审结论，单击眼睛图标后，跳转到文件审签菜单下，可查看不通过的文件，如图 5-102 所示。

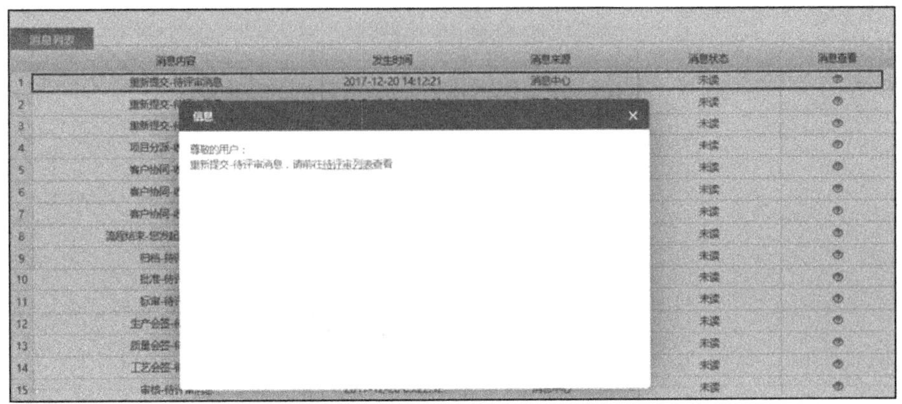

图 5-102 重新提交消息提醒

在“产品数据管理”→“文件管理”页面找到此文件，再次检入，如图 5-103 所示。

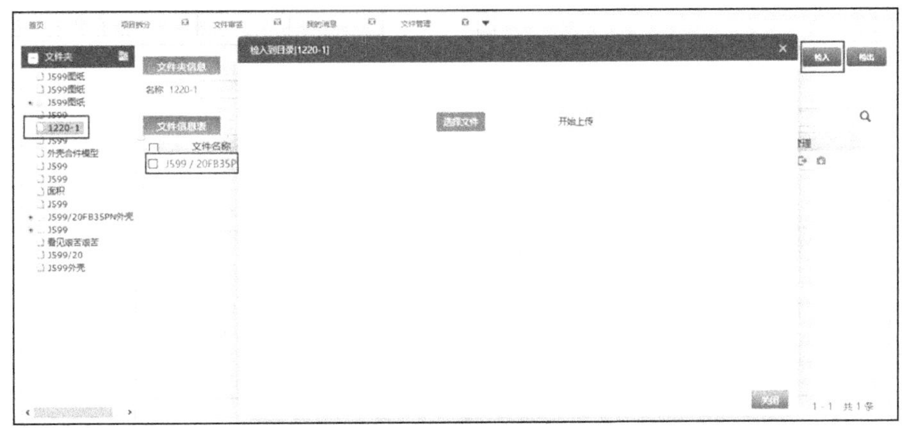

图 5-103 重新提交文件

这时，可以看到文件版本进行了更换，如图 5-104 所示。

然后重新发起文件评审，在流程模板配置窗口，可以选择流程模板，跳过某些评审环节，配置执行人，重新启动评审流程，如图 5-105 所示。

2) 审签进度监控操作

设计师可以进入“审签管理”→“审签进度监控”页面(图 5-106)，查看自己发起评审的流程的审签进度以及各环节评审人员的审签意见，流程列表中包含三种操作：查看审签进度、查看审签意见、在线看图。

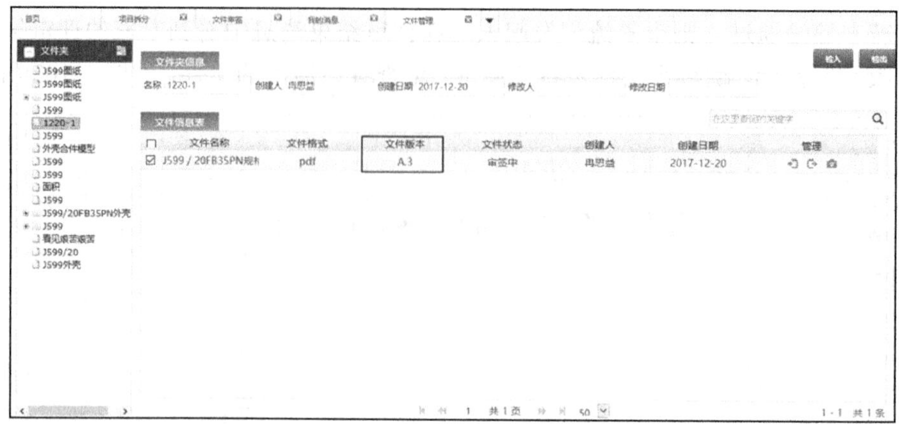

图 5-104　文件版本更换

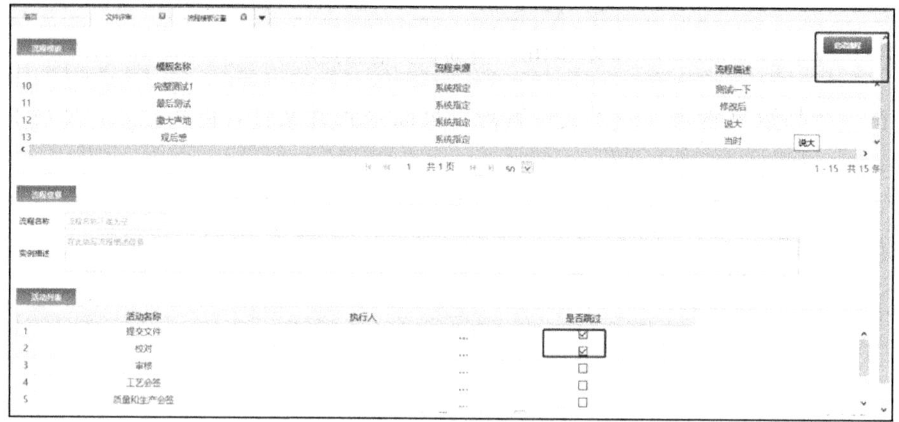

图 5-105　重新配置流程

图 5-106　审签进度监控

单击“审签进度”图标“ ”，弹出流程可视化窗口(图 5-107)，窗口显示该流程包含的所有环节。

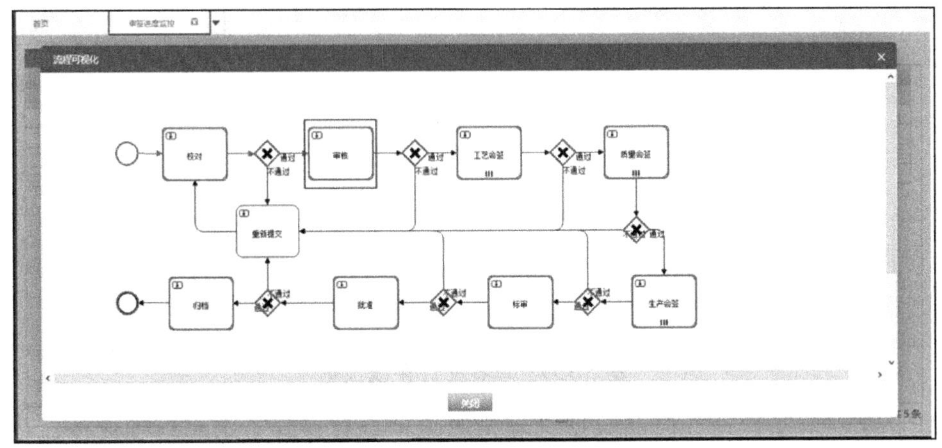

图 5-107 流程可视化

单击“审签意见”图标“ ”，弹出审签意见窗口(图 5-108)，可以查看各审签环节的审签人、审签意见、审签时间等相关信息。

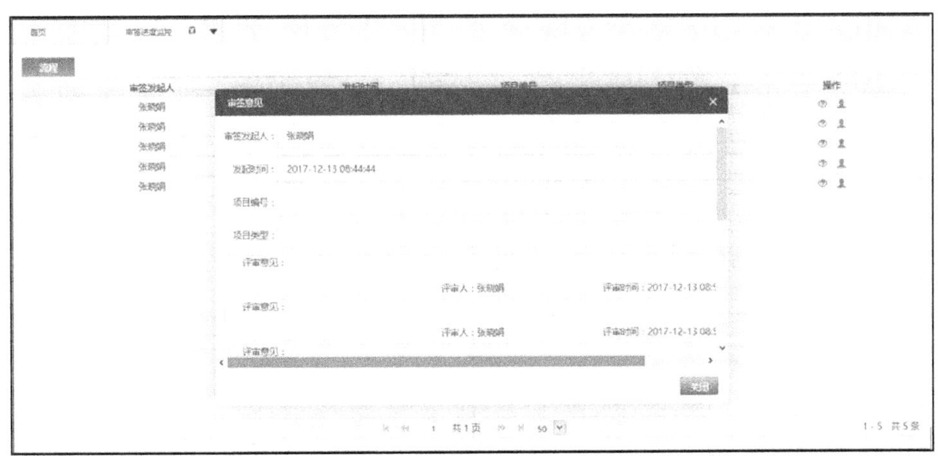

图 5-108 审签意见窗口

单击“在线看图”图标“ ”，弹出文件详情窗口，可以查看所有文件的列表信息，单击列表右侧的在线预览图标“ ”，可以在线预览模型及评审过程中所有评审专家的批注信息，如图 5-109 所示。

5. 消息管理

消息管理模块仅用于用户查看相关的消息列表信息，进行操作时需要链接至

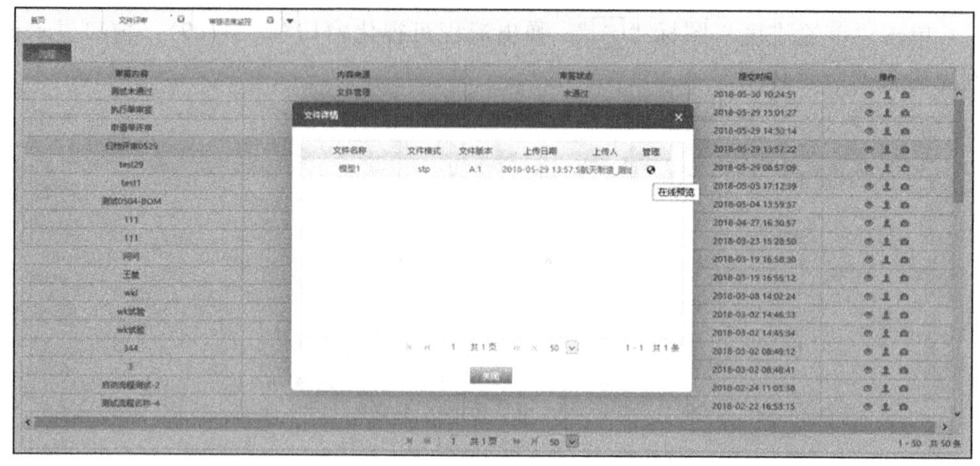

图 5-109　审签文件在线预览

项目管理、审签管理、产品数据管理相应菜单进行操作。消息管理业务流程如图 5-110 所示。

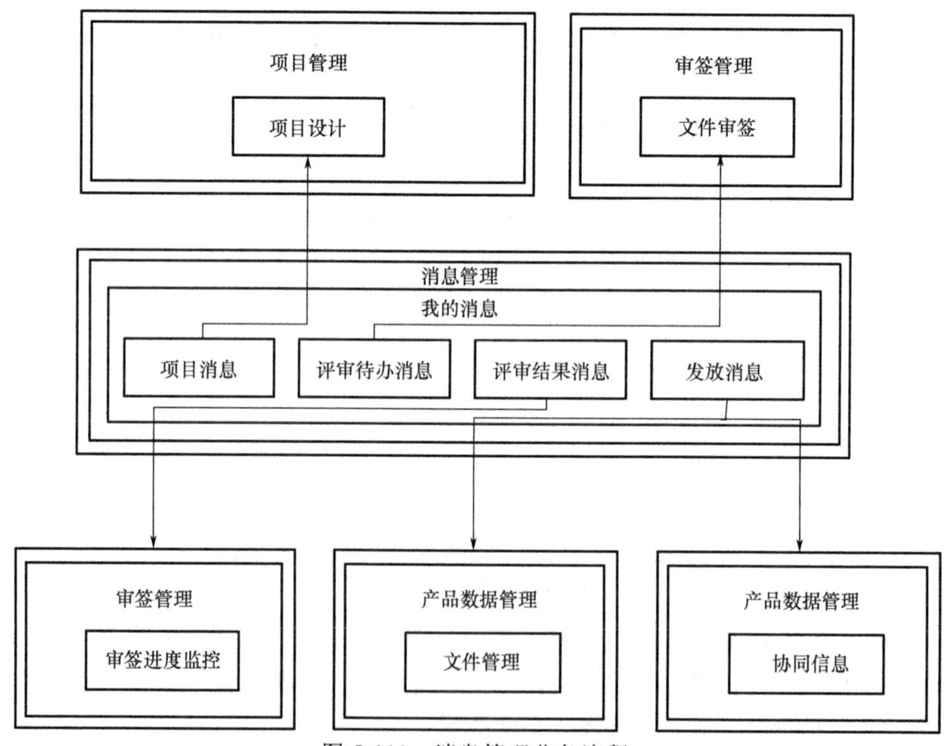

图 5-110　消息管理业务流程

项目消息主要为贵阳事业部与异地进行设计协同时，异地事业部接收到的子项目消息。评审待办消息主要为贵阳事业部与异地进行协同评审时，参与评审环节的异地评审人员接收的评审任务消息。评审结果消息主要为贵阳事业部与异地进行协同评审时，发起评审流程的设计经理接收的评审进度结果消息。

发放消息一方面包括供应商协同时各事业部收到的供应商传来的设计文件发放消息；另一方面包括客户协同时客户收到的模型、装配动画、产品说明文档发放消息。

消息管理模块可查看与用户相关的项目消息、评审待办消息、评审结果消息、发放消息等。在各类消息的右上角以“圆圈+数字”的形式提示用户的未读消息数量，只要查看一条未读消息，圆圈内的数字就自动减 1，如图 5-111 所示。

图 5-111　消息管理查看

(1) 项目消息。依次单击“消息管理”→“我的消息”→“项目消息”按钮，可查看项目消息列表(图 5-112)，默认消息状态为“未读”，单击消息查看属性下的“查看消息”按钮，弹出信息窗口，根据提示单击“设计提交”按钮即可进入

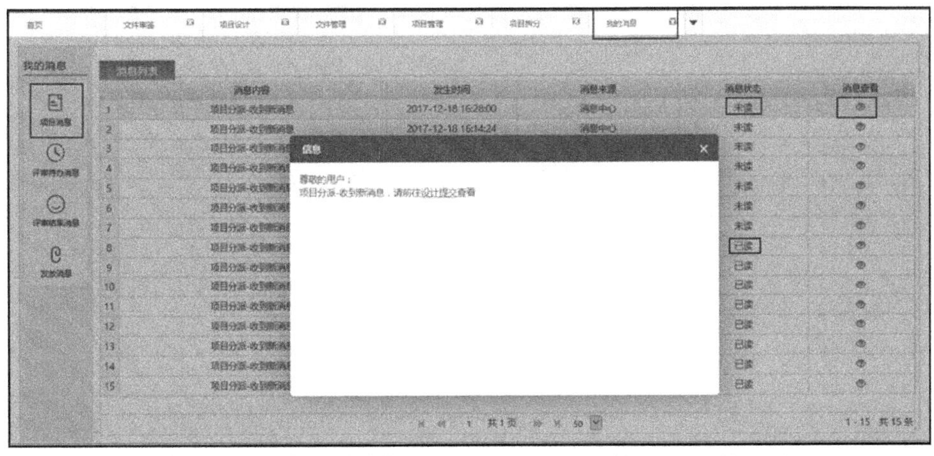

图 5-112　项目消息查看

“项目管理”→“项目设计”菜单，查看项目详情及上传设计文件等，进行消息查看后，消息状态变为“已读”，未读消息数量自动减 1。

(2) 评审待办消息。依次单击“消息管理”→“我的消息”→“评审待办消息”按钮，可查看待评审的消息列表(图 5-113)，默认消息状态为“未读”，单击消息查看属性下的“查看消息”按钮，弹出信息窗口，根据提示单击“待评审列表”按钮即可进入“审签管理”→“文件审签”菜单，查看待评审的任务详情、进行文件评审等，进行消息查看后，消息状态变为“已读”。

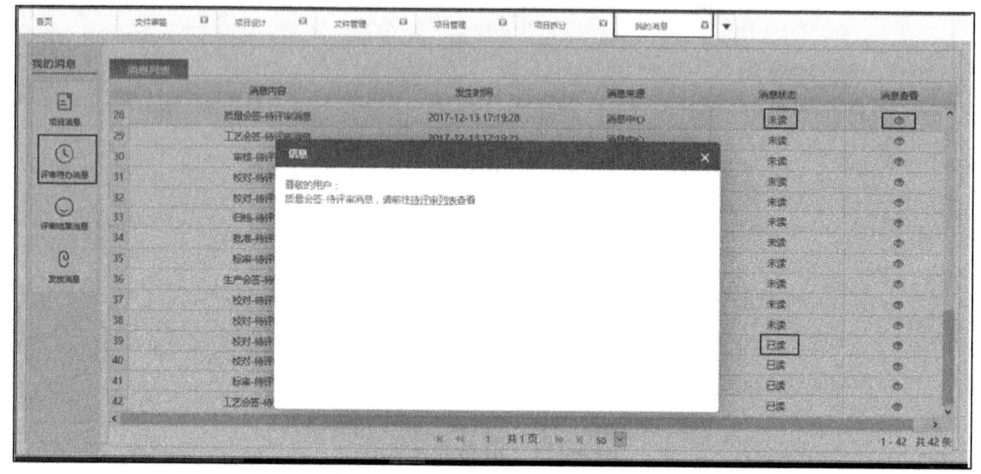

图 5-113　评审待办消息查看

(3) 评审结果消息。依次单击“消息管理”→“我的消息”→“评审结果消息”按钮，可查看评审结果消息列表(图 5-114)，默认消息状态为“未读”，单击消息

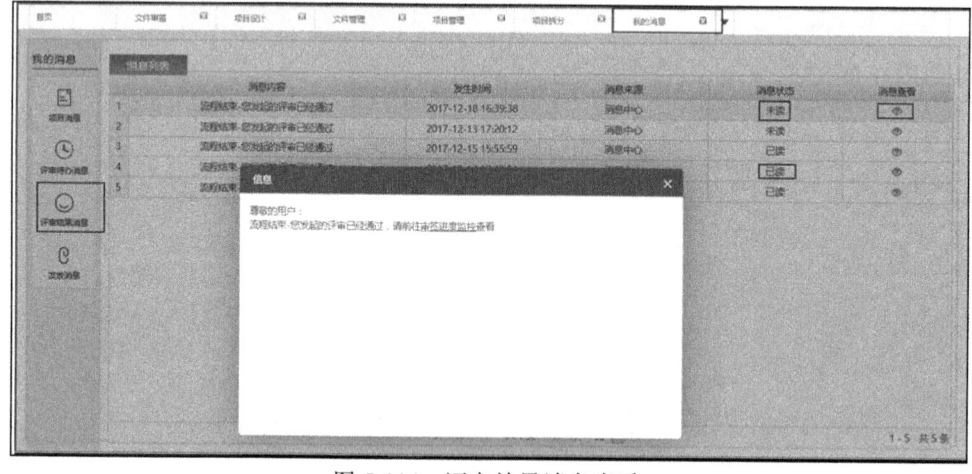

图 5-114　评审结果消息查看

查看属性下的“查看消息”按钮，弹出信息窗口，根据提示单击“审签进度监控”按钮即可进入“审签管理”→“审签进度监控”菜单，查看流程的审签进度、评审结果等，进行消息查看后，消息状态变为“已读”，未读消息数量自动减 1。

(4) 发放消息。依次单击“消息管理”→“我的消息”→“发放消息”按钮，可查看文件发放消息(图 5-115)，默认消息状态为“未读”，单击消息查看属性下的“查看消息”按钮，弹出信息窗口。对于文件发放消息根据提示单击“文件发放管理”按钮即可进入“个人数据中心”→“文件管理”→“收件箱”菜单，查看文件详情，进行文件下载等。

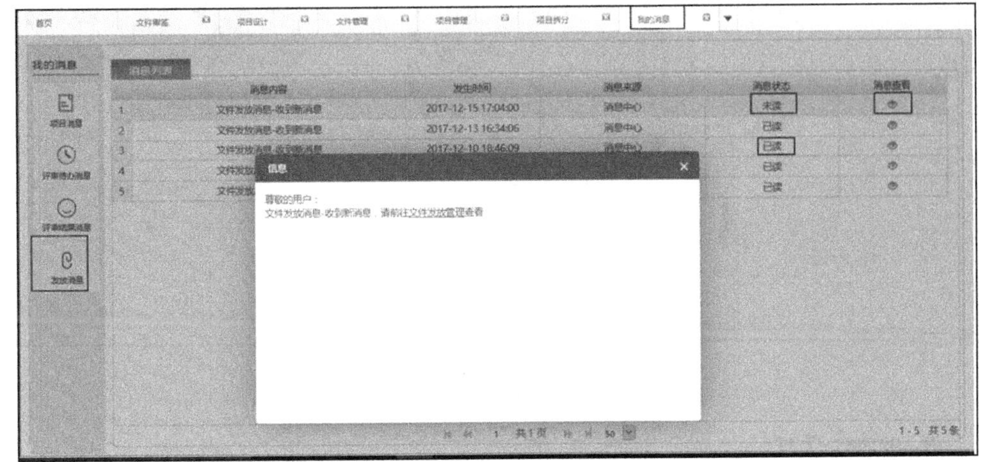

图 5-115　文件发放消息查看

(5) 客户协同消息。依次单击“消息管理”→“我的消息”→“发放消息”按钮，可查看客户协同消息列表，如图 5-116 所示。

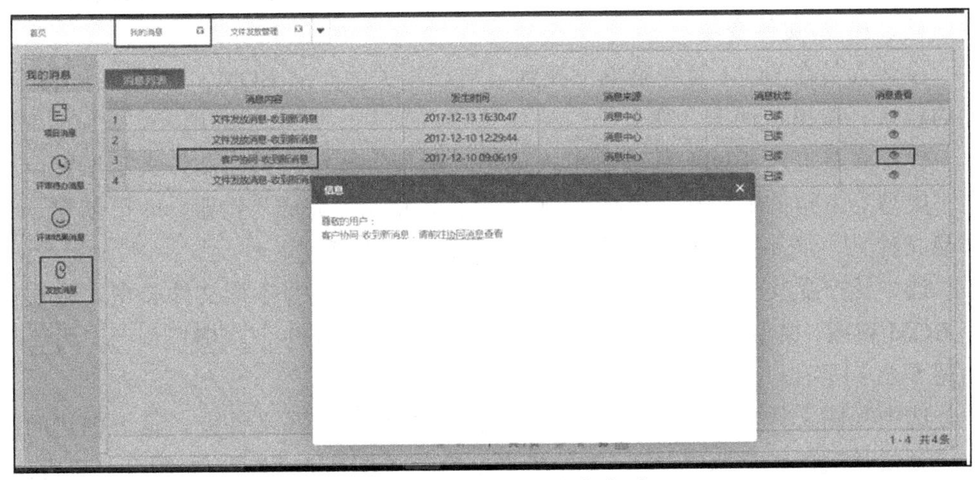

图 5-116　客户协同消息查看

对于客户协同消息，根据提示单击“协同消息”按钮即可进入“协同信息-查看”页面(图 5-117)，可以在线预览模型、装配动画、产品技术规格说明书等。进行发放消息查看后，消息状态变为“已读”，未读消息数量自动减 1。

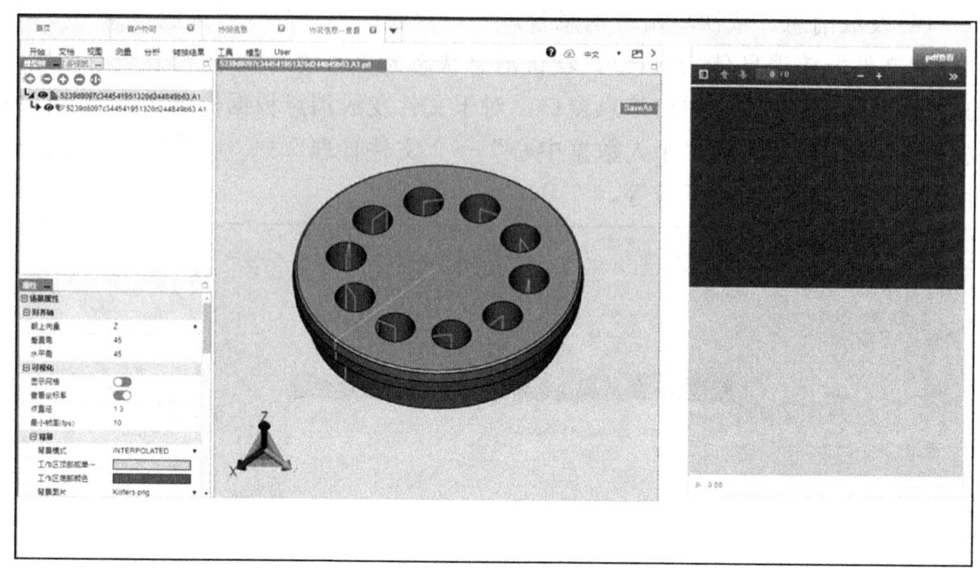

图 5-117　协同信息-查看

6. BOM 管理

设计人员进入 BOM 管理菜单，导入 xls/xlsx 格式文件解析 BOM 结构或创建 BOM 树，上传模型，在属性栏增加属性信息，在 BOM 视图菜单下增加 BOM 视图信息，在线查看产品、组件、零件的三维模型、属性信息，发起模型评审、模型归档、模型/文件变更。

设计人员在 BOM 管理菜单下找到与自己相关的产品 BOM，可以进行设计文件的检入、检出、评审、变更。

设计人员进入 BOM 管理菜单，单击“新增”按钮，弹出文件夹新增窗口，在“类型”下拉框中选择“产品”，输入名称，单击“完成”按钮，即可创建一个产品文件夹，产品文件夹图标为“”，如图 5-119 所示。

选中该产品文件夹，单击“新增”按钮，可通过选择不同文件类型，依次创建 BOM 视图、模型、视图文件夹、文件夹，图标依次为“”“”“”“”，如图 5-119 所示。

选中视图文件夹，单击“新增”按钮，可以创建产品文件夹。其下创建的组件模型文件夹的图标为“”，零件模型文件夹的图标为“”，如图 5-120 所示。

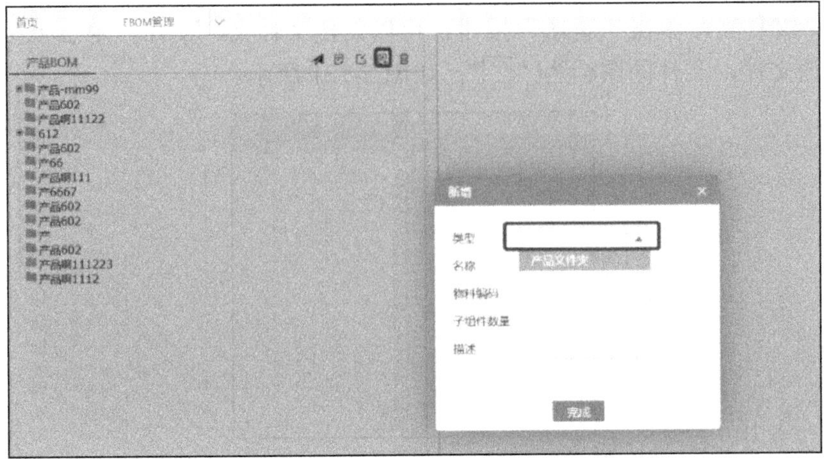

图 5-118 新增产品文件夹

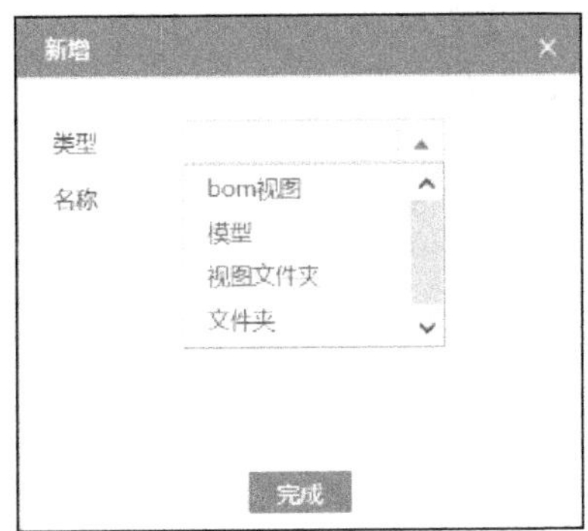

图 5-119 新增产品文件

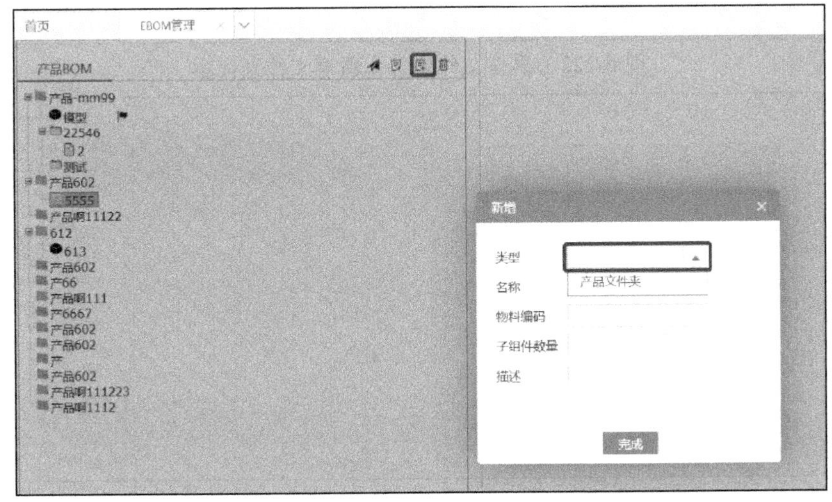

图 5-120 新增组件模型文件夹、零件模型文件夹

选中文件夹，单击“新增”按钮，可以创建文件夹、文件，用于上传及分类管理设计文件，文件的图标为“”，如图 5-121 所示。

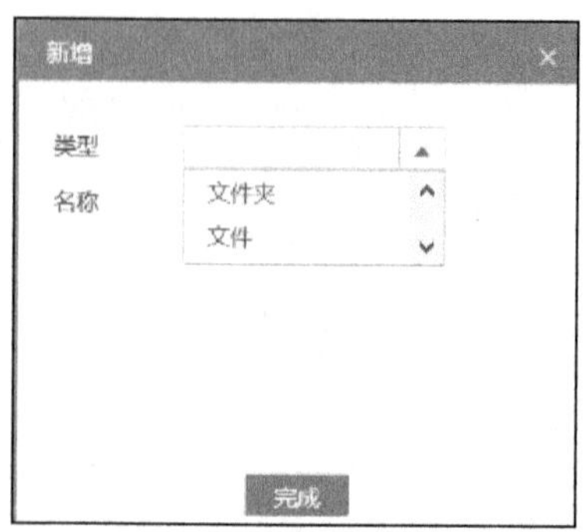

图 5-121　新增文件

模型文件夹(图 5-122)、文件文件夹(图 5-123)、BOM 视图文件夹(图 5-124)下不允许新增任何类型的文件夹。

图 5-122　模型文件夹禁止新增文件夹提示

图 5-123　文件文件夹禁止新增文件夹提示

图 5-124　BOM 视图文件夹禁止新增文件夹提示

也可以直接单击“导入”按钮，下载标准的 Excel 模板，线下填写完善信息，然后上传 Excel 文件，自动解析 BOM 结构，生成 BOM 树，再根据实际需求通过新增、修改、删除、重命名功能，完善修改 BOM 结构，如图 5-125 所示。

图 5-125　BOM 结构导入

选中产品文件夹，在页面右侧显示产品属性栏，可对从“设置中心”→“属性管理菜单”同步过来的属性名称编辑属性值，也可根据实际需要单击“+”按钮增加属性记录行，编辑属性名称、属性值，单击右上方“保存”按钮，即可保存新增内容。单击每行记录左侧的“🗑”图标，可将该条属性记录删除，如图 5-126 所示。

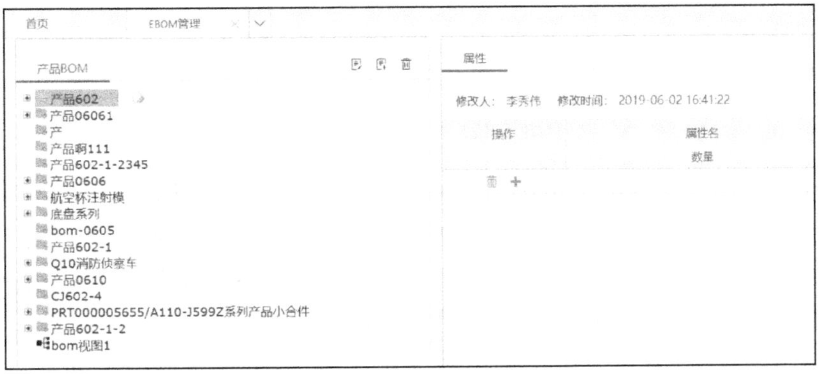

图 5-126　产品属性编辑

新建一个模型文件夹，右侧页面有四个标签：属性、预览、变更信息、历史版本，分别可以编辑查看该模型节点的属性信息，对节点下上传的模型进行在线预览，查看模型的变更过程等，如图 5-127 所示。

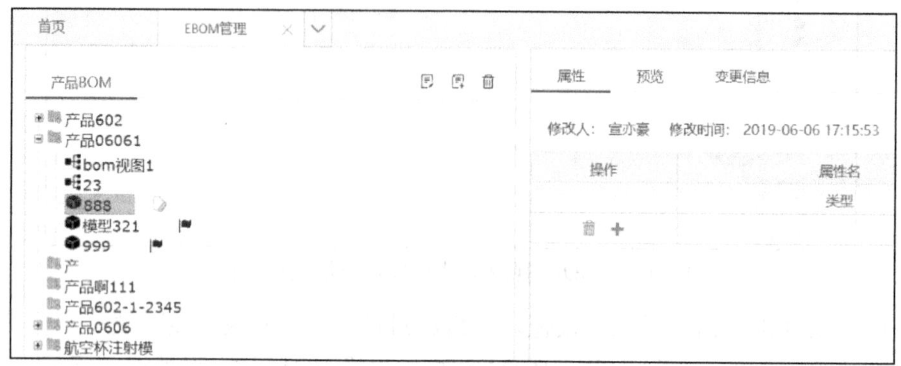

图 5-127　模型文件预览页面

选择“BOM 视图”文件夹，可以在页面右侧查看 BOM 信息，如图 5-128 所示。

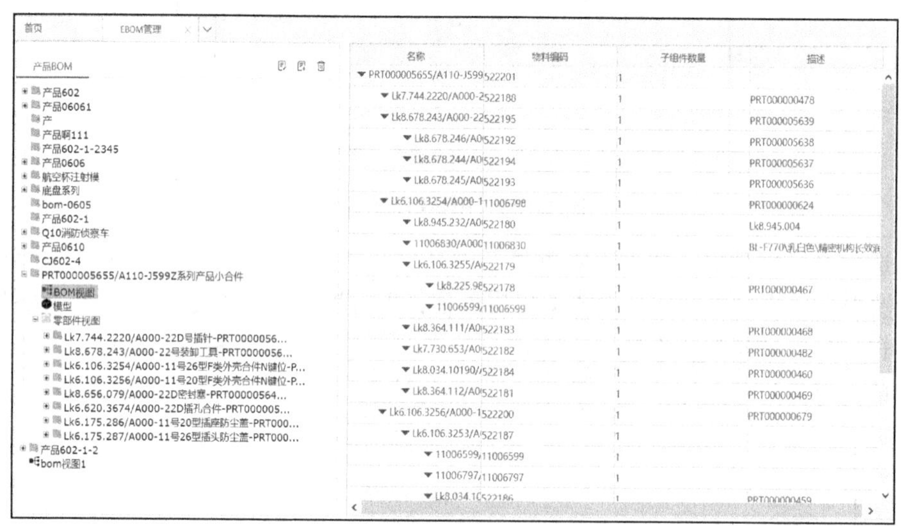

图 5-128　BOM 视图查看

选中“视图”文件夹，单击右上方“新增”按钮，可以创建产品组件及零件的文件夹，在产品组件及零件文件夹下可以继续建立 BOM 视图、模型、文件夹、视图文件夹等文件夹，填写属性信息、上传模型文件等，如图 5-129 所示。

单击产品、模型、文件夹、文件名称，右边出现“修改”图标“ ”，如图 5-130 所示。

单击可修改相应文件夹的名称，如图 5-131 所示。

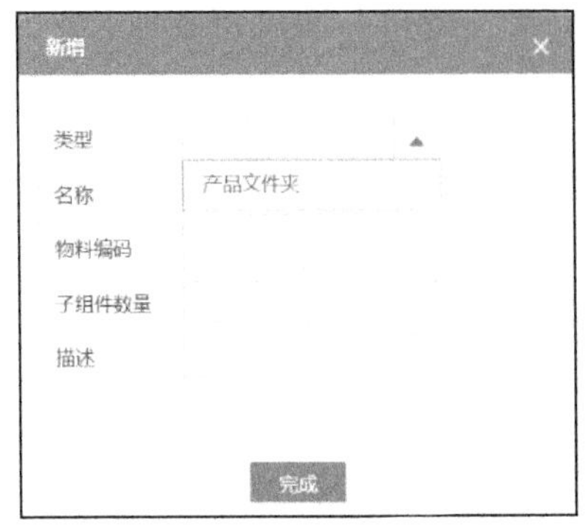

图 5-129　新增视图文件

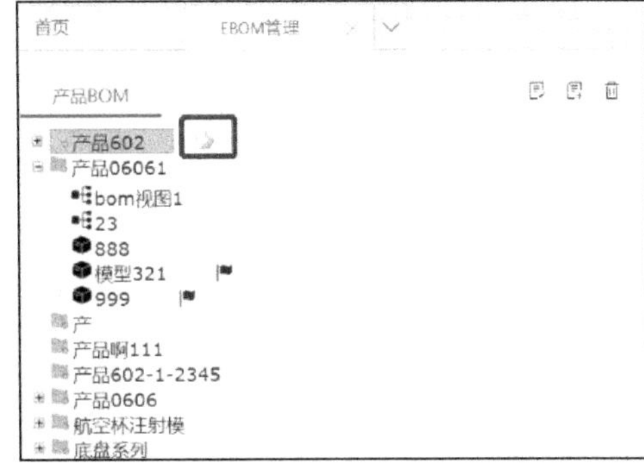

图 5-130　修改图标

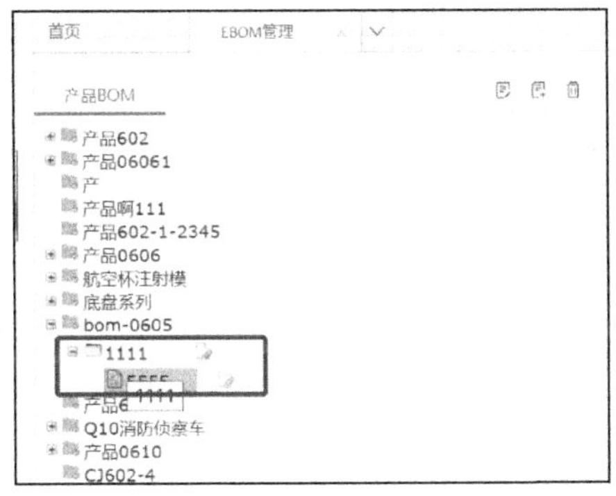

图 5-131　文件夹重命名

右击产品、模型、文件夹、文件，单击“删除”按钮，可删除相应文件夹，如图 5-132 所示。

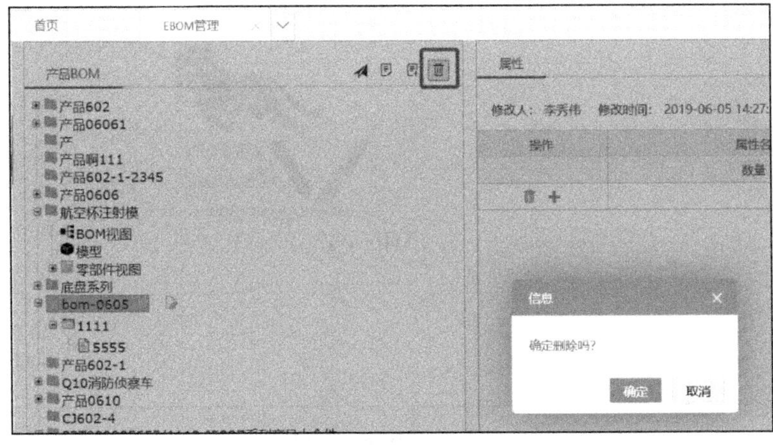

图 5-132　文件删除

选择一个新增的“模型”文件夹，即可弹出“文件提交”窗口，单击“选择文件”按钮，即可选择本地文件，单击“开始上传”按钮，即可将本地文件上传至该模型节点下，如图 5-133 所示。

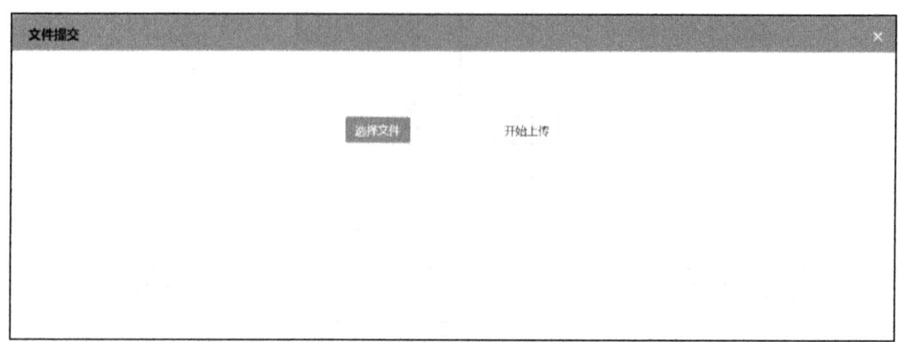

图 5-133　模型本地文件上传

上传成功后，可以在 3DView 窗口中预览模型，如图 5-134 所示。

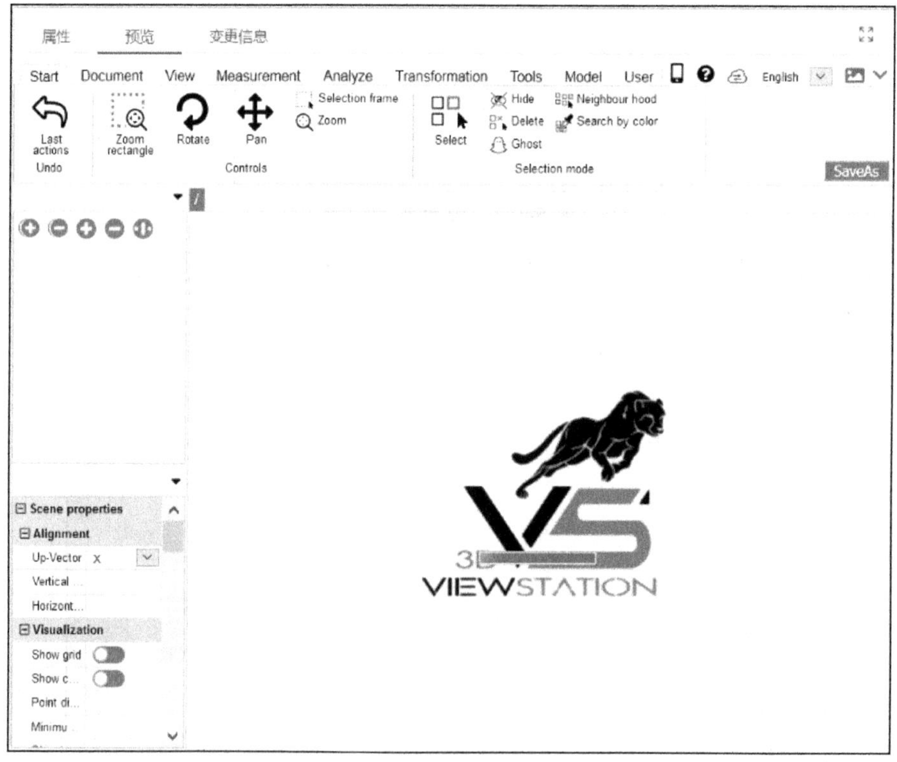

图 5-134　3DView 窗口预览

模型上传后，未审批或者审批“未通过”的模型允许重新上传，单击模型文件夹，单击“修改”按钮，可实现模型重新上传，如图5-135所示。

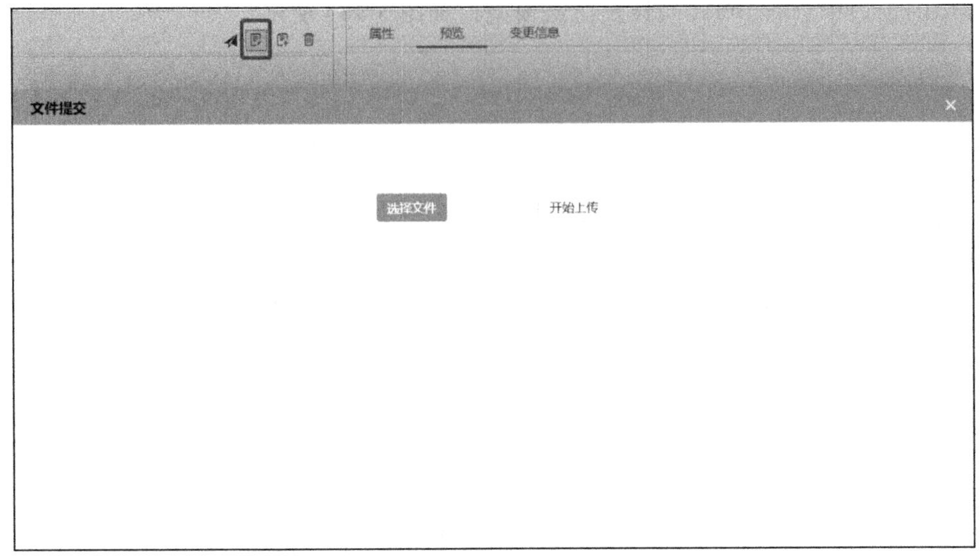

图5-135 模型重新上传

模型上传后可以下载，右键菜单出现“下载”操作，单击即可将文件下载到浏览器默认的下载地址，如图5-136所示。

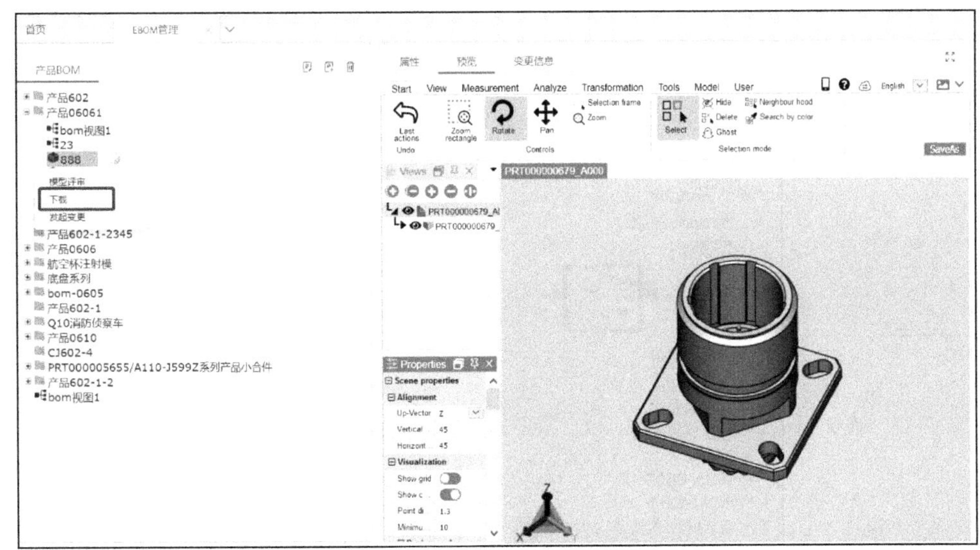

图5-136 模型下载

右击“模型”文件夹可发起模型评审，选择流程模板及配置好相关执行人后可启动流程。评审人员收到评审任务后可查看详情，单击“预览”按钮，可以在弹出的窗口中查看 BOM 属性及三维模型，如图 5-137 所示。

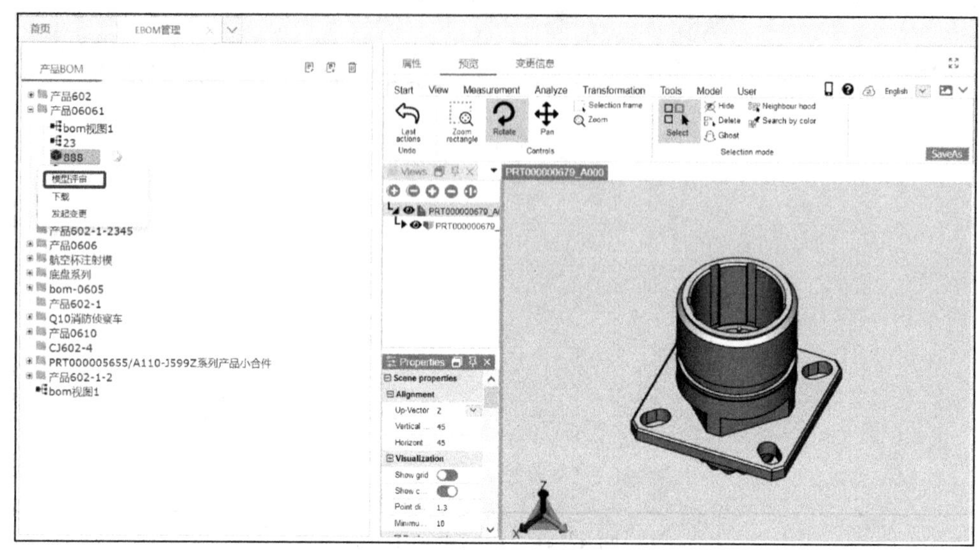

图 5-137　模型评审

模型审批完成后，模型文件夹右边出现红色小旗子图标“⚑”，表示模型归档，如图 5-138 所示。

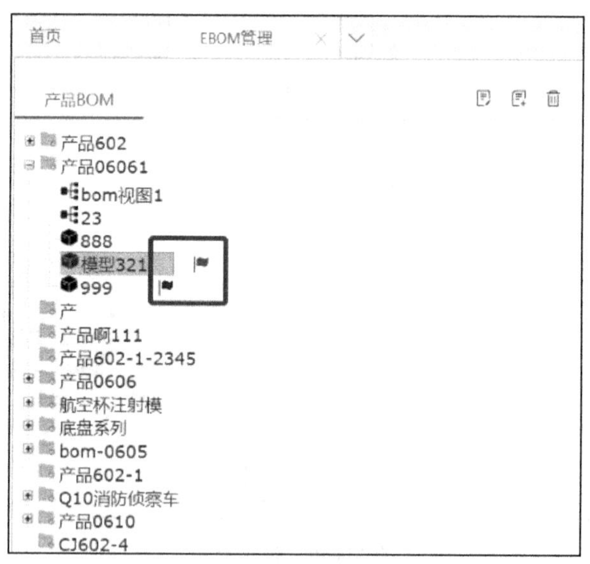

图 5-138　模型归档

对已归档的模型可以发起变更(图5-139)，选中模型节点，单击鼠标右键，在菜单中选择“发起变更”，单击后弹出“变更”窗口(图5-140)，单击变更右侧文本框的倒三角，出现两个选项，选择“申请单”，然后单击“选择文件”按钮，上传本地的申请单据，单击“开始上传”按钮，文件开始上传，上传完成后提示“已上传”，然后单击“确定”按钮，上传单据的信息即可出现在页面右侧变更信息页面下，如图5-141所示。

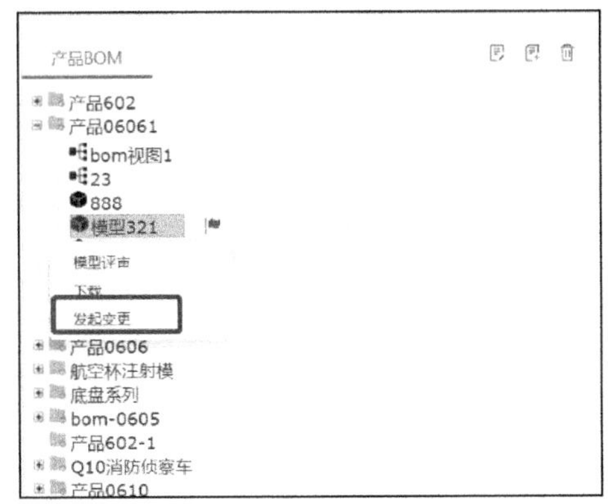

图5-139 模型变更

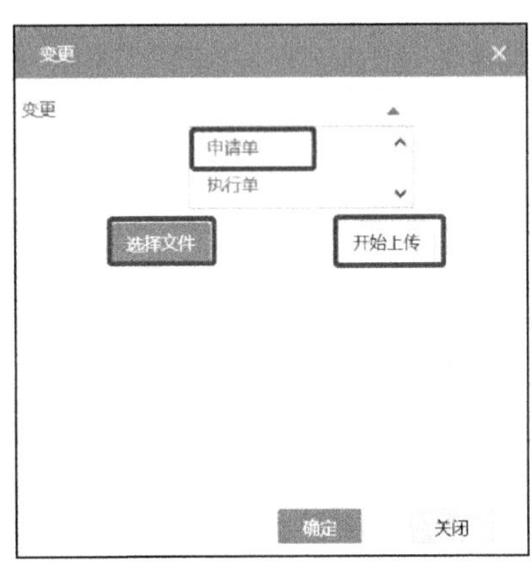

图5-140 “变更”窗口

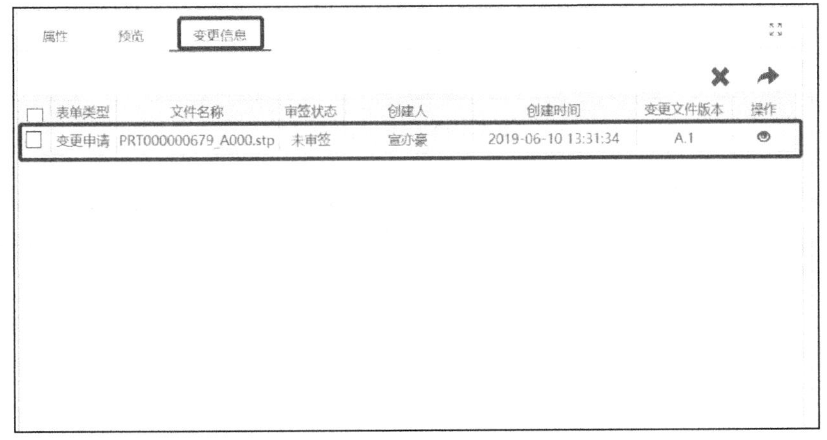

图5-141 变更信息查看

单击变更信息页面下变更记录左侧的“□”，打上√，然后单击右上方“×”按钮，即可将该条变更信息记录删除；单击右侧“👁”图标，可在3DView界面打开预览文件信息，如图5-142所示。

单击变更信息页面下变更记录左侧的“□”，打上√，然后单击右上方“➦”

图标，可以发起变更评审(图 5-143)。评审流程与文件评审、BOM 管理处模型评审流程一致。

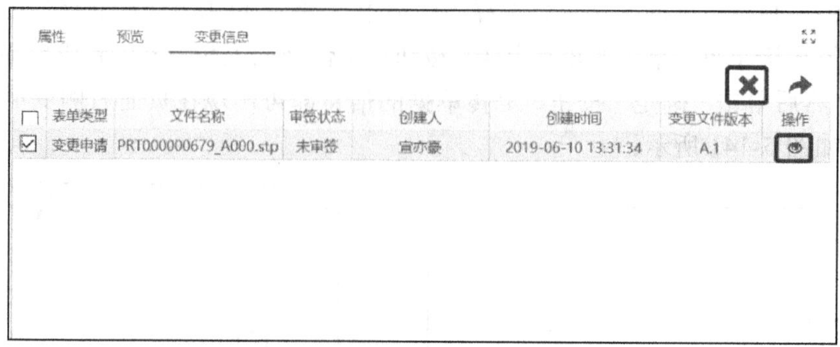

图 5-142　变更信息记录删除、预览

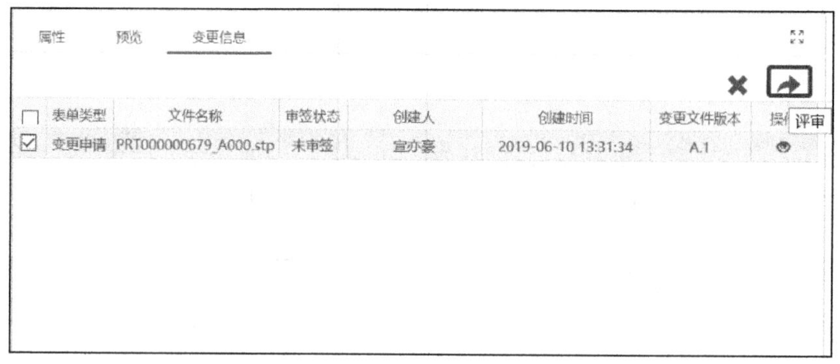

图 5-143　变更评审

评审专家在文件审签页面下单击“ ”图标，弹出“文件详情”页面，单击“ ”图标，可预览申请单内容和变更前的模型及模型属性信息，如图 5-144 所示。

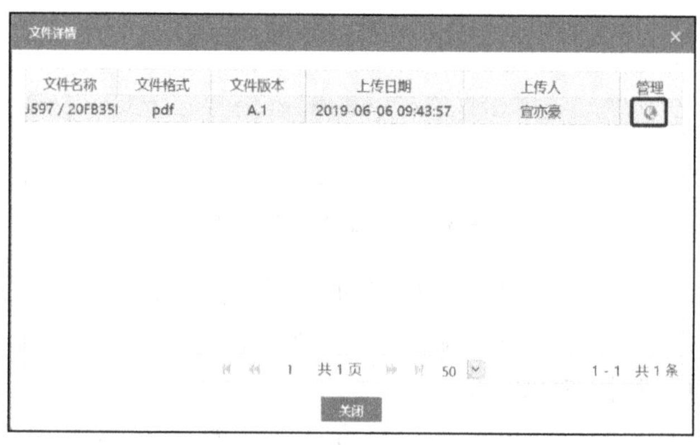

图 5-144　评审专家在线预览

评审通过后，模型节点右侧的小红旗消失，右侧申请单的审签状态为“已通过”，如图5-145所示。

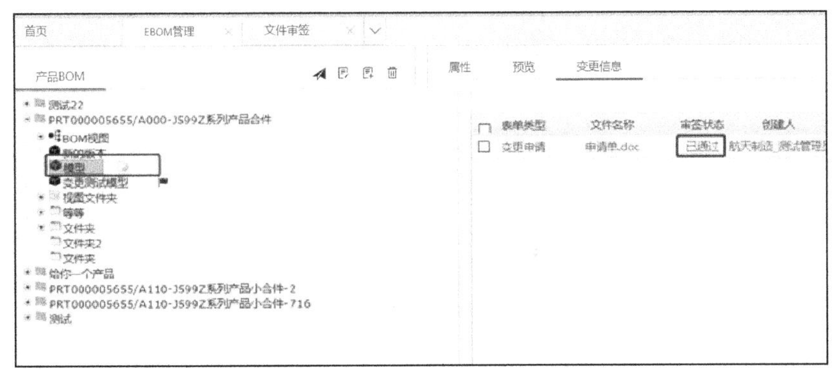

图5-145 “已通过”审签状态

申请单评审通过后，再次选中模型节点，右键发起评审，在变更窗口中选择“执行单”，单击“选择文件”按钮，选择本地文件，然后单击“开始上传”按钮（图5-146），上传完成后，单击“确定”按钮，即可将执行单上传至右侧变更信息标签下，如图5-147所示。

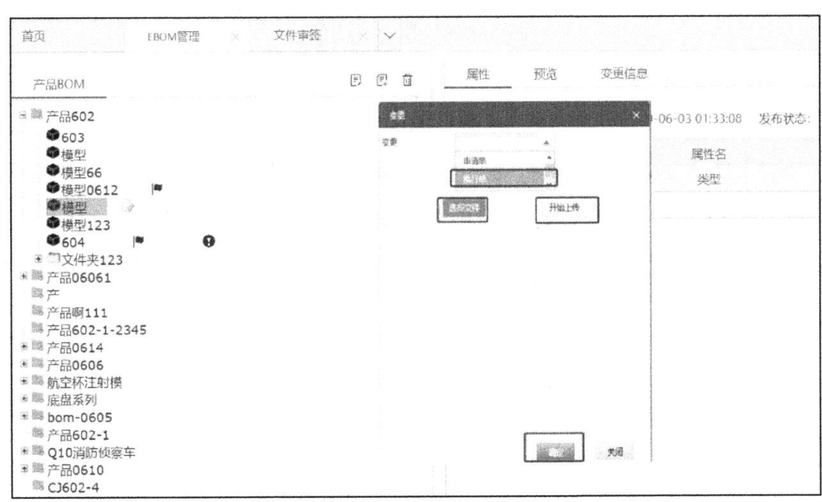

图5-146 变更文件上传

对执行单的操作与申请单完全一致，可以删除、查看、评审等。执行单上传后可以对模型节点进行“修改”操作，重新上传变更后的模型，此时版本号会按大版本方式增一级（图5-148）。模型上传后，才可对执行单发起评审，评审启动后，执行单和变更后的模型将一同发给专家进行评审。

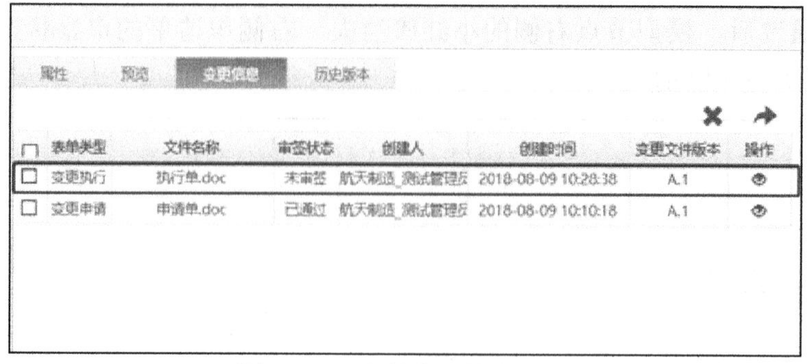

图 5-147　文件变更信息查看

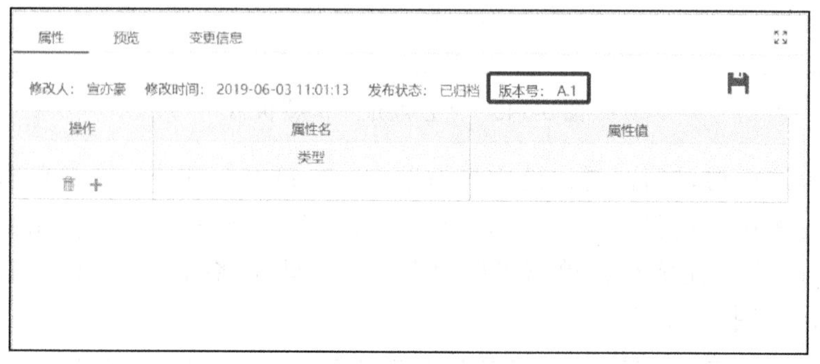

图 5-148　版本号更迭

评审专家在文件审签，待评审页签下，单击“ ”图标，弹出“文件详情”页面，包含两行记录，第一行为变更后的模型记录信息，单击“ ”图标，可预览变更后的模型；第二行为执行单记录，单击“ ”图标，可预览执行单内容，单击“ ”图标，可预览变更前的模型及模型属性信息，如图 5-149 所示。

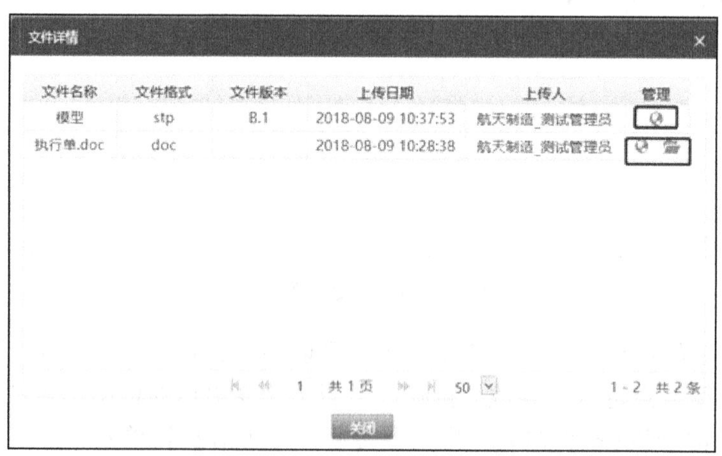

图 5-149　评审专家文件审签

执行单评审通过后，执行单审签状态变为“已通过”，模型节点状态重新变为“已归档”，右侧出现小红旗图标，如图 5-150 所示。

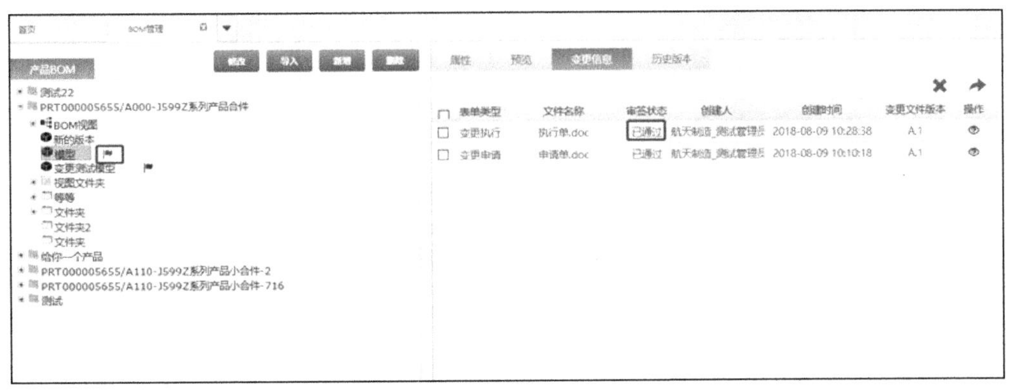

图 5-150 审签、模型节点状态更新

文件节点的上传、修改、删除、下载、评审、发起变更与模型节点逻辑和操作流程完全一致，本书不再赘述。

5.3.4 智能排程

1. 订单管理

用户在初次使用订单管理时，需要先做应用准备，再进行业务处理。数据准备包括基础数据中的企业、职员、客户、供应商、物品主数据等基础数据信息(详见“基础数据”操作部分)；完成数据的初始化后，方可进行正常的业务处理。销售员录入销售订单，或通过与企业 ERP 集成，直接导入销售订单。销售订单通过审核后，如果需要企业进行生产，则要在生产工单页面完成工单导入，补充生产所需的相关信息并审核。如果仓库有相应的库存量，则可直接填写出库单完成销售业务。

1) 销售订单

销售订单是销售管理系统实质性功能的第一步，销售订单是企业确定客户购买物品信息的单据，主要功能包括：单据录入、修改、删除、审核、查询等，如图 5-151 所示。

双击条目可查看销售订单详情，如图 5-152 所示。

(1) 新建销售订单主要步骤：录入客户→录入交货日期→录入物品→录入辅助属性→录入单位→录入数量→录入销售单价→仓库→保存，如图 5-153 所示。

图 5-151　销售订单菜单

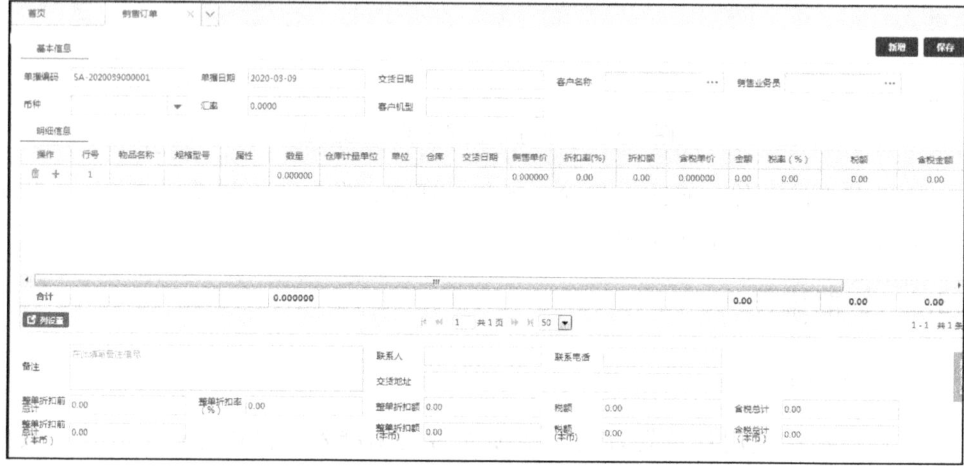

图 5-152　销售订单详情

图 5-153　录入客户弹窗

(2) 销售订单添加“交货日期”选项，可选择预计交货的时间，如图 5-154 所示。

图 5-154 添加交货日期

(3) 在“物品名称”下面的空白字段中可录入输入物品编号，规格型号或名称，如图 5-155 所示。对已存在的货品，系统会自动过滤供用户选择，如图 5-156 所示。

图 5-155 添加物品名称

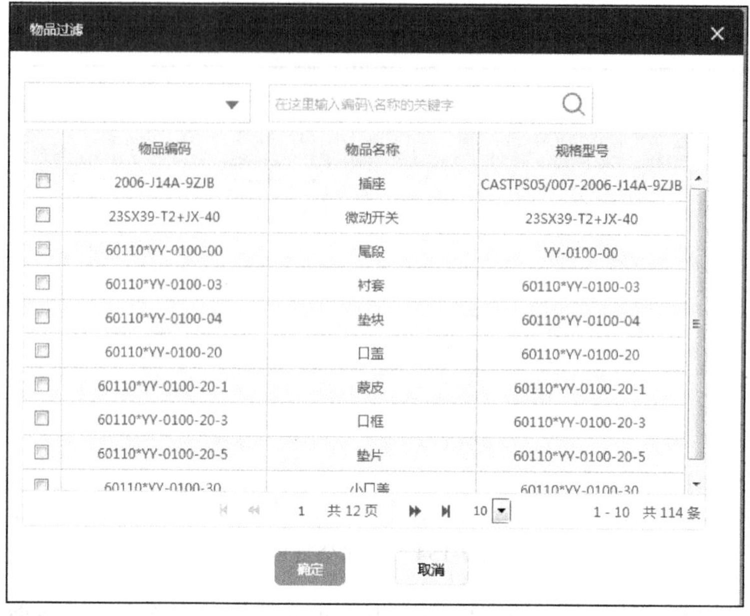

图 5-156　货品选择页面

(4)“物品”中如果是已存在的物品，则计量单位自动带出，且不可再修改。

(5)单据中的数量及单价字段分以下几种情况处理：①编辑单据时如果物品为选择的已存在物品，数量默认为 0，单价会自动带出物品资料中的“销售报价”，可手工修改；②数量与单价不能录入负数。

(6)系统默认金额自动等于数量乘以单价，金额合计自动等于金额之和；如果修改金额，系统会自动回推单价。

(7)在系统参数中可启用“税金”功能，单据页面会出现税率、税额、价税合计等列。选择物品后，会自动携带出系统参数中设置的“税率”，并根据金额计算税额及价税合计金额。

(8)销售订单提供单据审核功能，在单据保存后，“审核”按钮会出现，如图 5-157 所示。

2)生产工单

生产工单是生产过程中的重要单据之一，用于将销售订单转为生产单据，作为排产的输入信息，记录生产的物品信息、开/完工日期等重要的生产信息。在排产之前，需要先将销售订单同步至生产工单，并根据需要进行拆分、审核后，方可进行后续操作，如图 5-158 所示。

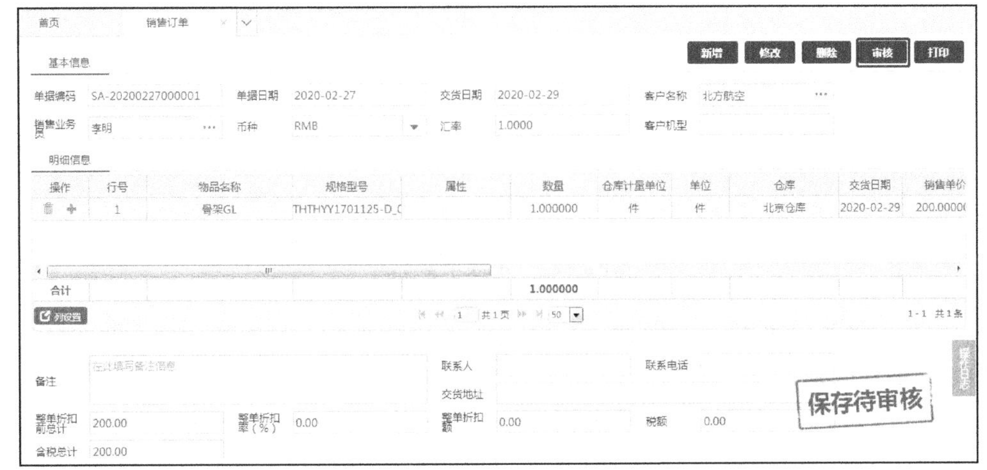

图 5-157 保存待审核

图 5-158 生产工单

(1) 打开“生产工单”页面，可查看到所有“已同步”至工单的数据信息。单击“▶”图标，可以查看工单下的子工单信息。

(2) 同步工单：单击“同步工单”按钮，可将已审核状态的销售订单同步为生产工单。

(3) 同步后的工单状态为“未审核”，可补充输入计划开工日期、工单编码、备注信息后，单击“☑”图标，工单变为“已审核”状态。已审核的工单可在排产页面查询到，并进行排产操作。

(4) 工单拆分：针对销售订单中数量过大的单据，同步至生产工单后，系统支持工单拆分，单击“☰”图标，可打开工单拆分页面，如图 5-159 所示。

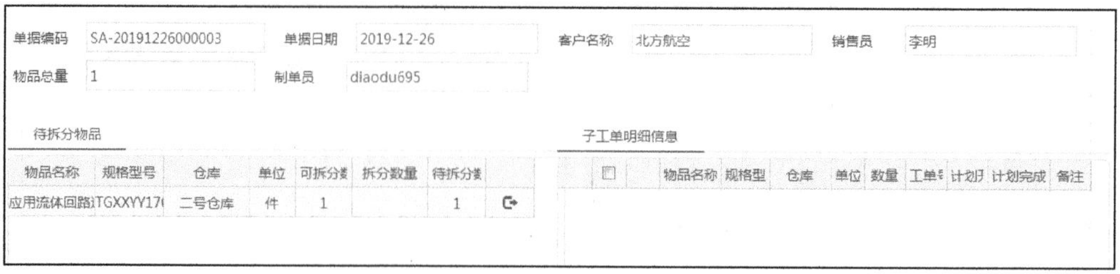

单据编码	SA-20191226000003	单据日期	2019-12-26	客户名称	北方航空	销售员	李明
物品总量	1	制单员	diaodu695				

待拆分物品

物品名称	规格型号	仓库	单位	可拆分数	拆分数量	待拆分数	
应用流体回路	TGXXYY17(	二号仓库	件	1		1	

子工单明细信息

	物品名称	规格型	仓库	单位	数量	工单号	计划开	计划完成	备注

图 5-159　生产工单拆分

(5) 工单拆分数量：在左侧页面录入“拆分数量”，然后单击“”图标，如图 5-160 所示。

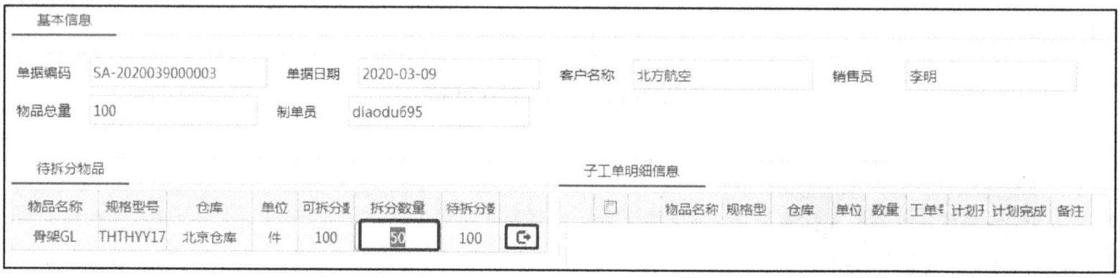

基本信息

单据编码	SA-2020039000003	单据日期	2020-03-09	客户名称	北方航空	销售员	李明
物品总量	100	制单员	diaodu695				

待拆分物品

物品名称	规格型号	仓库	单位	可拆分数	拆分数量	待拆分数	
骨架GL	THTHYY17	北京仓库	件	100	50	100	

子工单明细信息

	物品名称	规格型	仓库	单位	数量	工单号	计划开	计划完成	备注

图 5-160　工单拆分数量录入

拆分的数量移至右侧区域，输入工单号、计划开始时间、计划完成时间。单击“创建子工单”按钮，完成工单拆分，如图 5-161 所示。

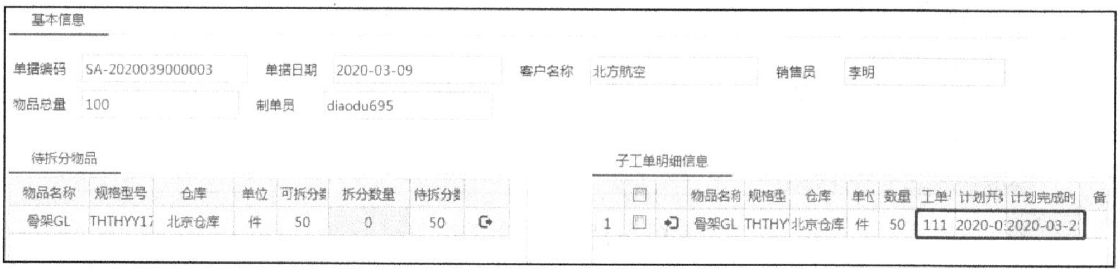

基本信息

单据编码	SA-2020039000003	单据日期	2020-03-09	客户名称	北方航空	销售员	李明
物品总量	100	制单员	diaodu695				

待拆分物品

物品名称	规格型号	仓库	单位	可拆分数	拆分数量	待拆分数	
骨架GL	THTHYY17	北京仓库	件	50	0	50	

子工单明细信息

			物品名称	规格型	仓库	单位	数量	工单号	计划开始	计划完成时	备
1			骨架GL	THTHY	北京仓库	件	50	111	2020-0	2020-03-2	

图 5-161　工单拆分数据录入

系统支持多个工单拆分，可多次输入“拆分数量”并移至右侧，输入工单号和计划开始时间、计划完成时间，每条数据将作为一个子工单进行创建，即可一次创建多个子工单。

2. 专业能力管理

在“生产中心管理”模块中添加企业所需的生产中心，并录入生产中心下的专业单元、生产能力等信息。生产中心及专业单元是排产的重要依据，因此必须在排产前进行数据维护。

1) 生产中心管理

新增生产中心管理操作如下：依次单击“专业能力管理→生产中心管理→新增→填写相应信息→保存”按钮，如图 5-162 所示。

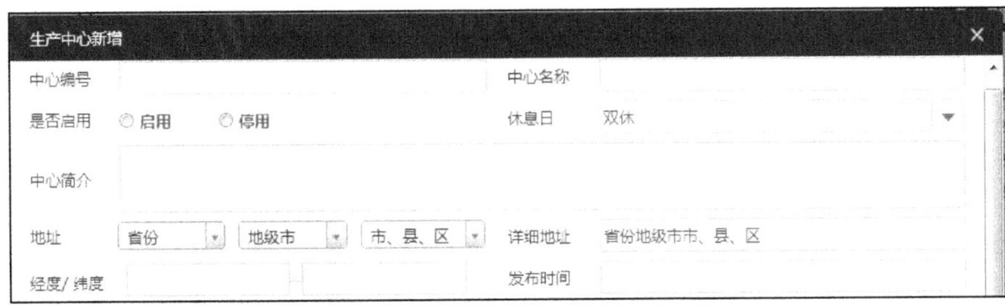

图 5-162　生产中心管理

保存后，可编辑生产中心，添加生产中心下的专业单元：

依次单击“专业能力管理→生产中心管理→生产中心→修改”按钮。

(1) 已接入 MES 信息录入：依次单击“已接入 MES→维护专业能力信息”按钮，如图 5-163 所示。

中心编号　69501　中心名称　69501（精密塑性成型）
是否启用　启用　停用　休息日　双休
地址　河南省　郑州市　新郑市　详细地址　河南省郑州市新郑市
经度/纬度　113.746435　34.401767　发布时间　2018-04-05
中心简介
地理信息　已接入MES　未接入MES　保存　取消

	专业编号	专业单元	资源类型	最小承接能力(个)	最大承接能力(个)	工时费用(元)	日工作时间(时)	能力系数	设备信息
1	111	机加工	普通机加 ...	600	1000	1	12		

图 5-163　已接入 MES 信息录入

(2) 未接入 MES 生产中心修改：依次单击“未接入 MES→维护专业能力信息→维护特殊能力信息”按钮，如图 5-164 所示。

首页　生产中心管理　生产中心修改
中心编号　KQY-SCV0　中心名称　V0生产中心
是否启用　启用　停用　休息日　双休
地址　河南省　郑州市　市、县、区　详细地址　河南省郑州市市、县、区
经度/纬度　113.948167　34.744927　发布时间　2017-02-01
中心简介
地理信息　已接入MES　未接入MES　保存　取消

	专业编号	专业单元	资源类型	最小承接能力(个)	最大承接能力(个)	工时费用(元)	日基本能力(时)	日工作时间(时)	能力系数
1	GZZX-V0-01	泵阀普通装配专业单元	泵阀普通装配 ...	1	10000000	30	40	8	1
2	GZZX-V0-02	泵阀实验专业单元	泵阀试验 ...	1	10000000	30	40	8	1
3	GZZX-V0-03	电装专业单元	电装 ...	1	10000000	30	40	8	1
4	GZZX-V0-04	焊接专业单元	焊接 ...	1	10000000	30	40	8	1

图 5-164　未接入 MES 生产中心修改

特殊的能力信息可单击“能力维护”按钮来维护，如图 5-165 所示。

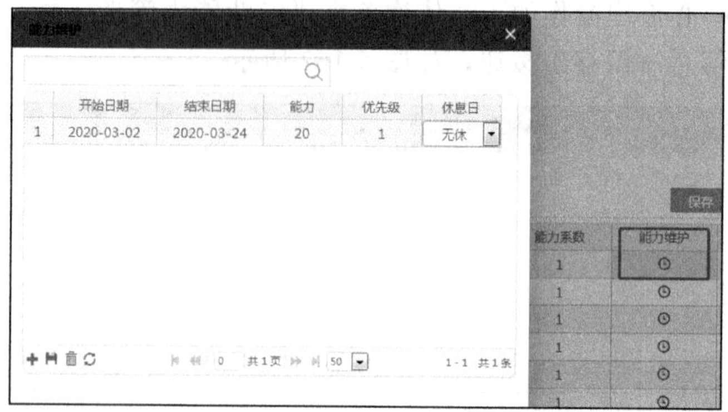

图 5-165　工作中心能力维护

2）专业能力查询

单击专业单元名称可查看专业单元详细信息。

维护完成设备的专业单元，可通过专业单元查询，查看该专业单元详细信息，该功能所显示列表面向全部用户开放，如图 5-166 所示。

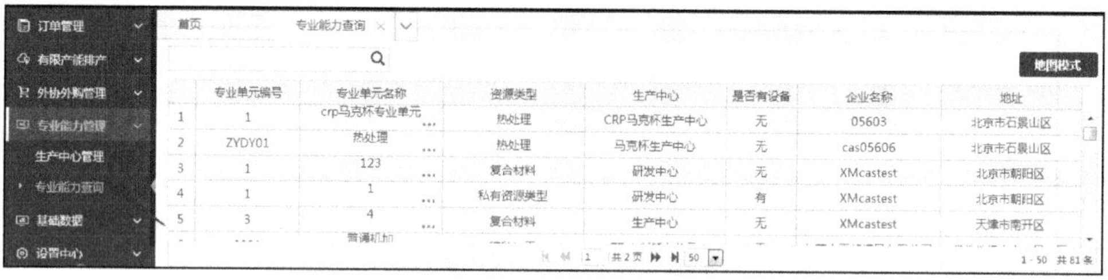

	专业单元编号	专业单元名称	资源类型	生产中心	是否有设备	企业名称	地址
1	1	crp马克杯专业单元	热处理	CRP马克杯生产中心	无	05603	北京市石景山区
2	ZYDY01	热处理	热处理	马克杯生产中心	无	cas05606	北京市石景山区
3	1	123	复合材料	研发中心	无	XMcastest	北京市朝阳区
4	1	1	私有资源类型	研发中心	有	XMcastest	北京市朝阳区
5	3	4	复合材料	生产中心	无	XMcastest	天津市南开区

图 5-166　专业能力查询

未接入 MES 的专业单元详情如图 5-167 所示。

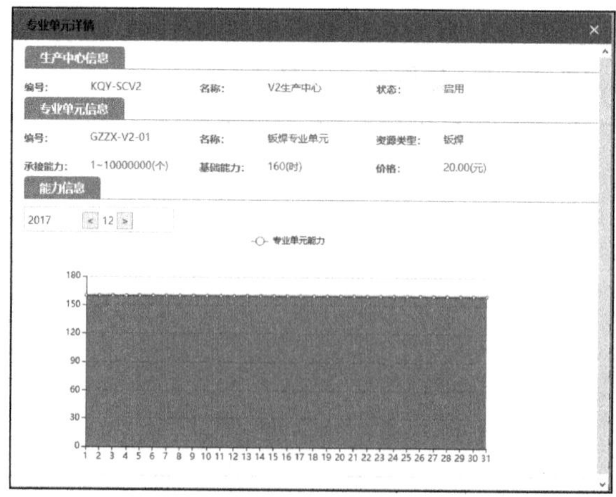

图 5-167　未接入 MES 的专业单元详情

可通过地图浏览模式进行专业单元查询，如图 5-168 所示。

专业单元列表

	专业单元编号	专业单元名称	资源类型
1	1	crp马克杯专业单元 ...	热处理
2	ZYDY01	热处理 ...	热处理
3	1	123 ...	复合材料
4	1	1 ...	私有资源类型
5	3	4 ...	复合材料
6	S001	普通机加 ...	特种加工
7	GZZX-V2-01	钣焊专业单元 ...	钣焊
8	GZZX-V2-02	普通装配专业单元 ...	普通装配
9	Z001	电子组装单元 ...	电子组装件电气l
10	Z002	精加工车间 ...	精加哈挺三轴
11	Z003	热处理车间 ...	微波铁氧体材料

图 5-168　地图展示专业单元分布

3. 有限产能排产

有限产能排产的逐骤如下。

首先维护基础数据，包括客户、供应商、物品、BOM 信息等，详见基础数据操作。

其次维护企业生产中心，并增加专业能力单元。

最后可开展有限产能计划的操作。

1) 距离配置

依次单击“有限产能排产→距离配置→新增→维护单元格数值及说明信息→保存生效”按钮，可进行距离配置，如图 5-169 所示。

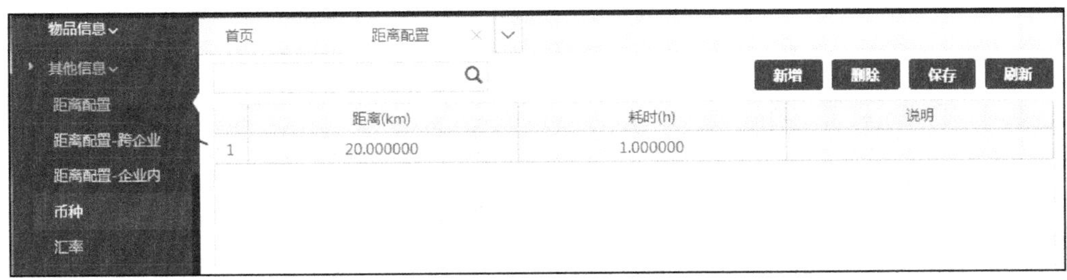

图 5-169　距离配置页面

2) 距离配置-企业内

本功能所列条目由系统根据生产中心数量自动生成，包括始发地、目的地、距离及耗时，不能增加和删除，只能修改距离及耗时信息。

依次单击“计划管理→距离配置-企业内→维护单元格的距离及耗时→保存”按钮，可进行信息修改，如图 5-170 所示。

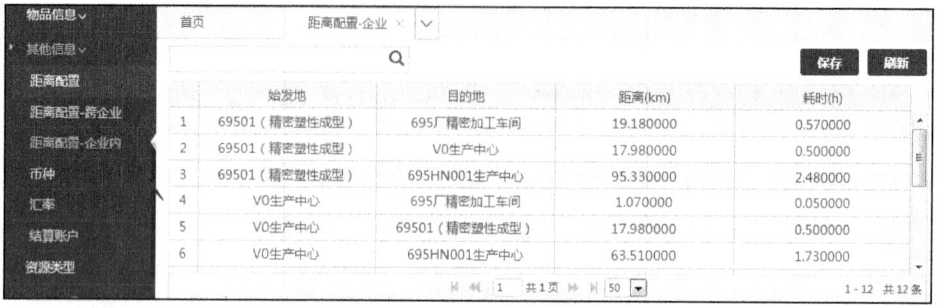

物品信息
其他信息
距离配置
距离配置-跨企业
距离配置-企业内
币种
汇率
结算账户
资源类型
首页
距离配置-企业
保存
刷新
始发地
目的地
距离(km)
耗时(h)
1 69501（精密塑性成型） 695厂精密加工车间 19.180000 0.570000
2 69501（精密塑性成型） V0生产中心 17.980000 0.500000
3 69501（精密塑性成型） 695HN001生产中心 95.330000 2.480000
4 V0生产中心 695厂精密加工车间 1.070000 0.050000
5 V0生产中心 69501（精密塑性成型） 17.980000 0.500000
6 V0生产中心 695HN001生产中心 63.510000 1.730000
共1页
1-12 共12条

图 5-170　距离配置-企业内

3) 距离配置-跨企业

依次单击“计划管理→距离配置-跨企业→选择始发地”按钮(图 5-171)，单击“选择目的地”按钮(图 5-172)，系统自动计算距离及耗时信息，用户根据需要进行编辑修改及保存操作，如图 5-173 所示。

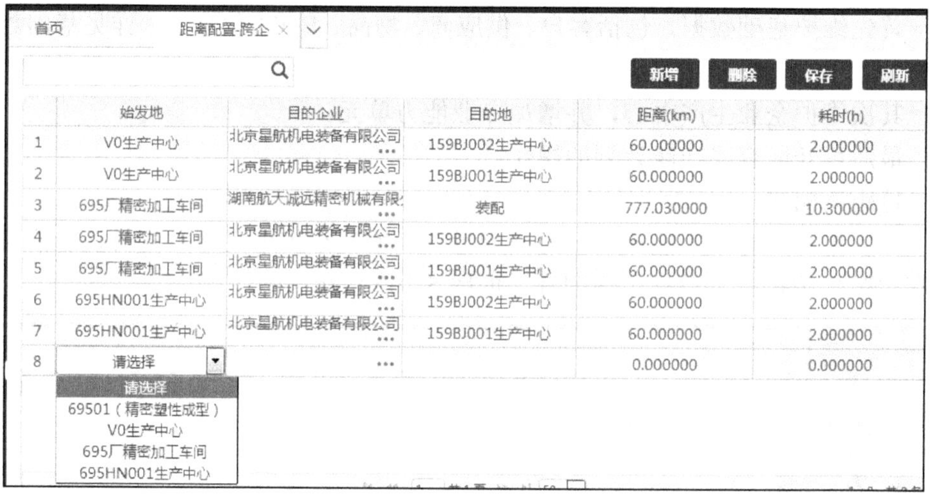

首页
距离配置-跨企
新增
删除
保存
刷新
始发地
目的企业
目的地
距离(km)
耗时(h)
1 V0生产中心 北京星航机电装备有限公司 159BJ002生产中心 60.000000 2.000000
2 V0生产中心 北京星航机电装备有限公司 159BJ001生产中心 60.000000 2.000000
3 695厂精密加工车间 湖南航天诚远精密机械有限 装配 777.030000 10.300000
4 695厂精密加工车间 北京星航机电装备有限公司 159BJ002生产中心 60.000000 2.000000
5 695厂精密加工车间 北京星航机电装备有限公司 159BJ001生产中心 60.000000 2.000000
6 695HN001生产中心 北京星航机电装备有限公司 159BJ002生产中心 60.000000 2.000000
7 695HN001生产中心 北京星航机电装备有限公司 159BJ001生产中心 60.000000 2.000000
8 请选择 0.000000 0.000000
请选择
69501（精密塑性成型）
V0生产中心
695厂精密加工车间
695HN001生产中心

图 5-171　始发地选择

4) 有限产能计划

用户在该模块可以进行有限产能计划相关操作，包括配置约束参数，选择订单、企业，确认库存、产能、距离信息，提交计算，查看排产结果，下发计划等功能，如图 5-174 所示。

依次单击“计划管理→待办项”按钮，可以显示排产流程中的待处理任务进行处理。

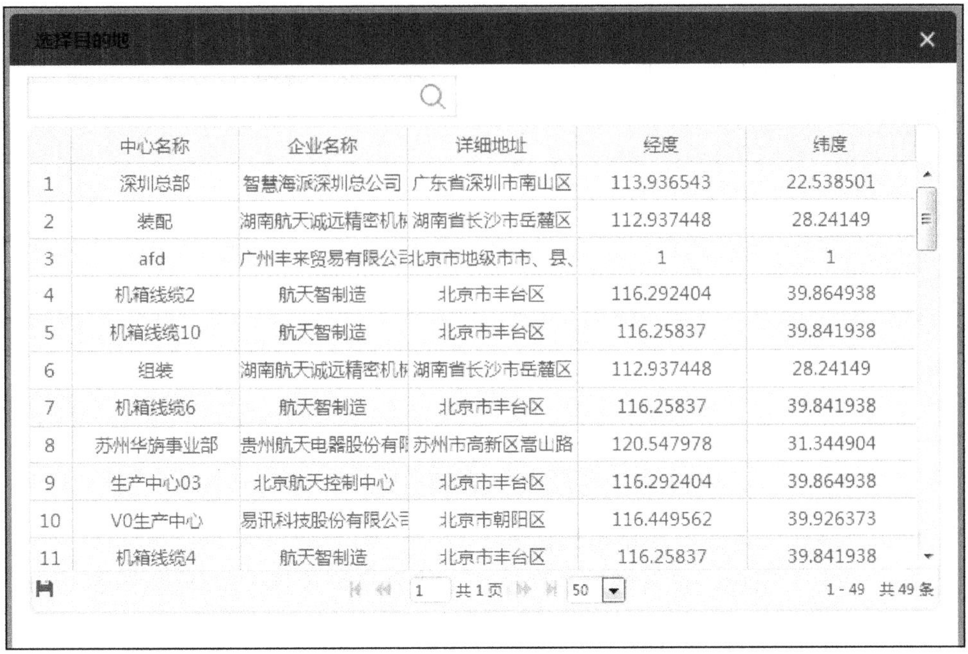

选择目的地

	中心名称	企业名称	详细地址	经度	纬度
1	深圳总部	智慧海派深圳总公司	广东省深圳市南山区	113.936543	22.538501
2	装配	湖南航天诚远精密机械	湖南省长沙市岳麓区	112.937448	28.24149
3	afd	广州丰来贸易有限公司	北京市地级市市、县、	1	1
4	机箱线缆2	航天智制造	北京市丰台区	116.292404	39.864938
5	机箱线缆10	航天智制造	北京市丰台区	116.25837	39.841938
6	组装	湖南航天诚远精密机械	湖南省长沙市岳麓区	112.937448	28.24149
7	机箱线缆6	航天智制造	北京市丰台区	116.25837	39.841938
8	苏州华旃事业部	贵州航天电器股份有限	苏州市高新区青山路	120.547978	31.344904
9	生产中心03	北京航天控制中心	北京市丰台区	116.292404	39.864938
10	V0生产中心	易讯科技股份有限公司	北京市朝阳区	116.449562	39.926373
11	机箱线缆4	航天智制造	北京市丰台区	116.25837	39.841938

1　共 1 页　50　　1 - 49　共 49 条

图 5-172　目的地选择

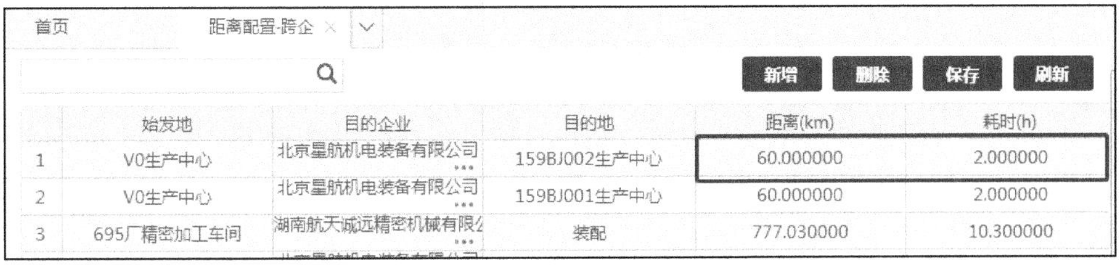

首页　距离配置-跨企

新增　删除　保存　刷新

	始发地	目的企业	目的地	距离(km)	耗时(h)
1	V0生产中心	北京星航机电装备有限公司	159BJ002生产中心	60.000000	2.000000
2	V0生产中心	北京星航机电装备有限公司	159BJ001生产中心	60.000000	2.000000
3	695厂精密加工车间	湖南航天诚远精密机械有限公	装配	777.030000	10.300000

图 5-173　距离配置查看

订单管理
有限产能排产
有限产能计划
排产计划下发
生产计划报表
外协外购管理
专业能力管理
基础数据
设置中心

首页　有限产能计划

新增

待办项　已办项

	名称	日期	计划类型	计划方向	是否参与	状态名称	操作	流程详细
1	PL20200227	2020-02-27 18:00:36	企业内	逆向	企业参与	无解查看		
2	PLAN20191227	2019-12-27 10:18:00	跨企业	正向	企业参与	结果查看		
3	PLAN20191226-1	2019-12-26 13:13:03	跨企业	正向	企业参与	结果查看		
4	PLAM20191225-5	2019-12-25 17:10:47	跨企业	正向	企业参与	结果查看		
5	PLAN20191225-5	2019-12-25 14:56:48	跨企业	正向	企业参与	结果查看		
6	PLAN20191225-4	2019-12-25 14:29:07	跨企业	正向	企业参与	结果查看		
7	PLAN20191225-3	2019-12-25 13:58:52	跨企业	正向	企业参与	反馈/供给/能力/距离		

图 5-174　有限产能计划

(1)企业内排产：单击“新增”按钮，进行有限产能任务创建页面。

配置排产参数及名称(图 5-175)，单击“下一步”按钮。

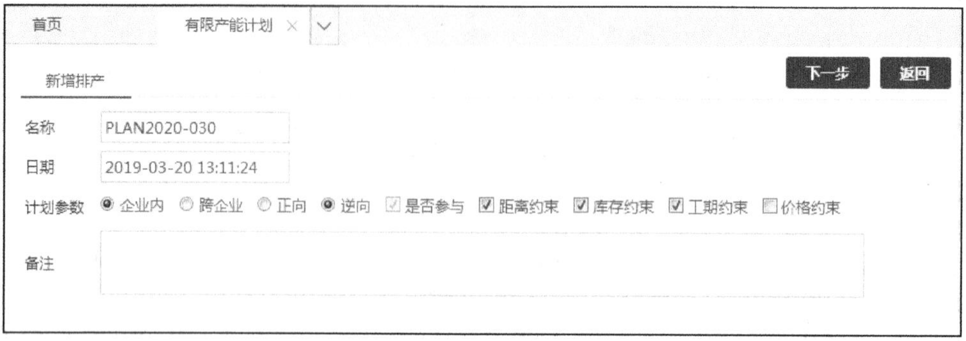

图 5-175　参数选择

单击“终止”按钮可终止本次任务。

单击“+”图标，可新增排产订单，下接框里可选择来源种类(图 5-176)。

图 5-176　选择排产订单

选择订单后，可编辑优先级，单击“”图标，即可选择该任务，可选多个任务(图 5-177)。选择排产任务后，单击“下一步”按钮。页面跳转到排产页面(图 5-178)，单击“可用量确认”按钮，确认库存利用信息。单击“生产能力确认”按钮，确认专业能力生产信息。单击“下一步”按钮，确认信息正确后单击“提交计算”按钮，可在“已办项”中实现流程监控，如图 5-179 所示。

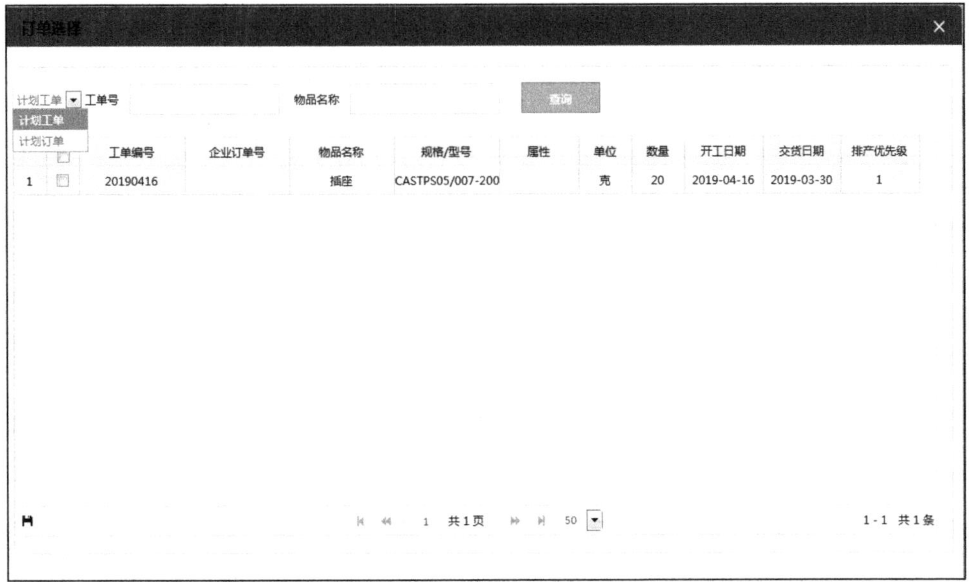

图 5-177　订单选择页面

图 5-178　排产页面

首页　有限产能计划

新增

待办项　已办项

	名称	日期	开始请求时间	开始计算时间	计算完成时间	状态名称	流程详细
1	PL20200227	2020-02-27 18:00:36	2020-02-27 19:00:25	2020-02-27 19:00:25	2020-02-27 19:00:41	编辑	
2	PL20200227	2020-02-27 18:00:36	2020-02-27 19:00:25	2020-02-27 19:00:25	2020-02-27 19:00:41	供给/能力/距离	
3	PL20200227	2020-02-27 18:00:36	2020-02-27 19:00:25	2020-02-27 19:00:25	2020-02-27 19:00:41	订单选择	
4	PLAN20191227	2019-12-27 10:18:00	2019-12-27 10:23:26	2019-12-27 10:23:26	2019-12-27 10:24:26	订单选择	
5	PLAN20191227	2019-12-27 10:18:00	2019-12-27 10:23:26	2019-12-27 10:23:26	2019-12-27 10:24:26	反馈/供给/能力/距离	
6	PLAN20191227	2019-12-27 10:18:00	2019-12-27 10:23:26	2019-12-27 10:23:26	2019-12-27 10:24:26	企业选择	
7	PLAN20191226-1	2019-12-26 13:13:03	2019-12-26 13:14:35	2019-12-26 13:14:35	2019-12-26 13:15:33	企业选择	
8	PLAN20191226-1	2019-12-26 13:13:03	2019-12-26 13:14:35	2019-12-26 13:14:35	2019-12-26 13:15:33	订单选择	

图 5-179　已办项页面

等待计算完成后在“待办项”中可对状态显示为“结果查看”的排产计划的排产结果进行查看(图 5-180)，并可以通过单击“重排”按钮实现计划重排，如图 5-181 所示。

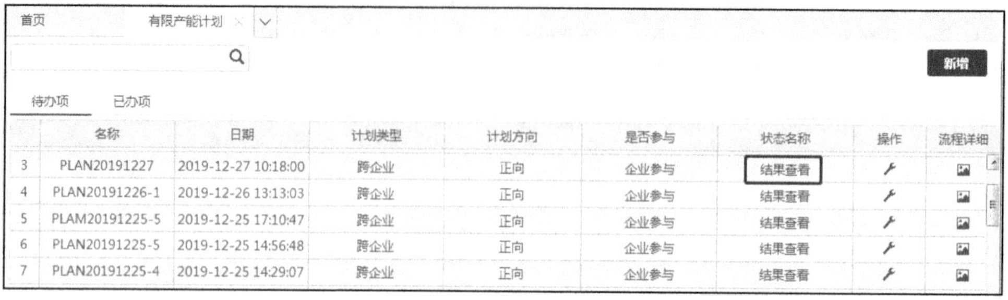

首页
有限产能计划
新增
待办项
已办项
名称 日期 计划类型 计划方向 是否参与 状态名称 操作 流程详细
3 PLAN20191227 2019-12-27 10:18:00 跨企业 正向 企业参与 结果查看
4 PLAN20191226-1 2019-12-26 13:13:03 跨企业 正向 企业参与 结果查看
5 PLAM20191225-5 2019-12-25 17:10:47 跨企业 正向 企业参与 结果查看
6 PLAN20191225-5 2019-12-25 14:56:48 跨企业 正向 企业参与 结果查看
7 PLAN20191225-4 2019-12-25 14:29:07 跨企业 正向 企业参与 结果查看

图 5-180　待办项界面

首页
有限产能计划
PLAN20191227
排产详情查看
重排
确认
查看图表
返回
名称 PLAN20191227 日期 2019-12-27 10:18:00 状态 待下发
计划参数 企业内 跨企业 正向 逆向 企业参与 距离约束 库存约束 工期约束 价格约束
备注
排产统计 订单数：1 订单延迟：1 延迟数量(天)：3 专业单元数：12 资源类数：11
订单计划 物品生产计划 采购计划 供应商 专业单元 排产报告 自制计划 外协计划
销售编码 物品名称 规格/型号 数量(个) 交货日期 优先级 计划开工 计划完工 生产费用(元) 延迟(天)
20191227-1 应用流体回路过滤器 TGXXYY170X125-X_0-0 1 2019-12-31 1 2019-12-28 2020-01-03 1158 3

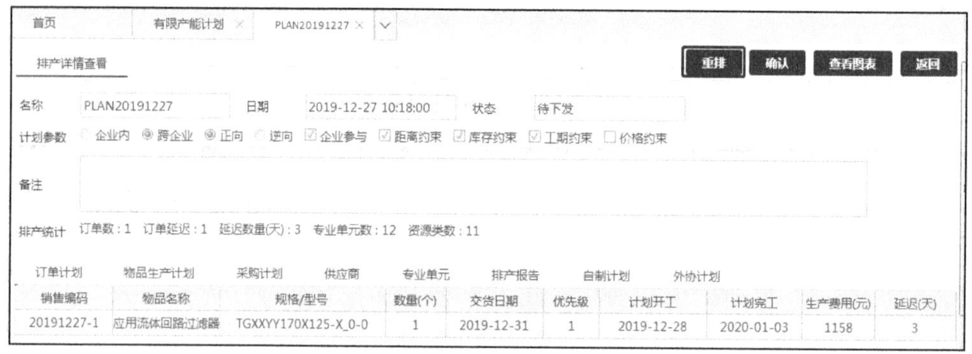

图 5-181　重排操作

(2)跨企业排产：当需求方需要跨企业排产，则在创建排产任务时选择“跨企业”，填写完相关信息后，选择参数(图 5-182)，单击“下一步”按钮。

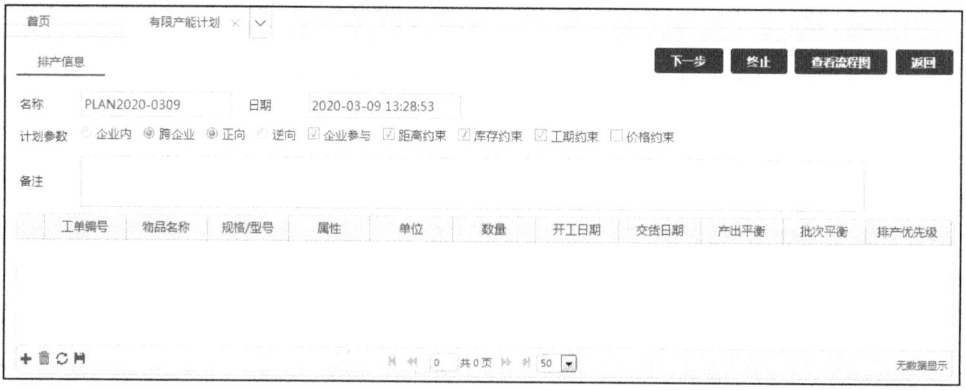

首页
有限产能计划
排产信息
下一步
终止
查看流程图
返回
名称 PLAN2020-0309 日期 2020-03-09 13:28:53
计划参数 企业内 跨企业 正向 逆向 企业参与 距离约束 库存约束 工期约束 价格约束
备注
工单编号 物品名称 规格/型号 属性 单位 数量 开工日期 交货日期 产出平衡 批次平衡 排产优先级
0 共0页 50
无数据显示

图 5-182　跨企业参数选择

页面跳转到企业选择页面(图 5-183),用户可以在该页面进行参与排产企业的选择。

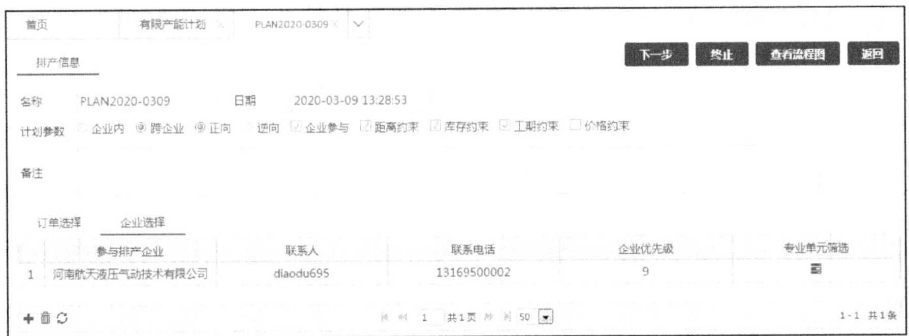

图 5-183 企业选择页面

单击“+”图标选择企业，选择完生产企业(图 5-184)，单击“下一步”按钮。

	企业名称	注册地址	联系电话	排产优先级
1	湖南航天诚远精密机械有限公司	长沙市岳麓区枫林三路217号航天大院	18229859093	1
2	北京航天智造科技发展有限公司	北京市海淀区西四环中路16号院7号楼1	13811105603	1
3	易讯科技股份有限公司	沈阳市浑南新区浑南东路53甲	13889837876	1
4	北京华融联合股份有限公司	西三环环球大厦	13633865619	1
5	XMcastest		18515883596	1
6	长沙市岳麓区庆航机械加工厂		13875882845	1
7	北京启恒机器制造有限公司	北京市丰台区王佐镇庄户工业园3号院	13901328888	1
8	北京星航机电装备有限公司	北京	13115900002	1
9	东莞市天倬模具有限公司	横沥镇桃子园高新产业园	15362643322	1

图 5-184 企业选择页面

单击“H”图标，完成参与排产企业选择，如图 5-185 所示。

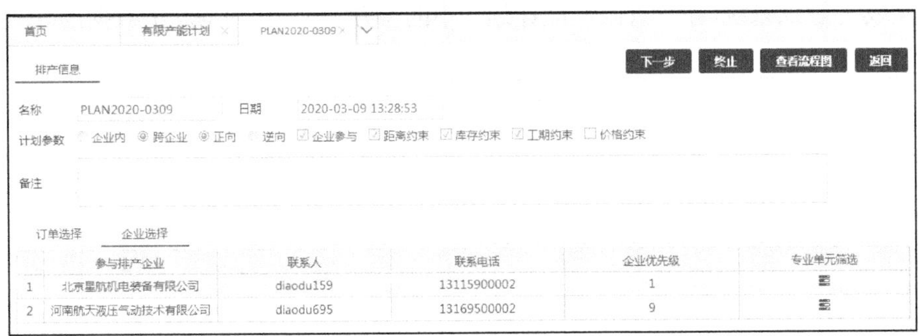

图 5-185 完成企业选择

单击“[图标]”图标选择专业能力，可将所选企业的专业能力选择进入下方列表，如图 5-186 所示。

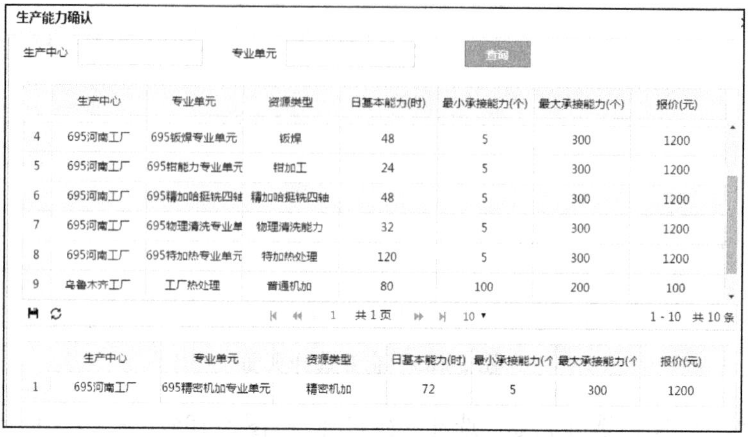

生产能力确认

生产中心　　专业单元　　查询

	生产中心	专业单元	资源类型	日基本能力(时)	最小承接能力(个)	最大承接能力(个)	报价(元)
4	695河南工厂	695钣焊专业单元	钣焊	48	5	300	1200
5	695河南工厂	695钳能力专业单元	钳加工	24	5	300	1200
6	695河南工厂	695精加哈挺铣四轴	精加哈挺铣四轴	48	5	300	1200
7	695河南工厂	695物理清洗专业单	物理清洗能力	32	5	300	1200
8	695河南工厂	695特加热专业单元	特加热处理	120	5	300	1200
9	乌鲁木齐工厂	工厂热处理	普通机加	80	100	200	100

1　共 1 页　10　1 - 10　共 10 条

	生产中心	专业单元	资源类型	日基本能力(时)	最小承接能力(个	最大承接能力(个	报价(元)
1	695河南工厂	695精密机加专业单元	精密机加	72	5	300	1200

图 5-186　企业能力确认

确认参与生产企业的专业能力的信息及距离后(图 5-187)，单击“下一步”按钮，等待所选供应商完成反馈。

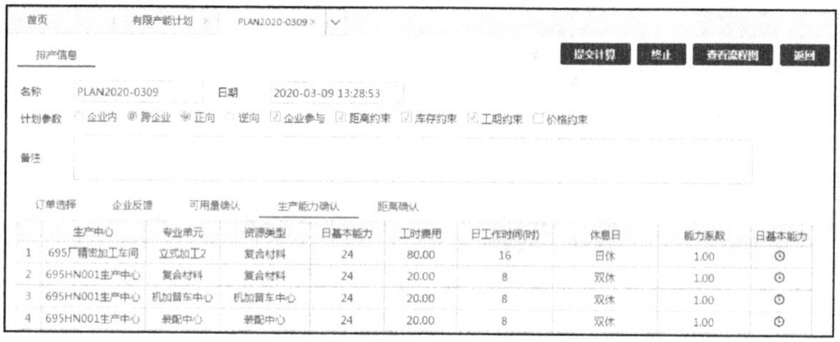

首页　有限产能计划　PLAN2020-0309

排产信息　　提交计算　终止　查看流程图　返回

名称　PLAN2020-0309　日期　2020-03-09 13:28:53

计划参数　企业内　跨企业　正向　逆向　企业参与　距离约束　库存约束　工期约束　价格约束

备注

订单选择　企业反馈　可用量确认　生产能力确认　距离确认

	生产中心	专业单元	资源类型	日基本能力	工时费用	日工作时间(时)	休息日	能力系数	日基本能力
1	695厂精密加工车间	立式加工2	复合材料	24	80.00	16	日休	1.00	
2	695HN001生产中心	复合材料	复合材料	24	20.00	8	双休	1.00	
3	695HN001生产中心	机加普车中心	机加普车中心	24	20.00	8	双休	1.00	
4	695HN001生产中心	装配中心	装配中心	24	20.00	8	双休	1.00	

图 5-187　信息及距离确认

外协方登录系统，在“有限产能计划”中的待办项中，看到待反馈数据，如图 5-188 所示。

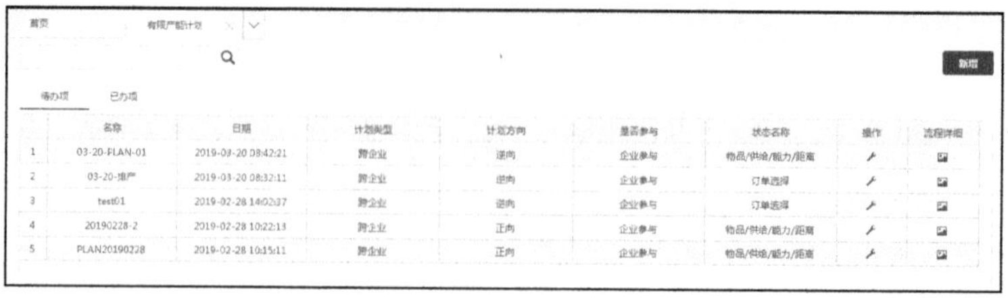

首页　有限产能计划　　新增

待办项　已办项

	名称	日期	计划类型	计划方向	是否参与	状态名称	操作	流程详细
1	03-20-PLAN-01	2019-03-20 08:42:21	跨企业	逆向	企业参与	物品/供给/能力/距离		
2	03-20-排产	2019-03-20 08:32:11	跨企业	逆向	企业参与	订单选择		
3	test01	2019-02-28 14:02:37	跨企业	逆向	企业参与	订单选择		
4	20190228-2	2019-02-28 10:22:13	跨企业	正向	企业参与	物品/供给/能力/距离		
5	PLAN20190228	2019-02-28 10:15:11	跨企业	正向	企业参与	物品/供给/能力/距离		

图 5-188　外协方排产待办页面

打开外协计划数据，进行可用量和距离确认后，单击“下一步”按钮，完成企业反馈，如图5-189所示。

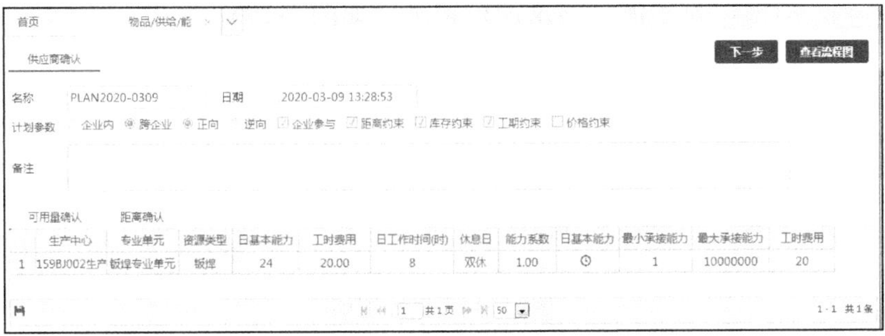

图5-189 外协方反馈

需求方此时在系统中查看所选供应商反馈状态，如图5-190所示。

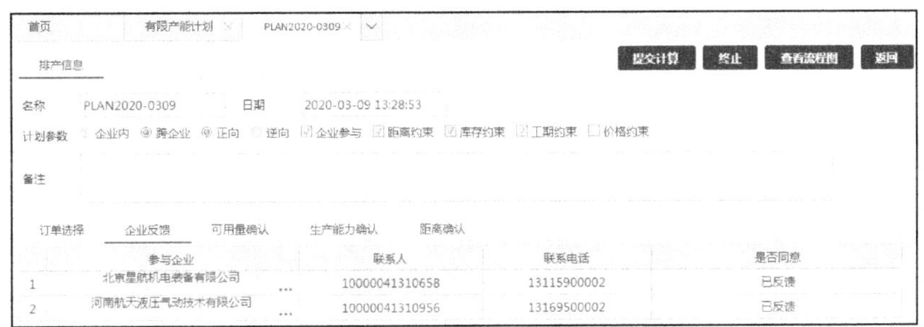

图5-190 需求方查看反馈状态

单击“...”图标，可查看详细反馈信息，如图5-191所示。

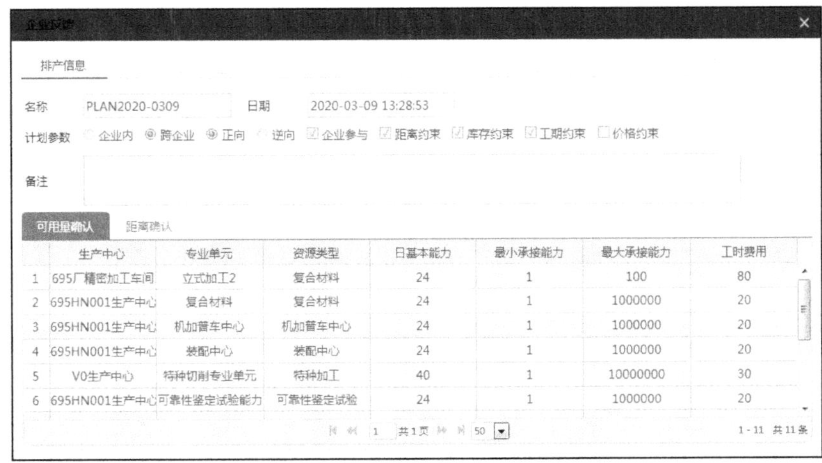

图5-191 查看详细反馈信息

确认信息无误后，单击“提交计算”按钮，提交引擎计算。待计算完成后，可查看详细计划结果。单击图 5-192 中的“[图标]”图标，进入操作页面。单击图 5-192 中的“[图标]”图标，显示流程图及流程记录，如图 5-193 所示。

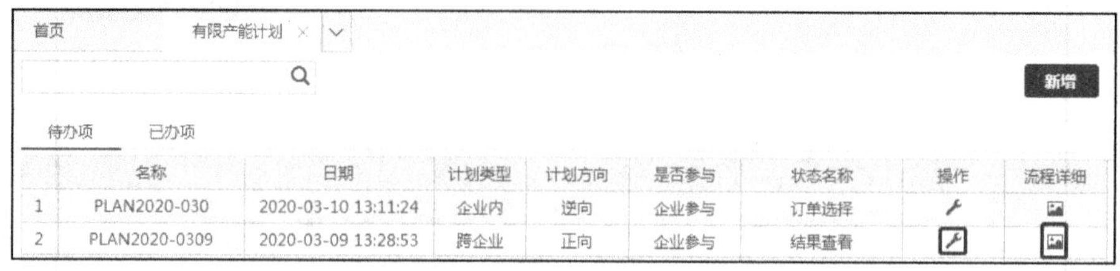

首页　有限产能计划

新增

待办项　已办项

	名称	日期	计划类型	计划方向	是否参与	状态名称	操作	流程详细
1	PLAN2020-030	2020-03-10 13:11:24	企业内	逆向	企业参与	订单选择		
2	PLAN2020-0309	2020-03-09 13:28:53	跨企业	正向	企业参与	结果查看		

图 5-192　操作页面

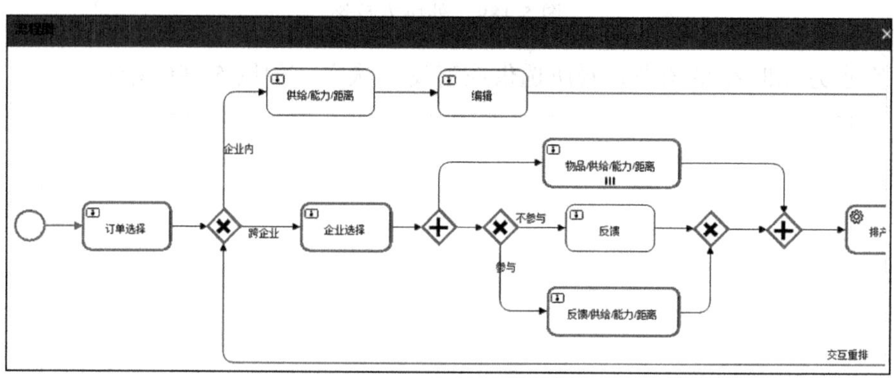

图 5-193　流程图及流程记录

如果状态名称为“结果查看”，打开单据后会显示排产结果，包括订单计划、物品生产计划、采购计划、供应商、专业单元计划、排产报告、自制计划、外协计划列表信息，如图 5-194 所示。

首页　有限产能计划　PLAN2020-0309

排产详情查看　　重排　确认　查看图表　返回

名称 PLAN2020-0309　日期 2020-03-09 13:28:53　状态 待下发

计划参数 企业内 跨企业 正向 逆向 企业参与 距离约束 库存约束 工期约束 价格约束

备注

排产统计 订单数：1　订单延迟：1　延迟数量(天)：29　专业单元数：12　资源类数：11

订单计划　物品生产计划　采购计划　供应商　专业单元　排产报告　自制计划　外协计划

物品编码	名称	工序数(道)	库存利用(个)	生产数(个)	开始时间	完工时间	用时(天)
TGXXYY170X125-X_0-0	应用流体回路过滤器	2	0	10	2020-03-31	2020-04-07	8
THTHYY1701125-D_0-18	挡板GL	4	0	10	2020-03-10	2020-03-11	2
TGXXYY170X125-X_0-02	压盖GL	4	0	10	2020-03-10	2020-03-12	3
THTHYY1701125-D_0-13	右压环GL	1	0	10	2020-03-10	2020-03-10	1

图 5-194　排产结果查看

单击“查看图表”按钮，可查看本次计划的甘特图信息，如图 5-195 所示。

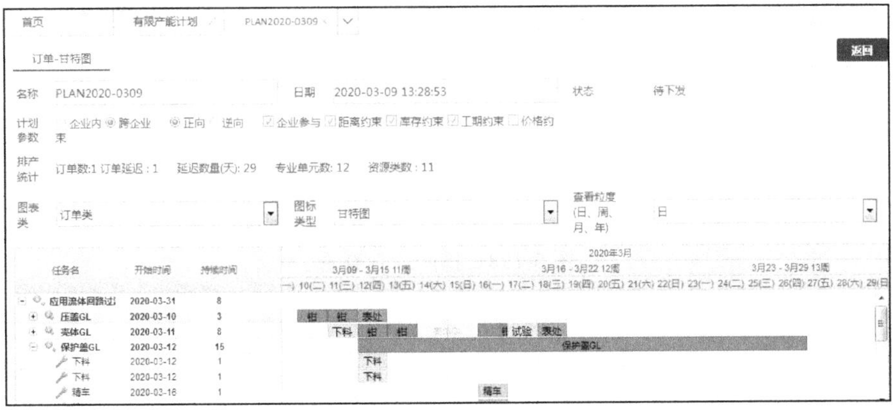

图 5-195 甘特图查看

对已办项进行查看操作：依次单击“有限产能计划→已办项→显示排产流程中的已处理任务”按钮，图 5-196 所示。

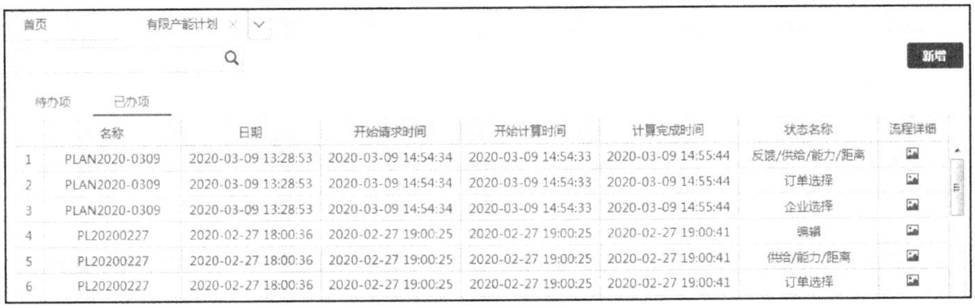

	名称	日期	开始请求时间	开始计算时间	计算完成时间	状态名称	流程详细
1	PLAN2020-0309	2020-03-09 13:28:53	2020-03-09 14:54:34	2020-03-09 14:54:33	2020-03-09 14:55:44	反馈/供给/能力/距离	
2	PLAN2020-0309	2020-03-09 13:28:53	2020-03-09 14:54:34	2020-03-09 14:54:33	2020-03-09 14:55:44	订单选择	
3	PLAN2020-0309	2020-03-09 13:28:53	2020-03-09 14:54:34	2020-03-09 14:54:33	2020-03-09 14:55:44	企业选择	
4	PL20200227	2020-02-27 18:00:36	2020-02-27 19:00:25	2020-02-27 19:00:25	2020-02-27 19:00:41	编辑	
5	PL20200227	2020-02-27 18:00:36	2020-02-27 19:00:25	2020-02-27 19:00:25	2020-02-27 19:00:41	供给/能力/距离	
6	PL20200227	2020-02-27 18:00:36	2020-02-27 19:00:25	2020-02-27 19:00:25	2020-02-27 19:00:41	订单选择	

图 5-196 已办项查看

5) 订单跟踪

订单管理系统将从订单的角度跟踪排产结果，可以根据交货日期、计划完工时间、单据号等多种条件查询特定的订单(图 5-197)。通过订单操作列下的明细、报表等项目，查看该订单通过有限排产形成的排产计划(图 5-198)以及报表视图(图 5-199)。

单据编码	物品名称	数量	下单日期	交货日期	计划开工	计划完工	生产费用	延期(天)	计划员	操作
20200309	应用流体回路过滤器	10.000000	2020-03-09	2020-03-09	2020-03-10	2020-04-07	13 532.00	29	diaodu695	明细 | 报表
20191227-1	应用流体回路过滤器	1.000000	2019-12-27	2019-12-31	2019-12-28	2020-01-03	1 158.00	3	diaodu695	明细 | 报表
20191226-1	应用流体回路过滤器	1.000000	2019-12-26	2019-12-31	2019-12-27	2020-01-02	1 158.00	2	diaodu695	明细 | 报表
20191225-6	应用流体回路过滤器	1.000000	2019-12-25	2019-12-31	2019-12-26	2020-01-01	1 158.00	1	diaodu695	明细 | 报表
20191225-5	应用流体回路过滤器	1.000000	2019-12-25	2019-12-31	2019-12-26	2020-01-01	1 158.00	1	diaodu695	明细 | 报表
20191225-4	应用流体回路过滤器	1.000000	2019-12-25	2019-12-31	2019-12-26	2020-01-01	1 158.00	1	diaodu695	明细 | 报表

图 5-197 订单跟踪列表

首页　工单跟踪

采购计划　自制计划　外协计划　　导出　查看图表　返回

排产编号	工序名称	工序编码	本企业总工序数(	总工时	日工时	提供能:	工序开始时(	工序结束时ì	作业名称	专业单元名称	资源类型	执行状态
0c0571ebe49	精车	TH_1125-D_0-1	10	10	10	24	2020-03-10	2020-03-10	挡板GL	机加小巨人中心	机加小巨人中心	未执行
0c3e38b2ec0	下料	TH_1125-D_0-1	5	5	5	24	2020-03-10	2020-03-10	活塞GL	立式加工2	复合材料	未执行
113db287168	下料	TH_1125-D_0-1	5	5	5	24	2020-03-10	2020-03-10	活塞GL	复合材料	复合材料	未执行
172a8944adf	精车	TG_X125-X_0-0	10	10	10	24	2020-03-10	2020-03-10	压盖GL	机加小巨人中心	机加小巨人中心	未执行
1ffe1a4eca7	钳	TG_X125-X_0-0	10	14	14	24	2020-03-10	2020-03-10	压盖GL	机加钳工中心	机加钳工中心	未执行
4050d7256e4	下料	TG_X125-X_0-0	5	5	5	24	2020-03-10	2020-03-10	压盖GL	立式加工2	复合材料	未执行
60afa26d7cf	车	TH_1125-D_0-1	10	20	20	24	2020-03-10	2020-03-10	右端盖GL	机加普车中心	机加普车中心	未执行

图 5-198　排产计划查看

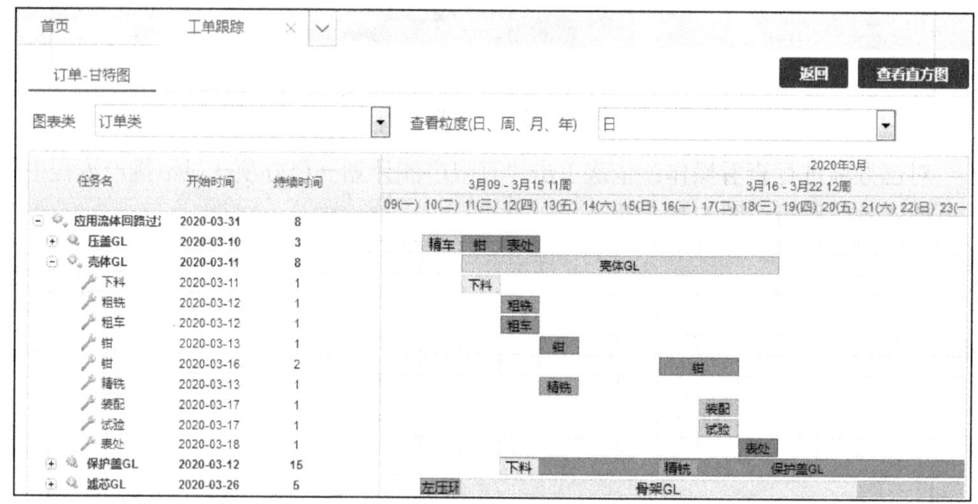

图 5-199　甘特图展示

4. 外协外购管理

普通业务模式支持正常的采购业务，适用于大多数企业的日常采购业务。

1) 采购计划

采购计划(图 5-200)是根据生产部门或其他使用部门的计划制定的，包括采购物料、采购数量、需求日期等内容的计划单据。

(1) 新建采购计划主要步骤：录入物品→录入辅助属性→录入单位→录入数量→录入到货日期→保存。

(2) 在“物品名称”下面的空白字段中录入物品编号，规格型号或名称，对已存在的货品，系统自动过滤供选择。

(3) 采购计划提供单据审核功能，在单据保存后，“审核”按钮会出现。

(4) 采购计划审核后，出现“生成订单”按钮。

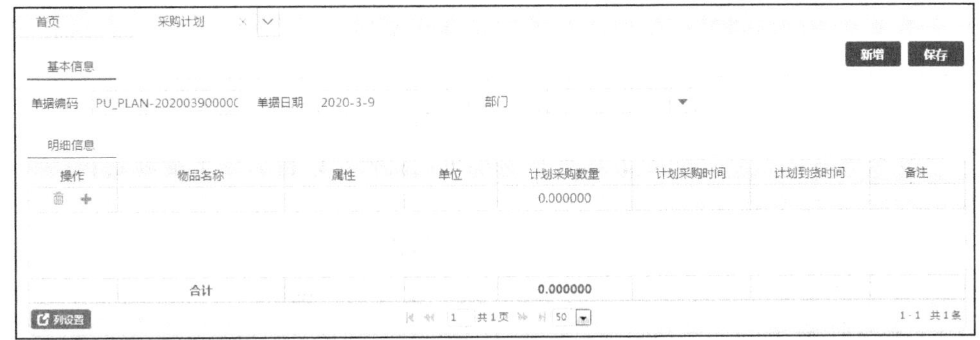

图 5-200　采购计划

2) 采购订单

采购订单(图 5-201)是企业与供应商之间签订的采购合同、购销协议等，主要内容包括采购什么货物、采购多少、由谁供货，什么时间到货、到货地点、运输方式、价格、运费等，采购订单是存货在采购业务中流动的起点。

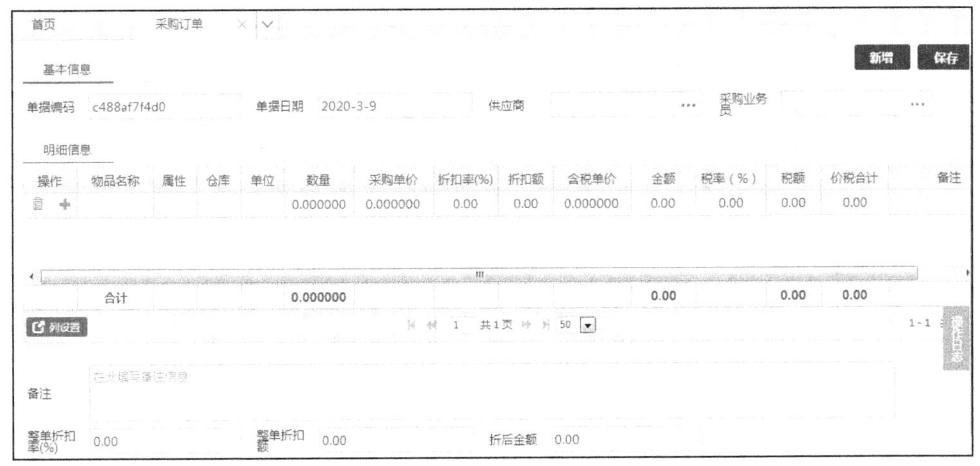

图 5-201　采购订单

(1) 新建采购订单主要步骤：录入供应商→录入单据日期→录入物品→录入辅助属性→录入单位→录入数量→录入采购单价→保存。

(2) 在“供应商名称”后面的框中录入供应商名称，对已存在的供应商，系统自动过滤出来供选择或单击过滤页面选择供应商。

(3) 在“物品名称”下面的空白字段中录入输入物品编号，规格型号或名称，对已存在的货品，系统自动过滤供选择。

(4) “物品”中如果是已存在的物品，则计量单位自动带出，且不可再修改。

(5)单据中的数量及单价字段分以下几种情况处理：①编辑单据时如果物品为选择的已存在物品，数量默认为 0，单价会自动带出物品资料中的“采购参考价格”，可手工修改；②数量与单价不能录入负数。

(6)系统默认金额自动等于数量乘以单价，金额合计自动等于金额之和；如果修改金额，系统会自动回推单价。

(7)在系统参数中可启用“税金”功能，单据界面会出现税率、税额、价税合计等列。选择物品后，会自动带出系统参数中设置的“税率”，并根据金额计算税额及加税合计金额。

5.3.5　智能运营

1. 设备管理

用户在初次使用设备管理时，需要先做应用准备，再进行业务处理。设备管理操作流程图如图 5-202 所示。

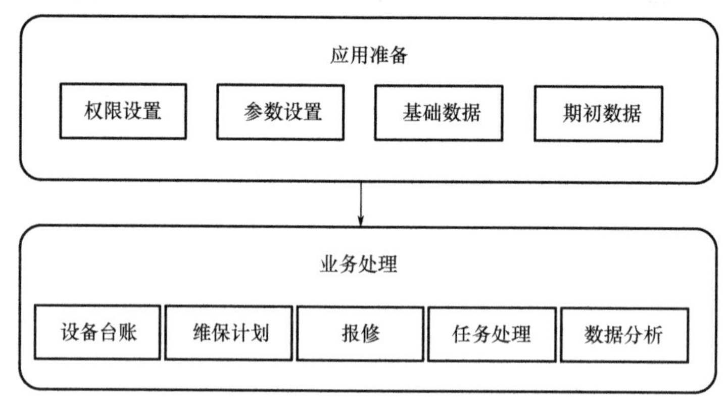

图 5-202　设备管理操作流程图

设备管理满足企业的日常设备管理的业务需求，用户可以根据企业实际情况，通过系统参数设置定义流程，对设备进行维护保养、报修管理；通过与系统数据采集接口集成实现设备状态监控及利用率的分析。设备管理支持以下业务流程：①维保计划→计划单据→任务处理；②报修→任务处理→评价；③数据采集→监控→数据分析；④业务处理。

1) 设备基础台账管理

系统管理员首先需要配置关键设备(如 22#插针尺寸检查设备)来维护设备基础信息，包括设备编号、设备名称、规格型号、供应商、设备类型、使用状况、检验周期、操作人员、设备类型、使用状况、检验周期、操作人员、安装位置、所属部门、是否排产资源、购置时间，并可根据需求修改、查看、删除设备基础台账信息。设备基础台账管理页面如图 5-203 所示。

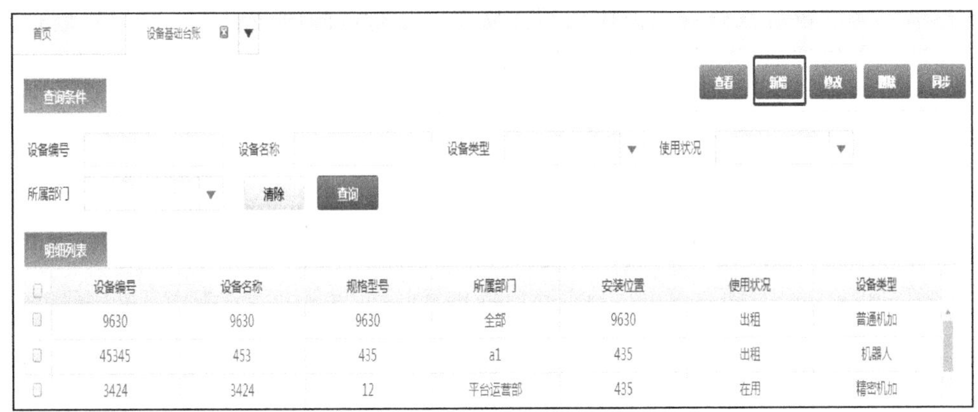

图 5-203　设备基础台账管理页面

2) 设备维修保养计划

系统管理员对配置的关键设备制定维修计划和保养计划。选择设备编号，通过计划类别，制定维修计划或保养计划。通过计划方式，选择单次计划或循环计划(如 22#插针尺寸检查设备每年维修一次)。通过维修级别可设置具体维修内容(如计量检定)。维修保养计划管理页面如图 5-204 所示。

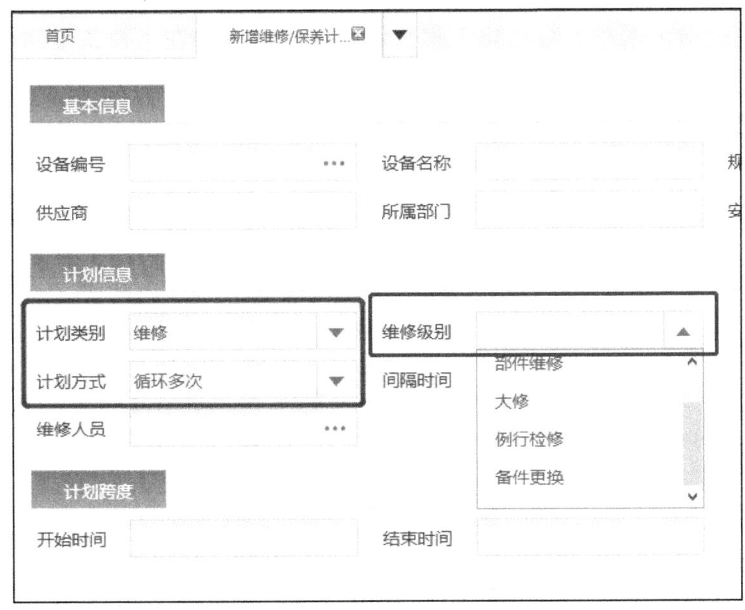

图 5-204　维修保养计划管理页面

3) 设备报修管理

当通过设备监控功能发现设备没到计划检修时间就发生故障时，车间自动化工程师可通过设备报修管理模块填写保修单，进行故障时间记录，对故障进行详细描述。报修管理页面如图 5-205 所示。

新增
报修状态　设备编号　设备名称
设备报修新增
报修单号 BX.1540379814559　设备编号
设备名称　所属部门
申请人 航天制造_测试管理员　申请时间
故障描述
保存　关闭
评价　报修状态
待处理
一颗星　已评价
已处理
待处理
已处理
待处理
待处理
待处理
待处理

图 5-205　报修管理页面

系统管理员依据车间自动化工程师记录的报修时间在“设备维修保养计划”页面修改维修保养计划，如图 5-206 所示。

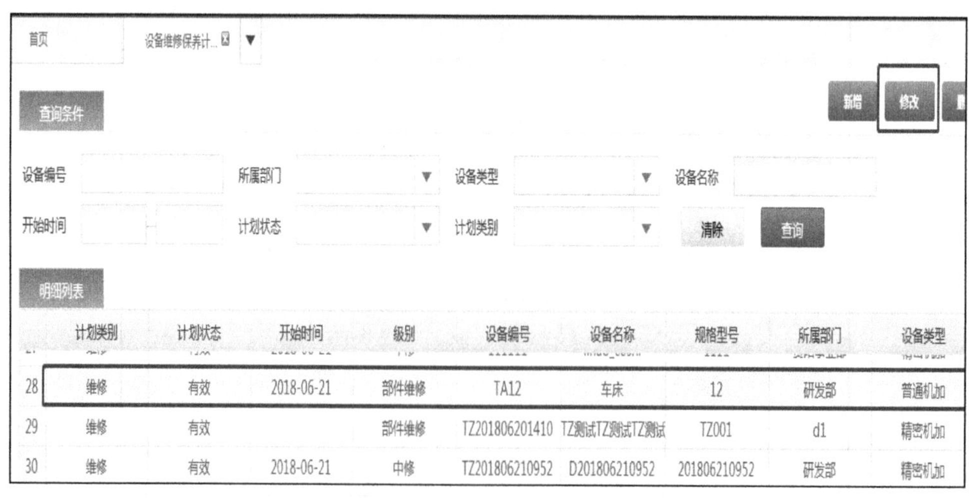

图 5-206　设备维修保养计划修改

4) 设备维修保养任务

系统管理员可通过设备维修保养任务列表(图 5-207)中查看维修计划、保养计划、报修信息。

首页　设备维修保养任...

维修任务　保养任务　报修任务

所属部门　设备类型

维修级别　时间

		任务状态	开始时间	维修级别	
12	□	有效	2018-08-06		
13	□	结束	2018-06-04	部件维修	TZ
14	□	有效	2018-08-08		TZ
15	□	结束	2018-06-21	部件维修	TZ
16	□	有效	2018-06-27	中修	TZ
17	□	有效	2018-06-21	大修	TZ

图 5-207　设备维修保养任务

设备维修处理详情页面如图 5-208 所示。

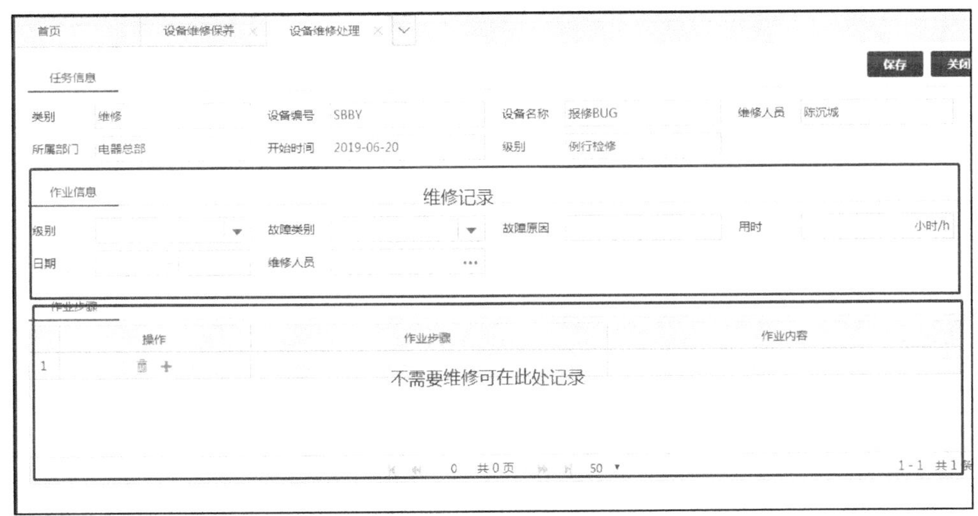

图 5-208　设备维修处理详情页面

2. *产线管理*

用户进行产线设备管理前需将企业产线及设备等生产资源配置到系统中，需先将企业设备添加到设备管理模块设备基础台账子模块，在设备中心模块资源类型子模块中添加企业资源，包括产线设备等，最后在计划管理模块工作中心子模块中配置企业资源与设备的关联关系。

用户通过左侧树形菜单选择查看产线监控总览或产线监控详览。产线设备维护流程图如图 5-209 所示。

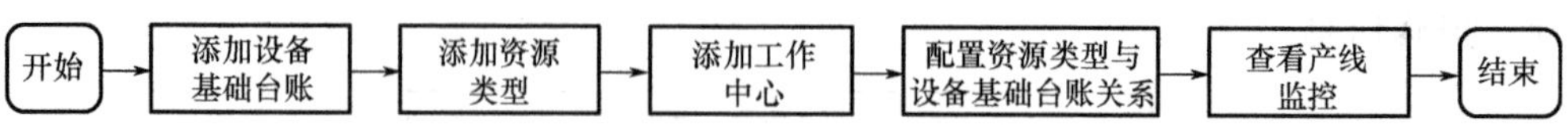

图 5-209　产线设备维护流程图

产线设备管理主要是通过集成智能装配生产线的自动化设备和 MOM 等信息化系统，实现产线状态和生产过程的实时感知与控制。并实现对产线设备整体运行状态进行远程监控和管理。

1）产线设备监控

（1）产线监控总览。产线监控包括总览区监控和产线区监控。总览区概览包括企业设备总体概况，指标有设备总数、运行数、空闲数、关机数、维修数、异常报警台次、运行率、故障率。产线区监控企业各条产线生产概况，指标有产线名称、产线编号、产线状态、设备综合效率、运行率、故障率、当日计划产量、当日实际产量、产线合格率、报警次数。产线监控总览页面如图 5-210 所示。

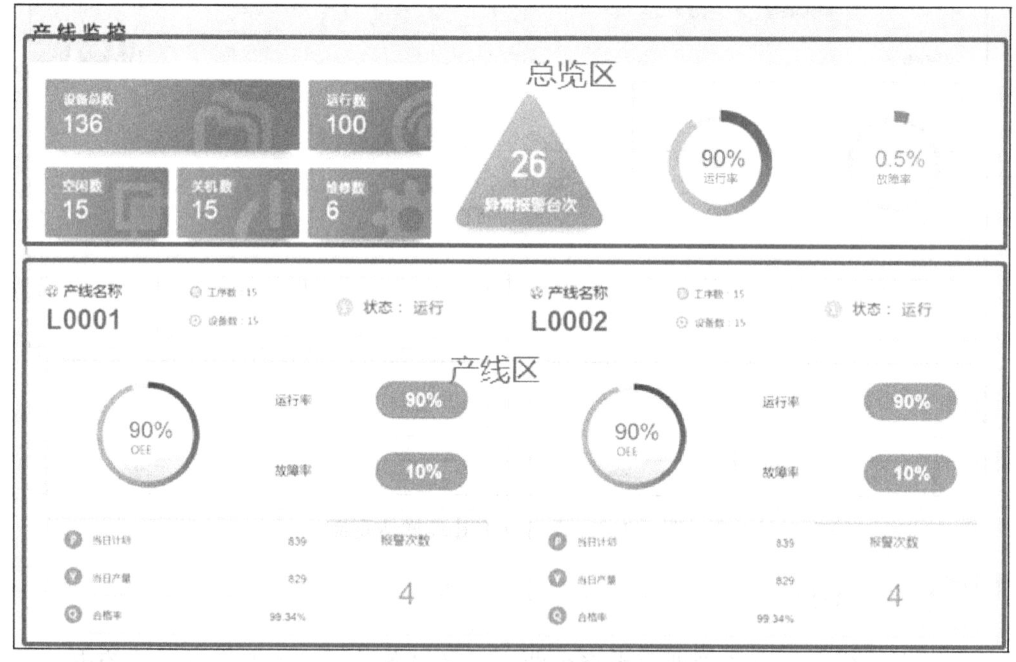

图 5-210　产线监控总览页面

（2）产线监控详览。产线监控详览展示指定产线实时运行情况，包括产线的运行指标和产线上设备的运行指标展示。

产线监控详览页面(图 5-211)分为产线区和设备区。产线区展示 OEE、运行率、故障率指标；设备区展示设备编号、设备名称、设备状态、开机时间、连续工作时间、故障次数、故障累计时间、设备单日产量、设备合格率、设备当前生产任务、设备当前任务计划数、设备当前任务完成数各个指标。

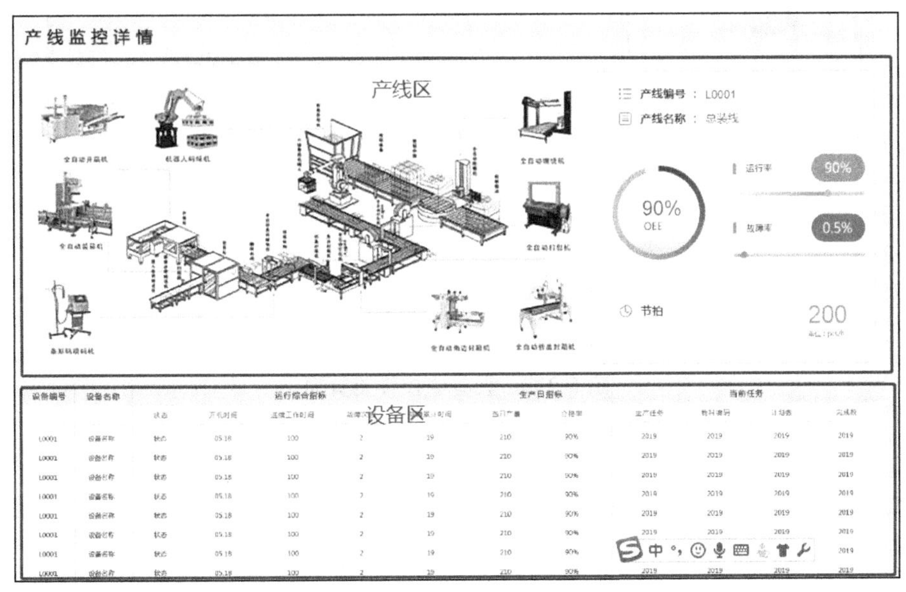

图 5-211 产线监控详览页面

(3) 设备监控详览。设备监控详览(图 5-212)可以监控单个设备的实时运行情况、生产情况以及当日已完成生产情况。系统实时刷新获得数据并展示，具体展示内容如下。

设备运行数据区监控设备运行概况，指标有 OEE、运行率、故障率、关机时长、运行时长、空闲时长、故障时长。

设备生产数据区监控设备生产信息，指标有设备编号、设备名称、设备状态、加工工序、操作人、开机时间、连续工作时间、设备日完工数、设备报警次数、当前生产任务、物料、计划数量、完成数量。

设备历史数据区展示设备当日已完成生产任务信息，指标有生产任务、物料、开始时间、完成时间、计划数量、完成数量、合格率。

2) 产线故障分析

根据产线设备实时预警数据进行数据分析，展示产线设备多维度的故障趋势，辅助挖掘产线设备问题出现原因，从产线、设备、故障、时间等维度分析故障。产线故障分析页面如图 5-213 所示。

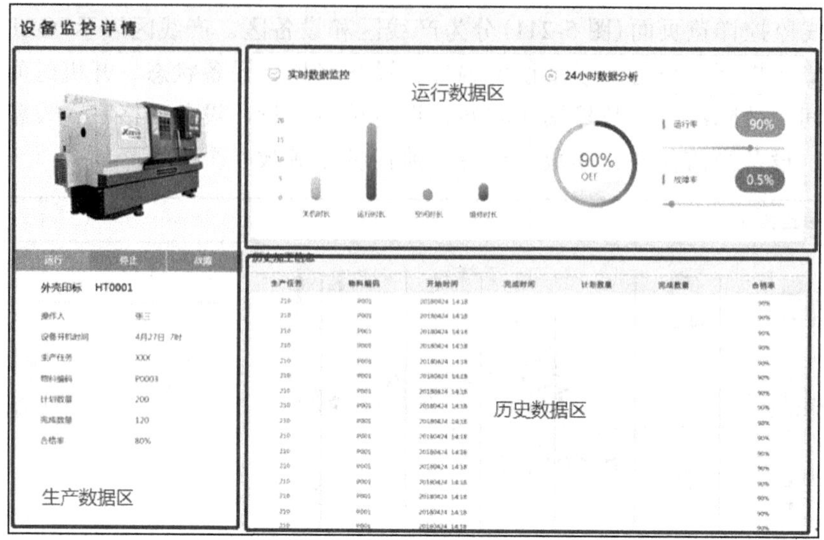

图 5-212　设备监控详览页面

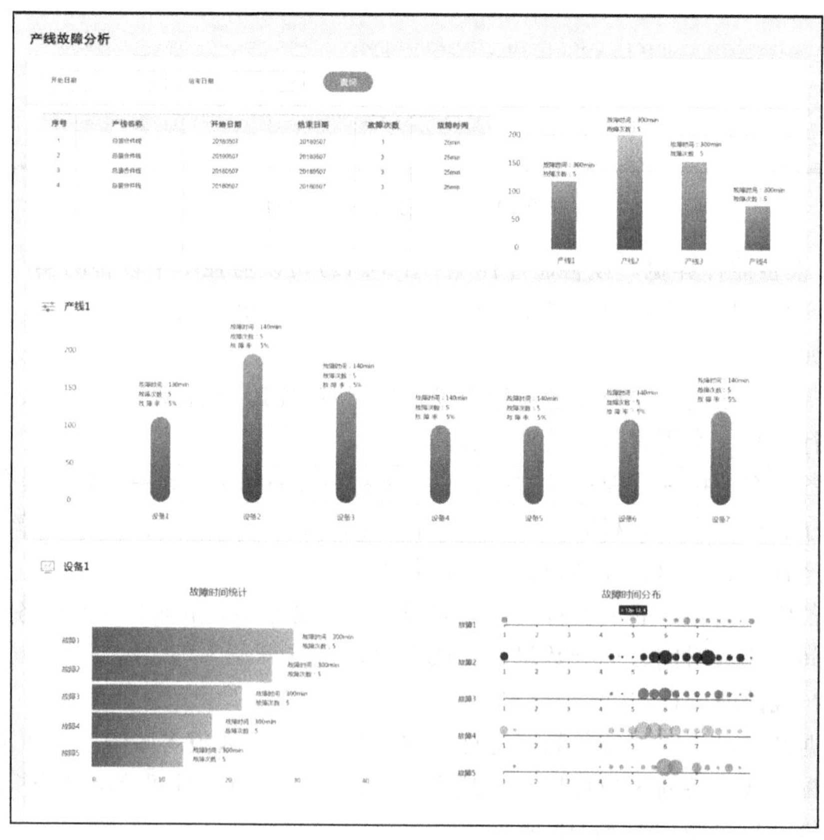

图 5-213　产线故障分析页面

操作步骤一：选择开始时间及结束时间查询客户所有产线在该时间段内的故障次数及时间。

操作步骤二：单击产线获得该产线下所有设备的故障时间、故障次数及故障频率。

操作步骤三：单击设备获得该设备下所有故障原因时间、故障原因频率次数统计及故障原因时间分布。

3)产线节拍分析

产线节拍分析为了平衡整个企业产线与产线间以及设备与设备间的生产节拍，通过对产线和设备间节拍数据的分析计算产线和设备的实际生产节拍，为生产人员调整生产节拍提供数据支撑。产线节拍分析页面如图 5-214 所示。

操作步骤一：选择开始时间及结束时间查询客户所有产线在该时间段内的生产节拍数值。

操作步骤二：单击某产线获得产线下所有设备在该事件段内的生产节拍数值。

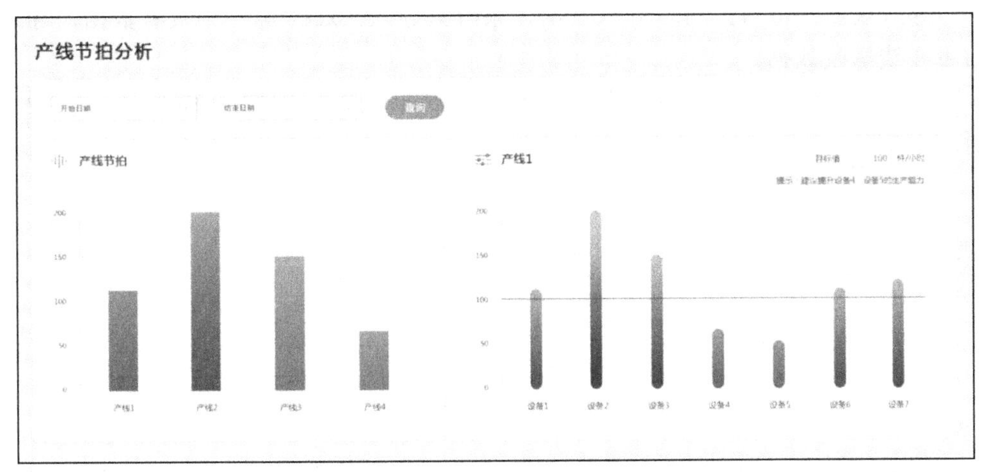

图 5-214 产线节拍分析页面

3. 运营分析

1)生产模块

(1)产量产值数据维护。产量产值数据维护表(图 5-215)具有以下功能：报表导入、数据在线编辑、数据保存，按照月份条件查询。

单击“导入”按钮，导入产量产值数据维护表(图 5-216)。注意：一定要按照模板导入。

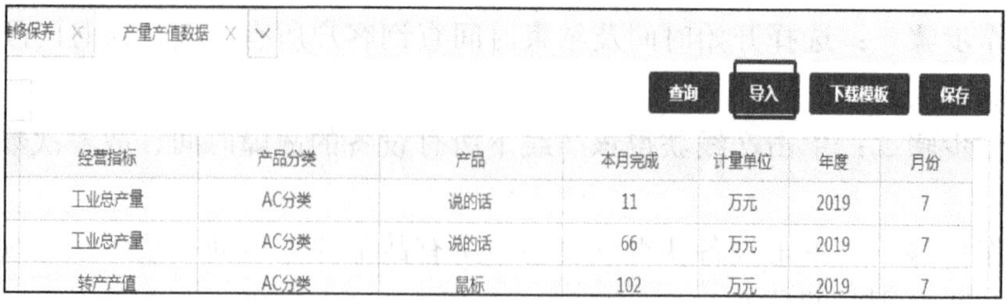
维修保养
产量产值数据
查询
导入
下载模板
保存
经营指标
产品分类
产品
本月完成
计量单位
年度
月份
工业总产量
AC分类
说的话
11
万元
2019
7
工业总产量
AC分类
说的话
66
万元
2019
7
转产产值
AC分类
鼠标
102
万元
2019
7

图 5-215　产量产值数据维护表

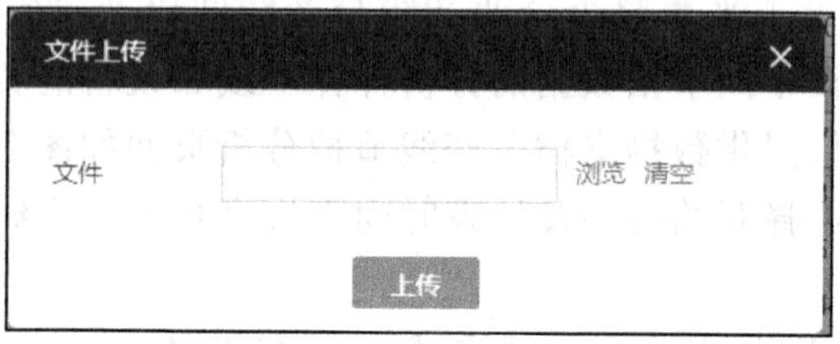
文件上传
文件
浏览
清空
上传

图 5-216　导入产量产值数据维护表

导入规则：每月只可以导入一次，系统只导入 Excel 第一个页签数据，导入后可在线修改数据。

单击“编辑”按钮，可在线修改数据，数据录入后需按回车键，如图 5-217 所示。

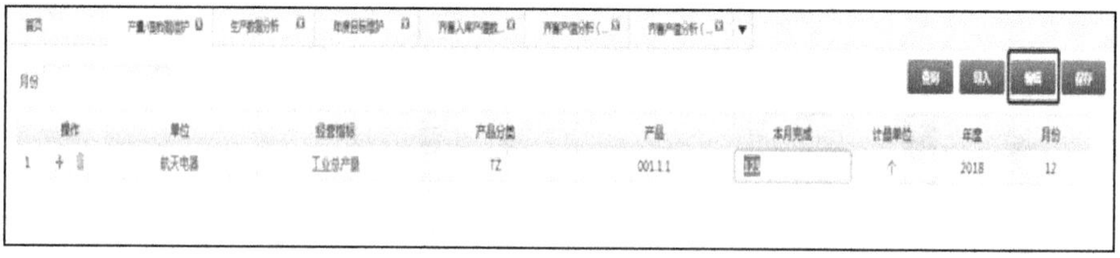

图 5-217　修改数据

单击“保存”按钮，对新增、删除、在线编辑的数据进行保存，如图 5-218 所示。

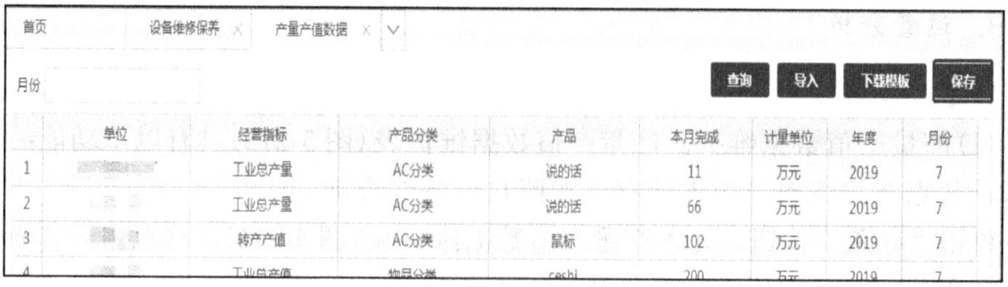
首页
设备维修保养
产量产值数据
月份
查询
导入
下载模板
保存
单位
经营指标
产品分类
产品
本月完成
计量单位
年度
月份
1
工业总产量
AC分类
说的话
11
万元
2019
7
2
工业总产量
AC分类
说的话
66
万元
2019
7
3
转产产值
AC分类
鼠标
102
万元
2019
7

图 5-218　数据保存

单击“查询”按钮，可查询历史月份数据，如图5-219所示。

查询　导入　下载模板　保存

本月完成	计量单位	年度	月份
11	万元	2019	7
66	万元	2019	7

图5-219　数据查询

(2)生产数据分析。生产数据分析报表(图5-220)包含以下功能：展示某个事业部或集团的产量产值分析表和产量产值分析图。按照年度、单位、类型、指标条件进行查询，定义方案功能可设置图表展示方案。

根据需求选择年度、单位(有权限限制)、类型、指标(可勾选)、显示方案。单击“查询”按钮即可查看分析表和分析图。

图5-220　生产数据分析报表

单击“定义方案”按钮再单击“编辑”按钮可进行方案维护，如图5-221所示。

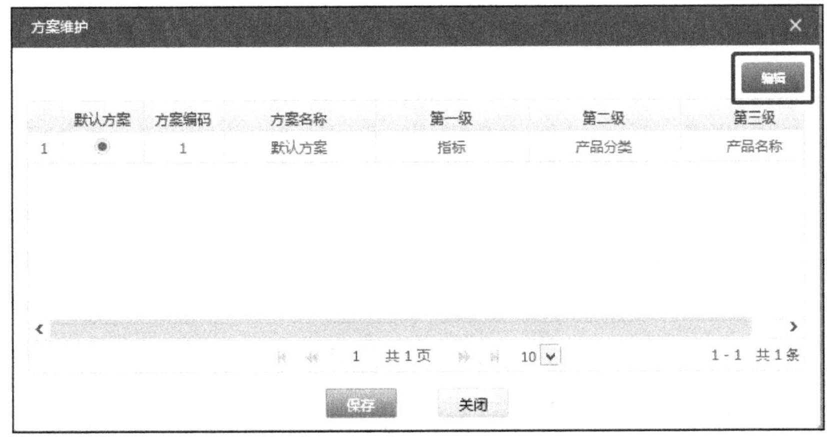

图5-221　方案维护

在方案维护对话框中，单击“编辑”按钮，再单击“+”图标，可以在线增加方案，或再单击“ ”图标，可以在线删除方案。方案维护完毕后单击“保存”按钮，保存所配置方案，如图 5-222 所示。

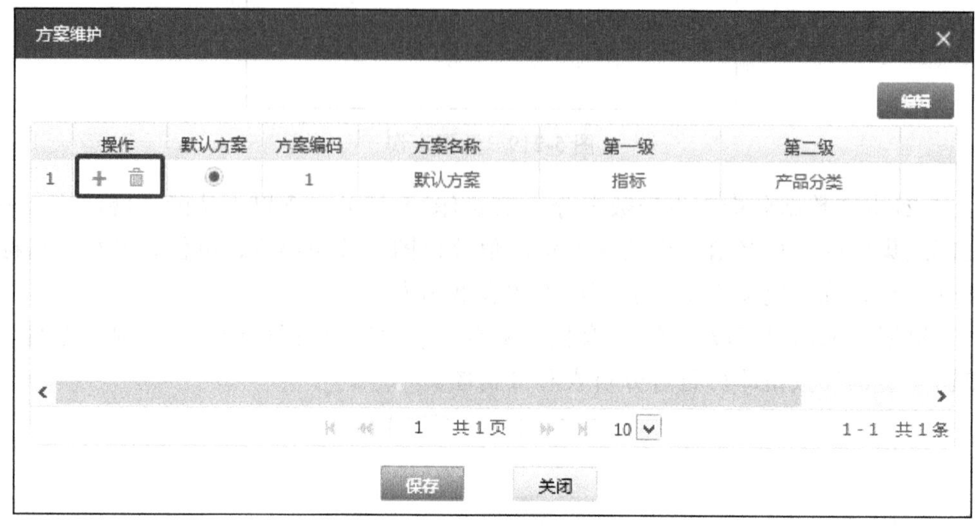

图 5-222　方案增删功能

选择“产量分析图”页面(图 5-223)，图与表信息联动，此页面显示全年“月度完成情况”和“目标达成度”。

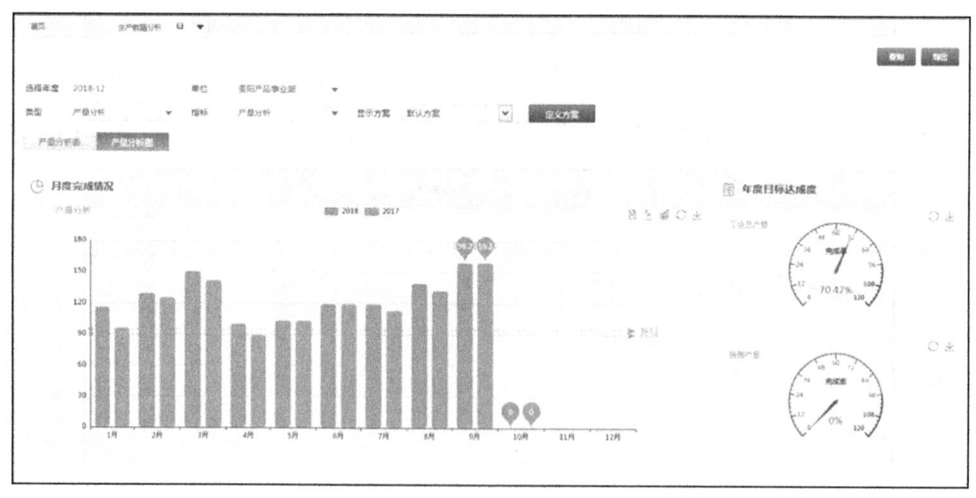

图 5-223　产量分析图

图的展现形式可选择“ 2018　2017 ”或“ ”图标切换显示效果，如图 5-234 所示。

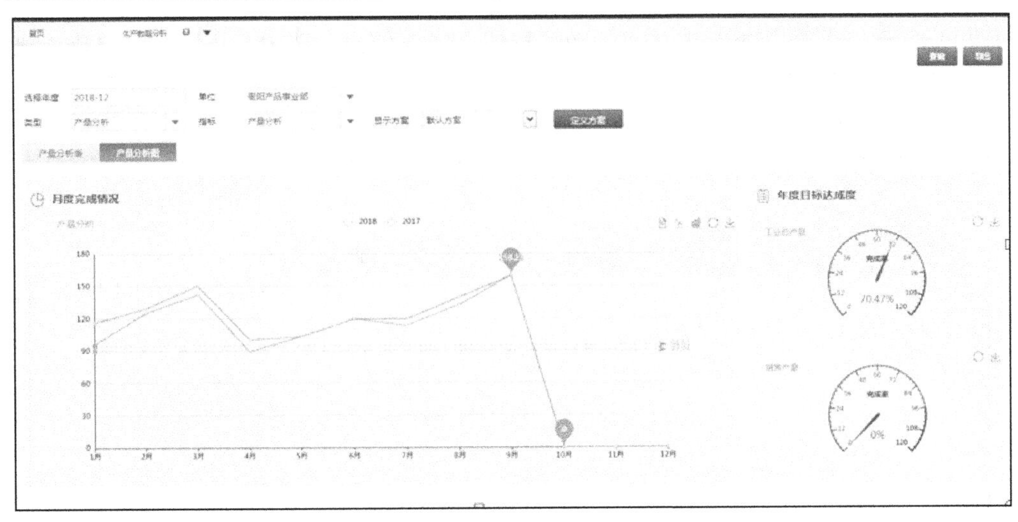

图 5-224　图的展示形式切换

单击“导出”按钮，将产量产值分析表和产量产值分析图一并导出到本地，如图 5-225 所示。

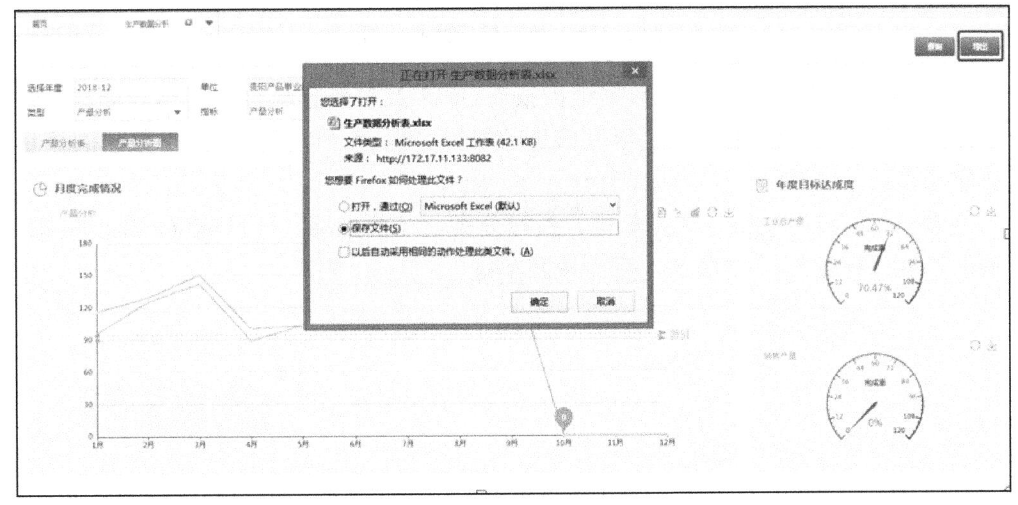

图 5-225　产量产值图表导出

(3) 经营指标维护。经营指标维护页面（图 5-226）主要用于年度目标表中指标的选择，主要功能包括指标编码或名称查询、新增、修改、删除。

一级指标编码和指标名称与数据字典中维护的标识及名称保持一致，系统自动读取出数据字典中已经维护的指标，选中一级指标单击“新增”按钮，弹出新增二级指标对话框，上级编码与指标类型自动带出，录入二级指标编码及指标名称信息。选中某条指标，单击“修改”按钮，修改信息；选中某条指标，单击“删除”按钮，删除信息。

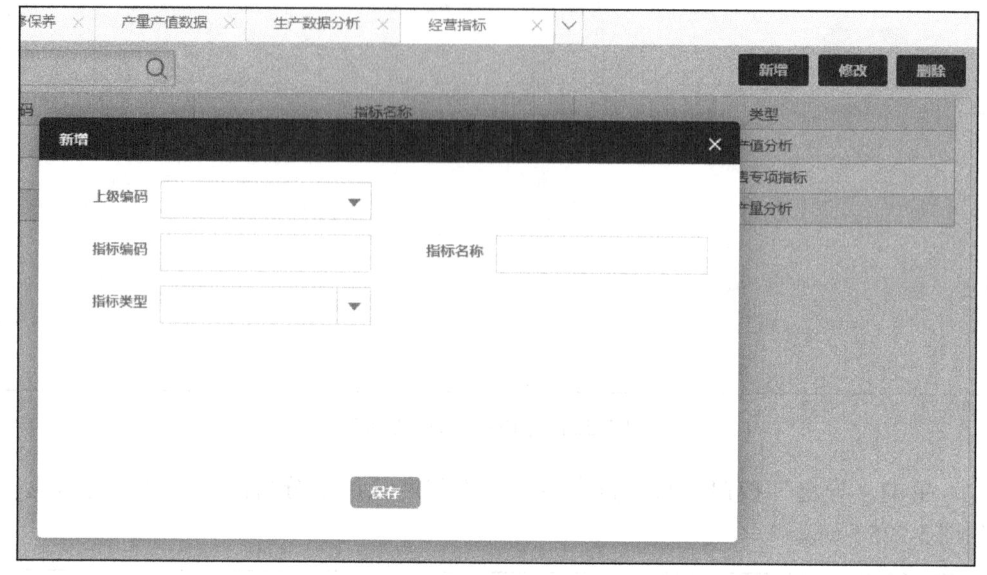

图 5-226　经营指标维护页面

(4) 年度数据维护。年度数据维护报表（图 5-227）包括单位、指标分类、经营指标、年度目标、计量单位、年度信息的编辑、保存，以及历史月份数据的查询功能。

单击“编辑”按钮，选择单位、指标分类、经营指标、计量单位、年度信息，录入年度目标数据，数据录入后需按回车键。

设备维修保养　产量产值数据　生产数据分析　经营指标　年度目标维护

年　查询　编辑　保存

单位	指标分类	经营指标	年度目标	计量单位	年度
电器总部	产量分析	工业总产量	700	万元	2019
电器总部	产值分析	转产产值	300	万元	2019

图 5-227　年度数据维护报表

单击“编辑”按钮后，再单击“+”图标，在线增加年度目标或再单击“ ”图标，在线删除年度目标，如图 5-228 所示。

年份 年

	操作	单位	指标分类
1	+ 🗑	电器总部	产量分析
2	+ 🗑	电器总部	产值分析
3	+ 🗑	电器总部	产值分析

图 5-228 数据编辑

单击“保存”按钮，可以对新增、删除、在线编辑的数据进行保存，如图 5-229 所示。

年度目标维护

查询 编辑 保存

年度目标	计量单位	年度
700	万元	2019
300	万元	2019
400	万元	2019
800	万元	2019

图 5-229 数据保存

(5) 齐套入库产值数据录入。齐套入库产值数据录入报表(图 5-230)包含以下功能：组织机构、考核月份、周开始日期、周结束日期、车间、产线、产品种类、任务来源、月初结转齐套金额、齐套产值、入库产值月度目标、入库产值、入库产量信息的导入、编辑、保存。按照周开始日期、周结束日期、单位条件进行查询。清除所选条件，则按照当前月份查询数据。

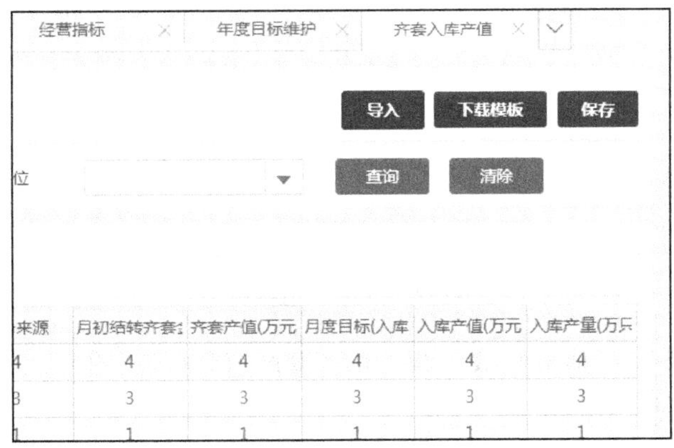

图 5-230 齐套入库产值数据录入报表

单击“导入”按钮，导入齐套入库产值数据录入报表。注意：一定要按照模板导入。

导入模板规则：数值不能为空，可以写 0，每周车间产线等相同，月初齐套结转金额相同，月度目标相同也需要每周都填写。每月可以多次导入，系统只导入 Excel 第一个页签数据，新数据导入会覆盖旧数据。

单击“保存”按钮，可以对新增、删除、在线编辑的数据进行保存，如图 5-231 所示。

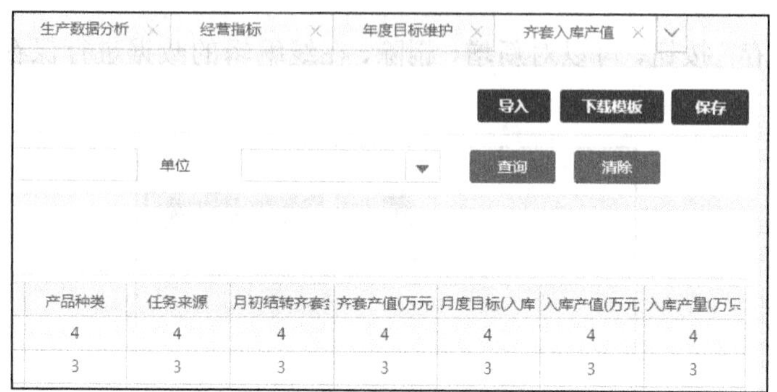

产品种类	任务来源	月初结转齐套	齐套产值(万元	月度目标(入库	入库产值(万元	入库产量(万兵
4	4	4	4	4	4	4
3	3	3	3	3	3	3

图 5-231　入库产值数据保存

按照周开始日期、周结束日期、单位条件进行查询，单击“查询”按钮，如图 5-232 所示。

首页　设备维修保养　产量产值数据　生产数据分析　经营指标　年度目标维护　齐套入库产值

导入　下载模板　保存

查询条件

周开始日期　周开始截止日期　单位　查询　清除

明细列表

组织机构	考核月份	周开始日期	周结束日期	车间	产线	产品种类	任务来源	月初结转齐套	齐套产值(万元	月度目标(入库	入库产值(万元	入库产量(万兵
电器一部	2019-07	2019-07-2	2019-07-2	4	4	4	4	4	4	4	4	4
电器一部	2019-07	2019-07-1	2019-07-2	3	3	3	3	3	3	3	3	3

图 5-232　入库产值数据查询

(6) 事业部齐套产值分析表。事业部齐套产值分析表(图 5-233)展示某个事业部按照考核月份齐套产值图表。

打开分析表展示页面，系统默认展示当前月份数据，选择月份，单击“查询”按钮可查看历史数据；单击“清除”按钮，删除所选月份。

图表联动，展示齐套和入库产值周分析图(图 5-234)，可按照部门、车间、产线、产品类别选择展示效果。

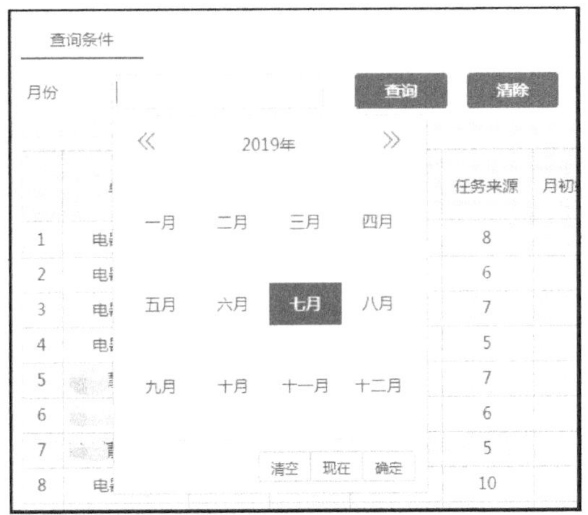

图 5-233　事业部齐套产值分析表

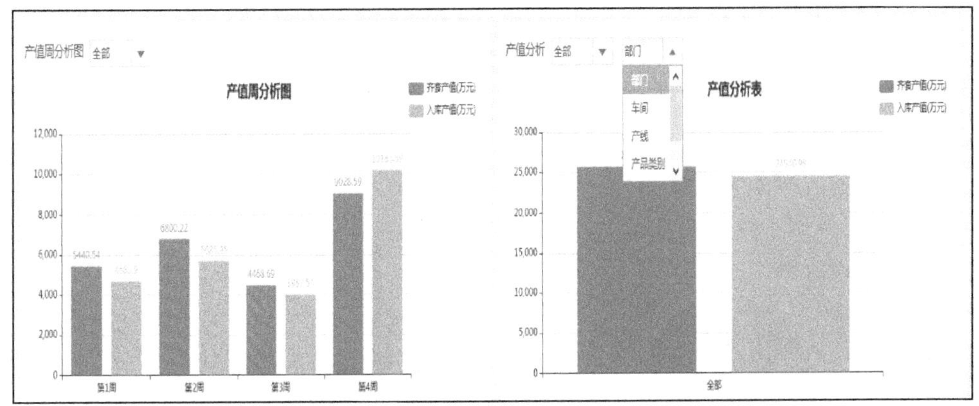

图 5-234　齐套和入库产值周分析图

(7) 集团齐套产值分析表。集团齐套产值分析表展示所有事业部按照考核月份齐套产值图表。

打开分析表展示页面，系统默认展示当前月份、所有事业部的数据，选择月份、单位，单击“查询”按钮可查看历史数据，单击“清除”按钮，删除所选月份、单位。

图表联动，展示各事业部目标达成度(图 5-235)、齐套产值分布图、产值分析图(图 5-236)。

2) 财务模块

(1) 存货数据维护。存货数据维护表(图 5-237)包括以下功能：查询历史数据、数据在线编辑、保存数据。

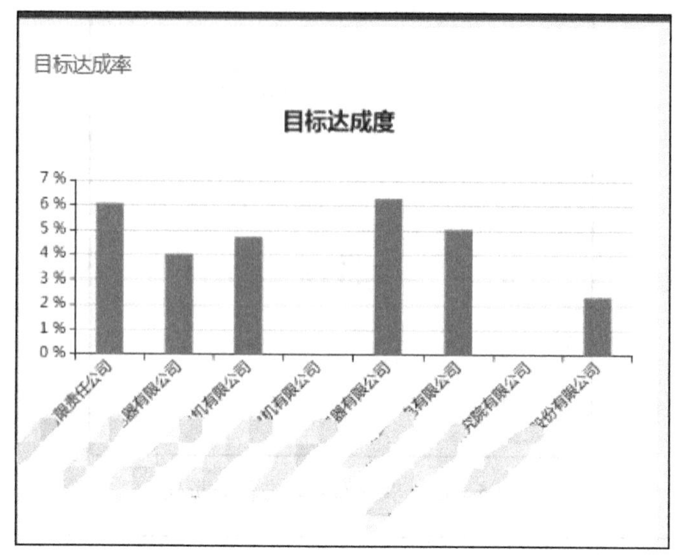

图 5-235　各事业部目标达成度

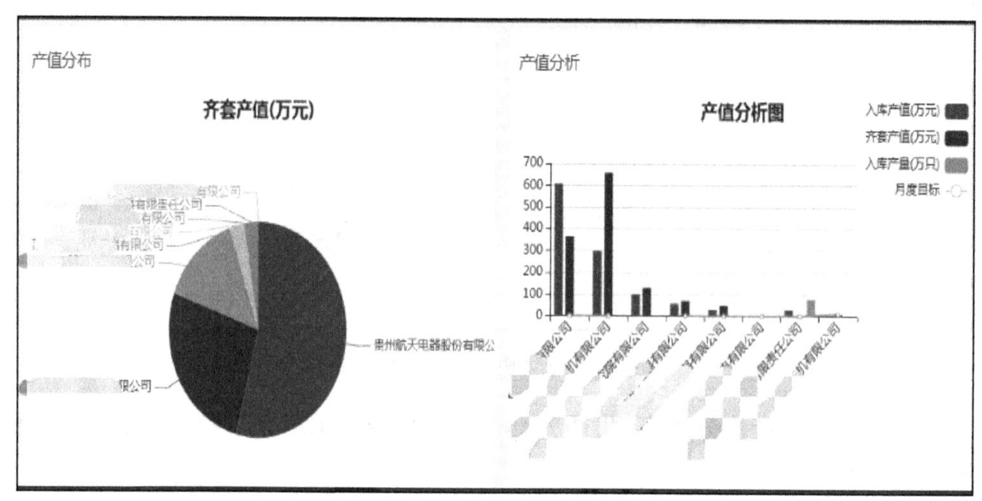

图 5-236　各事业部齐套产值分布图、产值分析图

单击“导入”按钮，注意按照模板导入数据，每月可以导入多次，但是新数据会覆盖旧数据。单击“浏览”按钮，选择本地数据模板，单击“清除”按钮，清除所选本地数据模板，单击“上传”按钮，开始导入数据。

导入规则：每月可以多次导入，系统只导入 Excel 第一个页签数据，新数据导入会覆盖旧数据。

单击“编辑”按钮，再单击“+”图标，在线增加数据；或再单击“🗑”图标，在线删除数据。存货资金在线录入，数据录入后需按回车键，如图 5-238 所示。

首页
存货资金数据
月份
导入
查询
编辑
保存
生产部门
存货类别编码
存货类别名称
仓库编码
仓库名称
账龄
金额
单位
日期
1
电器一部
T02
生产资金
123
123
6个月以内
100
万元
201907

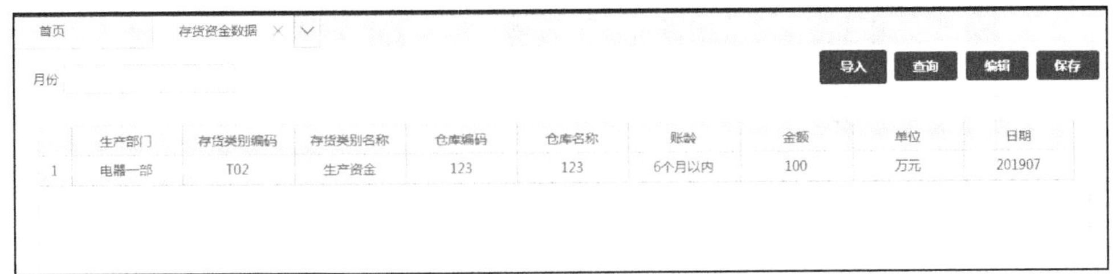

图 5-237　存货数据维护表

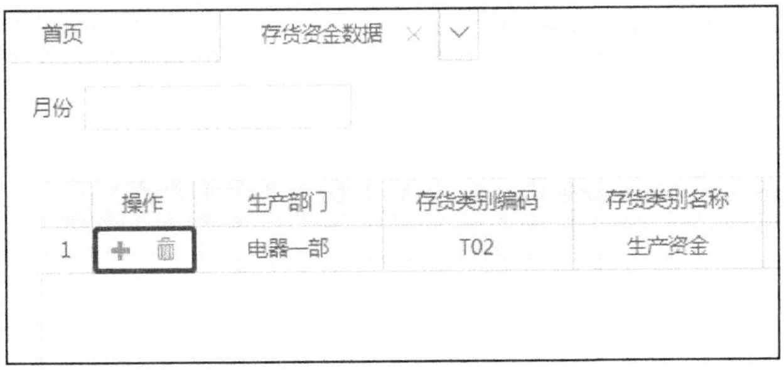

首页
存货资金数据
月份
操作
生产部门
存货类别编码
存货类别名称
1
电器一部
T02
生产资金

图 5-238　存货数据编辑

单击存货类别编码“…”图标，选择存货类别，自动带出存货类别名称，如图 5-239 所示。

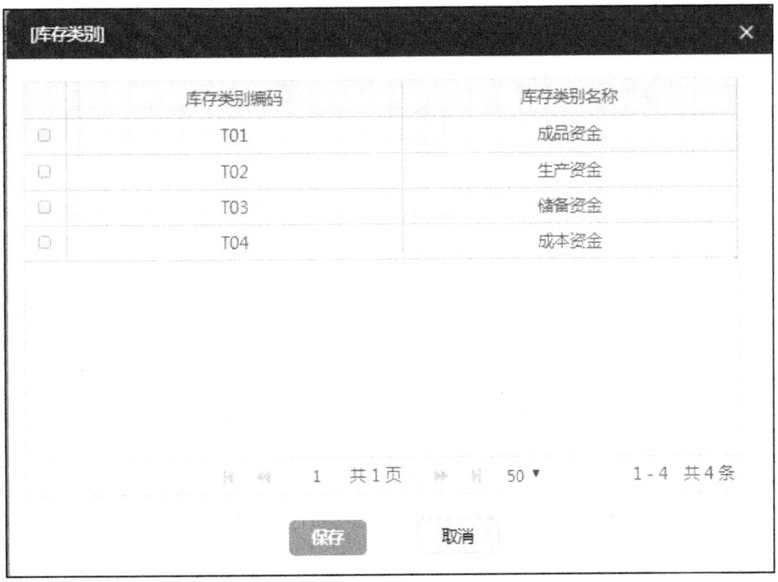

[库存类别]
库存类别编码
库存类别名称
T01
成品资金
T02
生产资金
T03
储备资金
T04
成本资金
1　共1页
50
1 - 4　共4条
保存
取消

图 5-239　存货类别选择

单击仓库编码“…”图标，选择仓库，仓库名称自动带出，如图 5-240 所示。

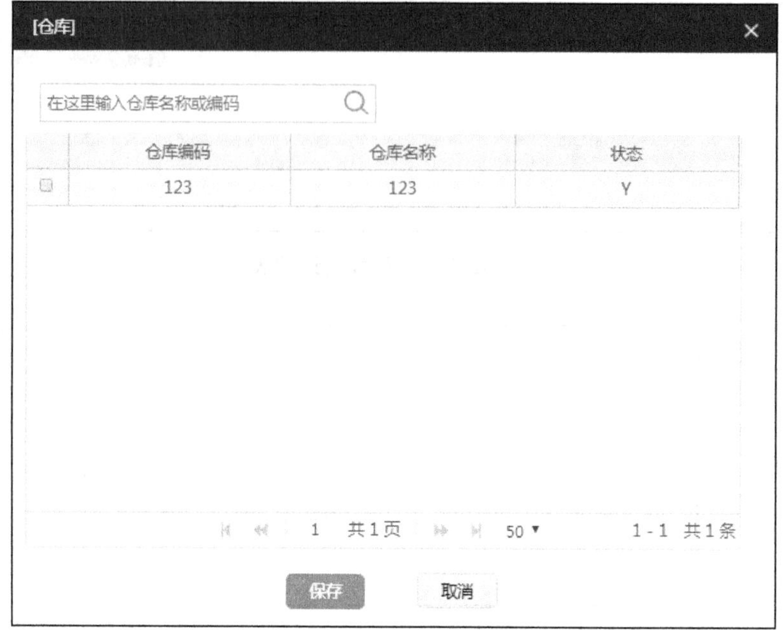

图 5-240　存货仓库选择

单击“账龄”按钮，可下拉选择所需账龄，如图 5-241 所示。

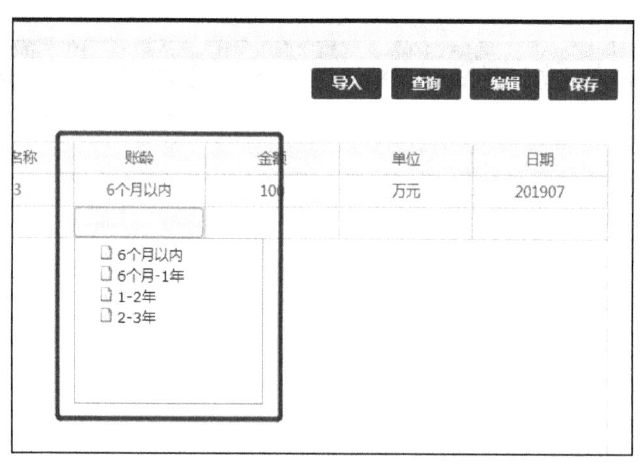

图 5-241　存货账龄选择

单击“保存”按钮，可以对新增、删除、在线编辑的数据进行保存，如图 5-242 所示。

(2) 回款数据维护。回款数据维护表（图 5-243）包括以下功能：查询历史数据、数据在线编辑、保存数据。

图 5-242 存货数据保存

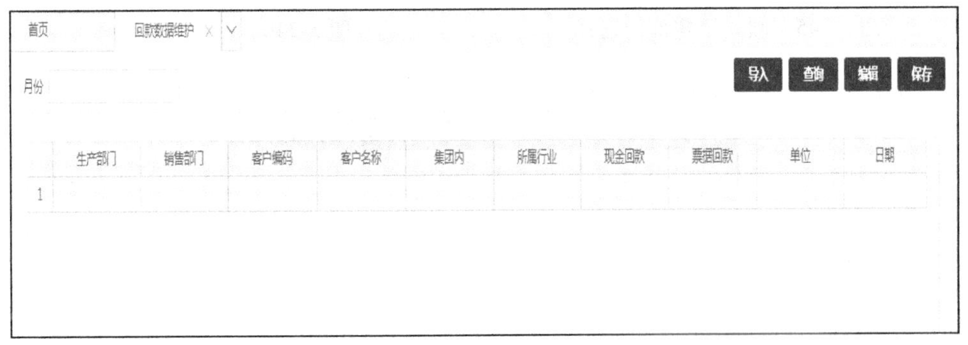

图 5-243 回款数据维护表

单击“导入”按钮，注意按照模板导入数据，每月可以导入多次，但是新数据导入后会覆盖旧数据。单击“浏览”按钮，选择本地数据模板，单击“清除”按钮，清除所选本地数据模板，单击“上传”按钮，数据开始导入。

导入规则：每月可以多次导入，系统只导入 Excel 第一个页签数据，新数据导入后会覆盖旧数据。

单击“编辑”按钮，再单击“+”图标，在线增加数据；或再单击“ ”图标，在线删除数据。现金回款金额和票据回款金额在线录入，数据录入后需按回车键(图 5-244)。单击“销售部门”按钮可下拉选择所需销售部门(图 5-245)；单击客户编码“…”图标，选择所需客户编码，客户名称自动带出，如图 5-246 所示。

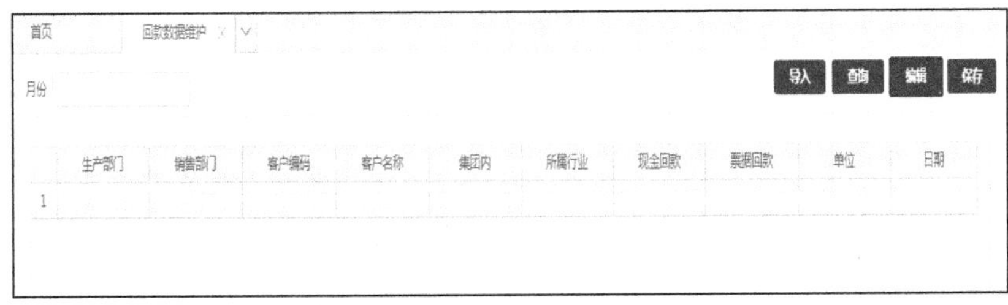

图 5-244 回款数据录入

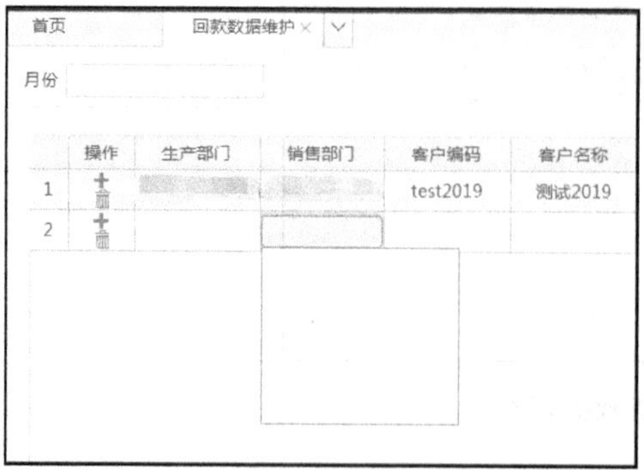

图 5-245　回款销售部门选择

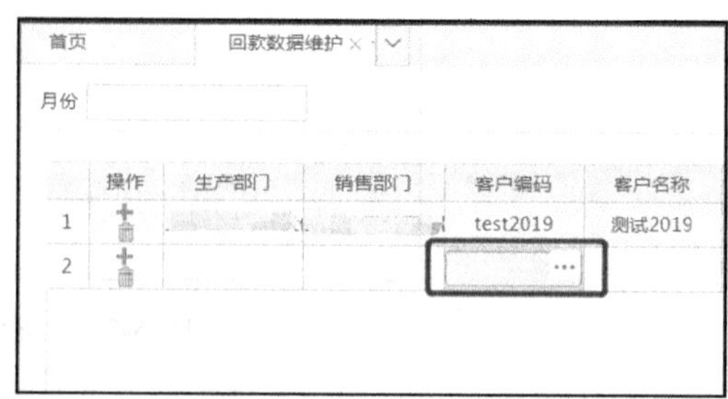

图 5-246　回款客户选择

回款客户选择页面如图 5-247 所示。

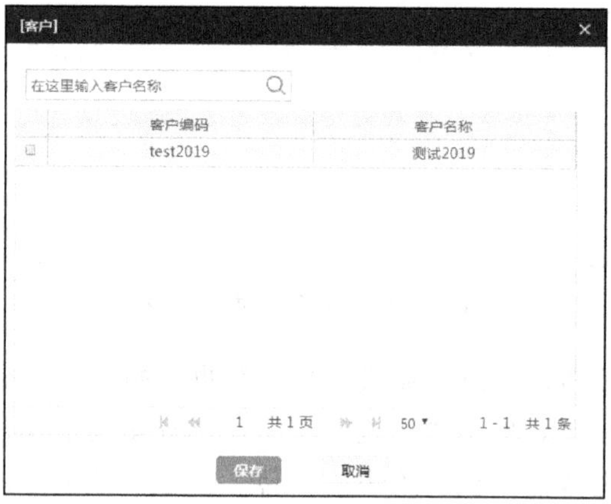

图 5-247　回款客户选择

单击“所属行业”，可下拉选择客户对应的行业，如图 5-248 所示。

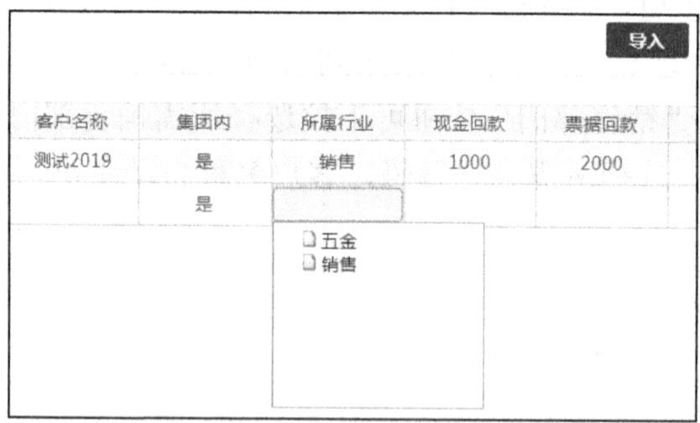

图 5-248　客户所属行业选择

单击“保存”按钮，可以对新增、删除、在线编辑的数据进行保存，如图 5-249 所示。

图 5-249 回款数据保存

(3) 应收账款数据维护。应收账款数据维护表(图 5-250)包括以下功能：查询历史数据、数据在线编辑、保存数据。

单击“导入”按钮，注意按照模板导入数据，每月可以导入多次，但是新数据导入后会覆盖旧数据。单击“浏览”按钮，选择本地数据模板，单击“清除”按钮，清除所选本地数据模板，单击“上传”按钮，数据开始导入。

导入规则：每月可以多次导入，系统只导入 Excel 第一个页签数据，新数据导入后会覆盖旧数据。

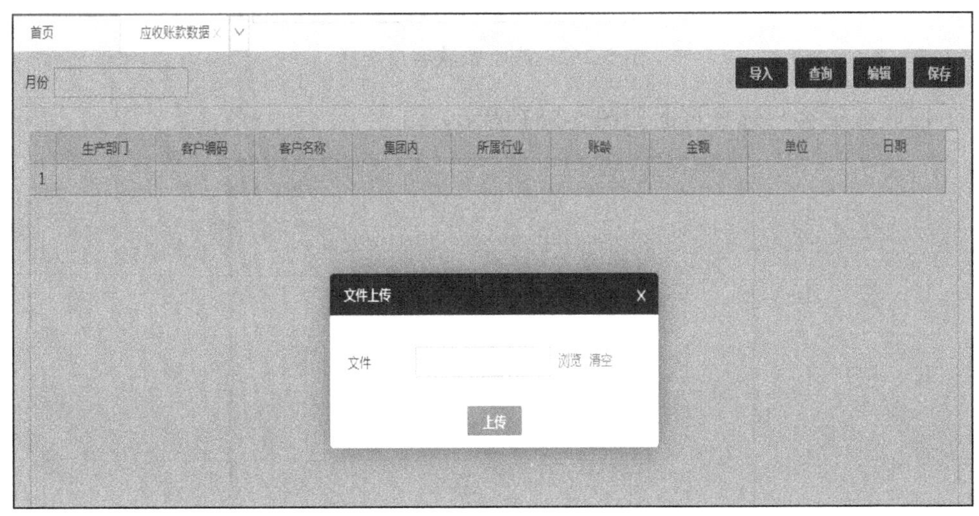

图 5-250 应收账款数据维护表

单击“编辑”按钮，再单击“+”图标，在线增加数据；或再单击“🗑”图标，在线删除数据。应收账款金额在线录入，数据录入后需按回车键(图 5-251)。

单击“客户编码…”图标，弹出客户对话框，勾选所需客户，单击“保存”按钮，系统报表页面自动带出客户编码和客户名称，如图 5-252 所示。

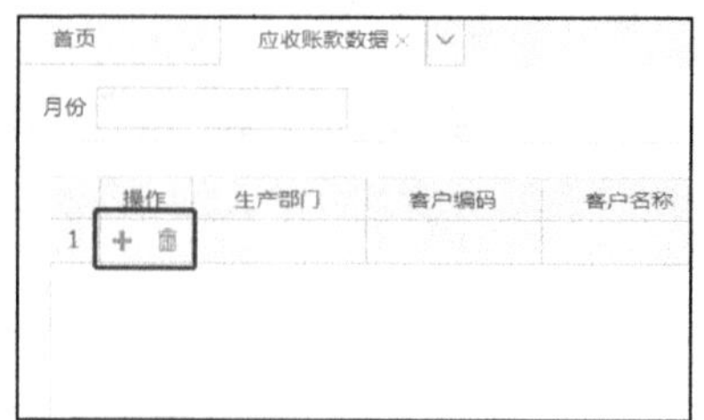

图 5-251　应收账款数据编辑

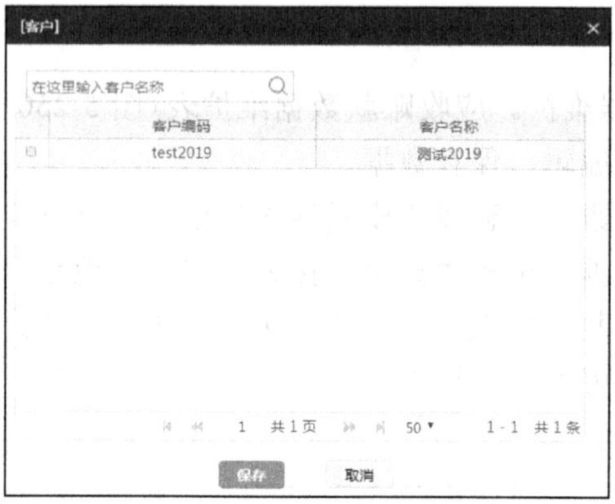

图 5-252　应收账款客户选择

应收账款客户选择页面如图 5-253 所示。

图 5-253　应收账款客户选择

集团类型、所属行业、账龄单击单元格，均可下拉选择，如图 5-254 所示。

单击“计量单位[...]”图标，弹出计量单位对话框，勾选所需计量单位，单击“保存”按钮，如图 5-255 所示。

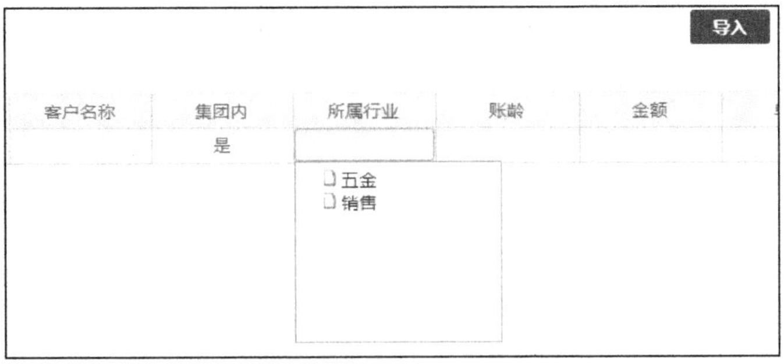

图 5-254　应收账款集团类型、所属行业、账龄选择

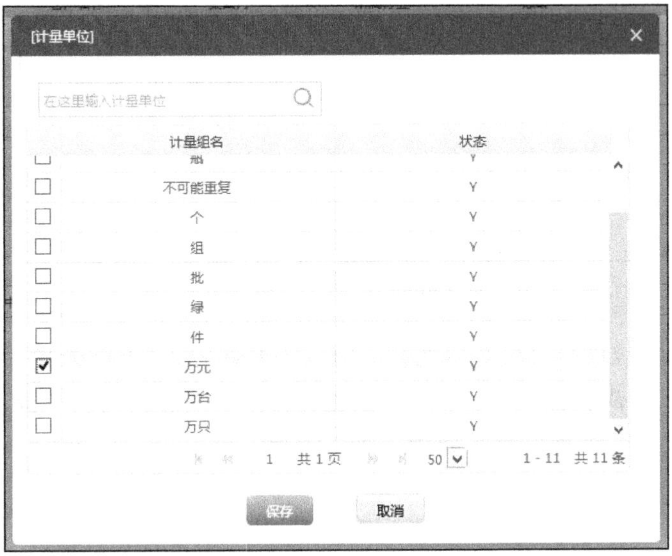

图 5-255　应收账款计量单位选择

单击“保存”按钮，可以对新增、删除、在线编辑的数据进行保存，如图 5-256 所示。

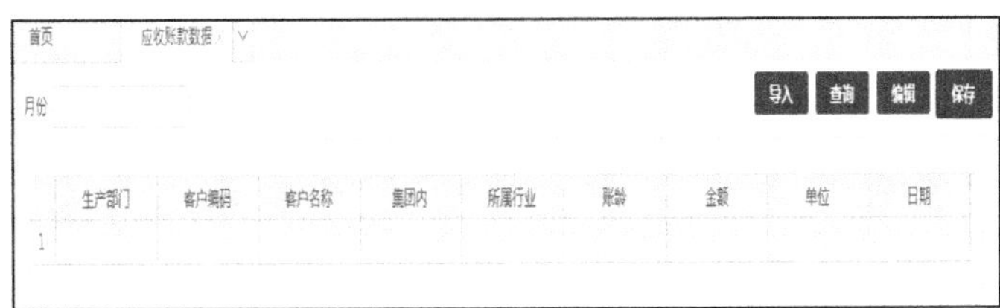

图 5-256　应收账款数据保存

(4) 营业收入数据维护。营业收入数据维护表包括以下功能：查询历史数据、新增数据、删除数据、营业收入数据查看、营业收入编辑、保存。

单击“新增”按钮，弹出营业收入数据对话框，如图 5-257 所示。

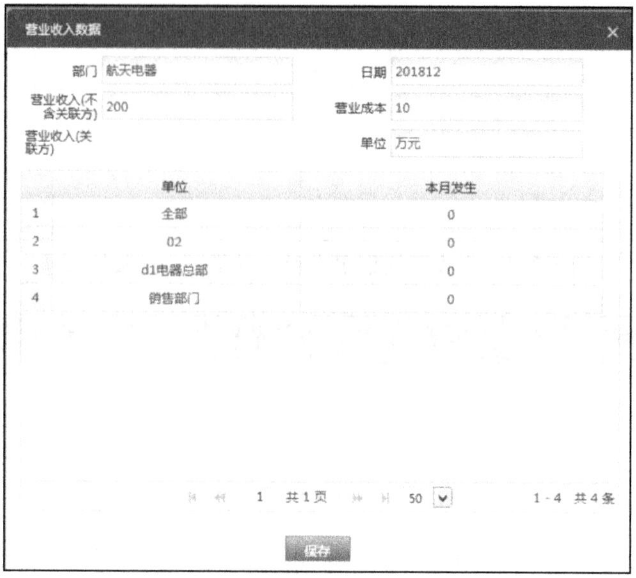

图 5-257　新增营业收入数据

部门、日期等信息系统自动带出，录入“营业收入(不含关联方)”数据、“营业成本”数据、“营业收入(关联方)”数据，数据录入后需按回车键，单击“保存”按钮，对录入数据进行保存，如图 5-258 所示。

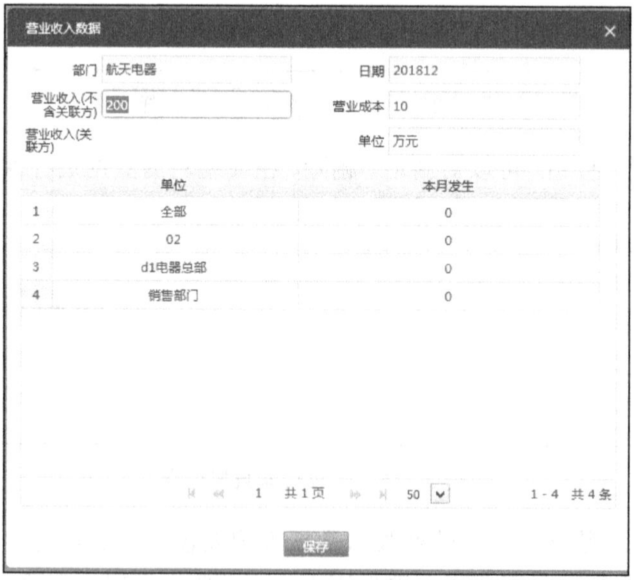

图 5-258　营业收入数据编辑

“营业收入(含关联方)”系统会根据不含关联方和关联方收入自动算出,如图5-259所示。

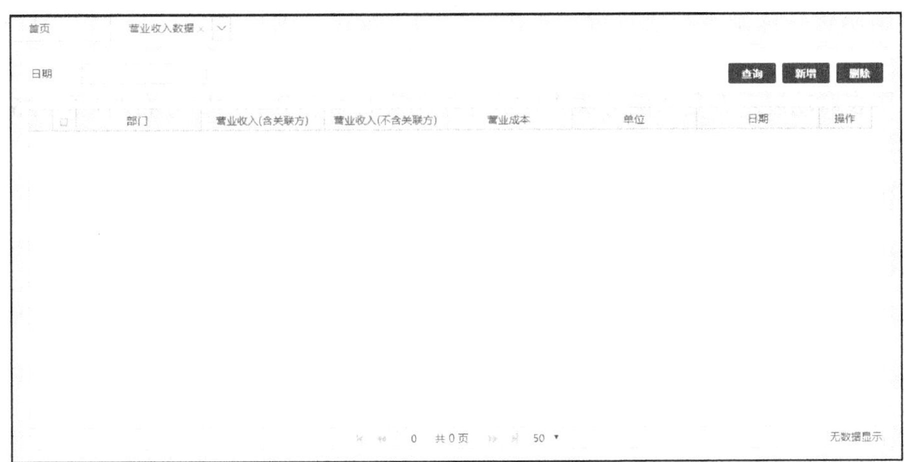

图5-259 营业收入数据-营业收入(含关联方)

选中某条数据,单击“删除”按钮,可以删除数据,如图5-260所示。

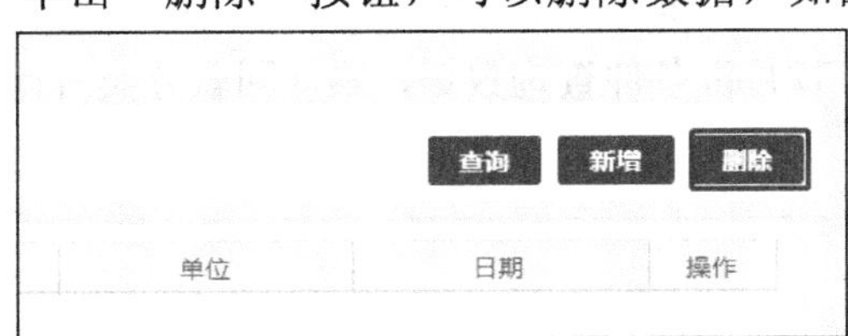

图5-260 营业收入数据删除

(5)存货资金分析表。存货资金分析表(图5-261)包括以下功能:按照部门、月份条件查询数据,存货账龄分类占比分布图,存货资金分类占比分布图,本年与去年存货资金趋势对比图。

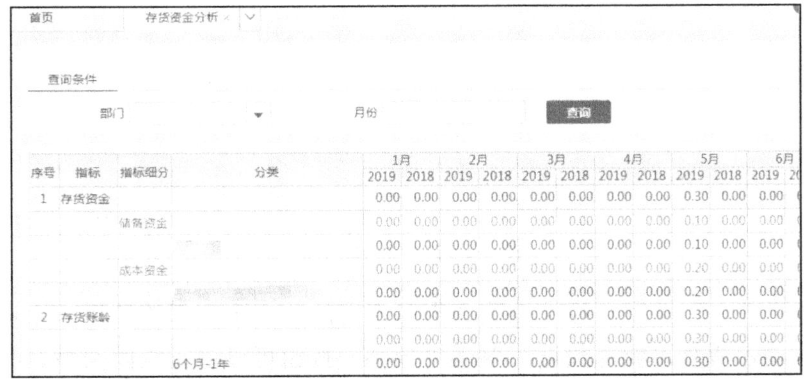

序号	指标	指标细分	分类	1月 2019	1月 2018	2月 2019	2月 2018	3月 2019	3月 2018	4月 2019	4月 2018	5月 2019	5月 2018	6月 2019
1	存货资金			0.00	0.00	0.00	0.00	0.00	0.00	0.00	0.00	0.30	0.00	0.00
		储备资金		0.00	0.00	0.00	0.00	0.00	0.00	0.00	0.00	0.10	0.00	0.00
				0.00	0.00	0.00	0.00	0.00	0.00	0.00	0.00	0.10	0.00	0.00
		成本资金		0.00	0.00	0.00	0.00	0.00	0.00	0.00	0.00	0.20	0.00	0.00
				0.00	0.00	0.00	0.00	0.00	0.00	0.00	0.00	0.20	0.00	0.00
2	存货账龄			0.00	0.00	0.00	0.00	0.00	0.00	0.00	0.00	0.30	0.00	0.00
				0.00	0.00	0.00	0.00	0.00	0.00	0.00	0.00	0.30	0.00	0.00
			6个月-1年	0.00	0.00	0.00	0.00	0.00	0.00	0.00	0.00	0.30	0.00	0.00

图5-261 存货资金分析表

单击“部门”按钮，可下拉选择需要查看的某个事业部的数据，不选择的话系统默认显示所有事业部数据，单击“月份”按钮，可查询历史月份数据，不选择的话系统默认显示当前月份，单击“查询”按钮，则按照设置的条件进行数据查询展示。

图表联动展示存货账龄分类占比分布图与存货资金分类占比分布图(图 5-262)，本年与去年存货资金趋势对比图。

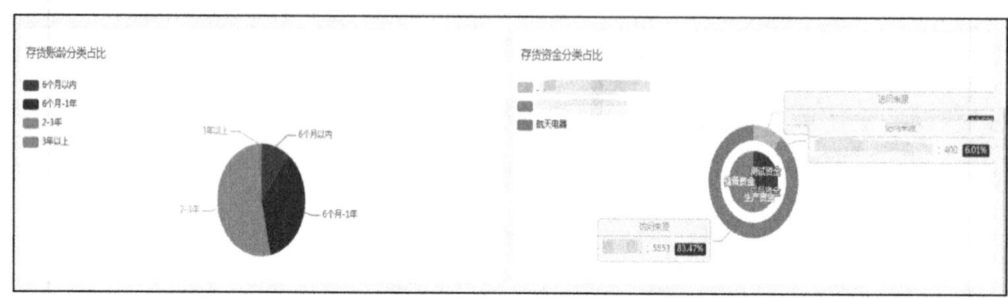

图 5-262　存货账龄分类占比分布图与存货资金分类占比分布图

(6) 回款分析表。回款分析表(图 5-263)包括以下功能：按照部门、分类(含集团类型、行业、销售部门)月份条件查询数据，累计回款分类占比分布图，累计回款票据现金占比图。

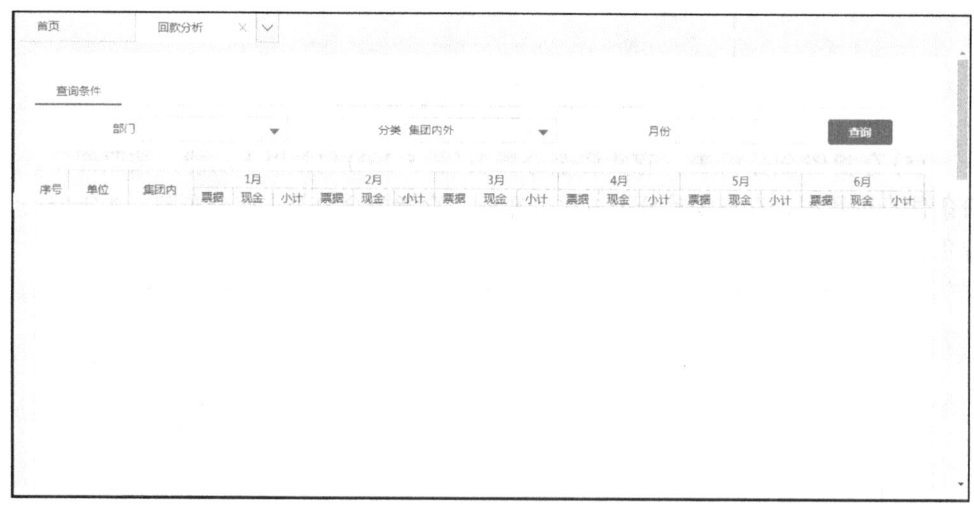

图 5-263　回款分析表

单击“部门”按钮，可下拉选择需要查看的某个事业部的数据，不选择的话系统默认显示所有事业部数据，单击“分类”按钮可以进行集团类型、行业、销售部门条件筛选，单击“月份”按钮，可查询历史月份数据，不选择的话系统默认显示当前月份，单击“查询”按钮，则按照设置的条件进行数据查询展示。

图表联动展示累计回款分类占比分布图与累计回款票据现金占比图。

(7) 应收账款分析表。应收账款分析表(图 5-264) 包括以下功能：按照部门、月份条件查询数据，应收账款原值账龄(不含关联方)分布图、应收账款净值(不含关联方)分布图、应收账款(不含关联方)趋势分析。

单击“部门”按钮，可下拉选择需要查看的某个事业部的数据，不选择的话系统默认显示所有事业部数据，单击“月份”按钮，可查询历史月份数据，不选择的话系统默认显示当前月份，单击“查询”按钮，则按照设置的条件进行数据查询展示。

图 5-264 应收账款分析表

图表联动展示应收账款原值账龄(不含关联方)分布图、应收账款净值(不含关联方)分布图(图 5-265)、应收账款(不含关联方)趋势分析。

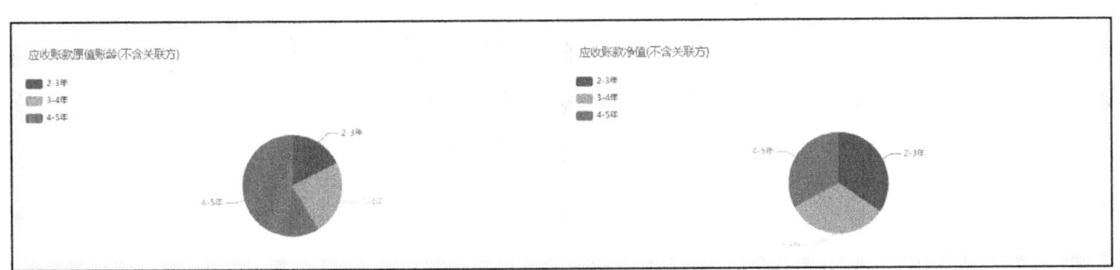

图 5-265 应收账款原值账龄(不含关联方)分布图、应收账款净值(不含关联方)分布图

(8) 营业收入分析表。营业收入分析表(图 5-266) 包括以下功能：按照部门、月份条件查询数据，营业收入占比分布图，累计营业收入占比分布图，营业收入趋势分析图。

单击“部门”按钮，可下拉选择需要查看的某个事业部的数据，不选择的话系统默认显示所有事业部数据，单击“月份”按钮，可查询历史月份数据，不选择的话系统默认显示当前月份，单击“查询”按钮，则按照设置的条件进行数据查询展示。

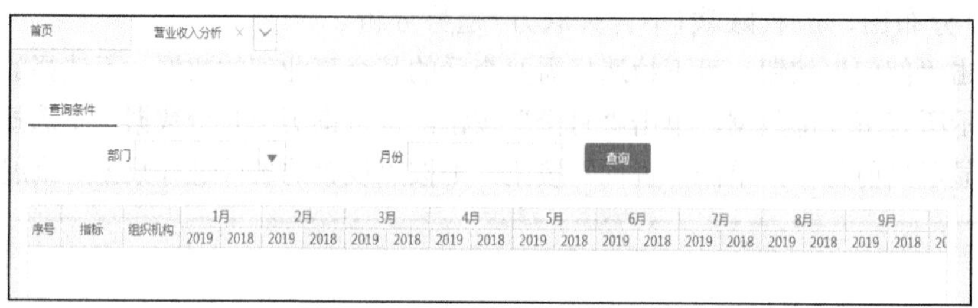

图 5-266　营业收入分析表

图表联动展示营业收入占比分布图、累计营业收入占比分布图(图 5-267)、营业收入趋势分析图。

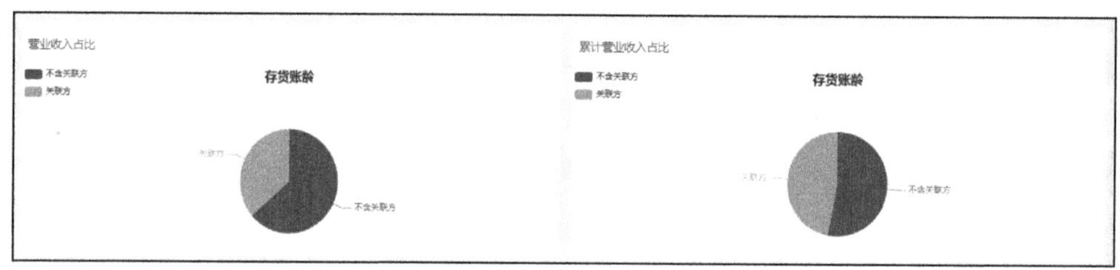

图 5-267　营业收入占比分布图、累计营业收入占比分布图

3) 销售模块

(1) 订货数据维护表。订货数据维护表(图 5-268)包括以下功能：查询历史日期数据，在线编辑日订货额数据，保存。

单击“编辑”再单击“+”图标，在线增加数据；或再单击“🗑”图标，在线删除数据。订货金额在线录入，数据录入后需按回车键。

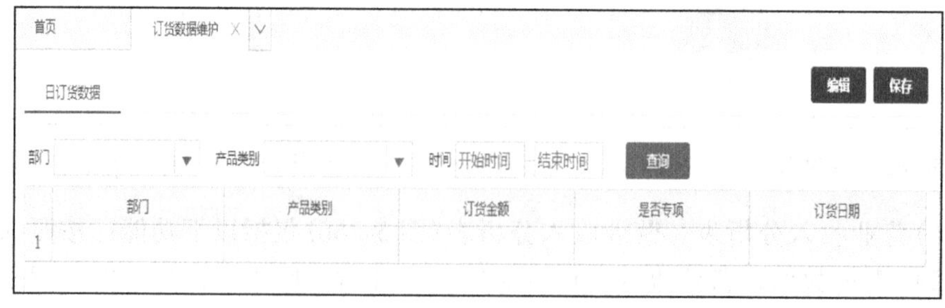

图 5-268　订货数据维护表

单击“保存”按钮，可以对新增、删除、在线编辑的数据进行保存，如图5-269所示。

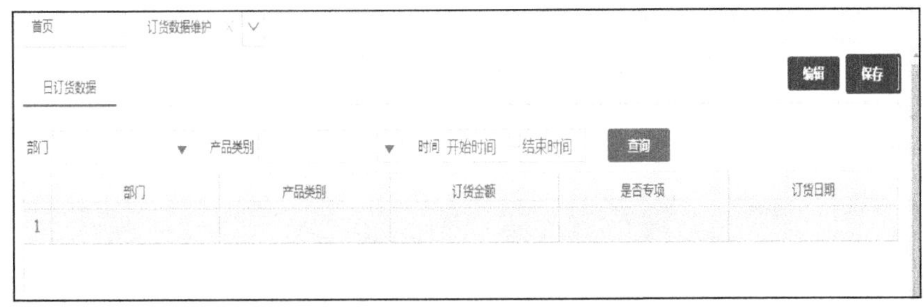

图5-269 订货数据保存

(2)销售数据维护表。销售数据维护表(图5-270)支持订货排名表、销售报表、专项产品订货表数据的录入。销售数据维护表包含以下功能：查询历史月份数据、在线编辑、保存。

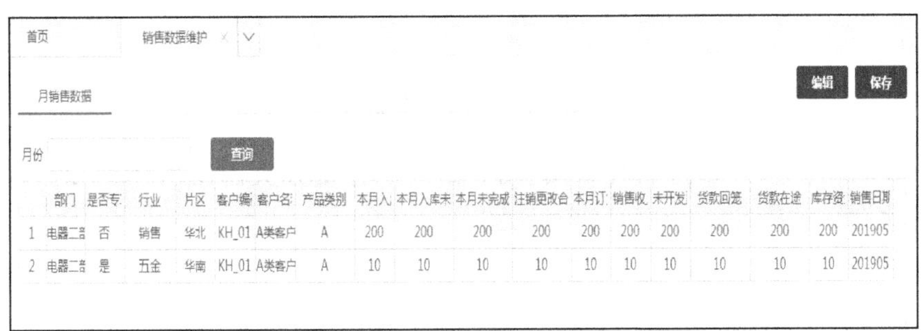

图5-270 销售数据维护表

单击“编辑”再单击“+”图标，在线增加数据；或再单击“🗑”图标，在线删除数据。本月入库、本月入库未发货、本月未完成合同、注销更改合同、本月订货、销售收入、未开发票、货款在途、库存资金数据在线录入，数据录入后需按回车键。

单击“保存”按钮，可以对在线录入的数据进行保存，如图5-271所示。

图5-271 销售数据保存

(3) 订货分析表。订货分析表(图 5-272) 包含以下功能：查询历史月份数据、按照部门、行业、片区筛选查询。报表包括指标：订货额、未完成合同、注销更改合同。

打开报表，系统默认显示当前日期、所有部门、行业、片区。单击“时间”按钮可选择历史日期,“部门”“行业”“片区”条件可下拉筛选所需信息,单击“查询”按钮，报表按照设定条件展示数据。

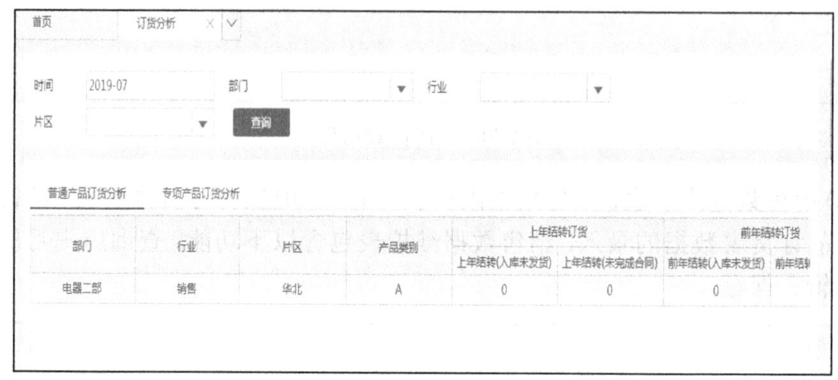

图 5-272　订货分析表

图表联动展示订货排名柱状图(图 5-273)、订货分类占比图(图 5-274)、订货趋势对比图、注销更改合同趋势对比图。

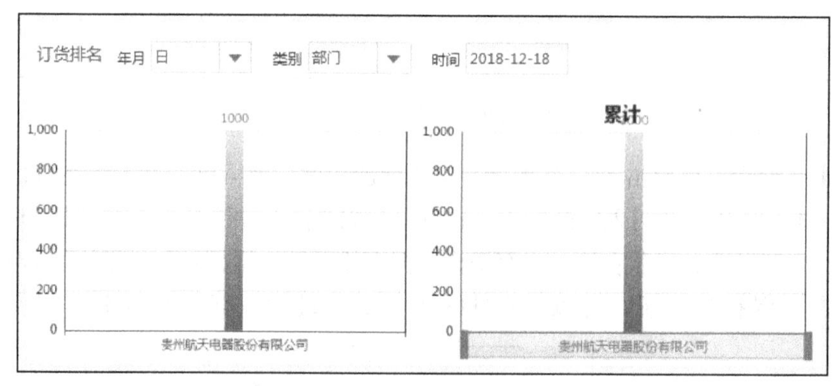

图 5-273　订货排名柱状图

(4) 销售收入分析表。销售收入分析表(图 5-275) 包含以下功能：查询历史月份数据、按照部门、行业、片区筛选查询。

打开报表，系统默认显示当前日期、所有部门、行业、片区。单击“时间”按钮可选择历史日期,“部门”“行业”“片区”条件可下拉筛选所需信息,单击“查询”按钮，报表按照设定条件展示数据。

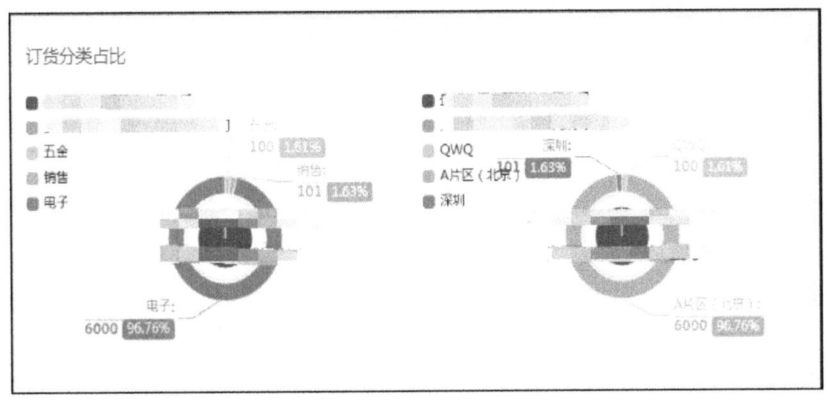

图 5-274　订货分类占比图

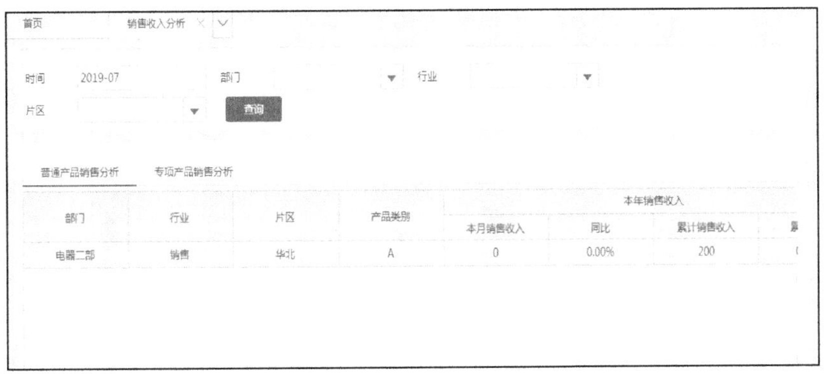

图 5-275　销售收入分析表

图表联动展示销售收入排名柱状图(图 5-276)，下拉选择“类别”，包括：部门、行业、片区、产品类别。

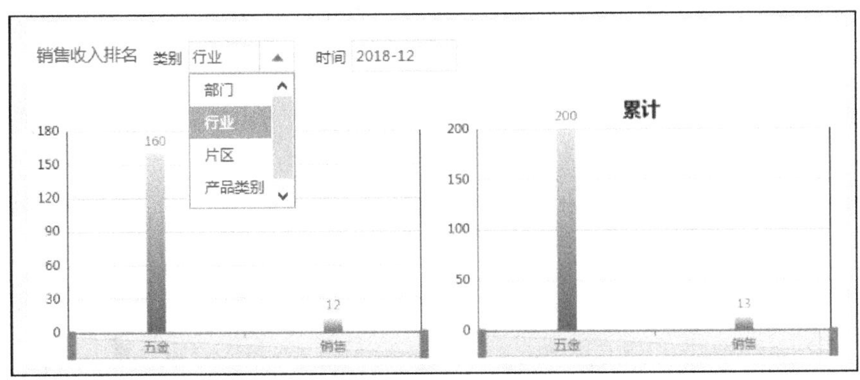

图 5-276　销售收入排名柱状图

图表联动展示销售收入分类占比图(图 5-277)、销售收入趋势对比图(图 5-278)、未开票趋势对比图(图 5-279)。

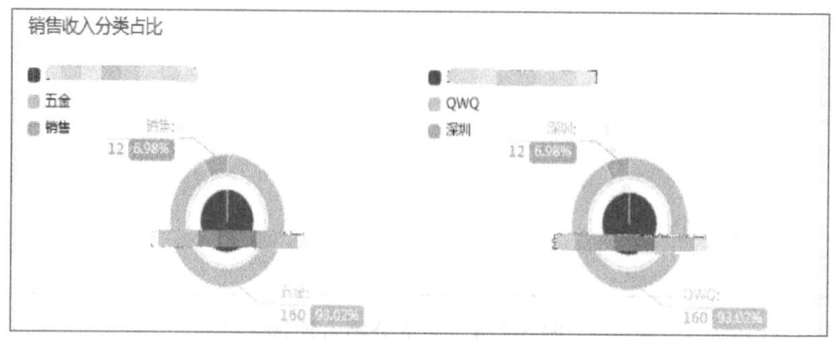

图 5-277　销售收入分类占比图

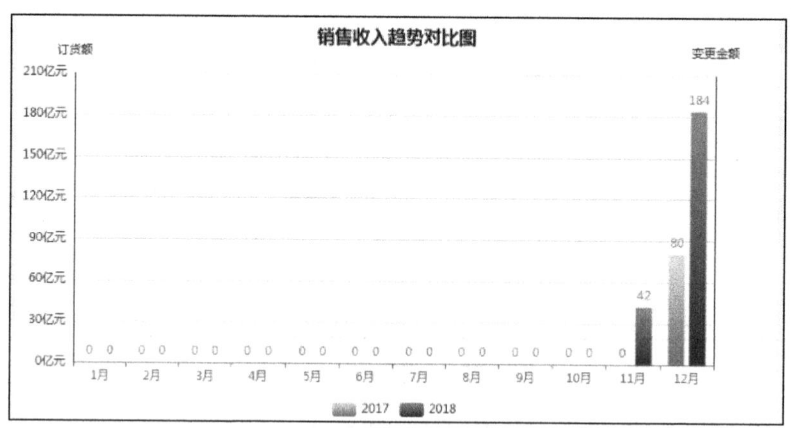

图 5-278　销售收入趋势对比图

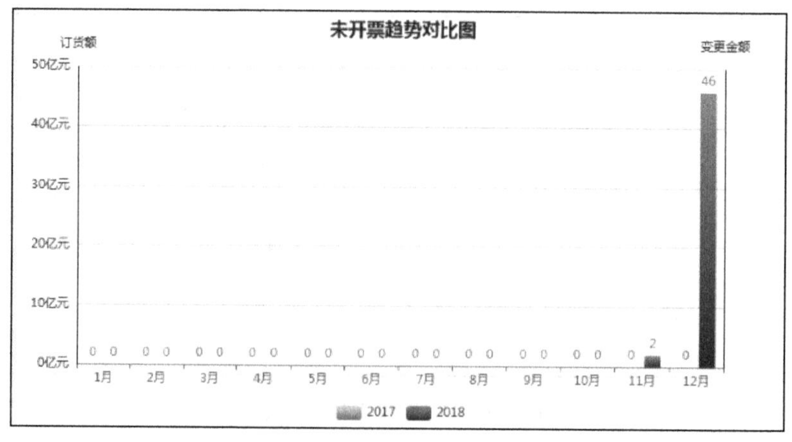

图 5-279　未开票趋势对比图

(5)销售资金分析表。销售资金分析表(图5-280)包含以下功能：查询历史月份数据、按照部门、行业、片区筛选查询。报表包括指标：未履行合同、货款回笼、在途货款、库存资金。

打开报表，系统默认显示当前日期、所有部门、行业、片区。单击“时间”按钮可选择历史日期,“部门”“行业”“片区”条件可下拉筛选所需信息,单击“查询”按钮，报表按照设定条件展示数据。

图表联动展示回款排名柱状图(图5-281)，下拉选择“类别”，包括：部门、行业、片区、产品类别。

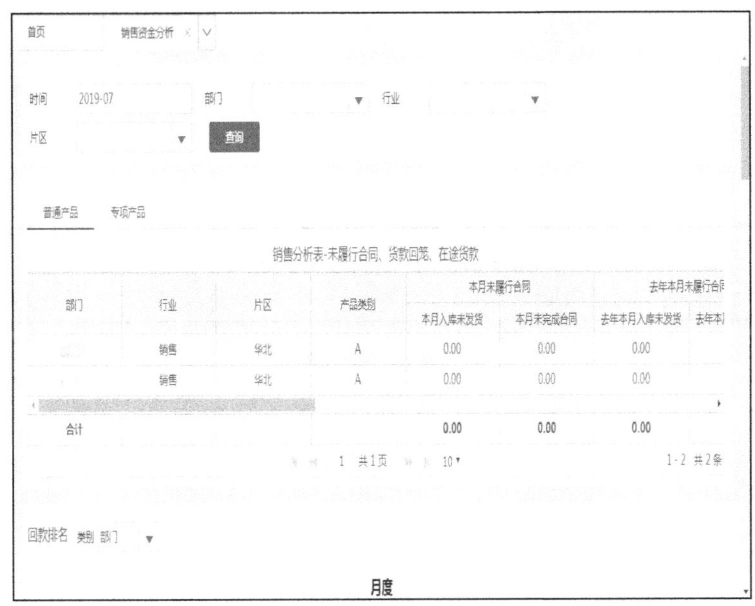

图5-280 销售资金分析表

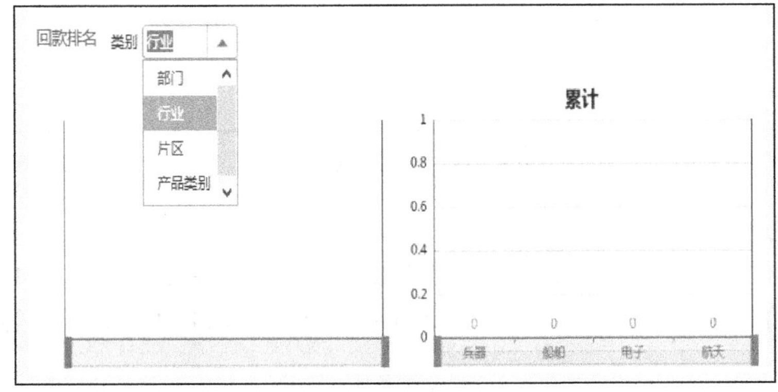

图5-281 回款排名柱状图

图表联动展示库存资金分类占比(图 5-282)、回款趋势对比图(图 5-283)、库存资金占用趋势对比图。

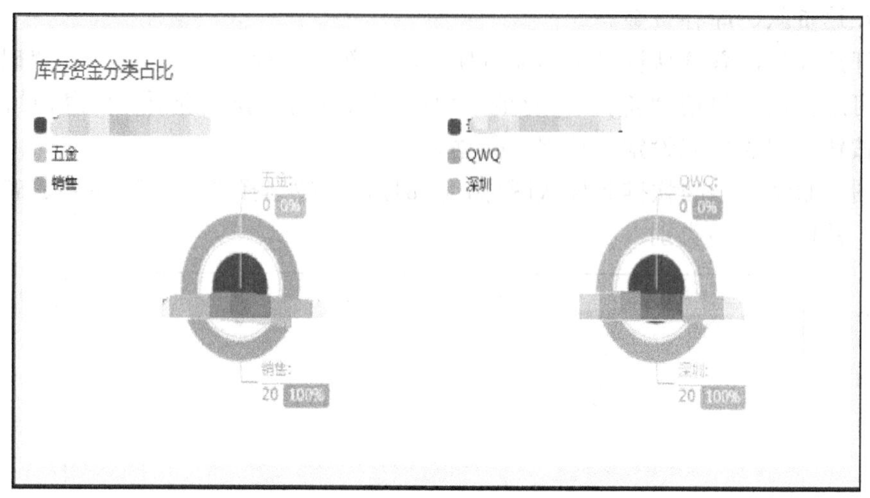

图 5-282　库存资金分类占比

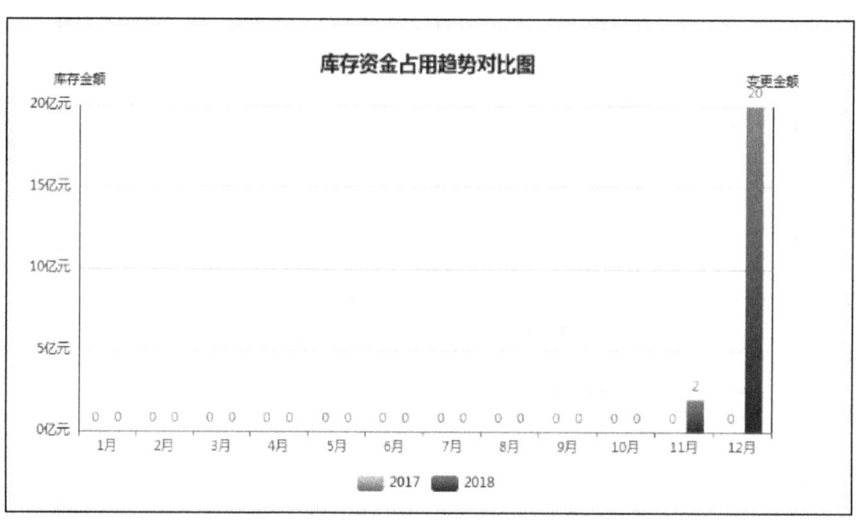

图 5-283　回款趋势对比图

4) 人力模块

(1) 岗位改善项目评定基础表。岗位改善项目评定基础表(图 5-284)是用于记录岗位改善评定信息的数据表。该表的前提是单位、项目类别、评定等级已维护主数据。

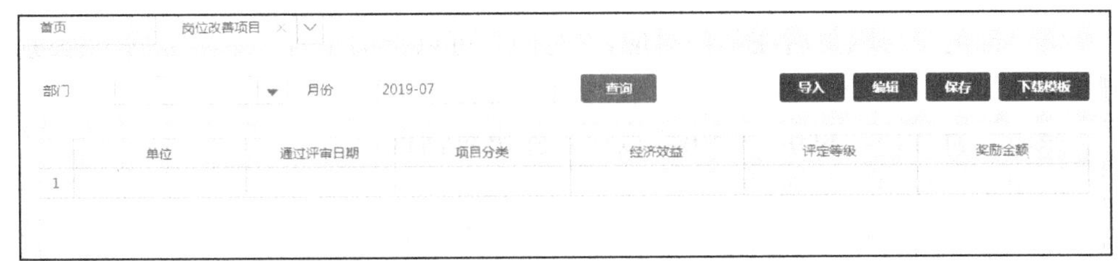

图 5-284　岗位改善项目评定基础表

①单击运营分析模块→人力子模块→岗位改善项目评定基础表。

②单击“编辑”按钮。

③单击“项目分类”按钮，下拉选择包括管理、技术等项目。

④单击“评定等级”按钮，下拉选择包括 1～6 级。

⑤单击“通过评审日期”按钮，可以选择年月日。

⑥单击“保存”按钮。

⑦提示保存成功。

报表也可以导入，按照模板导入。

①单击“下载模板”按钮。

②弹出岗位改善基础数据导入模板对话框。

③弹出的对话框包括直接打开模板和模板保存至本地功能。

按照下载的模板编辑数据后可以导入系统。

①下载模板录入数据，详情见附件。

②单击“导入”按钮，弹出上传文件对话框。

③提示文件导入成功。

(2) 岗位改善分析表。岗位改善分析表(图 5-285)是用于岗位改善分析的数据表。

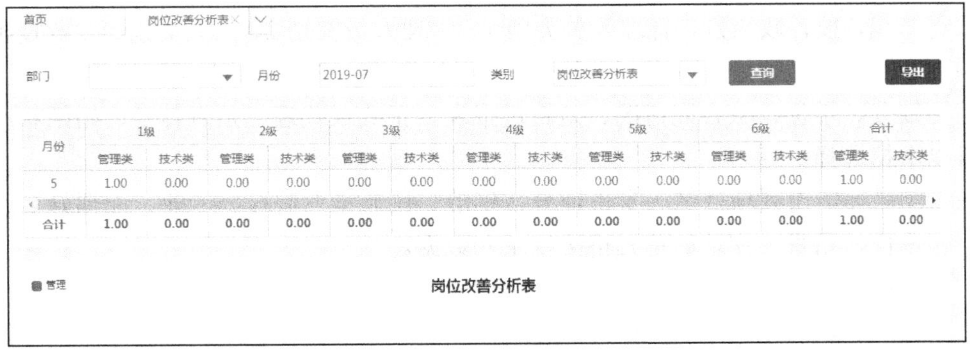

月份	1级		2级		3级		4级		5级		6级		合计	
	管理类	技术类	管理类	技术类	管理类	技术类	管理类	技术类	管理类	技术类	管理类	技术类	管理类	技术类
5	1.00	0.00	0.00	0.00	0.00	0.00	0.00	0.00	0.00	0.00	0.00	0.00	1.00	0.00
合计	1.00	0.00	0.00	0.00	0.00	0.00	0.00	0.00	0.00	0.00	0.00	0.00	1.00	0.00

图 5-285　岗位改善分析表

①单击运营分析模块→人力子模块→岗位改善分析表。

②“部门”与职员所在部门对应，“时间”可以查询 1 月至本期数据，“类别”可以下拉选择“岗位改善分析”“岗位改善经济效益”“岗位改善奖励金额”。

报表支持导出，单击“导出”按钮，弹出对话框。

①单击“导出”按钮。

②弹出的对话框包括直接打开文件和保存文件到本地功能。

饼图类别可以根据报表类别选择联动变化，并且内容显示正确。

①单击运营分析模块→人力子模块→饼图，查看图例及标题。

②单击“部门”“时间”“类别”切换条件测试，饼图数据可以根据报表内数据联动变化。

③鼠标浮动在饼图上，显示的数据与报表对应。

(3) 人力数据基础表。人力数据基础表(图 5-286)是用于统计人力基础数据的数据表。

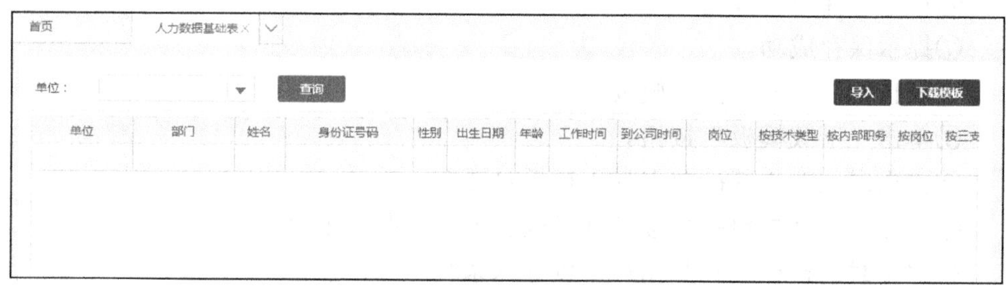

图 5-286　人力数据基础表

①单击运营分析模块→人力子模块→人力数据基础表。

②单击“编辑”按钮。

③单位、部门、性别、按技术类型、按内部职务、按岗位、按三支队伍类别、按一二线、按行政级别、管理人员类别 1、管理人员类别 2、工人类别、专业技术系列、专业技能等级、科技人才分类、军民岗分类、政治面貌、是否汉族、学历、学历细分、学位、签合同情况、是否进报表、正式或代理、是否骨干、婚姻状况可以下拉选择。

④鼠标单击列项姓名、身份证号、年龄、民族毕业院校、专业、配偶姓名、工作单位、籍贯、住址的单元格可以录入数据。

⑤单击“保存”按钮。

⑥提示数据保存成功信息。

报表支持导入，按照模板导入。

①单击“下载模板”按钮。

②弹出岗位改善基础数据导入模板对话框。

③弹出的对话框包括直接打开模板和模板保存至本地功能。

④单击“导入”按钮，弹出上传文件对话框。

⑤提示文件导入成功。

(4) 从业人员劳动报酬基础表。从业人员劳动报酬基础表(图 5-287)是用于记录从业人员劳动报酬基本数据的数据表。

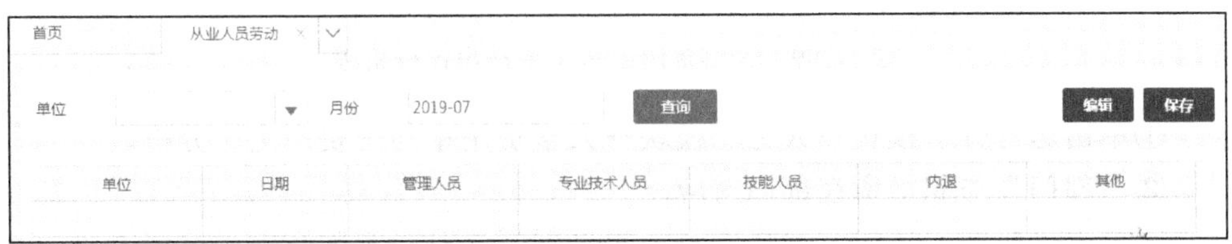

图 5-287　从业人员劳动报酬基础表

①单击运营分析模块→人力子模块→从业人员劳动报酬基础表。

②单击“日期”，可以选择年月。

③单击“编辑”按钮。

④录入数据。

⑤单击“保存”按钮。

⑥提示数据成功保存信息。

(5) 人事费用基础表。人事费用基础表(图 5-288)是用于记录人事费用基本数据的数据表。

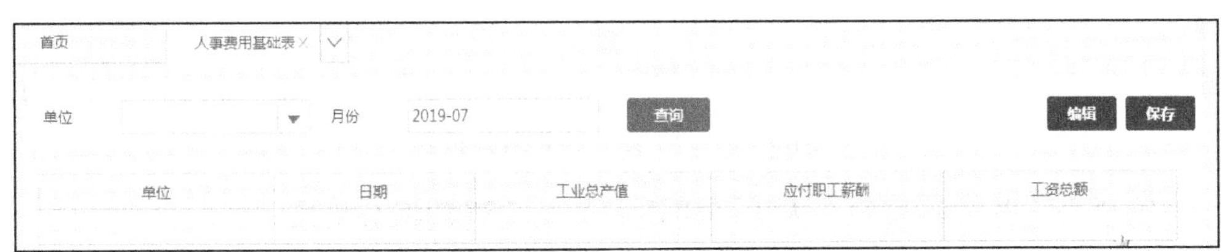

图 5-288　人事费用基础表

①单击运营分析模块→人力子模块→人事费用基础表。

②单击“编辑”按钮。

③录入数据。

④单击“保存”按钮。

⑤提示数据成功保存信息。

(6) 人事费用率与工资产出比分析表。人事费用率与工资产出比分析表(图 5-289)是用于统计分析人事费用和工资产出数据，形成人员费用率和工资产出比记录到数据表展示。

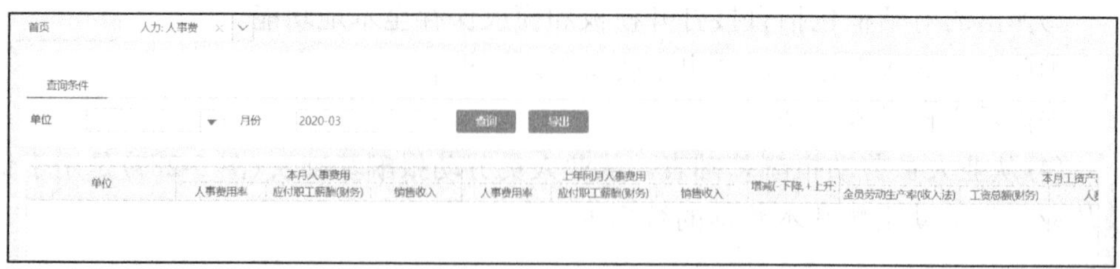

图 5-289　人事费用率与工资产出比分析表

①单击运营分析模块→人力子模块→人事费用率与工资产出比分析表。

②“部门”与职员所在部门对应。

③单击“时间”按钮，选择 2 月，报表展示 2 月当月的数据，选择 1 月，报表展示 1 月数据。

④单击“导出”按钮。

⑤弹出的对话框包括直接打开文件和保存文件到本地功能。

(7)劳动工资数据分析表。劳动工资数据分析表(图 5-290)是用于劳动工资数据统计分析的数据表。

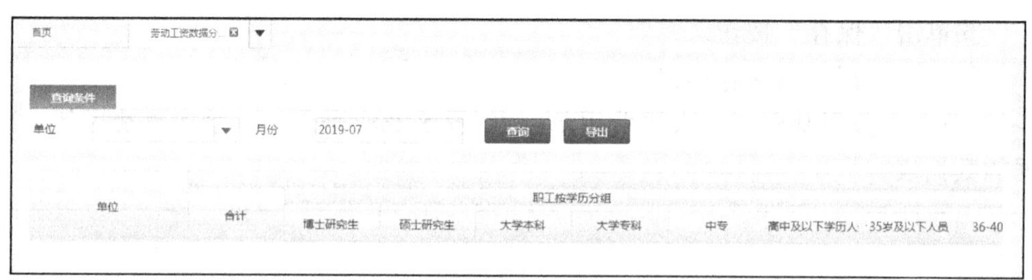

图 5-290　劳动工资数据分析表

①单击运营分析模块→人力子模块→劳动工资数据分析表。

②“部门”与职员所在部门对应。

③单击“时间”按钮，选择 2 月，报表展示 2 月当月的数据，选择 1 月，报表展示 1 月数据。

④单击“导出”按钮。

⑤弹出的对话框包括直接打开文件和保存文件到本地功能。

折线图数据可以根据职工学历数据联动变化。

①单击运营分析模块→人力子模块→折线图。

②选择单位，折线图根据报表职工学历数据联动变化。

5) 科研模块

(1) 专利数据基础表。专利数据基础表(图 5-291)是用于记录专利基础数据的数据表。

首页　专利数据基础表

部门　月份　2019-07　查询　编辑　保存

	单位	日期	截止目前累计有效专利量(件)			当年累计专	
			累计有效发明专利量	累计有效实用新型专利量	累计有效外观设计专利量	发明专利申请量	实用新型专
1		2019-07	2	2	2	2	2
2		2019-07	1	1	1	1	1

图 5-291　专利数据基础表

①单击运营分析模块→科研子模块→专利数据基础表。

②单击“日期”，可以选择年月。

③单击“编辑”按钮。

④录入数据。

⑤单击“保存”按钮。

⑥提示数据成功保存信息。

(2) 专利数据分析表。专利数据分析表(图 5-292)是用于统计分析专利数据的数据表。

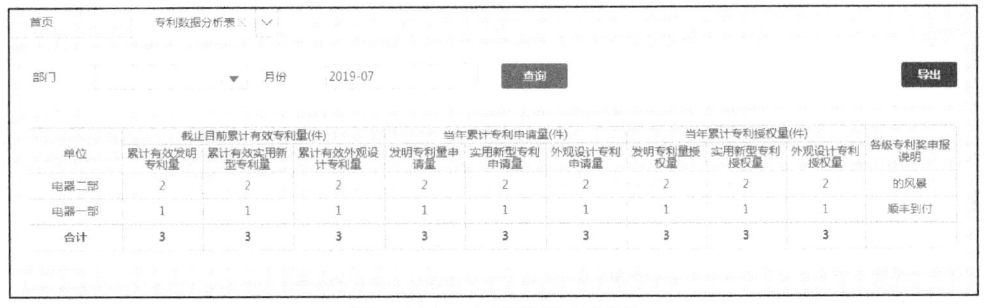

首页　专利数据分析表

部门　月份　2019-07　查询　导出

单位	截止目前累计有效专利量(件)			当年累计专利申请量(件)			当年累计专利授权量(件)			各级专利奖申报说明
	累计有效发明专利量	累计有效实用新型专利量	累计有效外观设计专利量	发明专利量申请量	实用新型专利申请量	外观设计专利申请量	发明专利量授权量	实用新型专利授权量	外观设计专利授权量	
电器二部	2	2	2	2	2	2	2	2	2	的风暴
电器一部	1	1	1	1	1	1	1	1	1	顺丰到付
合计	3	3	3	3	3	3	3	3	3	

图 5-292　专利数据分析表

①单击运营分析模块→科研子模块→专利数据分析表。

②“部门”与职员所在部门对应。

③单击“时间”按钮，选择 2 月，报表展示 2 月当月的数据，选择 1 月，报表展示 1 月数据。

④单击“导出”按钮。

⑤弹出的对话框包括直接打开文件和保存文件到本地功能。

(3) 科研数据基础表(项目)。科研数据基础表(项目)(图 5-293)是用于记录项目的科研基本数据的数据表。

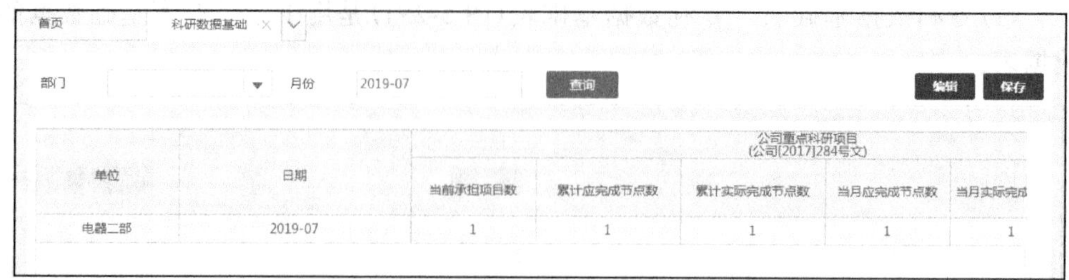

图 5-293　科研数据基础表(项目)

①单击运营分析模块→科研子模块→科研数据基础表(项目)。

②单击“日期”按钮，可以选择年月。

③单击“编辑”按钮。

④录入数据。

⑤单击“保存”按钮。

⑥提示数据成功保存信息。

(4)科研数据分析表(项目)。科研数据分析表(项目)(图 5-294)是用于统计分析科研数据的数据表。

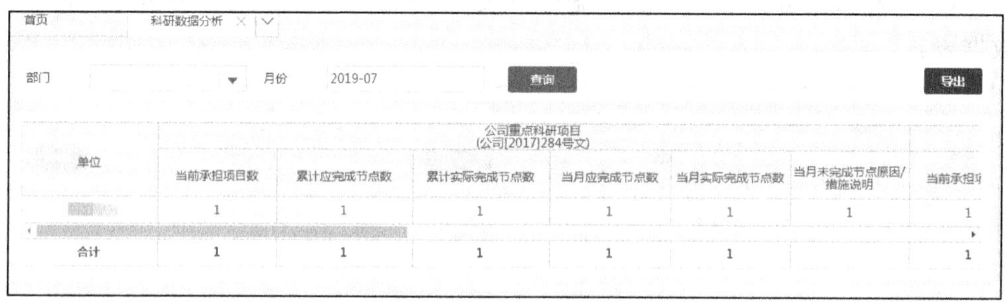

图 5-294　科研数据分析表(项目)

①单击运营分析模块→科研子模块→科研数据分析表(项目)。

②“部门”与职员所在部门对应。

③单击“时间”按钮，选择 2 月，报表展示 2 月当月的数据，选择 1 月，报表展示 1 月数据。

④单击“导出”按钮。

⑤弹出的对话框包括直接打开文件和保存文件到本地功能。

(5)项目申报情况基础表。项目申报情况基础表(图 5-295)是用于记录项目申报情况基本数据的数据表。

首页　项目申报情况

月份 2019-07　渠道　查询　编辑　保存

单位	日期	项目申报渠	序号	项目名称	项目类	上级归口管	申报进展情	立项批复文	项目经费(万元)				项目负责人	备注
									申请经费	立项批复经	已拨付经费	总投资		
	2019-07		2	2	2	2	2	2	2	2	2	2	2	2
	2019-07		9	9	9	9	9	9	9	9	9	9	9	9
	2019-07		1	1	1	1	1	1	1	1	1	1	1	1
	2019-07		5	5	5	5	5	5	5	5	5	5	5	5

图 5-295　项目申报情况基础表

①单击运营分析模块→科研子模块→项目申报情况基础表。

②单击“日期”，可以选择年月。

③单击“编辑”按钮。

④录入数据。

⑤单击“保存”按钮。

⑥提示数据成功保存信息。

(6)项目申报情况分析表。项目申报情况分析表(图 5-296)是用于统计分析项目申报情况基本数据的数据表。

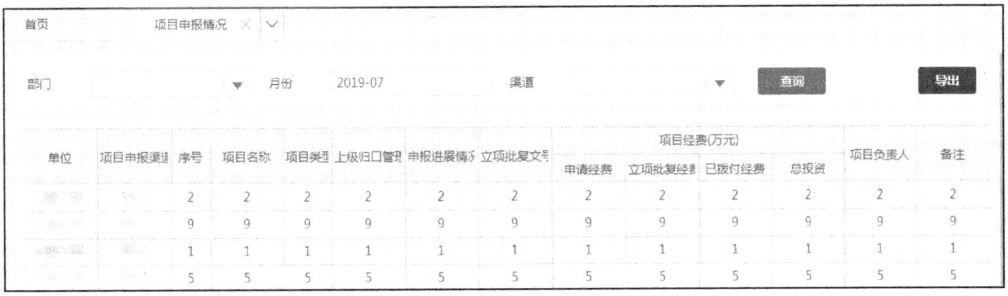

首页　项目申报情况

部门　月份 2019-07　渠道　查询　导出

单位	项目申报渠道	序号	项目名称	项目类型	上级归口管理	申报进展情况	立项批复文号	项目经费(万元)				项目负责人	备注
								申请经费	立项批复经费	已拨付经费	总投资		
		2	2	2	2	2	2	2	2	2	2	2	2
		9	9	9	9	9	9	9	9	9	9	9	9
		1	1	1	1	1	1	1	1	1	1	1	1
		5	5	5	5	5	5	5	5	5	5	5	5

图 5-296　项目申报情况分析表

①单击运营分析模块→科研子模块→项目申报情况分析表。

②“部门”与职员所在部门对应。

③单击“时间”按钮，选择 2 月，报表展示 2 月当月的数据，选择 1 月，报表展示 1 月数据。

④单击“导出”按钮。

⑤弹出的对话框包括直接打开文件和保存文件到本地功能。

(7)科研计划完成率基础表。科研计划完成率基础表(图 5-297)是用于记录科研计划完成率基本数据的数据表。

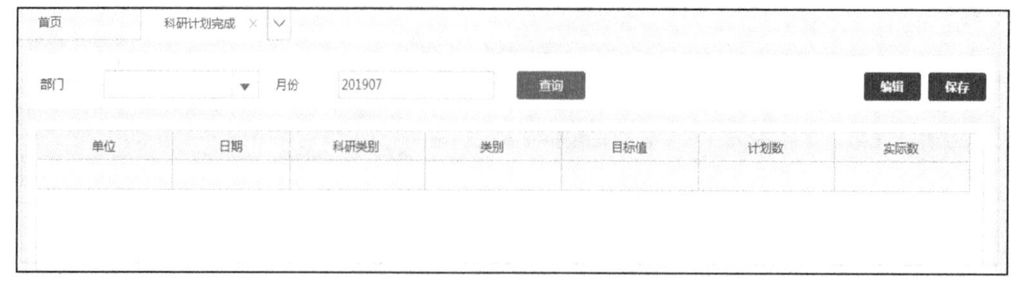

图 5-297　科研计划完成率基础表

①单击运营分析模块→科研子模块→科研计划完成率基础表。

②单击“日期”，可以选择年月。

③单击“编辑”按钮，科研类别可下拉选择“重点”“一般”。

④录入数据。

⑤单击“保存”按钮。

⑥提示数据成功保存信息。

(8)工艺攻关完成率基础表。工艺攻关完成率基础表(图 5-298)是用于记录工艺攻关完成率基本数据的数据表。

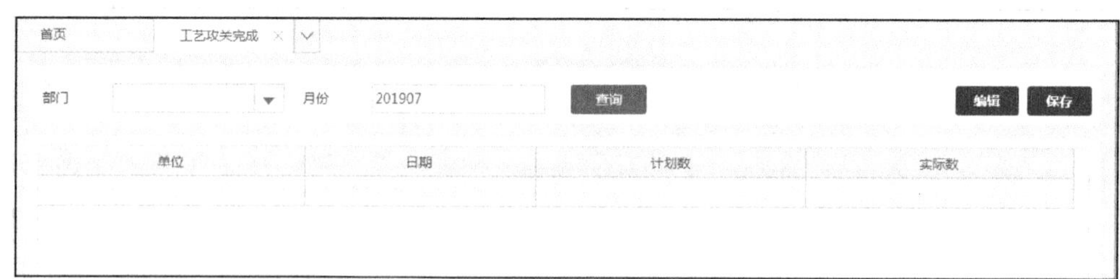

图 5-298　工艺攻关完成率基础表

①单击运营分析模块→科研子模块→工艺攻关完成率基础表。

②单击“日期”，可以选择年月。

③单击“编辑”按钮。

④录入数据。

⑤单击“保存”按钮。

⑥提示数据成功保存信息。

(9)新品商品化率基础表。新品商品化率基础表(图 5-299)是用于记录新品商品化率基本数据的数据表。

图 5-299 新品商品化率基础表

①单击运营分析模块→科研子模块→新品商品化率基础表。

②单击“日期”，可以选择年月。

③单击“编辑”按钮。

④录入数据。

⑤单击“保存”按钮。

⑥提示数据成功保存信息。

(10)科研数据基础表(产品)。科研数据基础表(产品)(图 5-300)是用于记录科研数据基本数据的数据表。

首页　科研数据分析　科研数据基础

部门：　月份: 201907　查询　编辑　保存

单位	日期	科研指标	产品类别	产品	本月发生	计量单位
	201907	新品销售收入		光电新品	378.00	万元
	201907	新品立项	横向	电机新品	25	项
	201907	新品立项	纵向	电机新品	34	项

图 5-300 科研数据基础表(产品)

①单击运营分析模块→科研子模块→科研数据基础表(产品)。

②单击“日期”，可以选择年月。

③单击“编辑”按钮。

④科研指标是“新品立项”时，产品类别为“–”。

⑤科研指标是“新品销售收入”时，产品类别为“军品/民品”。

⑥录入数据。

⑦单击“保存”按钮。

⑧提示数据成功保存信息。

(11)科研数据分析表(产品)。科研数据分析表(产品)(图 5-301)是用于统计分析产品的科研基本数据的数据表。

①单击运营分析模块→科研子模块→科研数据分析表(产品)。

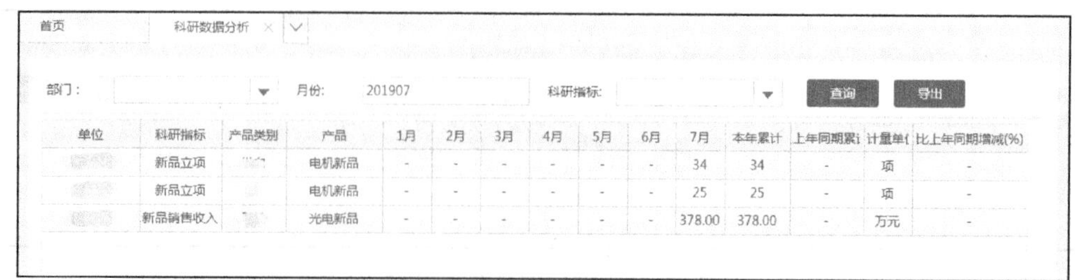

单位	科研指标	产品类别	产品	1月	2月	3月	4月	5月	6月	7月	本年累计	上年同期累	计量单	比上年同期增减(%)
	新品立项		电机新品	-	-	-	-	-	-	34	34	-	项	-
	新品立项		电机新品	-	-	-	-	-	-	25	25	-	项	-
	新品销售收入		光电新品	-	-	-	-	-	-	378.00	378.00	-	万元	-

图 5-301　科研数据分析表(产品)

②“部门”与职员所在部门对应。

③单击“时间”按钮，选择 2 月，报表展示 2 月当月的数据，选择 1 月，报表展示 1 月数据。

④查看查询条件，包括部门、月份、科研指标(可下拉选择新品立项、新品销售收入、科研计划完成率、工艺攻关完成率、新品商品化率)。

⑤单击“导出”按钮。

⑥弹出的对话框包括直接打开文件和保存文件到本地功能。

6) 质量模块

(1) 质量目标下达表。质量目标下达表(图 5-302)是用于记录质量目标下达基本数据的数据表。

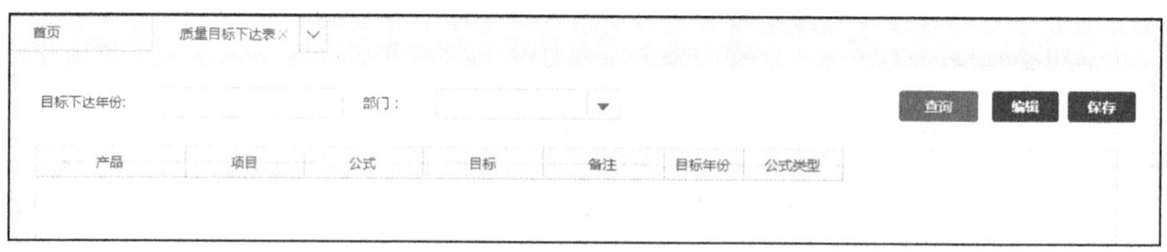

产品	项目	公式	目标	备注	目标年份	公式类型

图 5-302　质量目标下达表

①单击运营分析模块→质量子模块→质量目标下达表。

②单击“编辑”按钮。

③单击“目标下达年份”可以选择某年。

④单击“产品”下拉菜单包括连接器及电缆组件、继电器、军用电机及线路产品、民用电机、光电产品、零部件。

⑤项目、公式、目标、备注可以在线录入，支持录入文字、数字、符号。

⑥公式类型要与公式对应。

⑦单击“保存”按钮，提示保存成功。

(2) 质量目标基础表。质量目标基础表(图 5-303)是用于记录质量目标基础数据的数据表。

图 5-303　质量目标基础表

①单击运营分析模块→质量子模块→质量目标基础表。

②单击“编辑”按钮。

③单击“年月”可以选择年月。

④单击“部门”可以选择某事业部。

⑤单击“产品”下拉菜单包括连接器及电缆组件、继电器、军用电机及线路产品、民用电机、光电产品、零部件。

⑥录入值 1、值 2，支持输入数值，备注支持输入文字、数字、符号。

⑦单击“保存”按钮，提示保存成功。

(3)质量目标分析表。质量目标分析表(图 5-304)是用于统计分析质量目标的数据表。

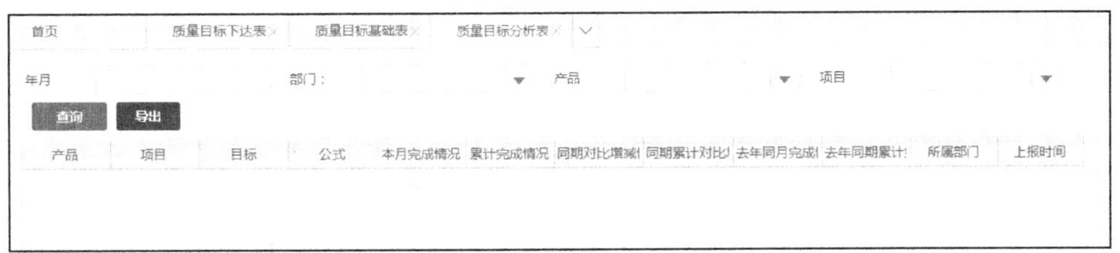

图 5-304　质量目标分析表

①单击运营分析模块→质量子模块→质量目标分析表。

②单击“年月”可以选择某年。

③单击“产品”下拉菜单包括连接器及电缆组件、继电器、军用电机及线路产品、民用电机、光电产品、零部件。

④单击“部门”按钮可以选择某事业部外部低层次问题(军品)、外部低层次问题(民品)、使用故障率(军品)、使用故障率(民品)等。

⑤单击“项目”下拉菜选择项目。

⑥分析表根据公司类型自动计算结果进行展示，公式类型要与表中公式对应。

4. 计划管理

计划管理支持以下业务流程。

(1) 资源定义→日历设置→资源能力。

(2) 生产订单→工序计划→有限能力派工。

(3) CRP 计划接收→有限能力派工。

1) 生产订单管理

生产订单管理页面如图 5-305 所示。

首页　生产订单管理

查询条件

查看　新增　修改　删除　审核　生成工序计划

生产订单号　生产部门　物料名称　物料编码　订单状态　计划时间　开始时间　结束时间

分派时间　开始时间　结束时间　查询　重置

信息列表

	生产订单号	物料名称	物料编码	生产部门	优先级	开始时间	结束时间	分派时间	订单状态	计划数量	单位	计划类型	销售订单号	所属产品
▢	MU-ORDER-20190640000104	上垫脚	HX014-0101-P001	[illegible]	1	2019-06-04	2019-07-04	2019-06-04 15:16:56	已审核	111	件	手工计划	1234	上垫脚
▸	MU-ORDER-20190630000100	上垫脚	HX014-0101-P001	[illegible]	1	2019-06-03	2019-06-30	2019-06-03 09:19:32	停止生产	60	件	手工计划	9090	上垫脚
▢	MU-ORDER-20190630000099	上垫脚	HX014-0101-P001	[illegible]	1	2019-06-03	2019-06-30	2019-06-03 09:08:00	停止生产	50	件	手工计划	0000000	上垫脚
▢	MU-ORDER-20190610000098	上垫脚	HX014-0101-P001	[illegible]	10	2019-06-01	2019-06-30	2019-06-01 13:34:16	已审核	10	件	手工计划	10	

图 5-305　生产订单管理

新增生产订单页面如图 5-306 所示。

图 5-306　生产订单新增

(1) 生产订单新增主要步骤：录入物料编码→录入计划数量→录入生产部门→录入工艺路线→录入优先级→保存。

(2) 生产订单号按设定规则自动生成。

(3) 输入物料及计划数量，此为必输项。

(4) 手工输入生产部门，下拉列表中选择“录入”。

(5) 手工录入工艺路线，在弹出的工艺路线列表中选择“录入”。

(6) 手工录入优先级。

(7) 单击“保存”按钮，保存相关数据。

2) 作业计划管理

(1) 进入生产订单列表页面，选中生产订单，单击生成工序计划，如图 5-307 所示。

(2) 生成工序计划前置条件，建立作业计划路线，如图 5-308 所示。

①系统自动匹配工序加工资源，并以列表形式展示。

首页 作业计划管理

查询条件

生产订单号 加工单号 计划时间 物品名称

工作中心 计划状态 查询

操作	生产订单号	加工单号	计划类型	物品名称	工序编码	工序名称	计划数量	完成数量	计划开工	计划完工	计划状态	工作中心名	能力分类名
分派	5cd57a96d	5cd57a96d	手工创建	笔记本	CMOM3.0	继电器工艺	111111111	0	2020-11-25	2023-08-30	未分派	CMOM工作	私有资源类
分派	f05eb1b15	f05eb1b15	手工创建	笔记本	CMOM3.0	继电器工艺	10000	0	2019-06-28	2019-06-30	未分派	CMOM工作	私有资源类
分派	9979fd74a	9979fd74a	手工创建	说的话	1	说的话1.0	10	0	2019-06-28	2019-06-28	未分派	2019BUG_0	私有资源类
分派	9979fd74a	9979fd74a	手工创建	说的话	3	说的话3.0	10	0	2019-06-28	2019-06-30	未分派	2019BUG_0	私有资源类
分派	9979fd74a	9979fd74a	手工创建	说的话	2	说的话20.	10	0	2019-06-28	2019-06-28	未分派	2019BUG_0	私有资源类
分派	0d38e6aaf	0d38e6aaf	手工创建	笔记本	CMOM3.0	继电器工艺	11111	0	2019-03-13	2019-06-22	未分派	CMOM工作	私有资源类
查看详情	012dec60fc	012dec60fc	手工创建	机箱	1	1	5	2	2019-06-28	2019-06-28	已开工	MOM测试工	公有资源类
分派	012dec60fc	012dec60fc	手工创建	机箱	2	2	5	0	2019-06-28	2019-06-30	未分派	MOM测试工	公有资源类
查看详情	b693e8c53	b693e8c53	手工创建	说的话	1	说的话1.0	10	10	2019-06-28	2019-06-28	已报检	2019BUG_0	私有资源类
查看详情	b693e8c53	b693e8c53	手工创建	说的话	3	说的话3.0	10	0	2019-06-28	2019-06-30	已分派	2019BUG_0	私有资源类

1 共6页 50 1-50 共282条

图 5-307 工序计划生成

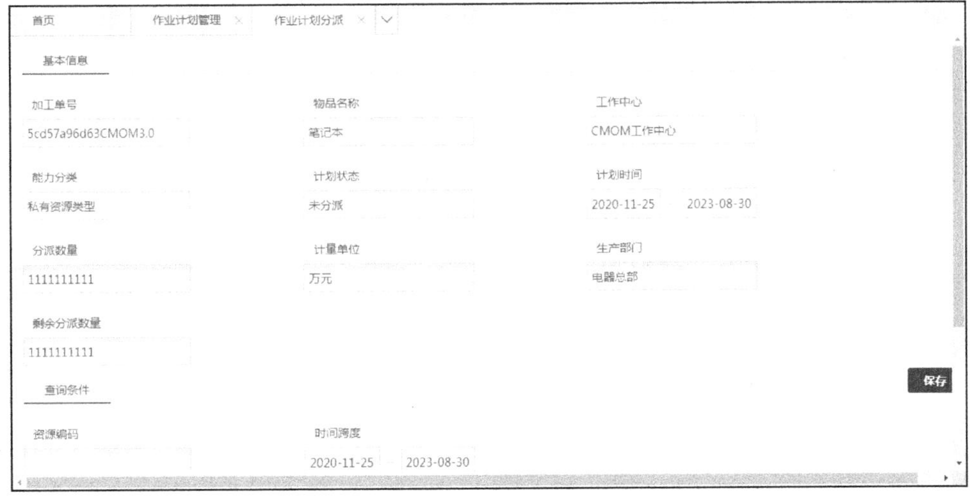

图 5-308 作业计划分派

②每一个匹配的加工资源，系统按计划开始、结束时间自动计算区间内的标准产能总能力及标准产能剩余能力。

③时间跨度输入时间段，可查询任意区间内的资源产能数据，用于计划人员按加工资源能力为资源分派任务。

④存在生产工时数据，则系统自动获取工时数据；否则手工输入工时数据。

⑤每一个加工资源输入分派的任务数量，并自动计算需用能力。分派数量之和应等于单据生产数量。

⑥占用产能按时间跨度内工作日空余时间段顺序占用，同时按工作日历标准产能给出加班建议。

⑦单击“保存”按钮，生成任务单据。

3) 工艺路线

工艺路线页面如图 5-309 所示。

首页　作业计划管理　作业计划分派　工艺路线

查询条件　新增　修改　删除

物品编号　物品名称　生产批量()　版本号

查询

物品编号	物品名称	版本号	生产批量	操作
TD_01	台式电脑	CMOM1.0	100	
W0514	W0514	10	1000	
		V1.0	300	
SJ_01	智能手机	CMOM2.0	90	
		v1.0	10000	
		1	1	
		2	111	
		v2	1	
		1111	11	
QN_01	折纸趣	1	1000	

1　共 1 页　50　1 - 21　共 21 条

图 5-309　工艺路线

新建工艺路线如图 5-310 所示。

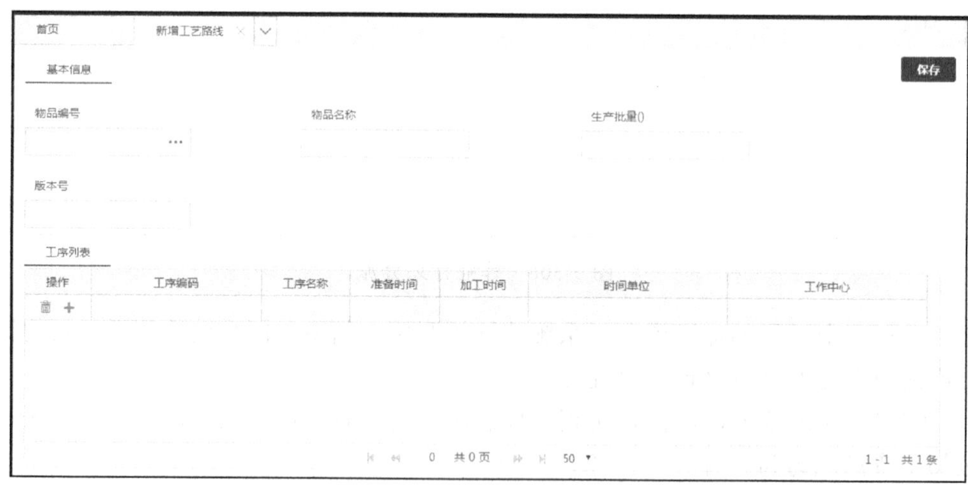

图 5-310　工艺路线新建

(1) 工艺路线新增主要步骤：输入物品编号→输入生产批量→输入版本号→输入工序号→输入加工时间→输入工作中心→输入工序物品→保存。

(2) 手工录入物品编号，可在弹出的物品列表窗体选择录入；手工录入生产批量。

(3) 手工录入版本号，物品编号+版本号唯一。

(4) 手工录入工序号，工序名称，工序号唯一。

(5) 手工录入准备时间和加工时间，在下拉列表中选择“时间单位”。

(6) 在工作中心列表选择“录入工作中心”。

(7) 在工序物品录入窗体中，选择物品，并录入数量。

(8) 单击“保存”按钮保存相关数据。

4) 工作中心

工作中心列表页面如图 5-311 所示。

首页　工作中心

新增　修改　删除

查询条件

工作中心编码　工作中心名称　资源类型

类型　查询

工作中心编码	工作中心名称	资源类型	工作中心类型
2019BUG_02	2019BUG_02	私有资源类型	设备
313	313	公有资源类型	设备
2019BUG_03	2019BUG_03	私有资源类型	设备
CMOM_CS	MOM测试工作	公有资源类型	设备
W02	W02	精加DMG3+2	设备
W01	W01	精加DMG3+2	设备
CXSB_01	产线设备	公有资源类型	产线
W0514	W0514	镭射	产线
Dd	etry	公有资源类型	设备
走着走着	xxxx	镭射	设备

1　共 1 页　50　　1 - 18　共 18 条

图 5-311　工作中心列表

工作中心新建页面如图 5-312 所示。

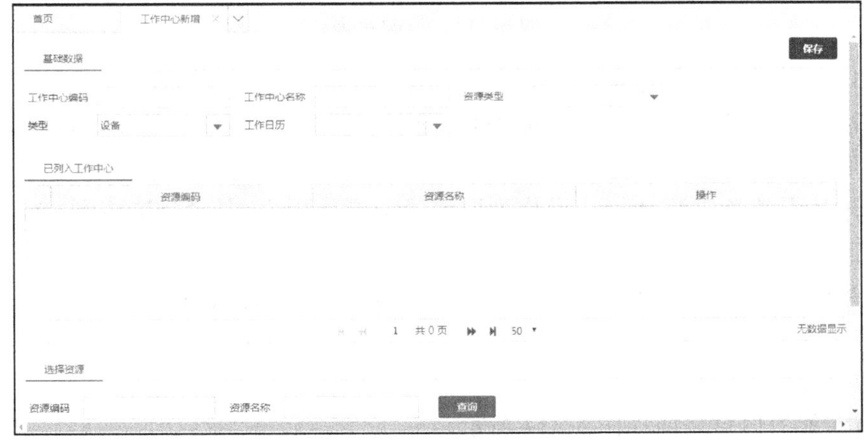

图 5-312　工作中心新建

(1) 工作中心新增主要步骤：输入工作中心编码→输入工作中心名称→输入工作日历→输入能力分类→资源设置→保存。

(2) 手工录入工作中心编码及名称，工作中心编码唯一；类型选择“设备”或“人员”，选择“设备”显示设备资源，选择“人员”显示人工资源。

(3) 工作日历在下拉列表中选择录入。

(4) 能力分类在下拉列表中选择录入。

(5) 选择资源窗体单击选中，工作中心资源列表显示选中的资源；单击“取消”按钮工作中心资源列表删除相应的资源。

(6) 单击“保存”按钮保存相关数据。

5) 资源管理

资源管理页面如图 5-313 所示。

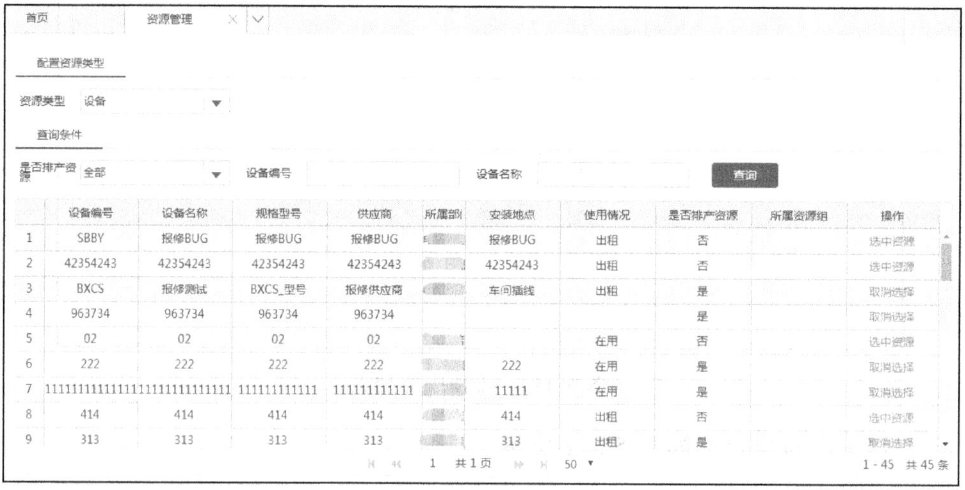

首页　资源管理

配置资源类型

资源类型　设备

查询条件

是否排产资源　全部　设备编号　设备名称　查询

	设备编号	设备名称	规格型号	供应商	所属部门	安装地点	使用情况	是否排产资源	所属资源组	操作
1	SBBY	报修BUG	报修BUG	报修BUG	[illegible]	报修BUG	出租	否		选中资源
2	42354243	42354243	42354243	42354243	[illegible]	42354243	出租	否		选中资源
3	BXCS	报修测试	BXCS_型号	报修供应商	[illegible]	车间插线	出租	是		取消选择
4	963734	963734	963734	963734				是		取消选择
5	02	02	02	02	[illegible]		在用	否		选中资源
6	222	222	222	222	[illegible]	222	在用	是		取消选择
7	1111111111111	1111111111111	111111111111	111111111111	[illegible]	11111	在用	是		取消选择
8	414	414	414	414	[illegible]	414	出租	否		选中资源
9	313	313	313	313	[illegible]	313	出租	是		取消选择

1　共 1 页　50　1 - 45　共 45 条

图 5-313　资源管理

(1) 资源管理主要步骤：选择资源类型→选择是否排产资源→操作。

(2) 资源类型分为设备和人员两种，选择“设备”，查询显示设备资源；选择“人工”，查询显示人工资源。

(3) 是否排产资源=true，操作列取消“选择可用”；是否排产资源=false，操作列选中“资源可用”。

(4) 单击“取消”按钮，排产资源更改为非排产资源；单击“选中资源”按钮，资源设置为排产资源。

6) 资源能力信息

资源能力信息页面如图 5-314 所示。

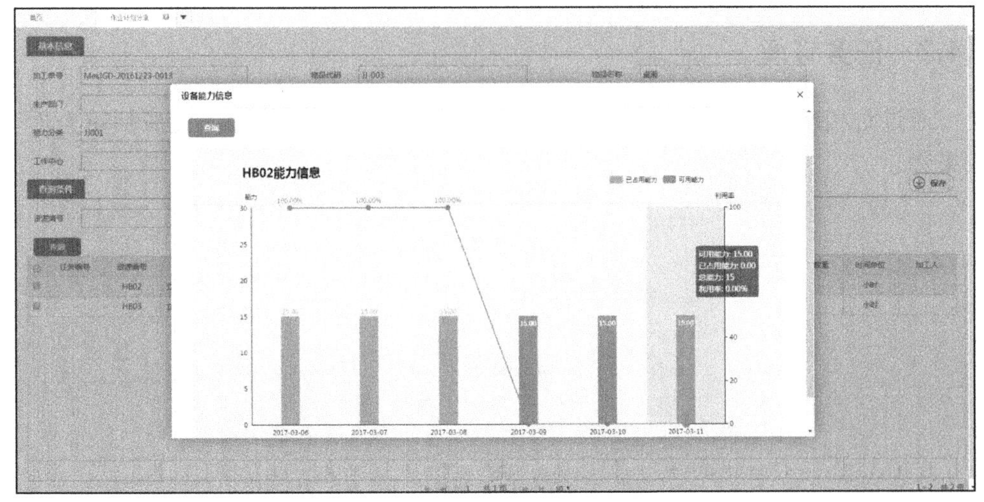

图 5-314　资源能力信息

(1) 单击“查看标准产能剩余”按钮，弹出资源能力图表窗口。

(2) 按时间跨度展示能力数据信息，可手工拖动，缩小扩大图表所显示的时间范围。

5.4　订阅管理使用方法

订阅管理功能区包含应用订阅、任务订阅功能。通过应用订阅，用户可以试用并选购 INDICS 平台云市场应用，按照灵活的计价方式使用云端 APP 资源。通过任务订阅，用户可以订阅关注工作任务，相关任务状态变动后，第一时间接收上游最新迭代数据。

5.4.1　应用订阅

应用订阅(图 5-315)为企业提供 APP 试用、选购，支撑任务的工作过程。

图 5-315　应用订阅

5.4.2 任务订阅

通过对相应阶段任务或子任务进行订阅(图5-316),订阅任务完成后可查看其成果物。

任务订阅 我的订阅

订单编号: 2019123160031500301

订单名称: 微波石英砂实验炉项目123102 类型: ETO 按单设计

责任人/部门: 郭益帆/研发中心

任务名称	开始时间	截止时间	状态	负责单位或人	操作
设计任务	2020-01...	2020-01...	已完成	汪波/研发中心	查看
工艺设计任务	2020-01...	2020-01...	已完成	汪波/研发中心	查看
工艺规程维护	2020-01...	2020-01...	已完成	汪波/研发中心	查看
任务有限产能排产	2020-01...	2020-01...	进行中	汪波/研发中心	查看
外购计划确认	2020-01...	2020-01...	待办	汪波/研发中心	查看
执行生产任务	2020-01...	2020-01...	进行中	汪波/研发中心	查看
产品检验任务	2020-01...	2020-01...	待办	汪波/研发中心	查看

图 5-316 任务订阅

5.5 系统管理使用方法

系统管理功能区包含组织人员管理、角色管理、业务配置,为企业提供部门人员信息维护、角色分配、企业研制阶段维护功能。

5.5.1 组织人员管理、角色管理、业务配置

1. 组织人员管理

将企业中的人员信息通过部门和岗位的维度维护到系统中,作为业务开展的基础数据,如图5-317所示。

2. 角色管理

在角色管理中(图5-318)为关键角色添加成员(图5-319),主要包含任务规划、任务执行以及系统管理人员等。

3. 业务阶段配置

通过业务阶段配置(图5-320)维护企业研制阶段,企业用户可以根据自身实际情况进行创建、修改、删除等操作。

图 5-317 组织人员管理

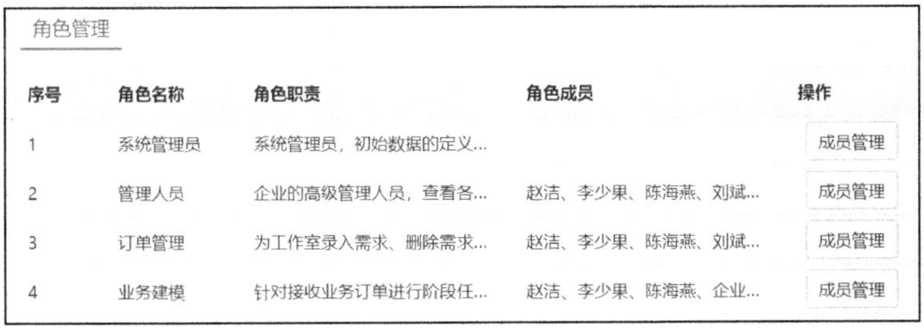

角色管理

序号	角色名称	角色职责	角色成员	操作
1	系统管理员	系统管理员，初始数据的定义...		成员管理
2	管理人员	企业的高级管理人员，查看各...	赵洁、李少果、陈海燕、刘斌...	成员管理
3	订单管理	为工作室录入需求、删除需求...	赵洁、李少果、陈海燕、刘斌...	成员管理
4	业务建模	针对接收业务订单进行阶段任...	赵洁、李少果、陈海燕、企业...	成员管理

图 5-318 角色管理

图 5-319 添加成员

业务阶段配置

+ 添加阶段　　共计10条记录　　说明：阶段属性在定义阶段任务时为必填信息，没有此项内容将无法完成业务的规划，请企业自行维护。

阶段属性	维护人	是否有效	排序	最后维护时间	管理操作
立项阶段	刘可启	✓	1	2019-08-19 10:5...	编辑　删除
研发设计	钟玲玲	✓	1	2019-06-03 00:1...	编辑　删除
工艺设计	汪波	✓	2	2019-06-04 16:3...	编辑　删除
生产制造	汪波	✓	3	2019-06-04 16:3...	编辑　删除

图 5-320　业务阶段配置

5.5.2　系统配置管理

1. 租户角色权限配置

该模块主要是对系统角色的管理，如图 5-321 所示。

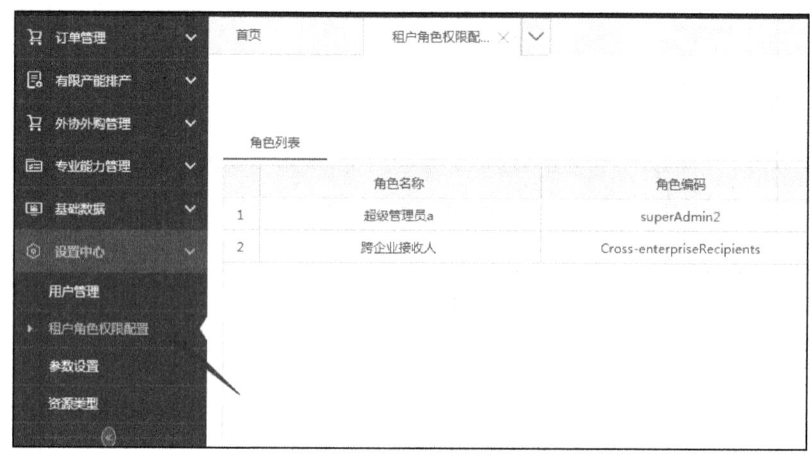

图 5-321　租户角色权限配置

单击“新增”按钮可以创建新的角色(图 5-322)：录入角色名称、角色编码、说明。如果关联行业角色，则会将关联的角色自动代入；如果不关联，则从左侧菜单栏勾选需要的功能信息，右侧显示已选择的菜单，勾选后保存即可。

2. 用户管理

系统管理员应在用户管理模块负责对所有用户的系统权限、角色以及关联职员进行配置管理。

图 5-322　新角色创建

首先，管理员应当使用“同步”按钮同步本企业的 INDICS 平台账户，获取企业的用户(图 5-323)。若只需添加指定用户，可通过查询栏查询对应账户信息，勾选确认。

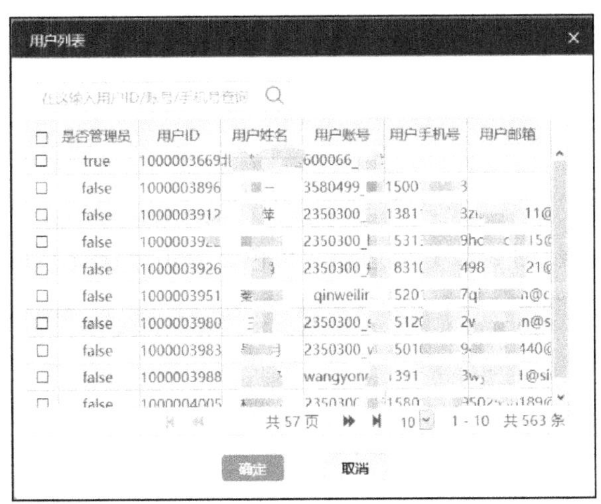

图 5-323　用户列表

系统权限分配操作如下：

设置中心→用户管理(图 5-324)→功能授权→勾选应配置的功能→保存。

配置功能可细分到模块下的子项，以便更针对性地给用户账户配置权限。系统配置后，相应用户登录系统有且仅可查看、操作配置的功能模块。

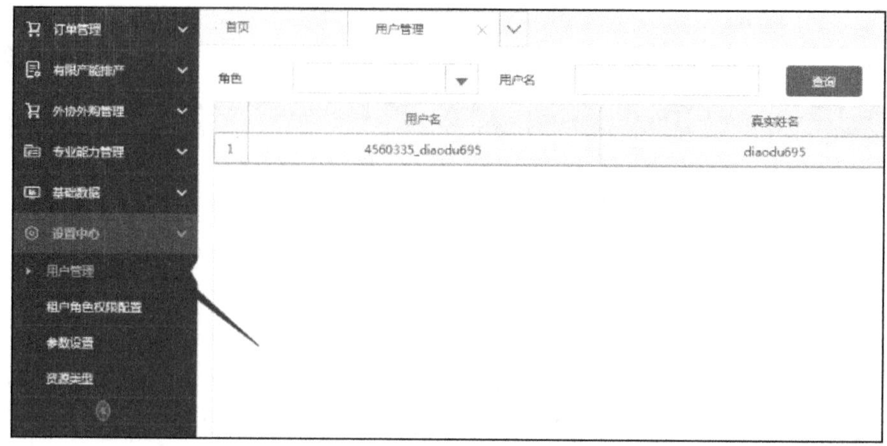

图 5-324　用户管理

角色配置操作在该页面的“分配角色”模块进行，单击分配角色列中的图标“[...]”，如图 5-325 所示。

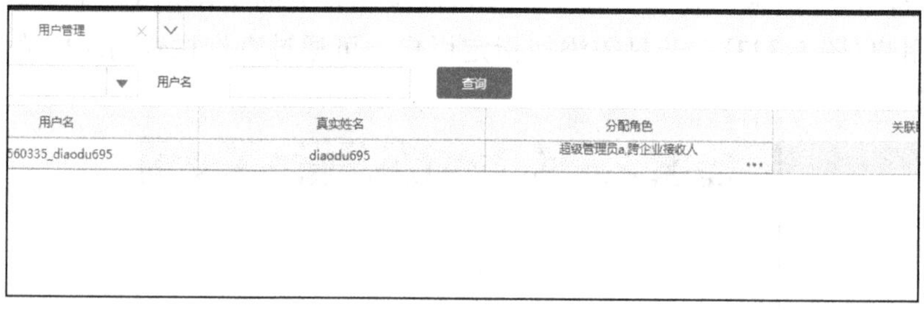

图 5-325　分配角色

在弹出角色列表(图 5-326)勾选相应角色，单击“保存”按钮。

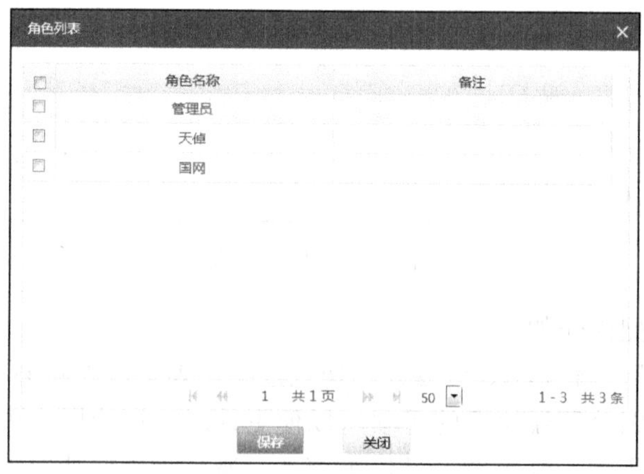

图 5-326　角色列表

关联职员操作类似，如图 5-327 所示。

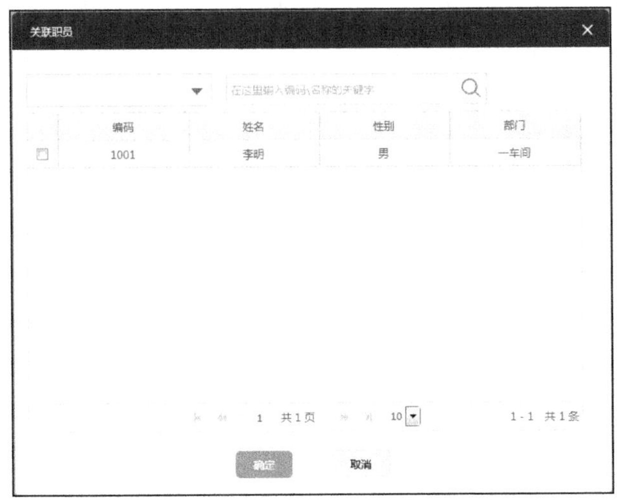

图 5-327 关联职员

3. 参数设置

参数设置包含基本参数、功能参数、可用量配置三种。用户配置完参数单击右上角进行保存，配置才可生效。

基本参数(图 5-328)包含计价方式、单价小数位、数量小数位、金额小数位、汇率 5 个参数。单价小数位、数量小数位、金额小数位均可根据需求调整为 1～8 位。税率信息单击图标“+”，可新增数据行，录入税码和税率，并选择类型即可。

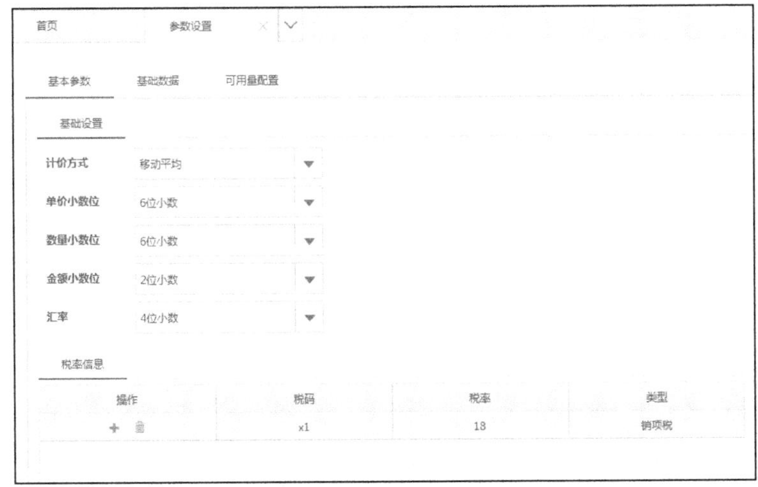

图 5-328 基本参数

可用量配置(图 5-329)包含采购计划、采购订单、采购入库单、销售退货单、销售订单、销售出库单、采购退货单、排产占用 8 个可配置项。用户根据实际情况配置可用量计算公式，其中采购计划、采购订单、采购入库单、销售退货单 4 项会导致可用量增加；销售订单、销售出库单、采购退货单、排产占用会导致可用量减少。

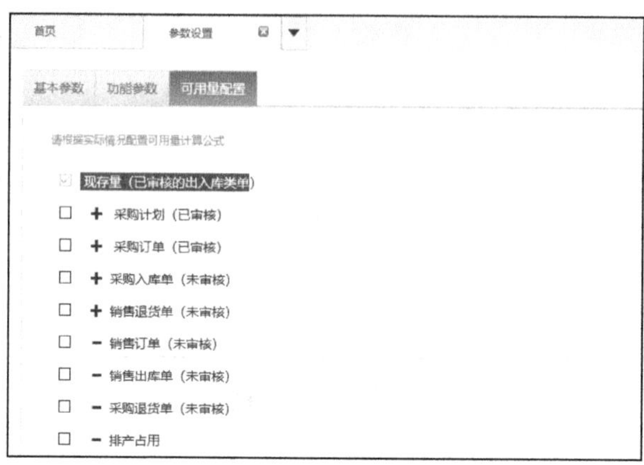

图 5-329　可用量配置

4. 流程配置

流程配置(图 5-330)可通过拖拽用户词条到相应位置快速完成人员审批流程配置。如需变更，只需简单拖拽到相应位置；如需取消，仅需将配置的用户词条拖拽出配置框体，词条变红即可取消。

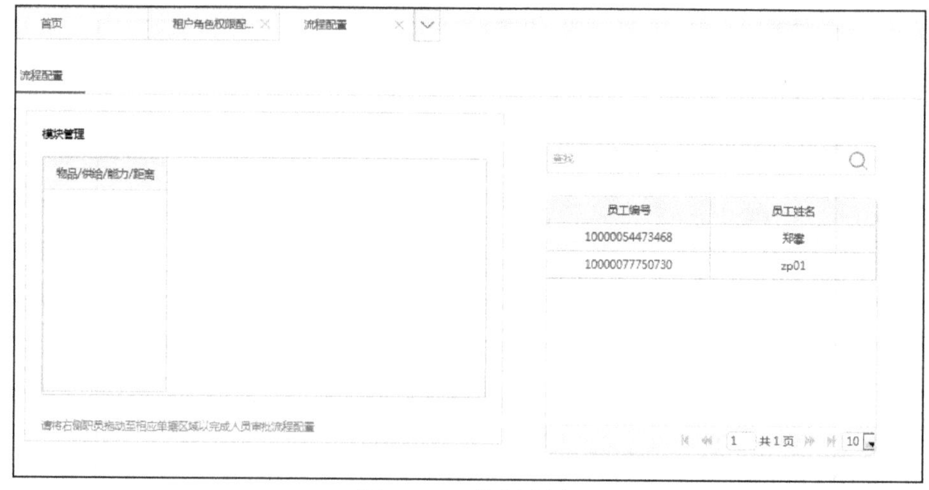

图 5-330　流程配置

5. 资源类型

资源类型(图5-331)用于将生产资源归类，可以添加私有资源类型，添加参数及匹配规则。

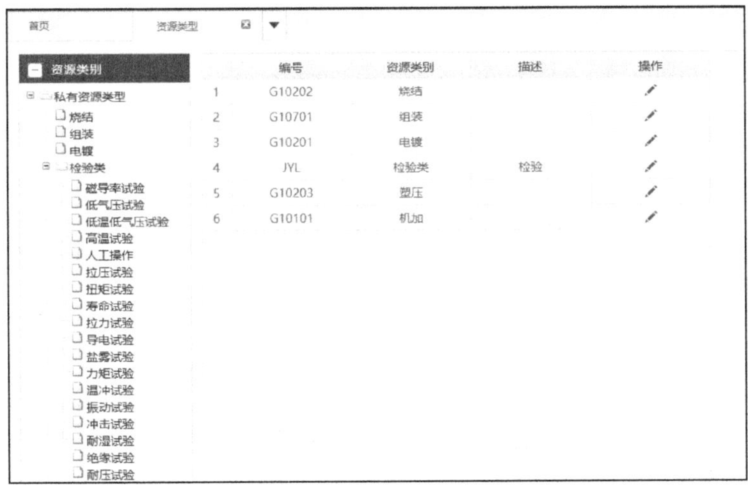

图5-331　资源类型

单击图标“+”，填写编号、资源类别、描述等信息，单击图标“”即可完成私有资源的新增。选中词条单击图标“”即可删除选中词条。

如需添加更详细的分类规则，可选中词条单击操作，如图5-332所示。

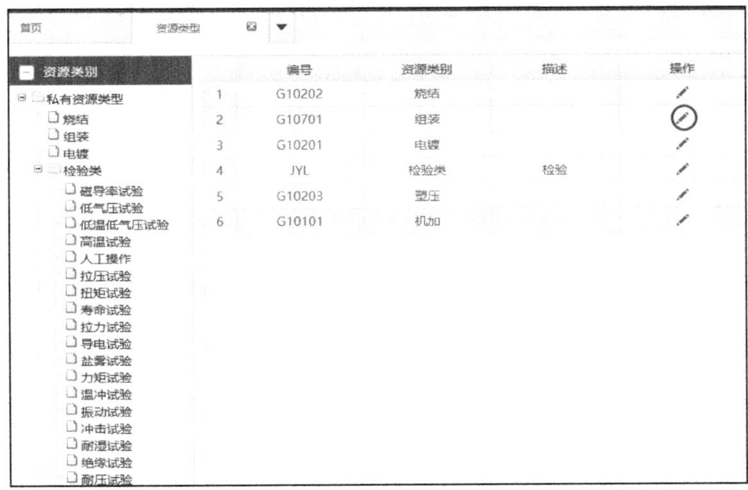

图5-332　添加分类规则

在弹出页面完成资源类型的参数维护(图5-333)，操作同新增私有资源。

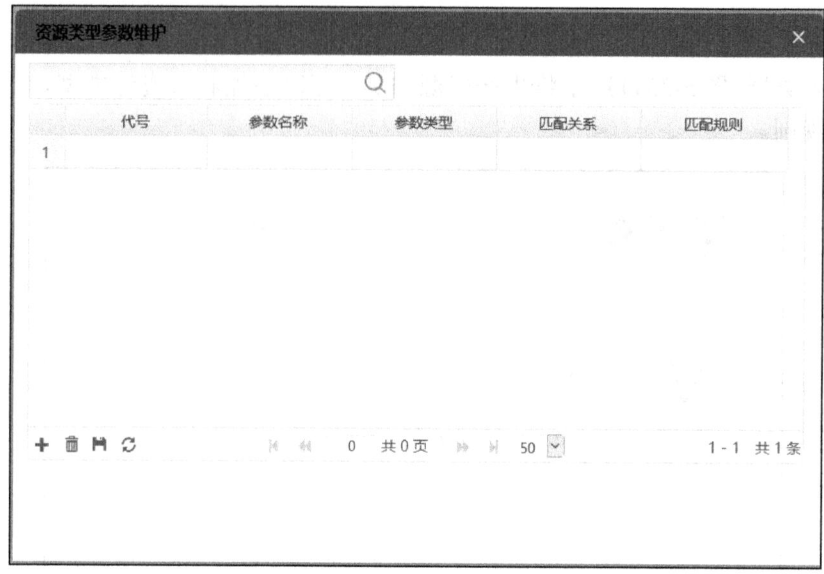

图 5-333　资源类型参数维护

6. 跨企业对外接口人配置

管理员可配置文件权限、项目拆分、文件发放、设计审签、文件跨网发放的接口人，设置接口人后，跨企业协同时这些人可被选择。

选择某个功能模块，单击右边的图标“[...]”，选择用户单击“添加”按钮，左侧已选关联用户下会列出所添加的用户，单击“完成”按钮，关联成功，如图 5-334 所示。

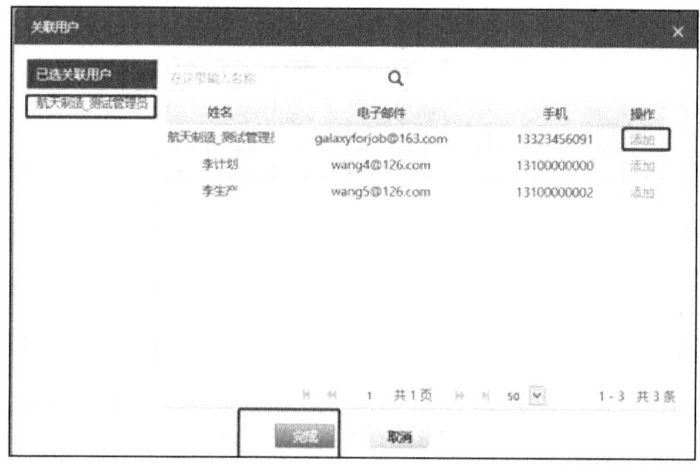

图 5-334　关联用户

7. 流程模板操作

工程 BOM 系统管理员可以在流程模板菜单新增、编辑、删除、发布、查看流程模板，评审人员可在发起评审时选择评审的流程模板，启动评审流程。

(1) 新增流程模板(图 5-335)。单击“新增”按钮，弹出流程模板新增窗口。

首页　流程模板　流程模板新增

模板名称	模板描述	创建者	创建时间	修改者	修改时间	企业ID	发布状态
测试0320	测试0320	航天制造_测试管理员	2018-03-20	航天制造_测试管理员	2018-03-20	4840300	未发布
是否出现	是否出现	航天制造_测试管理员	2018-03-16	航天制造_测试管理员	2018-03-16	4840300	未发布
新增必须刷新	新增必须刷新	航天制造_测试管理员	2018-03-16	航天制造_测试管理员	2018-03-16	4840300	未发布
测试会签顺序问题	新增必须刷新 顺序问题	航天制造_测试管理员	2018-03-16	航天制造_测试管理员	2018-03-16	4840300	未发布
wktest	wktest	航天制造_测试管理员	2018-03-08	航天制造_测试管理员	2018-03-08	4840300	已发布
[illegible]	[illegible]	航天制造_测试管理员	2018-02-28	航天制造_测试管理员	2018-02-28	4840300	已发布
本地试	单点	航天制造_测试管理员	2018-02-28	航天制造_测试管理员	2018-02-28	4840300	未发布
测中文乱码1	行不行	航天制造_测试管理员	2018-02-28	航天制造_测试管理员	2018-02-28	4840300	未发布
测中文	中文	航天制造_测试管理员	2018-02-28	航天制造_测试管理员	2018-02-28	4840300	未发布
[illegible]28	[illegible]28	航天制造_测试管理员	2018-02-28	航天制造_测试管理员	2018-02-28	4840300	已发布
本地测试227	本地测试227	航天制造_测试管理员	2018-02-27	航天制造_测试管理员	2018-02-27	4840300	未发布
测试226	测试226	航天制造_测试管理员	2018-02-26	航天制造_测试管理员	2018-02-26	4840300	未发布
测试测试	ss22	航天制造_测试管理员	2018-02-22	航天制造_测试管理员	2018-02-22	4840300	未发布
[illegible]测试1	测试一下	航天制造_测试管理员	2018-02-09	航天制造_测试管理员	2018-02-09	4840300	已发布

1　共1页　50　1 - 19　共19条

图 5-335　新增流程模板

拖拽 BMP 流程元素至流程设计模板绘图区域，绘制流程图(图 5-336)，然后选择流程类型，可选择“默认分类”，填写流程名称、流程描述，系统自动生成流程 key，然后单击“保存”按钮，关闭流程模板新增窗口后，即可在流程模板列表中新增一条记录。

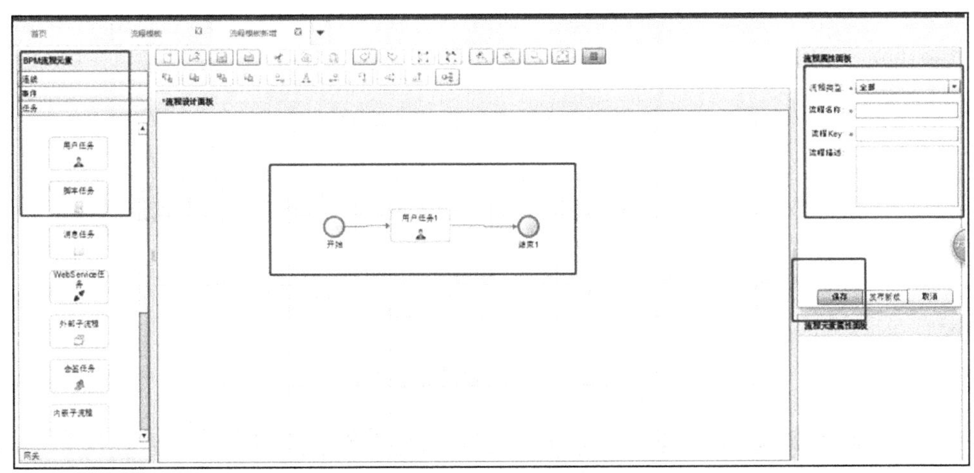

图 5-336　新增绘制流程

(2)流程模板编辑(图 5-337)。未发布的流程模板可以进行编辑，已发布的流程模板不允许编辑。选择一条未发布的流程模板记录，单击“编辑”按钮，进入流程模板编辑窗口。

首页　流程模板

新增　编辑　删除　发布　查看

模板名称	模板描述	创建者	创建时间	修改者	修改时间	企业ID	发布状态
测试0320	测试0320	航天制造_测试管理员	2018-03-20	航天制造_测试管理员	2018-03-20	4840300	未发布
是否出现	是否出现	航天制造_测试管理员	2018-03-16	航天制造_测试管理员	2018-03-16	4840300	未发布
新增必须刷新	新增必须刷新	航天制造_测试管理员	2018-03-16	航天制造_测试管理员	2018-03-16	4840300	未发布
测试会签顺序问题	测试会签顺序问题	航天制造_测试管理员	2018-03-16	航天制造_测试管理员	2018-03-16	4840300	未发布
wktest	wktest	航天制造_测试管理员	2018-03-08	航天制造_测试管理员	2018-03-08	4840300	已发布
啊啊啊啊啊啊	啊啊啊啊啊啊	航天制造_测试管理员	2018-02-28	航天制造_测试管理员	2018-02-28	4840300	已发布
本地试	单点	航天制造_测试管理员	2018-02-28	航天制造_测试管理员	2018-02-28	4840300	未发布
测中文乱码1	行不行	航天制造_测试管理员	2018-02-28	航天制造_测试管理员	2018-02-28	4840300	未发布
测中文	中文	航天制造_测试管理员	2018-02-28	航天制造_测试管理员	2018-02-28	4840300	未发布
[illegible]◆28	[illegible]◆28	航天制造_测试管理员	2018-02-28	航天制造_测试管理员	2018-02-28	4840300	已发布
本地测试227	本地测试227	航天制造_测试管理员	2018-02-27	航天制造_测试管理员	2018-02-27	4840300	未发布
测试226	测试226	航天制造_测试管理员	2018-02-26	航天制造_测试管理员	2018-02-26	4840300	未发布
测试测试	ss22	航天制造_测试管理员	2018-02-22	航天制造_测试管理员	2018-02-22	4840300	未发布
审核测试1	测试一下	航天制造_测试管理员	2018-02-09	航天制造_测试管理员	2018-02-09	4840300	已发布

1　共1页　50　　1-19　共19

图 5-337　流程模板编辑

可以重新拖拽 BMP 流程元素至流程设计模板绘图区域，绘制流程图(图 5-338)，或者修改流程类型、流程名称等信息，单击“保存修改”→“发布新版”按钮，即可完成对流程模板的编辑修改。

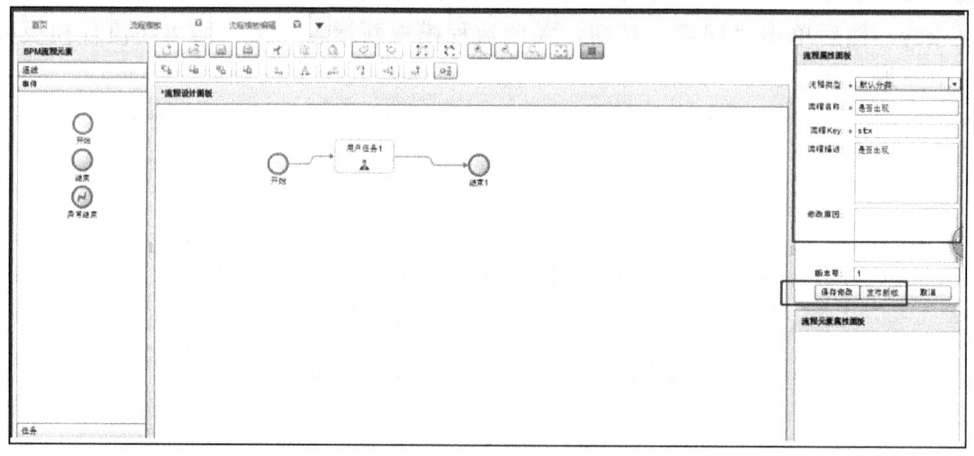

图 5-338　编辑绘制流程

(3)流程模板删除(图 5-339)。未发布的流程模板可以进行删除，已发布的流程模板不允许删除。选择一条未发布的流程模板记录，单击“删除”按钮，即可删除成功。

模板名称	模板描述	创建者	创建时间	修改者	修改时间	企业ID	发布状态
是否出现	是否出现	航天制造_测试管理员	2018-03-16	航天制造_测试管理员	2018-03-16	4840300	未发布
新增必须刷新	新增必须刷新	航天制造_测试管理员	2018-03-16	航天制造_测试管理员	2018-03-16	4840300	未发布
测试会签顺序问题	测试会签顺序问题	航天制造_测试管理员	2018-03-16	航天制造_测试管理员	2018-03-16	4840300	未发布
wktest	wktest	航天制造_测试管理员	2018-03-08	航天制造_测试管理员	2018-03-08	4840300	已发布
[illegible]	[illegible]	航天制造_测试管理员	2018-02-28	航天制造_测试管理员	2018-02-28	4840300	已发布
本地试	单点	航天制造_测试管理员	2018-02-28	航天制造_测试管理员	2018-02-28	4840300	未发布
测中文乱码1	行不行	航天制造_测试管理员	2018-02-28	航天制造_测试管理员	2018-02-28	4840300	未发布
测中文	中文	航天制造_测试管理员	2018-02-28	航天制造_测试管理员	2018-02-28	4840300	未发布
[illegible]♦28	[illegible]♦28	航天制造_测试管理员	2018-02-28	航天制造_测试管理员	2018-02-28	4840300	已发布
本地测试227	本地测试227	航天制造_测试管理员	2018-02-27	航天制造_测试管理员	2018-02-27	4840300	未发布
测试226	测试226	航天制造_测试管理员	2018-02-26	航天制造_测试管理员	2018-02-26	4840300	未发布
测试测试	ss22	航天制造_测试管理员	2018-02-22	航天制造_测试管理员	2018-02-22	4840300	未发布
完整测试1	测试一下	航天制造_测试管理员	2018-02-09	航天制造_测试管理员	2018-02-09	4840300	已发布
最后测试	修改后	航天制造_测试管理员	2018-02-09	航天制造_测试管理员	2018-02-09	4840300	已发布

图 5-339 流程模板删除

(4)流程模板发布(图 5-340)。流程模板发布后，评审发起人员在发起评审时，可以选择此流程模板，启动评审流程。选择一条未发布的流程模板记录，单击“发布”按钮，即可完成流程模板的发布。

模板名称	模板描述	创建者	创建时间	修改者	修改时间	企业ID	发布状态
是否出现	是否出现	航天制造_测试管理员	2018-03-16	航天制造_测试管理员	2018-03-16	4840300	已发布
新增必须刷新	新增必须刷新	航天制造_测试管理员	2018-03-16	航天制造_测试管理员	2018-03-16	4840300	未发布
测试会签顺序问题	测试会签顺序问题	航天制造_测试管理员	2018-03-16	航天制造_测试管理员	2018-03-16	4840300	未发布
wktest	wktest	航天制造_测试管理员	2018-03-08	航天制造_测试管理员	2018-03-08	4840300	已发布
[illegible]	[illegible]	航天制造_测试管理员	2018-02-28	航天制造_测试管理员	2018-02-28	4840300	已发布
本地试	单点	航天制造_测试管理员	2018-02-28	航天制造_测试管理员	2018-02-28	4840300	未发布
测中文乱码1	行不行	航天制造_测试管理员	2018-02-28	航天制造_测试管理员	2018-02-28	4840300	未发布
测中文	中文	航天制造_测试管理员	2018-02-28	航天制造_测试管理员	2018-02-28	4840300	未发布
[illegible]♦28	[illegible]♦28	航天制造_测试管理员	2018-02-28	航天制造_测试管理员	2018-02-28	4840300	已发布
本地测试227	本地测试227	航天制造_测试管理员	2018-02-27	航天制造_测试管理员	2018-02-27	4840300	未发布
测试226	测试226	航天制造_测试管理员	2018-02-26	航天制造_测试管理员	2018-02-26	4840300	未发布
测试测试	ss22	航天制造_测试管理员	2018-02-22	航天制造_测试管理员	2018-02-22	4840300	未发布
完整测试1	测试一下	航天制造_测试管理员	2018-02-09	航天制造_测试管理员	2018-02-09	4840300	已发布
最后测试	修改后	航天制造_测试管理员	2018-02-09	航天制造_测试管理员	2018-02-09	4840300	已发布

图 5-340 流程模板发布

(5)流程模板查看(图 5-341)。未发布的流程模板不能进行查看，已发布的流

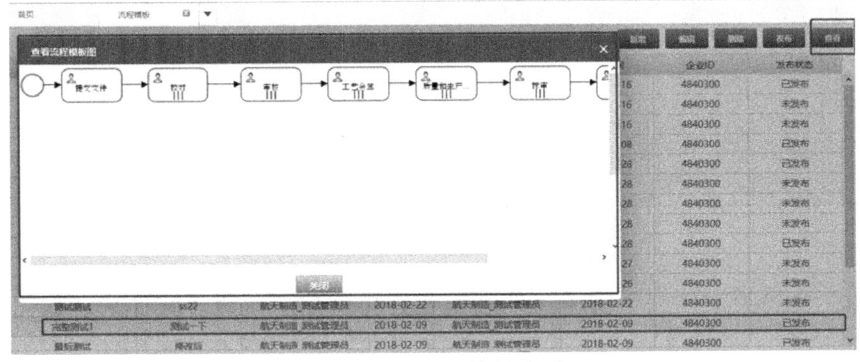

图 5-341 流程模板查看

程模板允许查看。选择一条已发布的流程模板记录，单击“查看”按钮，弹出查看流程模板图窗口，可以查看已发布的流程模板详情。

8. 文件模板操作

工程 BOM 系统管理员可以在文件模板菜单分类管理企业的各类型文件模板（图 5-342），新增文件模板分类，新增、编辑、删除、下载文件模板。

文件名	上传者	日期	版本	管理
0424测试	航天制造_测试管理员	2018-05-08 09:49:49	A.4	
0424	航天制造_测试管理员	2018-04-25 13:41:05	A.1	
测试0423	航天制造_测试管理员	2018-04-25 13:41:02	A.4	
0425测试	航天制造_测试管理员	2018-04-25 13:41:00	A.1	
测试文件上传模板	航天制造_测试管理员	2018-04-25 13:40:58	A.1	
测试上传	航天制造_测试管理员	2018-04-23 17:10:16	A.1	
测试新增	航天制造_测试管理员	2018-04-23 15:16:08	A.2	
测试文件上传	航天制造_测试管理员	2018-04-23 14:14:50	A.1	
pdm文件	航天制造_测试管理员	2018-04-23 14:14:48	A.4	
测试啊	航天制造_测试管理员	2018-04-20 17:13:04	A.2	
文件模板	航天制造_测试管理员	2018-04-20 17:06:41	A.1	
测试文件	航天制造_测试管理员	2018-04-20 17:05:44	A.1	
测试	航天制造_测试管理员	2018-04-20 17:05:38	A.1	

图 5-342　文件模板

选择“全部分类”，单击右侧新增文件夹图标“■”，弹出新建文件夹窗口（图 5-343）。在窗口中填写名称（必填）、备注（选填）后，单击“完成”按钮，可创建一个空的文件夹。

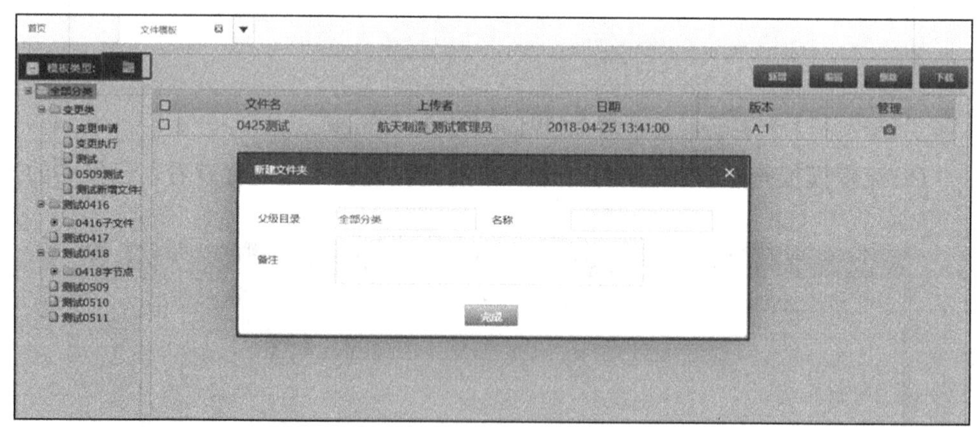

图 5-343　新建文件夹窗口

注：变更类文件夹下的子文件夹不允许再创建下一级子文件夹，如图 5-344 所示。

选中文件夹，右击可进行重命名、删除操作，如图 5-345 所示。

图 5-344 禁止创建提示

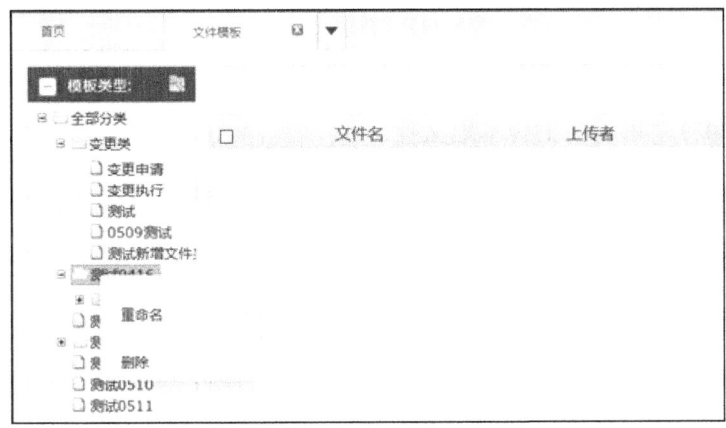

图 5-345 文件夹重命名、删除

单击删除，弹出提示窗口(图 5-346)，单击“确定”按钮，可将文件删除(注：文件夹必须为空时，才允许删除)。

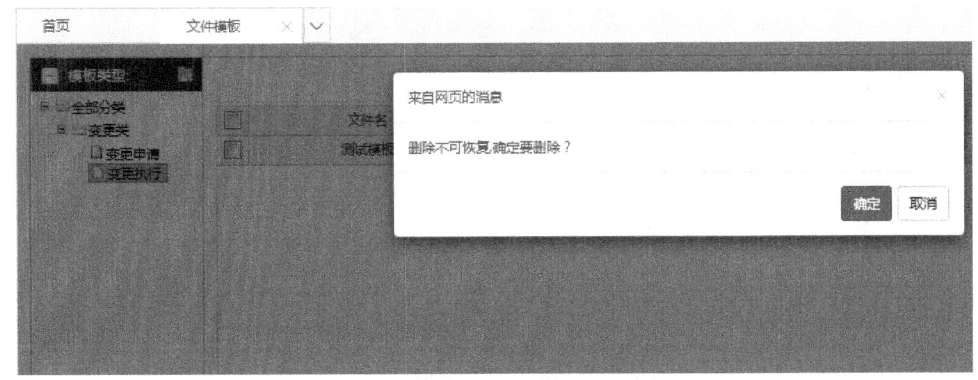

图 5-346 删除提示

选择一个文件夹，单击右上角“新增”按钮，弹出“新增文件”窗口(图 5-347)，单击“浏览”按钮，可选择本地文件上传，单击“清空”按钮，可清空文件框中上传的本地文件信息，若不清空单击“完成”按钮，可将本地文件上传至系统中该文件夹下，在右侧列表中进行显示。

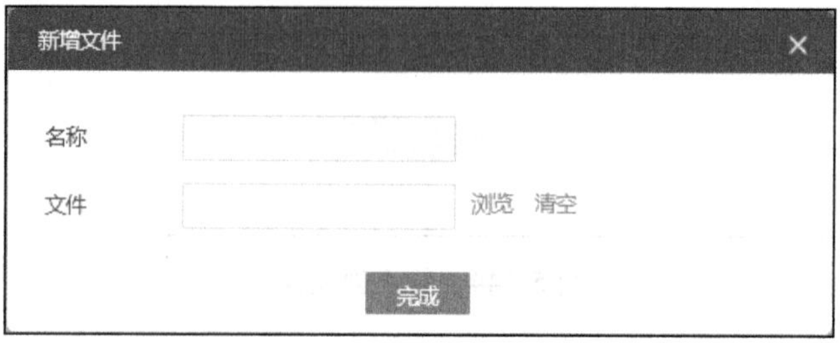

新增文件

名称

文件　浏览　清空

完成

图 5-347　新增文件窗口

选择一条已上传的文件模板记录，单击右侧“编辑”按钮，弹出“编辑文件”窗口(图 5-348)，可重新上传本地文件。

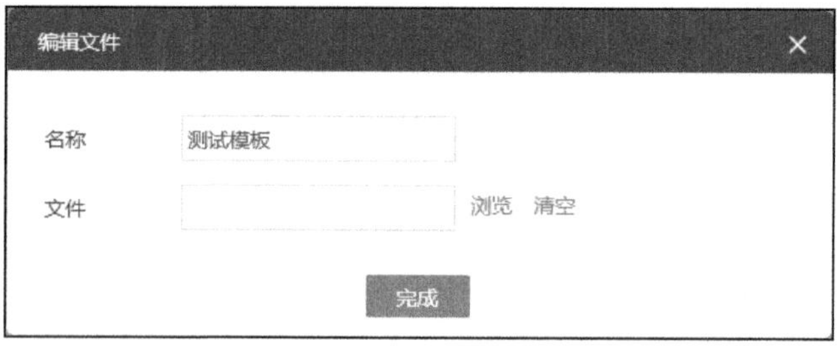

编辑文件

名称　测试模板

文件　浏览　清空

完成

图 5-348　编辑文件窗口

选择一条已上传的文件模板记录，单击右侧“删除”按钮，弹出提示窗口，可删除已上传的文件模板，如图 5-349 所示。

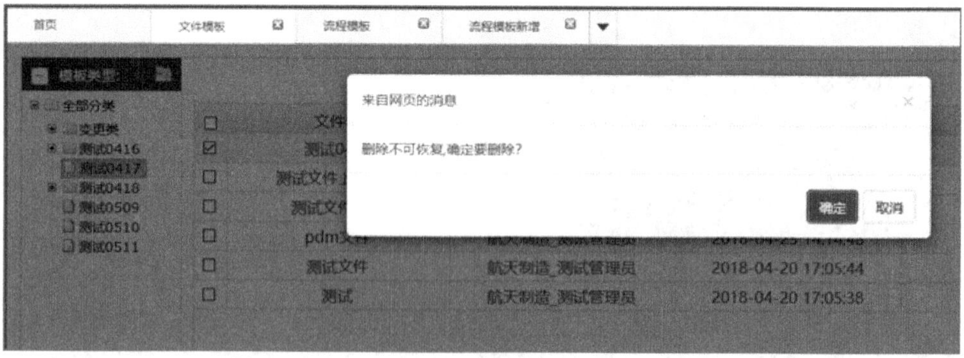

首页　文件模板　流程模板　流程模板新增

来自网页的消息

删除不可恢复,确定要删除?

确定　取消

全部分类　变更类　测试0416　测试0417　测试0418　测试0509　测试0510　测试0511

测试文件　航天制造_测试管理员　2018-04-20 17:05:44

测试　航天制造_测试管理员　2018-04-20 17:05:38

图 5-349　删除文件模板提示窗口

选择一条已上传的文件模板记录，单击右侧“下载”按钮，弹出检出文件用途窗口(图5-350)，填写下载说明(非必填)，单击“确定”按钮，可将文件模板保存下载至浏览器的默认路径下。

图 5-350 检出文件用途窗口

9. 属性管理操作

工程BOM系统管理员可以在属性管理菜单(图5-351)新建管理企业常用的产品属性、模型属性、文件属性信息，模板信息可同步至BOM管理中相应位置，方便设计师快速创建完善产品、模型、文件属性栏信息。

首页 文件模板 × 属性管理 ×

属性类别

	属性类别	修改人	修改时间
1	产品属性		
2	模型属性		
3	文件属性		

图 5-351 属性管理菜单

单击“产品属性”名称，在属性栏下方显示属性表(图5-352)，单击左侧的“+”号可以增加属性表中的属性行，单击右侧栏可填写属性名称，填写完毕单击“保存”按钮即可将属性信息保存下来，再次单击可重新编辑。

单击属性列表左侧的删除图标“”，然后单击“保存”按钮，可以删除该行属性记录，如图 5-353 所示。

按照上述方式，可以新增编辑“模型属性”及“文件属性”，操作流程及逻辑规则与“产品属性”完全一致。

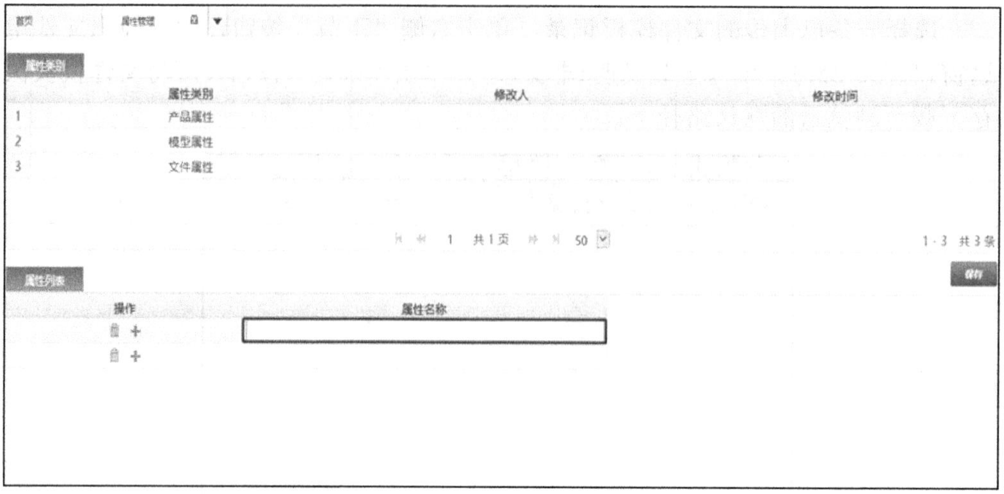

图 5-352　新增属性信息

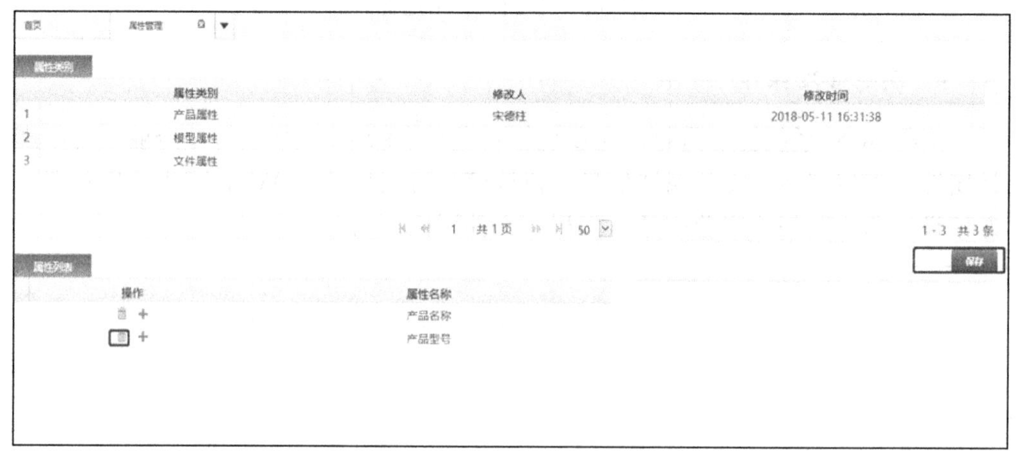

图 5-353　删除属性信息

10. 外发流程人员配置操作

企业管理员进入此菜单可进行外发表单 4 个审批环节的人员配置。

单击每一环节右侧的图标“⋯”，弹出关联用户窗口，单击勾选用户记录前面的复选框“☑”，即可将此条用户记录选中，允许一次选择多条记录，单击“保存”按钮，如图 5-354 所示。用户信息即可显示在单元格内，如图 5-355 所示。

参考步骤 1 可完成其他 3 个环节的审批人员设置，所有人员设置完成后单击右上角“保存”按钮，即可完成外发表单审批人员的配置，如图 5-356 所示。

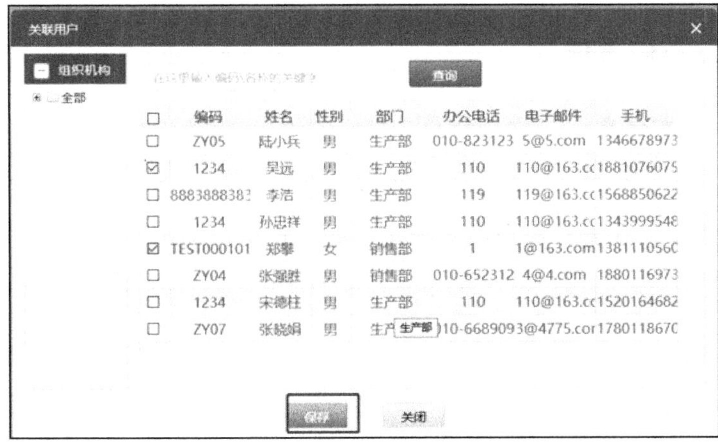

图 5-354　外发流程人员配置

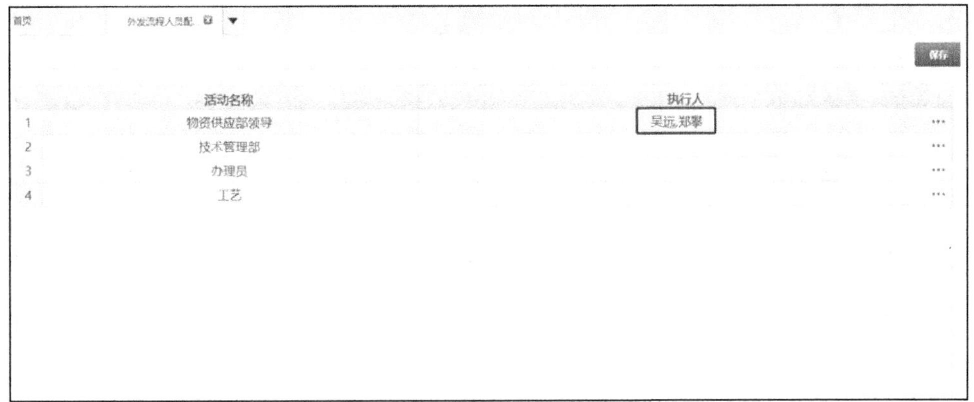

图 5-355　用户信息显示

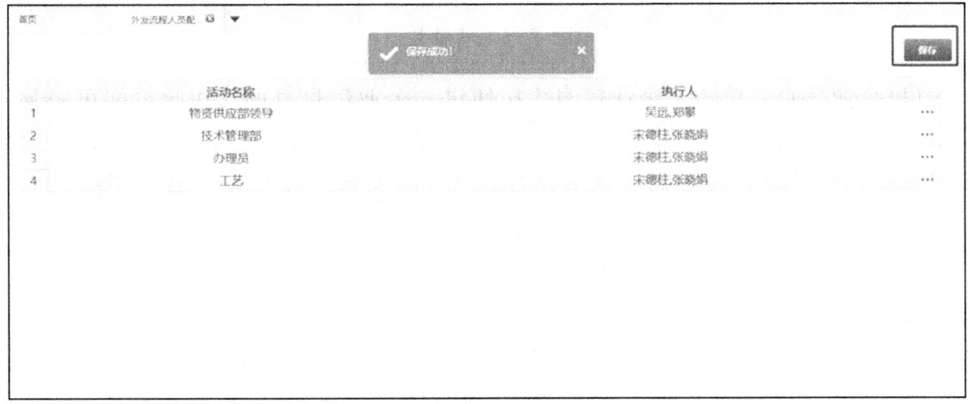

图 5-356　完成外发表单审批人员配置

5.5.3　基础数据管理

1. 企业基本信息

企业基本信息包括企业、部门、职员、客户、供应商、仓库等详细信息。均可在“基础数据”菜单单击对应名称进入相应模块，如图 5-357 所示。

图 5-357　基础数据

(1) 企业信息：单击“企业信息”按钮进入企业信息页面，在此页面可完善使用本系统的企业信息，包括企业名称、联系电话、建账日期、公司传真、法人、注册地址、经纬度、主要联系人等，如图 5-358 所示。联系人可单击图标“+”增加联系人，单击图标“🗑”删除联系人。

(2) 部门：单击“部门”按钮进入部门信息页面，单击“新增”按钮，在新增页面添加部门编码及部门名称，完成部门的创建，如图 5-359 所示。

(3) 职员：单击“职员”按钮可进入职员信息页面，如图 5-360 所示，通过选择所在部门单击“新增”按钮，进行职员信息的录入。

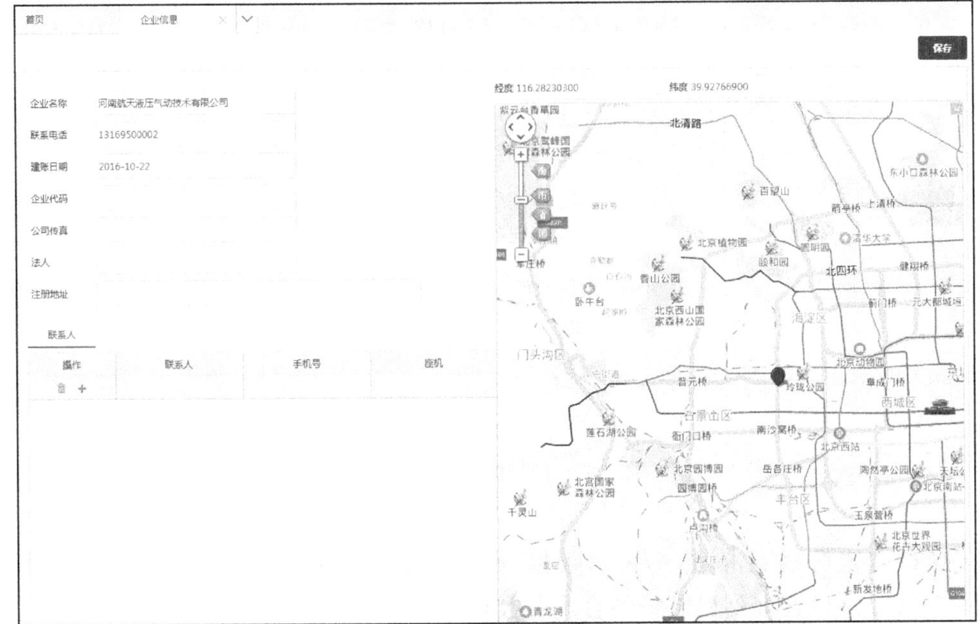

图 5-358　企业信息

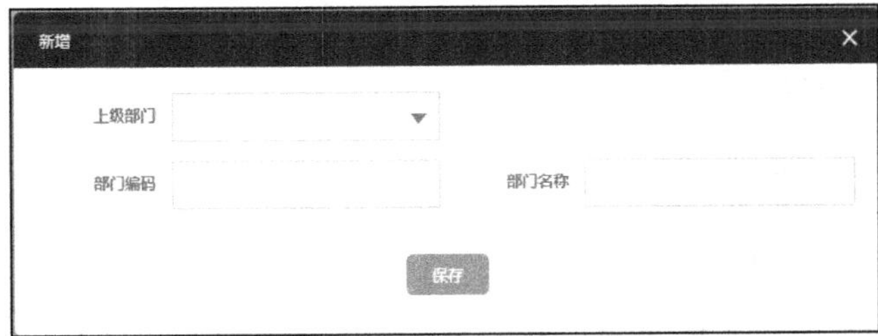

图 5-359　部门信息

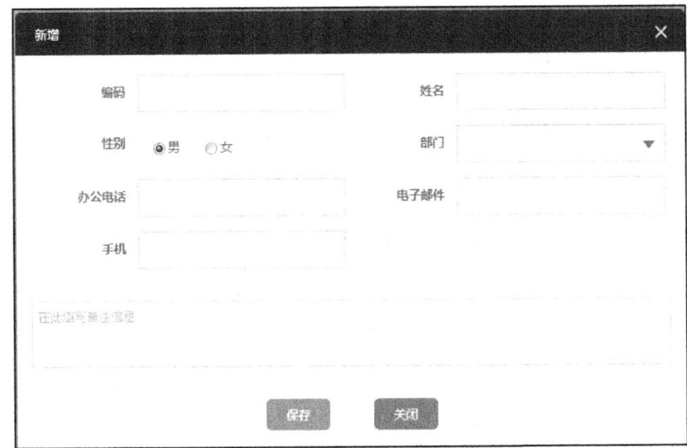

图 5-360　职员信息

单击"导出"按钮可将职员信息导出，导出格式现支持 xls、xlsx、pdf，如图 5-361 所示。

图 5-361　导出职员信息

(4) 客户分类：单击"基础数据→客户分类"按钮，打开客户分类页面(图 5-362)，可查询到已维护的客户分类信息。

图 5-362　客户分类页面

单击"新增"按钮，打开新增客户分类页面弹窗(图 5-363)，录入分类编码、分类名称，如果有上级分类，需要选择上级分类，录入后保存即可。

(5) 客户：单击"客户"按钮可进入客户信息页面(图 5-364)，客户信息增删方法同前。客户信息也可按照 excel 模板格式进行导入，也可将客户信息导出，导出格式现支持 xls、xlsx、pdf。

图 5-363　新增客户分类

图 5-364　客户信息

单击“新增”按钮，打开客户新增页面弹窗(图 5-365)，录入客户编码、客户名称，勾选客户分类、结算货币，填写公司电话、传真及联系人相关信息。客户代码为客户名称的拼音首字母缩写。录入完成后单击“保存”按钮即可。

(6)供应商分类：单击“基础数据→供应商分类”按钮，打开供应商分类页面(图 5-366)，可查询到已维护的供应商分类信息。

新增

客户编码 KH002　　客户名称 福宏泰

客户分类 大客户　　货币 RMB

公司电话 13520223232　　公司传真

价格清单　　信用额度

客户代码 FHT

备注 在此填写备注信息

状态 ◉启用 ○禁用

联系人　地址

操作	姓名	手机号	座机	邮箱	联系地址	首要联系人
	张三	13432002365	010-3788228	qq@163.com	XXXX	◉

保存

图 5-365　客户新增

图 5-366　供应商分类

单击“新增”按钮，打开新增供应商分类弹窗页面(图 5-367)，可选择上级分类，录入分类编码、分类名称，并保存即可。

图 5-367 新增供应商分类

(7) 供应商：单击“供应商”按钮进入供应商信息页面(图 5-368)，填写供应商编码、供应商名称，选择供应商分类、结算货币，填写公司电话、公司传真、联系人等相关信息。企业代码用于供应商关联时使用，如果企业不涉及此业务，则不需维护。税率信息需要在“设置中心—参数设置”中设置进项税后，方可选择。供应商信息可通过 excel 模板将信息导入，也可将系统内的供应商信息导出，导出格式现支持 xls、xlsx、pdf。

图 5-368 供应商信息

(8) 仓库：单击“基础数据→仓库”按钮，打开仓库定义页面(图 5-369)。界面展示的数据为已维护的仓库数据，单击图标“ ”可对已有数据进行编辑，单击图标“ ”可对未应用的数据进行删除。如果已引用，只可将状态改为“禁用”。

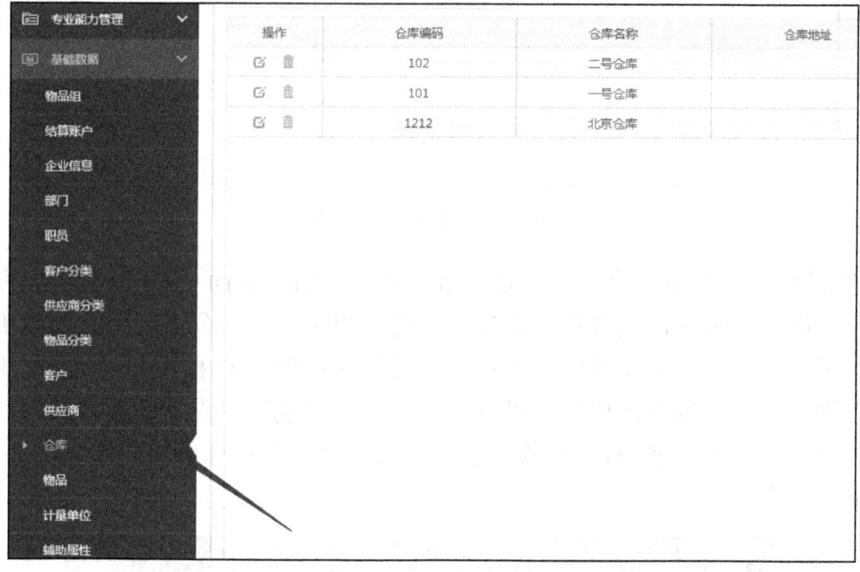

图 5-369　仓库定义

单击“新增”按钮，打开仓库新增弹窗(图 5-370)，录入仓库编码、仓库名称、仓库地址。用户可根据需要更改默认选项。录入后保存完成数据新增。

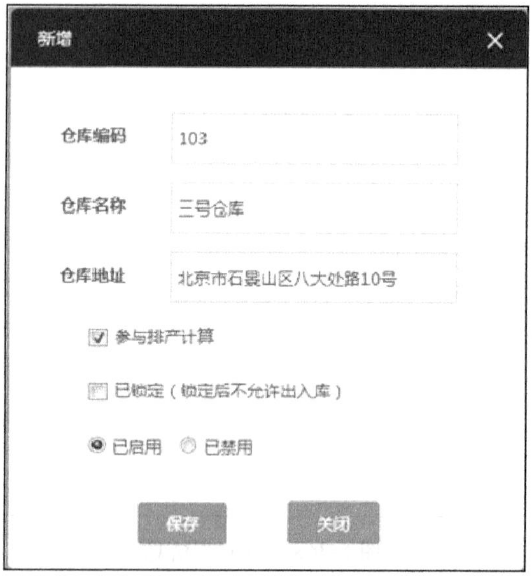

新增

仓库编码　103

仓库名称　三号仓库

仓库地址　北京市石景山区八大处路10号

参与排产计算

已锁定（锁定后不允许出入库）

已启用　已禁用

保存　关闭

图 5-370　仓库新增弹窗

2. 物料主数据

系统应当录入有关物料的所有信息，主数据包括物料的基本数据和业务数据。业务包括销售、采购、库存与存储地点、仓库管理、MRP、工作计划、会计、成本等。物料主数据供公司的各业务部门使用。

(1) 物品组：单击“基础数据→物品组”按钮，打开物品组页面(图 5-371)。单击“操作”中的“+”可新增空白行。录入数据后单击“保存”按钮。

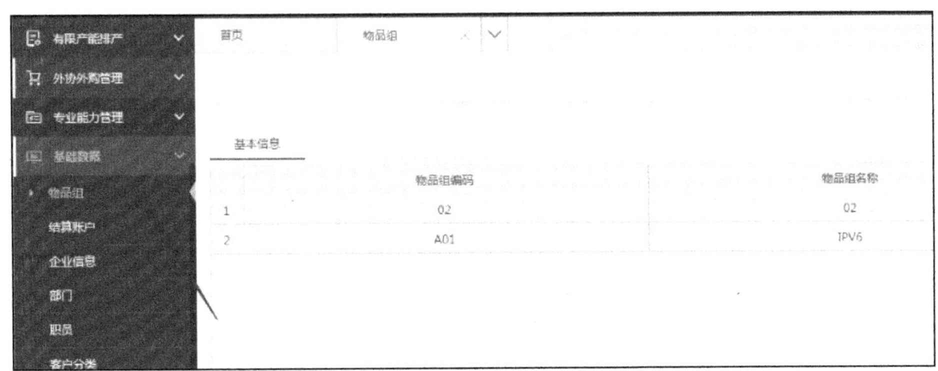

图 5-371　物品组页面

(2) 物品分类：单击“基础数据→物品分类”按钮，打开物品分类维护页面，如图 5-372 所示。

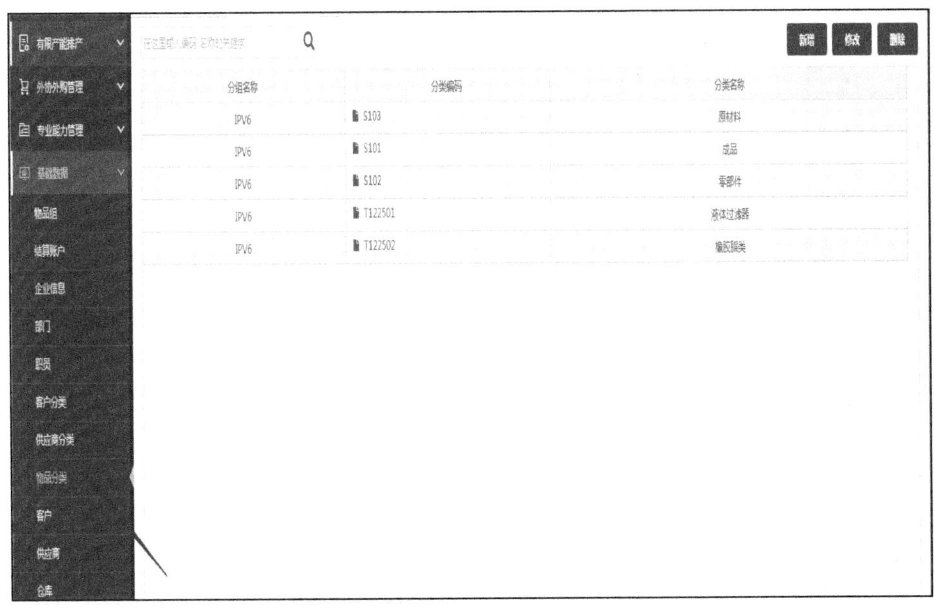

图 5-372　物品分类维护页面

单击“新增”按钮，弹出新增窗口(图5-373)。如果是末级分类，则需要勾选“末级分类”，勾选后，此分类下不可新增其他分类。选择物品组，在上级分类中，输入分类编码和名称，单击“保存”按钮完成新增操作。注意：一个物品组下可以有多个物品分类，物品组、上级分类需要提前定义才可选择。

图 5-373　新增物品分类

(3)计量单位：单击“基础数据→计量单位”按钮，打开计量单位页面，如图5-374所示。

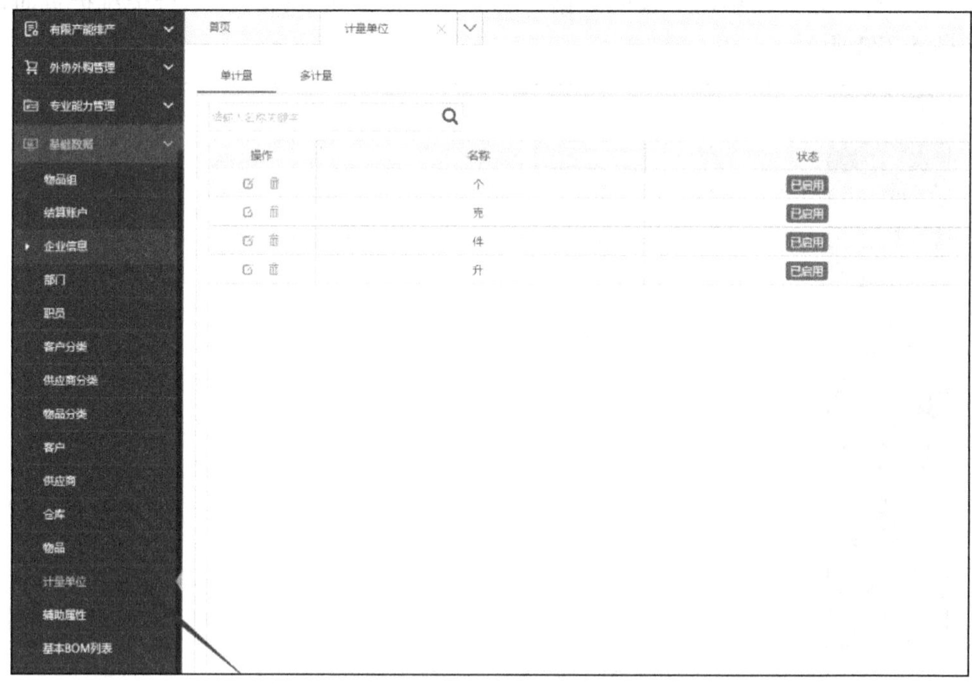

图 5-374　计量单位页面

在“单计量”页签时，单击“新增”按钮，打开新增单计量单位的页面(图 5-375)，维护单计量单位，输入单位名称，保存即可。

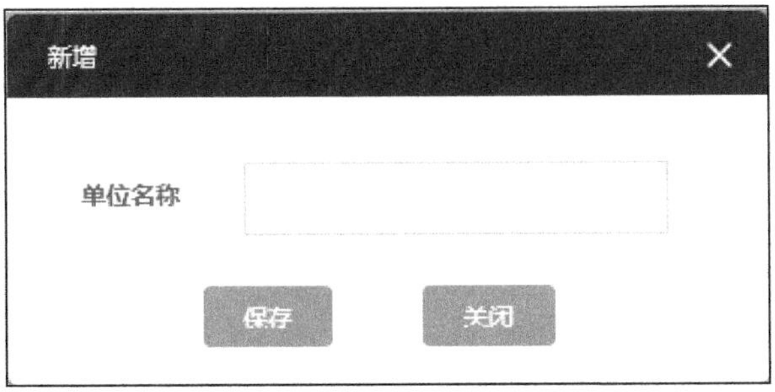

图 5-375　新增单计量单位

在“多计量”页签时，单击“新增”按钮，打开多计量维护页面，录入多单位名称，如长度组、重量组等，基本单位和辅助单位为“单计量”中定义的单位。辅助单位代表了 1 单位的辅助单位与 1 单位的基本单位之间的换算关系，如 1 件 =1 个，如图 5-376 所示。

图 5-376　新增多计量单位

(4) 物品主数据维护：在录入物品信息前，需要预先定义物品组、物品分类、计量单位、供应商、税率、仓库信息，否则在对应的物品参数勾选时，将无法选到对应信息，如图 5-377 所示。

专业能力管理
基础数据
物品组
结算账户
企业信息
部门
职员
客户分类
供应商分类
物品分类
客户
供应商
仓库
物品
计量单位
辅助属性
基本BOM列表

零部件
原材料
橡胶脂类
液体过滤器
成品

操作	物品编码	物品名称	规格型号
	2006-J14A-9ZJB	插座	CASTPS05/007-2006-J14A-9ZJB
	23SX39-T2+JX-40	微动开关	23SX39-T2+JX-40
	60110*YY-0100-00	尾段	YY-0100-00
	60110*YY-0100-03	衬套	60110*YY-0100-03
	60110*YY-0100-04	垫块	60110*YY-0100-04
	60110*YY-0100-20	口盖	60110*YY-0100-20
	60110*YY-0100-20-1	蒙皮	60110*YY-0100-20-1
	60110*YY-0100-20-3	口框	60110*YY-0100-20-3
	60110*YY-0100-20-5	垫片	60110*YY-0100-20-5
	60110*YY-0100-30	小口盖	60110*YY-0100-30
	60110*YY-0100-30-1	弹簧片	60110*YY-0100-30-1
	B002	销	GB/T119.1-2000-0.8m6×3-A1
	CEZR204-5/0-0	自锁阀	CEZR204-5/0-0
	CEZR204-5/0-01	阀体	CEZR204-5/0-01
	CEZR204-5/0-011	导向套	CEZR204-5/0-011
	CEZR204-5/0-012	挡块	CEZR204-5/0-012
	CEZR204-5/0-013	下压环	CEZR204-5/0-013
	CEZR204-5/0-014	上压环	CEZR204-5/0-014

图 5-377　物品信息

手动新增步骤：依次单击“基础数据→物品→新增→维护物料的基础信息→维护物料的库存信息→维护物料的辅助信息→保存”按钮。

单击“新增”按钮，打开新增物品页面(图 5-378)，补充基础信息。

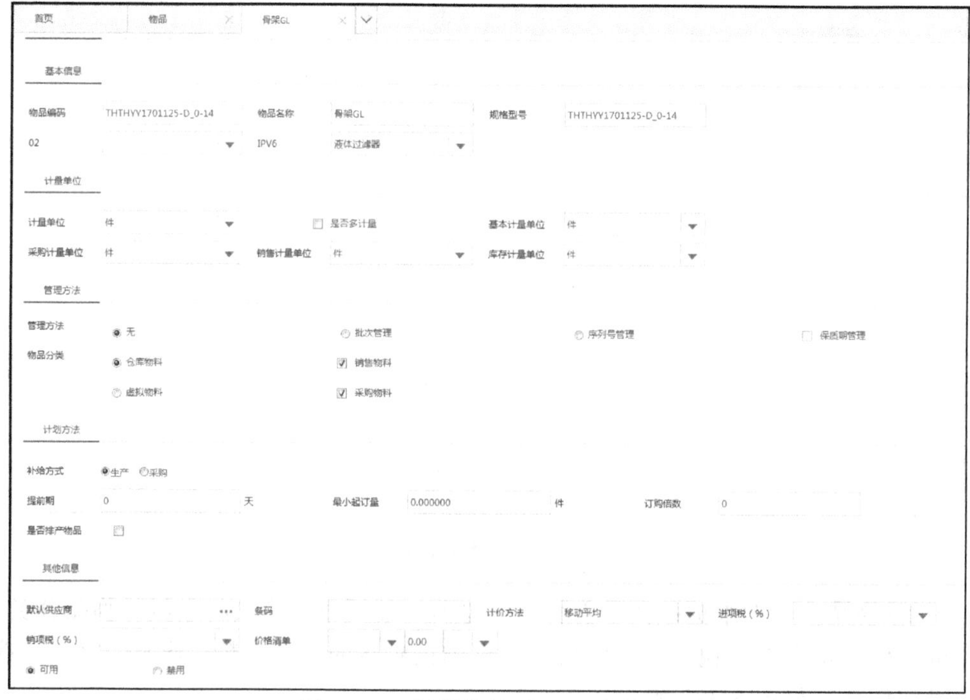

图 5-378　新增物品页面-基本信息

补充库存信息，如图 5-379 所示。

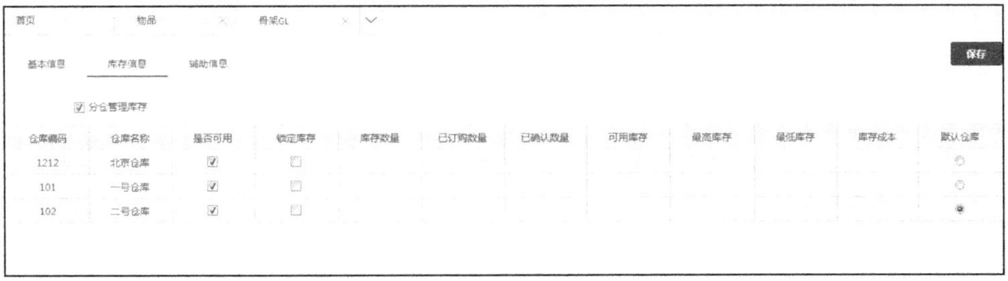

图 5-379　新增物品页面-库存信息

补充辅助信息，如图 5-380 所示。

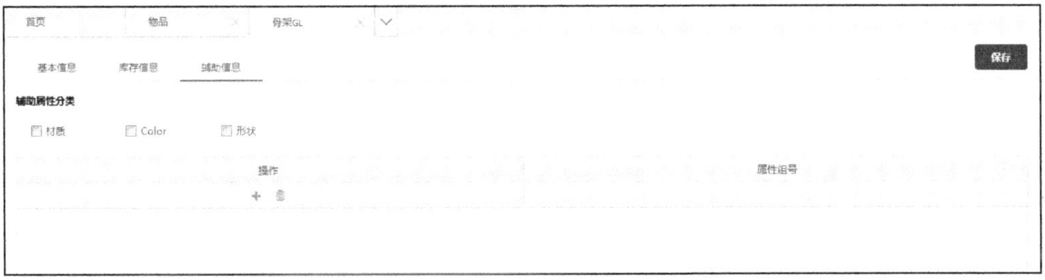

图 5-380　新增物品页面-辅助信息

Excel 导入步骤：依次单击“基础数据→物品→导入→下一步→浏览”按钮，选择要导入文件，单击“导入”按钮，单击“完成”按钮，如图 5-381 所示。

图 5-381　物品导入页面

3. 物料清单(BOM)管理

系统要正确地计算出物料需求数量和时间，必须有一个准确而完整的产品结构表，来反映生产产品与其组件的数量和从属关系。

BOM 管理包括：BOM 查询、新增、修改、删除、审核及反审核，如图 5-382 所示。

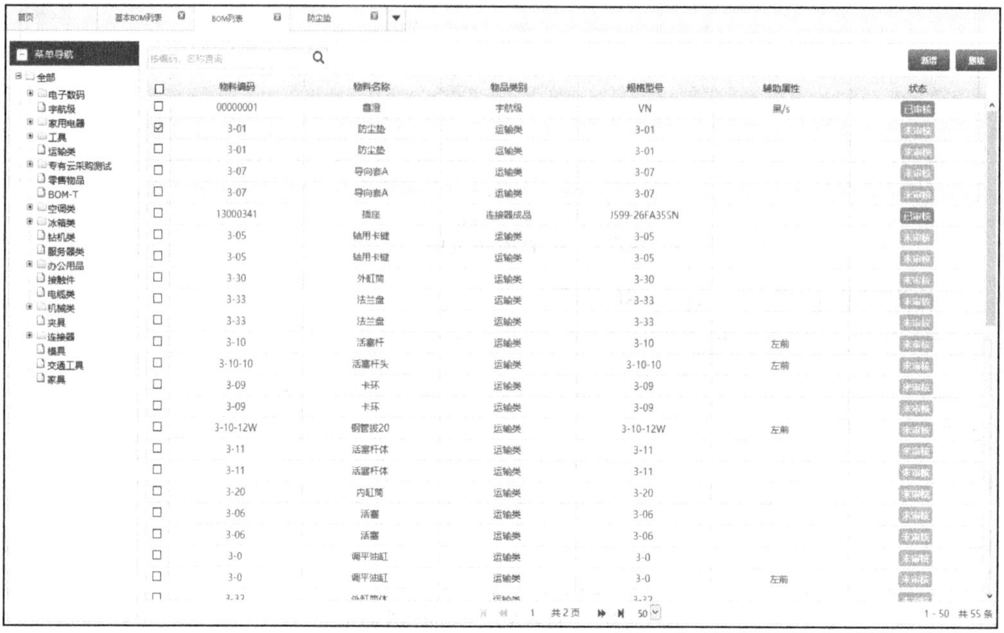

图 5-382　BOM 管理

手动新增 BOM 信息：单击新增→选择物品名称→增加子项→在子项目名称中单击选择物品名称→维护序号、数量、供应方式、提前偏置期。

单击增加工序→维护工序序号、名称、编码、加工时间(h)等，并选择资源类别→保存，如图 5-383 所示。

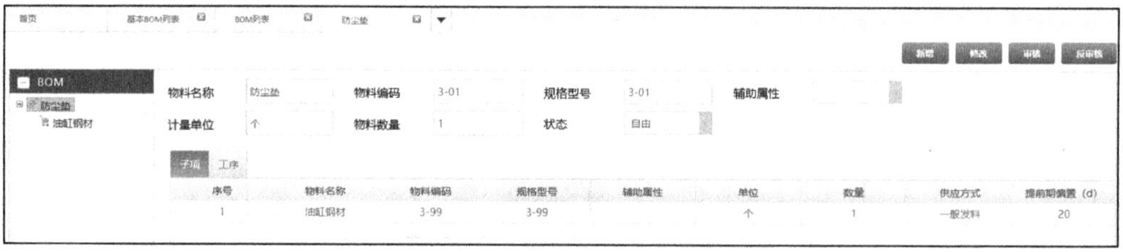

图 5-383　新增 BOM 页面

录入物品名称，并维护子项信息，如图 5-384 所示。

维护工序信息，如图 5-385 所示。

Excel 导入 BOM 信息步骤：单击基础数据→基本 BOM 列表→单击“导入”按钮，如图 5-386 所示。

序号	物料名称	物料编码	规格型号	辅助属性	单位	数量	供应方式	提前期偏置（d）
1	O形圈GL1	TGXXYY-O-001	M242 φ53*1.8 GB_T		件	1.0000	一般发料	2
1	壳体GL	TGXXYY170X125-X	TGXXYY170X125-X_		件	1.0000	一般发料	2
1	压盖GL	TGXXYY170X125-X	TGXXYY170X125-X_		件	1.0000	一般发料	2
1	保护盖GL	TGXXYY170X125-X	TGXXYY170X125-X_		件	2.0000	一般发料	2
1	O形圈GL2	TGXXYY-O-002	M242 φ53*2.65 GB_		件	1.0000	一般发料	2
1	O形圈GL3	TGXXYY-O-003	M242 φ45*1.8 GB_T		件	1.0000	一般发料	2
1	滤芯GL	THTHYY1701125-D	THTHYY1701125-D_		件	1.0000	一般发料	2

图 5-384 维护 BOM 子项信息

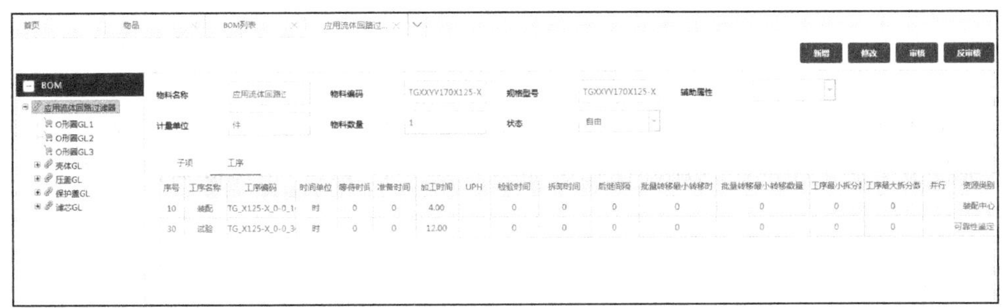

图 5-385 维护 BOM 工序信息

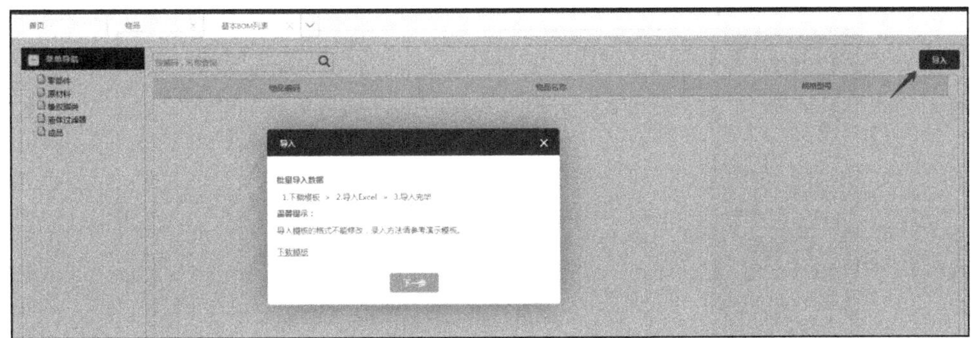

图 5-386 导入 BOM 信息

单击“浏览”按钮选择要导入文件→单击“导入”按钮→单击“完成”按钮，如图 5-387 所示。

导入的 BOM 单击审核后，该 BOM 通过校验，状态为“审批”，如图 5-388 所示。

处于审核状态的 BOM，无法编辑，需要进行反审核后方可编辑。

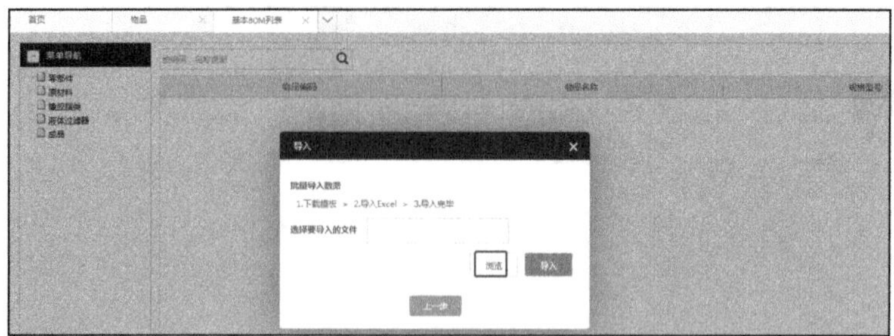

图 5-387　浏览导入 BOM 文件

图 5-388　BOM 状态

BOM 编辑：BOM 查询→在 BOM 选择列表中选择物料→单击“修改”按钮→进行节点的工序的新增删除操作。如果需修改子节点，请删除后增加子节点。

4. 其他基本数据

1) 辅助属性

操作步骤：在菜单选择“基础数据”→“辅助属性”打开辅助属性页面，如图 5-389 所示。

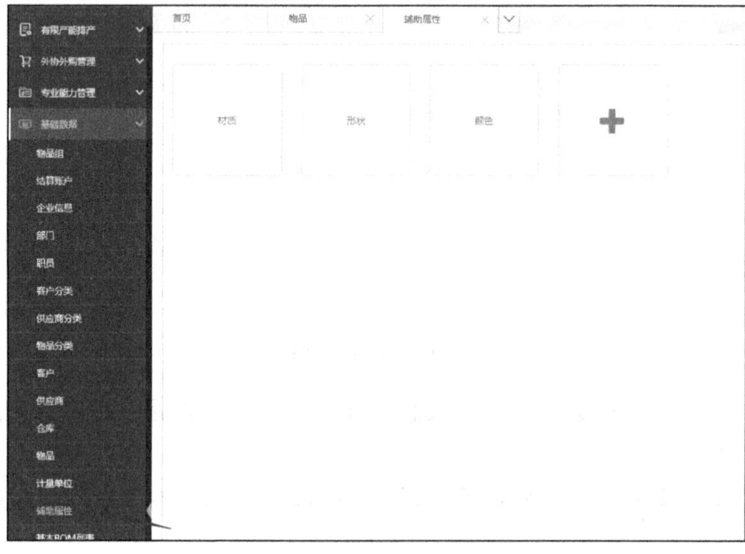

图 5-389　辅助属性

新增辅助属性分类：单击加号，填写辅助属性分类名称，单击“保存”按钮完成添加，如图 5-390 所示。

图 5-390 新增辅助属性分类

新增辅助属性分类的值。

操作步骤：单击已创建的辅助属性分类，如图 5-391 所示。

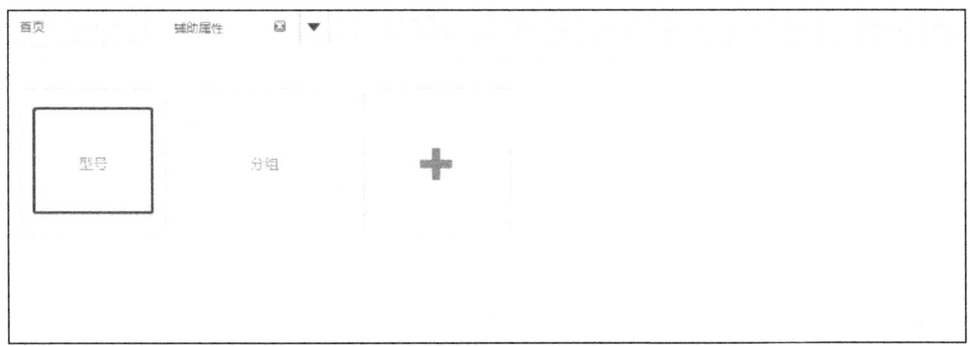

图 5-391 选中已创建的辅助属性分类

在弹出页面单击“新增”按钮，添加属性名称，单击“保存”按钮完成值的添加，如图 5-392 所示。

2) 结算账户

操作步骤：从菜单选择“基础数据”→“结算账户”，如图 5-393 所示。

图 5-392　新增辅助属性

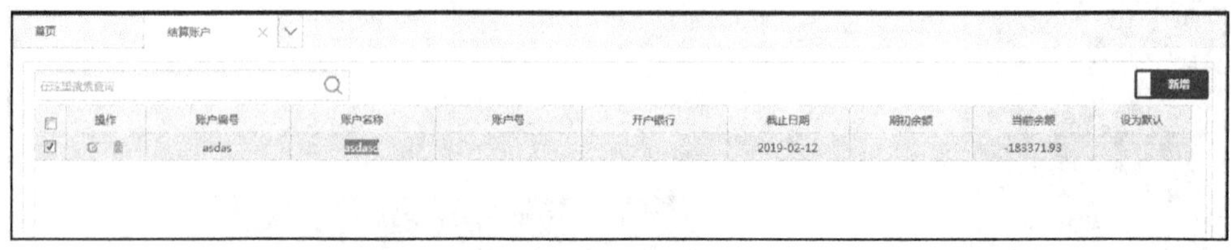

图 5-393　结算账户

新增结算账户：在弹出页面单击“新增”按钮，填写完善账户信息，单击“保存”按钮完成创建，如图 5-394 所示。

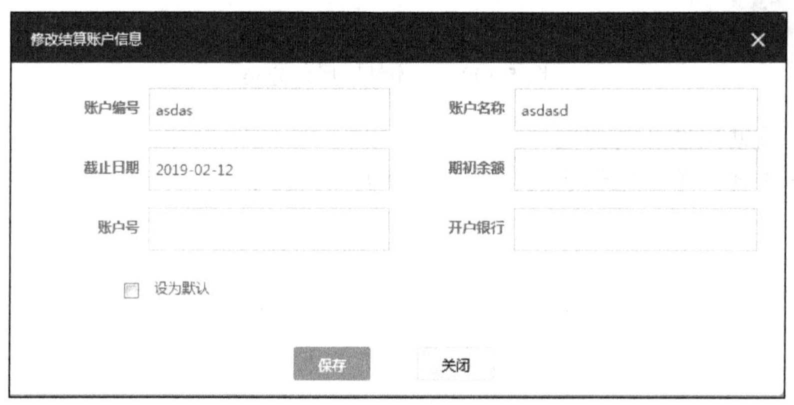

图 5-394　新增结算账户

3) 新增汇率

操作步骤：从菜单选择基础数据→汇率，在弹出页面单击“新增”按钮，填写完善账户信息，单击“保存”按钮完成创建，如图 5-395 所示。

5. 项目类型创建

(1) 新增项目分类：单击“项目分类”按钮，单击“新增”按钮，填写“分类描述”“分类名称”，选择上级目录，单击“保存”按钮，新增成功，如图 5-396 所示。

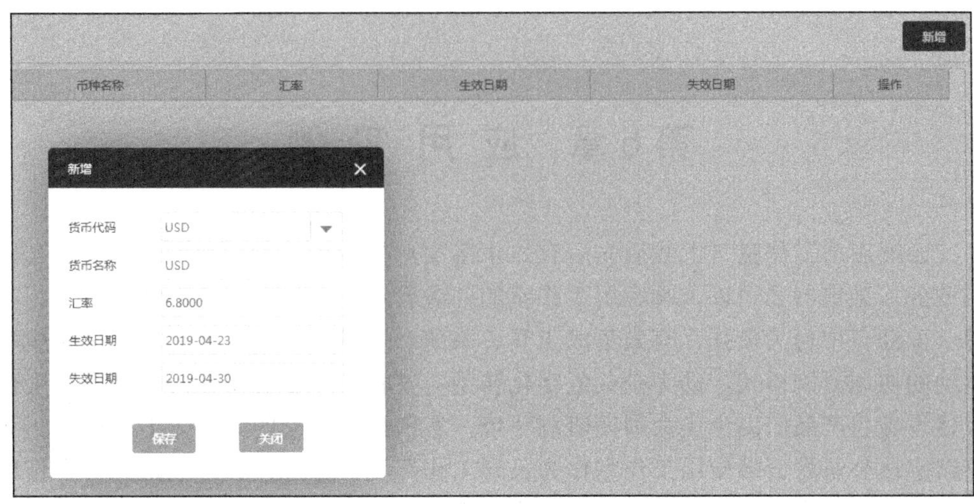

图 5-395　新增汇率

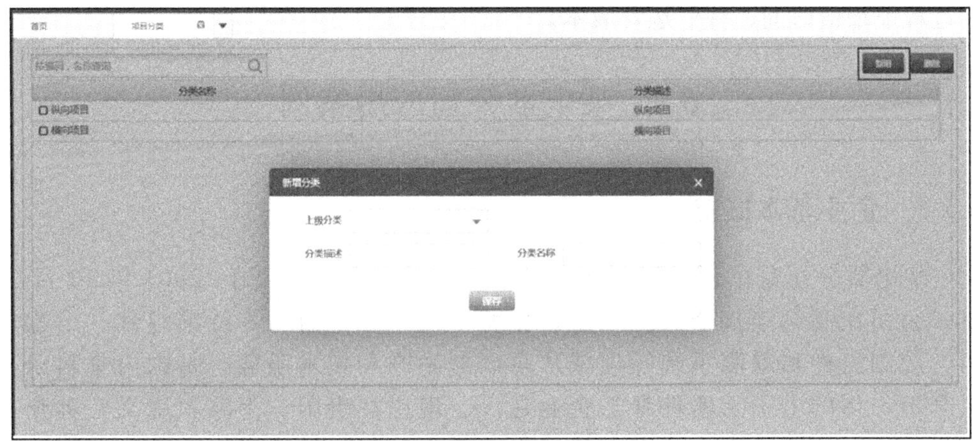

图 5-396　新增项目分类

(2)删除项目分类：选中某条分类，单击右上方的“删除”按钮，该条分类和其下属分类都会删除，如图 5-397 所示。

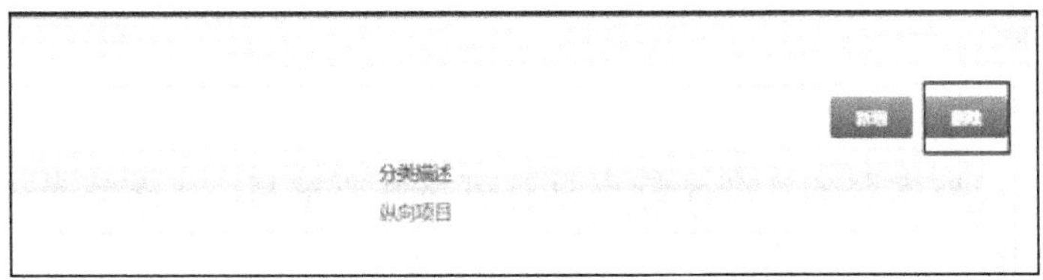

图 5-397　删除项目分类

第6章 应用实例

云端应用工作室自上线后先后有二十多家单位应用云端应用工作室支撑其研制业务。某电器公司以云端应用工作室的任务管理为主线、以 CRP\CMOM 为支撑、以业务中台为依托，有效集成工具、系统、资源，打通信息孤岛，构建模型驱动的协同研制模式，助力企业数字化转型。某精密机械公司基于云端应用工作室建设覆盖产品研制全生命周期研制环境，实现数据驱动的数字化工作模式。北京航宇达公司将云端应用工作室作为云端工作环境，通过任务管理跟踪每个订单的交付进度，实现透明化管理。南京优倍电气公司以云端应用工作室的业务中台为总线，整合自研的 PDM、MES，打通云 ERP 与 PDM、MES 的数据流，缩短研制过程非增值时间、降低运营成本。

6.1 某电器公司应用案例

6.1.1 企业基本概况

某电器公司是中国航天科工集团下属上市公司，成立于 2001 年 12 月 30 日。公司在高端连接器、继电器、微特电机、光电组件、线缆组件、二次电源、控制组件和遥测系统等领域从事研制生产和技术服务，是国内集科研、生产于一体的电子元器件骨干企业之一。现已在贵阳、上海、遵义、苏州、泰州、镇江等地成立控股子公司，形成了集团化、跨地域、专业优势互补的产业化布局。产品广泛地应用于航空、航天、船舶、兵器、核能、电子、通信、医疗、轨道交通、能源装备、网络设备、家用电器以及新能源汽车等各个领域。

1. 产品概况

某电器公司主营业务包括连接器、微特电机、继电器、光电及电缆组件等产品的研制生产和技术服务。产品特点具有可靠性要求高、工艺复杂的特点，生产模式及特点为按单生产，多品种小批量，面向订单的生产(MTO 比例占 30%～50%)，定制化程度高(有 50%～70%为 ETO 订单)。

2. 业务流程

某电器公司的业务流程如下。

在云端或者线下接收订单，将订单录入ERP，若订单为标准产品，则在ERP生成生产计划、采购/外协计划，计划下发至车间MOM和CRP，车间计划员进行任务分解，等待库房配料，配料完成后按照计划进行生产。生产过程中，使用本地CMOM进行设备、产品运行数据采集和分析，生产完工后，在MES中报工，并将产品入库ERP系统。

若订单为非标产品订单，则ERP将订单信息传递至PLM系统，研发人员在PLM系统中进行产品设计，设计完成后，通过PLM的邮件系统或RTX(已和PLM集成)通知工艺人员，在PLM中进行工艺设计，完成后工艺信息自动下发至车间MOM(其他车间MES暂未集成PLM)，车间根据计划进行生产。

若设计制造过程中需要和客户、供应商进行模型、文件沟通，研发人员或者物资采购员使用CPDM或者邮件系统进行文件、模型协同。

3. 存在痛点

某电器公司圆形连接器产品具有以下特点：①产品品种多、定制化需求高；②研制周期长，多事业部异地协同；③产品可靠性要求高、装配工艺复杂。

通过基于云平台的智能制造样板间项目建设，实施INDICS云制造协同软件CRP、CPDM、CMOM、PLM(TC、NX、TCM等)、SAPERP、MOM的网络化智能生产线建设，实现了数字化企业集成，打通订单/计划、BOM/模型、产线/设备/生产/运营数据3条数据流。建成数据驱动的柔性混线生产模式，消除了信息孤岛，但各系统和业务在各系统独立执行，没有建立统一的协同设计制造环境。企业需求通过云端应用工作室建设覆盖产品订单管理、研发设计、工艺设计、生产计划、制造执行、产品交付各业务环节的一体化协同工作环境，实现数据驱动的集成化管控模式。

6.1.2 用户需求

某电器公司在贵阳、上海、苏州、遵义等多地办公，具有多事业部协同的业务需求。为实现集团化统一管控，打通任务流和数据流，实现数据驱动的全业务流程管理，构建模型驱动的协同研制模式，形成企业内集团化管控及协同(贵阳-上海事业部)与基于知识的数字化协同设计能力，形成跨企业协同制造能力，以云端应用工作室为支撑，打通某电器公司整体业务流程。

以某电器公司J599/26FB35PN非标产品相关业务为验证对象，覆盖其订单管理、研发设计、工艺设计、生产计划、制造执行、产品交付的各任务环节，实现各级任务规划，数据驱动的任务执行及任务统计，建设一体化协同工作环境。完成企业内(贵阳事业部)各项任务的管理及执行过程的顶层规划、节点管控，提供一体化协同工作环境，提高效率、缩短研制周期。

6.1.3 应用分析

1. 试点应用整体流程

以某电器公司J599/26FB35PN圆形连接器的相关业务为验证对象，该产品是某主机厂的配套产品，涉及元器件需要外购，其外购商为贵州创精机械制造有限公司，业务模式为按单生产，具体业务流程如图6-1所示。

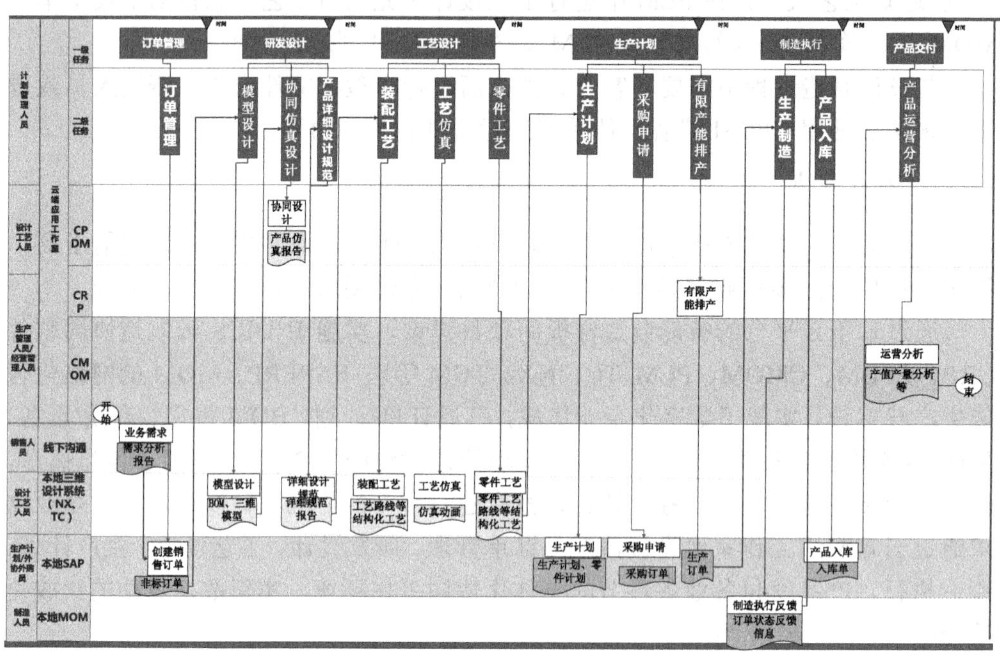

图6-1　某电器公司-应用工作室业务流程

企业在应用工作室创建(录入或导入)订单，进行订单管理。在云端应用工作室使用任务管理进行一级/二级任务规划。一级任务包括：订单管理、研发设计、工艺设计、生产计划、制造执行、产品交付，并定义各阶段任务的任务内容、成果物要求、时间节点、负责人、对应的应用工具、工作圈等的配置。负责一级阶段任务的负责人，针对任务进行子任务的划分，定义子任务的任务内容、成果物要求、时间节点、负责人等。一级/二级任务规划发布后，云端应用工作室通过待办消息触发任务执行。

二级任务执行，在云端应用工作室通过获取本地系统地址和单点登录的集成方式进入相关系统，如资源协同软件 CRP，对销售订单对应的工单进行排产。数据在相应系统传递，云端应用工作室通过人工发布任务完成，驱动下一相关任务执行。

2. 具体流程描述

某电器公司销售员在线下和客户沟通业务需求，形成业务分析报告，提交云端应用工作室，通过云端业务工作室获取 J599/26FB35PN 订单，根据订货需求订单，在云端应用工作室创建订单，进行一级(各级)任务规划。订单数据作为输入驱动云端应用工作室订单管理流程。

1)研发设计

设计人员接到订单信息后，进行模型设计、详细设计规范编制、设计协同仿真任务。

云端应用工作室订单管理任务输出，启动研发设计任务。总体设计师收到 J599/26FB35PN 产品设计任务后，启动云端应用工作室研发设计任务流程。总体设计师根据订单信息进行三维模型设计，完成后提交至云端应用工作室。异地上海的仿真设计师在 CPDM 中根据三维模型，进行仿真设计，编写仿真报告，将报告提交至云端应用工作室。总体设计师根据设计与仿真结果，编写详细设计规范，提交至云端应用工作室。

2)工艺设计

设计完成后，工艺人员进行装配工艺、零件工艺、工艺仿真的任务。

云端应用工作室研发设计任务输出，启动工艺设计任务。总工艺师收到 J599/26FB35PN 产品工艺设计任务后，启动云端应用工作室工艺设计任务流程。装配工艺师进行工艺路线编制、工艺仿真设计，提交至云端应用工作室，零件工艺师进行零件工艺编制，提交至云端应用工作室。

3)生产计划

车间计划员根据销售订单，在 SAP 生成生产计划、零件计划；采购员根据计划进行采购申请，形成采购订单；车间计划员通过 CRP 进行有限产能排产，根据排产结果在 SAP 生成生产订单。

云端应用工作室接收到订单管理和工艺设计的输出后，启动生产计划任务。车间计划员收到 J599/26FB35PN 生产计划的任务后，启动云端应用工作室生产计划任务流程，车间计划员使用 SAP 形成生产计划、零件计划，通过上传方式提交至云端应用工作室；采购人员根据采购计划生成采购订单，提交至云端应用工作室；车间计划员使用 CRP 进行有限产能排产，将排产结果传递至 SAP，生成生产订单，提交至云端应用工作室。

4) 制造执行

车间工人根据生产订单进行生产，完工后在 MOM 系统反馈订单状态；库管员在收到入库报工后，提交入库单。

云端应用工作室接收到生产计划任务的输出后，启动制造执行任务。车间工人收到 J599/26FB35PN 生产订单任务后，启动云端应用工作室制造执行任务流程。工人使用 MOM 进行生产，完工后进行报工反馈，反馈信息提交至云端应用工作室。库管员在接到报工信息及收到产品后，在 SAP 编制入库单，提交至云端应用工作室。

5) 产品交付

产品交付后，运营管理人员进行数据统计分析。

云端应用工作室接收到制造执行任务的输出后，启动产品交付任务。运营管理员收到 J599/26FB35SN 任务后，启动云端应用工作室产品交付任务流程，使用 CMOM 进行产值产量分析，将结果提交至云端应用工作室。

3. 价值分析

(1) 基于任务的数据采集，形成研发设计、工艺设计、生产制造、产品交付等环节数据可视化。研发设计、工艺设计通过应用支撑环境 CPDM，实现关键型号的三维模型、BOM、工艺路线等；生产制造、产品交付实现关键型号/订单的生产计划及进度、质量统计、PPM、设备 OEE 及产线状态监控。提供运营、生产过程一体化、透明化管控平台，缩短全生命周期过程的非增值周期，提高效率，降低运营成本。

(2) 基于计划节点的警示信息驱动阶段任务转下一阶段，提高计划完成率，保障交付周期、提高客户满意度。

(3) 基于数据驱动的子任务，实现数据传输及变更同步、实时、准确。所订阅的任务数据和任务的完成情况，实现下游或相关任务的数据驱动，提高全生命周期过程各任务的质量一致性。

(4) 应用支撑环境，CRP 有限产能计划进行产能约束排程，优化资源利用效率，有限产能计划驱动 MES 制造执行，提高生产效率。CPDM 提供跨事业部协同研发平台、跨事业部的数据规范统一的产品数据管理，缩短研制周期，提高质量一致性。CMOM 实现质量、检测数据采集，产线及设备数据采集，ERP 销售、采购、生产等运营数据集成，进行数据清洗。建立分析模型，提供工艺优化参考，设备预防性维护，运营分析，提高产品一致性、降低运营成本。

6.2 某精密机械公司应用案例

6.2.1 企业基本概况

某精密机械公司主要从事雷达微波器件研制与生产、智能装备设计制造、金属复合材料研制与生产，专业涵盖微波技术、机械制造及自动化、数控加工、焊接工艺与设备、材料科学与工程等。公司现有五轴五联动立式加工中心、高精度车铣加工中心、真空铝钎焊炉、莱茨三坐标测量仪等高精加工检测设备200余台。

目前公司业务主营业务是承接军工行业雷达设计单位的生产订单，进行工艺设计和生产制造工作，以及承接其他外部单位的非标定制设备的研发设计生产。研发设计包括与客户进行需求确认、制定产品方案、产品结构设计、三维设计、图纸绘制等。工艺设计工作包括承接设计单位设计图纸、工艺性审查、工艺路线工艺规程设计、详细组件、零件的工艺设计。生产加工工作包括生产准备、生产计划编制及分解、生产执行、检验检测及入库管理等。公司主要生产加工工艺包括车、铣、刨、磨、钳、焊接、钣金等。

1. 产品概况

某精密机械公司是典型的OEM企业，是典型的多品种小批量生产模式，平均每年涉及的产品型号高达200多种，生产批量极少，生产过程管理难度大。

经过数年的信息化建设，某精密机械公司应用信息化手段进行生产业务管理，目前已经建成了PDM(CAXA PDM)、CAPP(CAXA CAPP)、ERP(SAP ERP)和MES(CAXA MES)系统分别支持企业运营、生产管理、研发设计、制造执行端的数字化运行工作，通过各系统间的数据集成，初步实现了各系统间的数据流转，解决了数据孤岛的问题。

该公司在承接军品订单之外还积极提升科技研发能力，研发民用产品，利用剩余产能进行产品的设计及生产。但是公司的生产管理等系统部署在商密网上，只能进行军品管理，民用产品缺少信息化系统管理，项目的管理还是通过电子文档、开会、邮件交流等手段进行，急需行之有效的系统来对项目的过程、成果物、人员分工等进行管理，使之可以进行良好项目工作分配、进度掌控、成果物的汇总与共享，有效地促进项目的良性开展。

2. 业务流程

目前，某精密机械公司的研发工艺流程如图6-2所示。

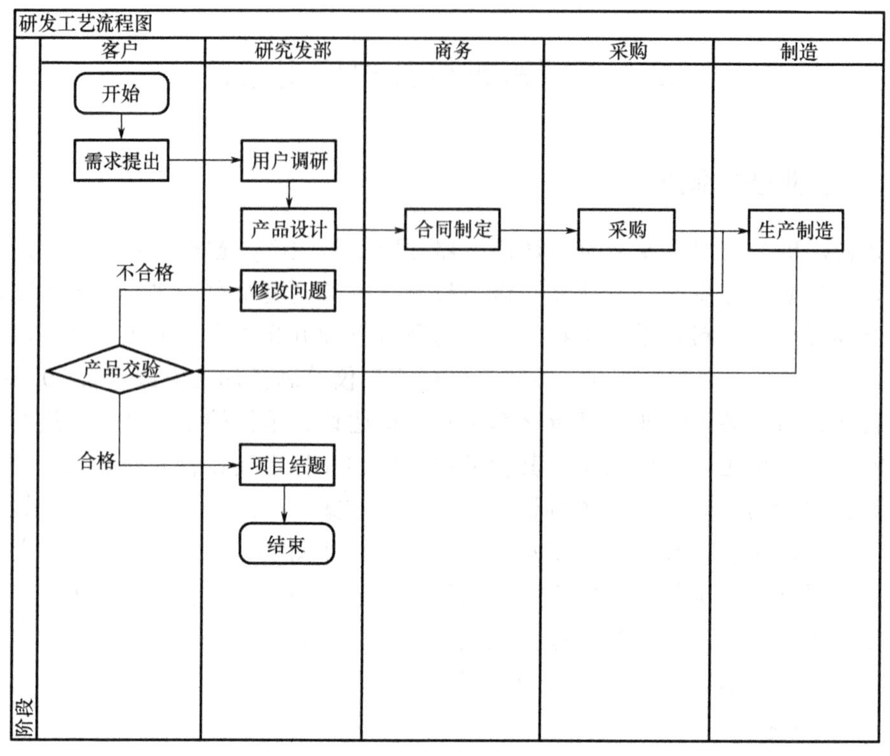

图 6-2　某精密机械公司研发工艺流程

以“微波石英砂实验炉项目”来说明企业业务流程，具体为通过商务人员电话或者面谈，从客户企业等单位获得项目信息。研发部门首先会对企业进行调研，在与企业的调研沟通过程中确认需求。本项目中配合客户进行微波提纯石英砂工艺试验，获得微波提纯石英砂实验炉的需求，之后以报告的形式提供出微波提纯石英砂实验炉的技术方案。方案确定后，按方案完成三维设计与图纸设计，同时，项目经理及商务人员会和客户签订完整的销售合同。研发人员完成产品设计后，准备开始生产，提交采购清单给采购人员，并由采购人员完成外购件的采购工作。待外购部件全部到场之后，由制造部门进行微波源的组装，电器安装板的安装。与此同时，研发部完成立项报告，并且监控实验炉外协加工工作进度。收到实物后，进行组装工作，在组装过程中，每一道工序完成后，都需要对其进行质量检验并完成设备的装配与测试。产品制造完成，将在客户处进行调试工作，包括微波提纯石英砂工艺试验，完成试验效果的检测，并根据试验效果优化工艺。在客户完成调试工作并通过验收后，实验炉项目结题，提交项目评价报告。

由于是非密产品，所以没有使用商密网上的管理系统，从需求调研到产品交付，所有文档都以纸质形式传递，所有销售、采购、协调等工作都通过电话或者面谈解决。

3. 存在痛点

该公司民品研发缺少项目管理系统支撑，项目成果物有电子文档、电子图纸、纸质文档、图纸、产品等；沟通过程以会议、电话、微信等手段，整个管理过程存在以下痛点。

(1)由于项目过程灵活多变，没有固定的项目流程，在没有系统的支撑下，项目过程管理困难。

(2)项目进度难以掌控，项目工作分解成任务下发到个人后，没有很好的任务跟踪手段，工作完成信息不能及时地反馈相关人员，造成信息不通畅而产生的下序工作的等待，工作的实时进度无法体现。

(3)项目涉及的人员、任务多，也有较多的成果物，在没有系统支撑下，这些成果物散落在各个项目组成员手中或者个别项目主管手中，不利于成果物的查找及共享。当某个人员离开项目组时可能造成部分成果的丢失，给项目造成损失。

基于上述问题，企业希望通过云端应用工作室，建设覆盖产品研发的需求管理、产品设计、合同制定、采购、生产制造、产品交验、项目结题各业务环节的一体化协同工作环境，实现数据驱动的集成化管控模式。

6.2.2 用户需求

以“微波石英砂实验炉项目”为例，实现各级任务规划、数据驱动的任务执行及任务统计，建设一体化协同工作环境。完成设定场景的验证，完成企业内各项任务的管理及执行过程的顶层规划、节点管控，提供一体化协同工作环境，提高效率、缩短周期。具体需求点如下。

某精密机械公司期望基于云端应用工作室构建一体化的工作环境，通过工作室的任务管理和流程模板功能，实现研发项目管理，记录项目实际流程，执行了多少工作任务，任务的执行时间是多少，多少人员参与其中，提交了多少成果物。

通过节点任务驱动工作，掌握项目任务进度，明确责任人，提高项目研发效率。

基于云端应用工作室，实现从客户需求到产品交验各个环节的管理，打通公司研发设计整体业务流程，形成项目的矩阵化管理，提升企业核心竞争力。

6.2.3　应用分析

1. 试点应用整体流程

以“微波石英砂实验炉项目”为验证对象。该产品是非标定制产品，涉及对用户需求的调研、产品的设计、零配件的采购、生产制造、产品交验、项目结题全产品生命周期流程，具备典型业务特征，业务流程如图 6-3 所示。

企业在云端应用工作室创建(录入或导入)项目，进行项目管理。在云端应用工作室使用任务管理进行一级/二级任务规划，一级任务包括：需求管理、产品设计、合同制定、采购、生产制造、产品交验、项目结题，并定义各阶段任务的任务内容、成果物要求、时间节点、负责人、对应的应用工具、工作圈等的配置。然后，负责一级阶段任务的负责人针对任务进行子任务的划分，定义子任务的任务内容、成果物要求、时间节点、负责人等。一级/二级任务规划发布后，云端应用工作室通过待办消息触发任务执行。

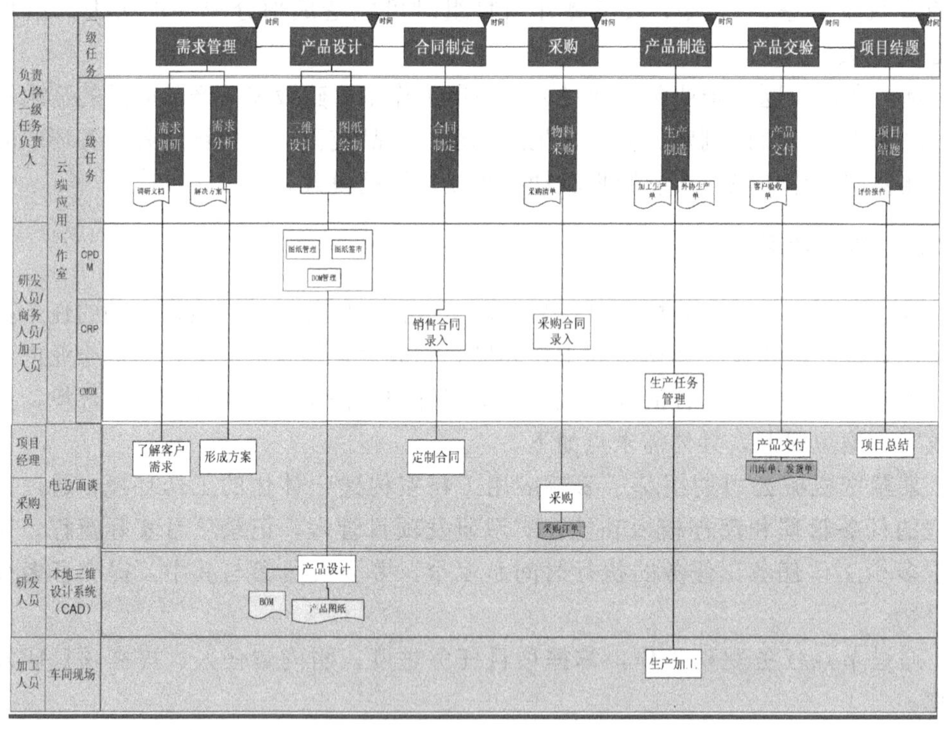

图 6-3　某精密机械公司云端应用工作室业务流程

二级任务执行，在云端应用工作室通过获取本地系统地址和单点登录的集成方式进入相关系统，如资源协同软件CRP中，进行采购流程操作；在工程BOM进行图纸签审管理和BOM管理；在CMOM进行生产任务管理。数据在相应系统传递，云端应用工作室通过人工发布任务完成，驱动下一相关任务执行。

2. 具体流程描述

1) 需求管理

研发人员通过需求调研确认客户需求，进行微波提纯石英砂工艺试验，配合客户完成多次工艺试验，获得客户认可。

2) 产品设计

项目负责人安排项目执行人进行三维设计和二维设计，完成设计任务后，将设计图纸反馈客户进行确认。

项目执行人员根据客户需求进行图纸设计，完成后输出文档；项目负责人审查项目执行人提交的图纸文档，并与客户进行沟通确认，完成定稿。

3) 合同制定

商务人员撰写销售合同，与客户确认合同内容，签署完整的销售合同。

4) 采购

采购人员根据合同内容，完成外购件的采购，并完成外协合同的签订。

5) 产品制造

项目执行人员根据任务，将生产制造环节进行划分，定义车间生产子任务，指定对应的任务内容、责任人、成果物要求、时间节点等。完成微波源的组装与电气安装板的安装工作，书写立项报告，并同时跟踪实验炉的外协加工，最后完成设备的装配与调试。

6) 产品交付验收

制造订单任务生产完成后，将质量文档、组装完成的产品、设计图纸以及销售合同都需要交付给客户，完成整个订单的生产与交付。

7) 项目结题

开展微波去除石英砂中气液包裹体工艺试验研究，形成试验效果评价报告。

6.3 北京航宇达应用案例

6.3.1 企业基本概况

北京航宇达科技有限公司于2014年成立，独资民企，现公司有员工70余人，其中管理和专业技术人员15人，技能人员35人，研究员和高级工程师20余人。

主要发展电子信息、机箱配套组装、线束捆扎、机电产品等。承接来自中国航天科工集团706所、中国航天科工二院699厂等航天企业的机箱配套组装业务。目前的主要部门和人数如表6-1所示。

表6-1　北京航宇达科技有限公司组织人员分工

部门	人数	工作内容
车间调度	1	负责整个车间的工作安排，监管工作进度
外调度	1	负责与甲方沟通订单、交付、来料等
库房	2	负责核对车间人员领料
车间	40	根据车间调度下发的任务，完成组装、检验等全流程生产
采购	1	理清所缺物资，帮助甲方采购
财务	1	处理公司财务
工艺	2	根据甲方提供图纸，编制工艺文档
技术员	1	为新员工培训，审核工艺文档
管理人员	2	整理保存所有文档，管理公司

1. 产品概况

北京航宇达科技有限公司主营业务包括用于航天各系统军工产品中的电子机柜、通信电缆、印刷版产品的工艺设计和组装。典型产品是控制机箱组装，产品具有高质量、高精度、高一致性的特点，生产模式及特点为按单生产，多品种小批量。控制系统机箱产品具有产品品种多、定制化需求高的特点。生产周期约为4个月，研制周期长，纯手工作业。产品可靠性要求高、组装工艺细致。每单产品至少40件，属于小批量、多型号生产模式，业务涉及工艺设计和组装，生产过程无生产设备，暂无任何信息化系统。

2. 业务流程

目前，北京航宇达科技有限公司的业务流程如图6-4所示。

通过电话或者面谈，外调度从航天三院三部、中国航天科工集团706所、中国航天科工二院699厂等单位获得任务单(纸质)，任务单上写明型号、数量、交期等信息。外调度将任务单、合同和图纸拿回北京航宇达科技有限公司，由北京航宇达科技有限公司管理人员签署合同，外调度将合同送回甲方，根据任务单在甲方领生产所需物料。并将物料送到北京航宇达科技有限公司，库房将物料入库。若任务单是新产品，则需要工艺人员进行工艺编制，形成工艺文件，由北京航宇达科技有限公司技术员审核后，由甲方再次确认工艺文件；若任务单是已有产品，则直接拿以往的工艺文件给甲方确认。车间调度拿到任务单后，根据交期对任务进行分解指派到每一个车间操作人员，并用纸质文档进行记录。车间操作人员根

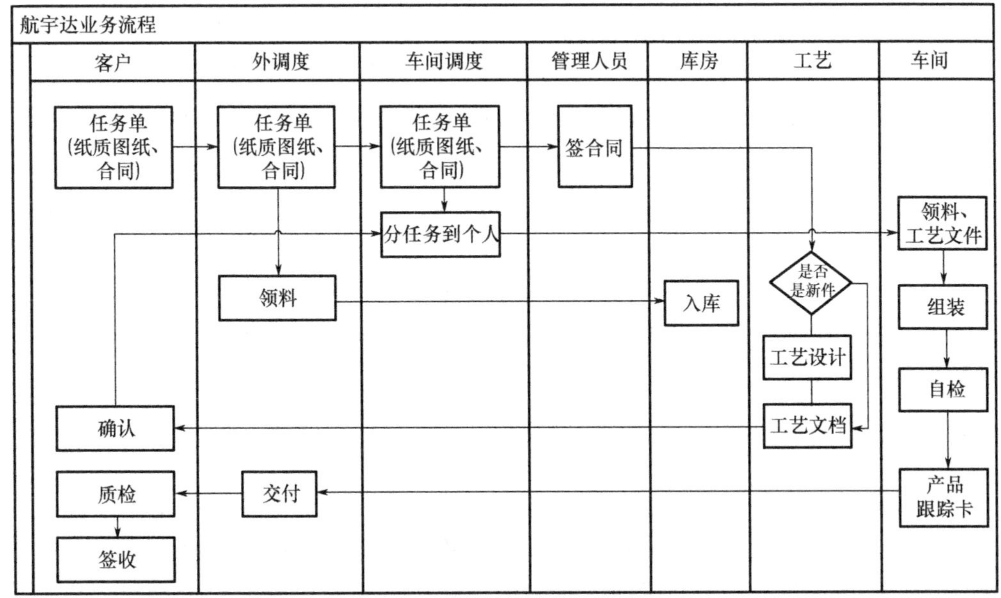

图 6-4 北京航宇达科技有限公司业务流程

据分到的任务去库房领料，然后进行生产。北京航宇达科技有限公司的生产模式为一个操作人员完成一个产品的所有工序，包括捆扎、焊接、检测等。生产期间，车间调度每天都需要去车间了解生产进度。若生产过程中发现缺料，车间操作人员报给车间调度，调度汇总后反馈给外调度，外调度向甲方领料。生产过程中，操作人员需要对产品进行自检，包括导线的规格型号是否正确，是否缺线，出线位置是否正确，是否通断等。一件产品生产完成后，操作人员填写纸质的跟踪卡，包括操作人员姓名、产品质量等信息。外调度负责将完成的产品、产品跟踪卡、甲方图纸、工艺文件等送到甲方处，甲方对产品进行检测，如无问题，则在跟踪卡上盖章以示验收合格并确认收货，有问题则请跟踪卡上记录的产品生产人员前来进行修改。

由于是涉密产品，从订单接收到产品交付，所有文档都以纸质形式传递，一个订单完成后，此订单的所有文档(任务单、合同、任务记录、物料签收确认、领料单等)打包保存。所有协调等工作都通过电话或者面谈解决。组装和检验过程全都是手工作业，不涉及加工设备。

3. *存在痛点*

北京航宇达科技有限公司目前没有任何信息化系统，所有材料均为纸质文件，生产过程也以手工为主，存在以下痛点。

(1) 由于订单接收、采购、交付均采用电话或面谈等沟通形式，沟通成本高，效率较低，且无法对订单、工艺文件、任务记录等进行有效管理。

(2) 公司下达车间任务时，根据交货时间，主管排出 10～20 天的任务量给工人，任务细分到个人，但任务记录全为纸质版，且需要每天进车间沟通生产进度，生产资源利用率没有最大化，生产组织安排难度大，监管工作量大。

(3) 历史订单管理纸质存档，翻阅查找困难，新产品来临时，找历史的类似产品作为参考时工作量较大。

基于上述问题，企业希望通过云端应用工作室，建设覆盖产品订单管理、工艺设计、生产计划、制造执行、产品交付各业务环节的一体化协同工作环境，实现数据驱动的集成化管控模式。

6.3.2 用户需求

以振动检测器为例，实现各级任务规划、数据驱动的任务执行及任务统计，建设一体化协同工作环境。完成设定场景的验证，完成企业内各项任务的管理及执行过程的顶层规划、节点管控，提供一体化协同工作环境，提高效率、缩短周期，具体需求点如下。

(1) 基于云端应用工作室构建一体化的工作环境，通过工作室的任务管理和流程模板功能，固化北京航宇达科技有限公司工艺、生产流程，形成规范化任务规划和管理能力。

(2) 通过节点任务驱动工作，掌握订单生产进度，提高生产效率。

(3) 基于云端应用工作室实现从客户订单到车间生产端到端的集成，打通北京航宇达科技有限公司整体业务流程，形成产业链深度协同，提升企业核心竞争力。

6.3.3 应用分析

1.价值分析

(1) 基于任务的数据采集，形成需求调研、研发设计、生产制造、产品交付等环节数据可视化。从需求到产品实现所有环节进度把控，明确了各阶段任务的内容、交期、责任人，有助于企业领导及时地了解项目的进展情况，提高效率，降低运营成本。

(2) 基于计划节点的警示信息驱动阶段任务转下一阶段，提高计划完成率，保障交付周期，提高客户满意度。

(3) 企业信息化环境支撑，云端应用工作室集成了云制造支撑系统 CRP/工程 BOM/CMOM，以及其他云端 APP。企业可利用工程 BOM 进行研发图纸管理，实现图纸签审管理和 BOM 管理，优化资源利用效率，提高效率。利用 CMOM 进行生产任务管理，实时掌握生产任务的执行情况；利用 CRP 进行采购管理，有效地实现采购成本的控制。

2. 试点应用整体流程

以北京航宇达科技有限公司振动检测器相关业务为验证对象，产品所需物料都由甲方提供，业务模式为按单生产，如图 6-5 所示。

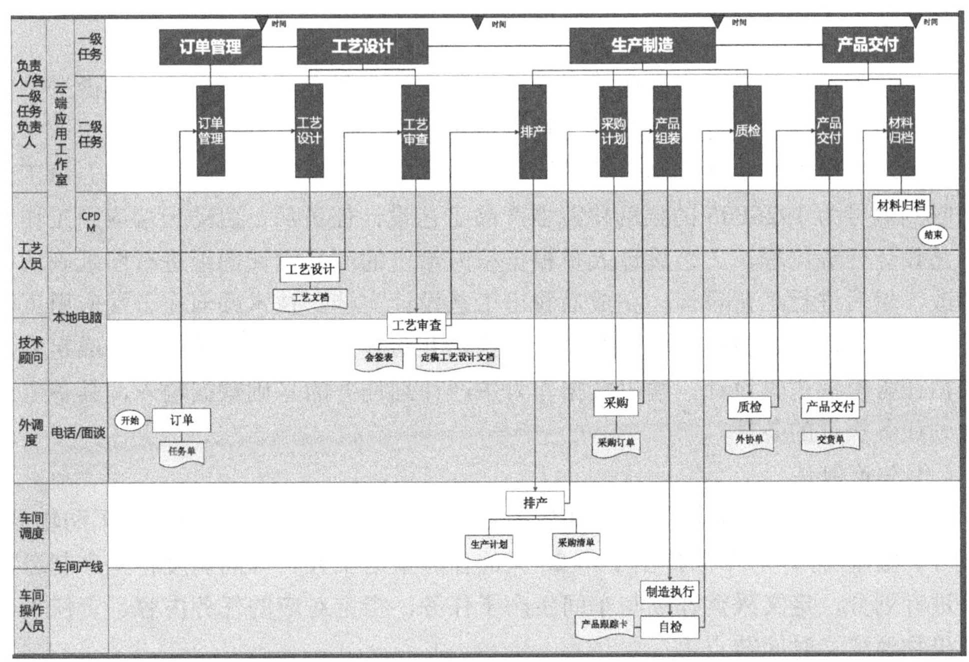

图 6-5 北京航宇达科技有限公司业务流程

企业在云端应用工作室创建(录入)订单，进行订单管理。在云端应用工作室使用任务管理进行阶段任务/子任务规划，阶段任务包括：工艺设计、生产制造、产品交付，并定义各阶段任务的任务内容、成果物要求、时间节点、负责人、对应的应用工具、工作圈等的配置。负责一级阶段任务的负责人针对阶段任务(工艺设计、生产制造、产品交付)进行子任务的划分，定义子任务的任务内容、成果物要求、时间节点、负责人等。阶段任务/子任务规划发布后，云端应用工作室通过待办消息触发任务执行。

子任务执行，在云端应用工作室通过获取本地系统地址和单点登录的集成方式进入相关系统，如协同研发设计工程 BOM，对产品全生命周期的图文档进行管理。数据在相应系统传递，云端应用工作室通过人工发布任务完成，驱动下一相关任务执行。

3. 体流程描述

1) 订单管理

北京航宇达科技有限公司外调度通过云端业务工作室获取中国航天科工二院699厂编号为1926P05的振动检测器产品，根据订货需求订单(云端业务)，在云端应用工作室创建订单，进行一级(各级)任务规划。订单数据作为输入驱动云端应用工作室订单管理流程。

2) 工艺设计

工艺设计人员拿到产品图纸后安排工艺设计责任人进行工艺设计或改进，完成工艺设计任务后，将工艺设计文档反馈客户进行确认。

云端应用工作室接收到研发设计任务的输出后，启动工艺设计任务。总工艺师收到编号为1926P05的振动检测器产品工艺设计任务后，启动云端应用工作室工艺设计任务流程。工艺设计人员根据甲方给出的产品设计图纸进行图纸确认和修改，然后进行工艺设计，完成后输出工艺设计文档。技术顾问在云端应用工作室审查工艺设计人员提交的工艺设计文档，并与客户进行沟通确认，完成定稿。根据任务模板逻辑设计，输出数据作为生产计划任务的基础数据输入，具备生产计划任务执行的条件。

3) 生产制造

车间调度根据接收的下达车间任务，订单交货时间，制定采购计划(采购物品、型号、数量等)；对车间排出10～20天的任务量给工人。车间调度将生产制造环节进行划分，定义采购计划与车间生产子任务，指定对应的任务内容、责任人、成果物要求、时间节点等。

云端应用工作室接收到工艺设计及订单管理任务的输出后，启动生产制造任务。车间调度收到编号为1926P05的振动检测器生产制造任务后，启动云端应用工作室生产制造任务流程。车间调度人员制定生产计划，输出自制计划和采购计划，通过上传方式传递应用工作室。外调度根据采购计划对物品进行采购。车间工作人员根据自制计划，依照产品工艺文件，进行产品组装生产。根据任务模板逻辑设计，车管调度人员输出的排产计划数据作为外购与制造执行任务的输入，具备制造执行任务执行的条件。

4) 产品交付

该订单批次的编号为1926P05的振动检测器产品，在设计生产完成后，将产品跟踪卡、组装完成的产品、工艺文件以及甲方送过来的图纸交付给客户，完成整个订单的生产与交付。将涉及此任务工单的所有文档进行材料归档，以便追溯和查看。

云端应用工作室制造执行任务输出，启动产品交付任务。销售员收到编号为1926P05的振动检测器产品任务后，启动云端应用工作室产品交付任务流程。

4. 价值分析

(1) 基于任务的数据采集，形成工艺设计、生产制造、产品交付等环节数据可视化。从订单到交付所有环节进行进度把控，明确了各阶段任务的内容、交期、责任人，有助于企业领导及时地了解订单完成情况，提高效率，降低运营成本。

(2) 基于计划节点的警示信息驱动阶段任务转下一阶段，提高计划完成率，保障交付周期、提高客户满意度。

(3) 通过任务管理和工程BOM系统，企业订单相关所有数据集中管理，工艺文件可积淀成企业资源，历史数据可追溯和借鉴，提升企业生产组织安排合理性，提高产品合格率。

6.4　南京优倍电气有限公司应用案例

6.4.1　企业基本概况

南京优倍电气有限公司成立于2002年，是江苏省高新技术企业、两化深度融合贯标单位，车间入选江苏省、南京市首批示范智能车间，公司2016年6月被江苏省委、省政府授予"江苏省百家优秀企业"称号。公司致力于安全栅、隔离器、温度变送器、浪涌保护器等工业信号接口仪表的研发与制造，现有员工200余人，其中各类专业技术人员近百名。通过十余年的发展与积累，公司在工业仪表、嵌入式软件、本安防爆领域有着深厚的科研基础及广泛的工程应用经验，拥有遍布国内外三千余家庞大的客户群，产品广泛应地用于石油化工、冶金、电力、建材、环保、能源、制药、造船、通信、设备成套、系统集成等领域。南京优倍自动化系统有限公司为南京优倍电气有限公司下属全资子公司，致力于离散工业MES、PDM、APP等信息管控系统开发，以及智能装备研发生产自动化系统集成项目，拥有全部的软件及核心技术的知识产权，并参加起草工业和信息化部多项标准，已成功实施数千万元的智能制造项目。

1. 产品概况

南京优倍电气有限公司在工业仪表、嵌入式软件、本安防爆领域有着深厚的科研基础及广泛的工程应用经验。研发中心拥有国际一流的EMC、环境等实验室，产品通过了SIL、ATEX、IECEx、CCS、CE、FCC等多项国内、国际认证，为确保产品的制造品质，南京优倍电气有限公司在 2011 年即开始投入巨资，大幅提升产线的信息化及自动化水平，拥有了机器人、柔性 SMT、智能物料塔、选择性波峰焊、数字化高低温老化测试房等一系列世界先进的智能装备，并自行研发了虚拟仿真、MES、PDM、大数据应用等信息管控系统，正在向着“中国制造 2025”的目标迈进。

2. 业务流程

目前，南京优倍电气有限公司企业信息化体系架构如图 6-6 所示。

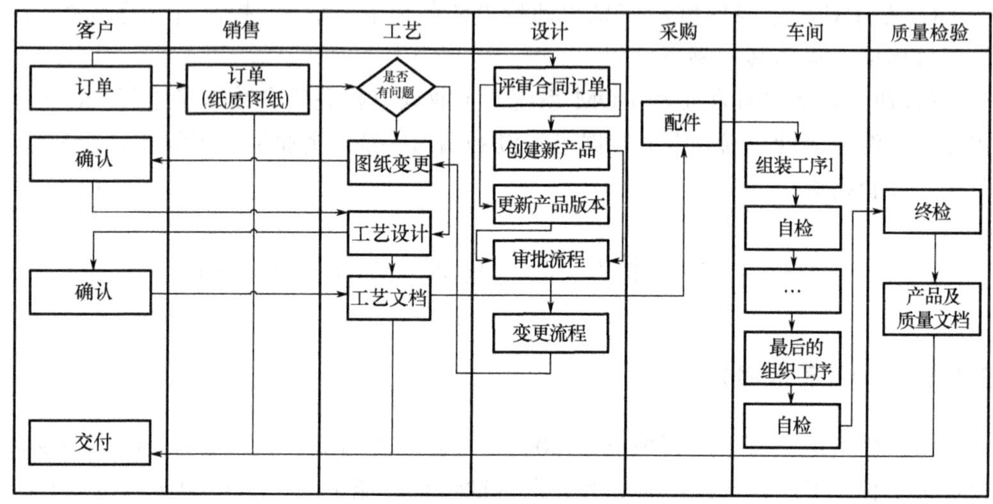

图 6-6　南京优倍电气有限公司信息化体系架构

南京优倍电气有限公司具备完整的生产销售全流程信息化系统。借助 ERP 使得客户沟通有效且高效；下达车间任务时，排产人员根据交货时间，采用 MES 系统对现有产线进行任务量评估、人员安排及生产排产，同时自主研发的料仓系统会根据排产的结果进行材料的准备，由自动化设备运输到产线待用。产品全周期可溯源，从订单、设计、BOM 资源、装配人员、质检人员都在 MES 系统中清晰可见，溯源单元可精细到某个零部件。企业多个系统虽然存在集成关系和数据流，但是在各岗位间的协同仍然是需要解决的问题。

基于上述问题，企业希望通过云端应用工作室，建设覆盖产品订单管理、工艺设计、生产计划、制造执行、产品交付各业务环节的一体化协同工作环境，实现数据驱动的集成化管控模式。

3. 存在痛点

南京优倍电气有限公司有自己的 PDM、MES 等信息化系统，但都是各自独立运行的，各系统间未实现信息共享，数据互通，因此业务数据在各系统间传递不及时，而且产品设计也是各自设计的，并未实现跨地区跨部门的协同设计，存在以下痛点。

(1) 产品设计都是相互独立的，数据未共享而且实效性低、对跨地区和跨部门的设计导致工作效率降低。

(2) 公司生产订单下达车间时，车间各操作人员根据工单任务进行生产，但是无法跟踪整个订单产品的情况，如从产品设计到销售到交付相关资料，缺少跨地区跨部门间的协同生产。

基于上述问题，企业希望通过云端应用工作室，建设覆盖产品订单管理、工艺设计、生产计划、制造执行、产品交付各业务环节的一体化协同工作环境，实现数据驱动的集成化管控模式。

6.4.2 用户需求

南京优倍电气有限公司期望基于云端应用工作室构建一体化的工作环境，通过工作室的任务管理和协同空间，为企业提升协同工作能力。通过节点任务驱动工作，掌握订单生产进度，明确责任人，提高生产效率。

基于云端应用工作室，实现云端业务、设计、工艺、制造数据统一管理，提升研发/生产跨阶段协同效率。实现从客户订单到车间生产端到端的集成，提升南京优倍电气有限公司整体业务协同能力，形成产业链深度协同，提升企业核心竞争力。

以浪涌保护器为例，实现各级任务规划、数据驱动的任务执行及任务统计，建设一体化协同工作环境。完成设定场景的验证，完成企业内各项任务的管理及执行过程的顶层规划、节点管控，提供一体化协同工作环境，提高效率、缩短周期。

6.4.3 应用分析

1. 试点应用整体流程

销售部门获取用户订单后，包括指标及工艺要求、合同等以纸质形式交接给设计部门，设计部门对需求进行评审，评审结果分为两类，标准产品按单装配生产，非标产品则转入客户化定制流程，非标产品的设计通过审批后转入工艺部门，工艺部门进行工艺设计。工艺设计文档得到客户确认后，采购零组件进行组装。组装过程中，每一道工序完成后按照企业 MES 的检验标准进行检验工作，不合格的转入维修工位，维修工位通过产品编码查询质量问题，通过调阅工艺指导书对零组件进行维修直至检验工序通过为止。组装完成后，需要对产品进行终检，形成质量文档。质量文档、组装完成的产品、工艺文件，以及客户送过来的图纸都需要交付给客户，完成整个订单，如图 6-7 所示。

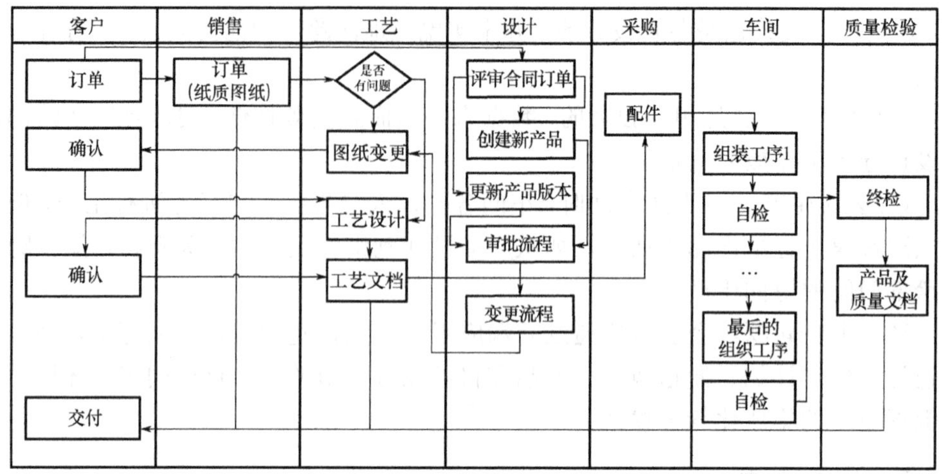

图 6-7　南京优倍电气有限公司业务流程

2. 具体流程描述

三大核心企业级系统的业务在航天云平台上打通关系如下：通过南京优倍电气有限公司 PDM 进行零件、半成品、成品的设计及审批，将 EBOM 传递给 INDICS 平台的 CRP 系统，CRP 再根据对应的订单产品形成 SBOM、PBOM，通过 MRP 运算形成计划单、采购单及对应的成本，通过 CRP 将相关数据传递给南京优倍电气有限公司 MES 系统，在南京优倍电气有限公司 MES 系统转化成 MBOM，根据作业指导书及对相关工单进行生产执行，形成对应的报表及其他数据，各系统间的业务关系如图 6-8 所示。

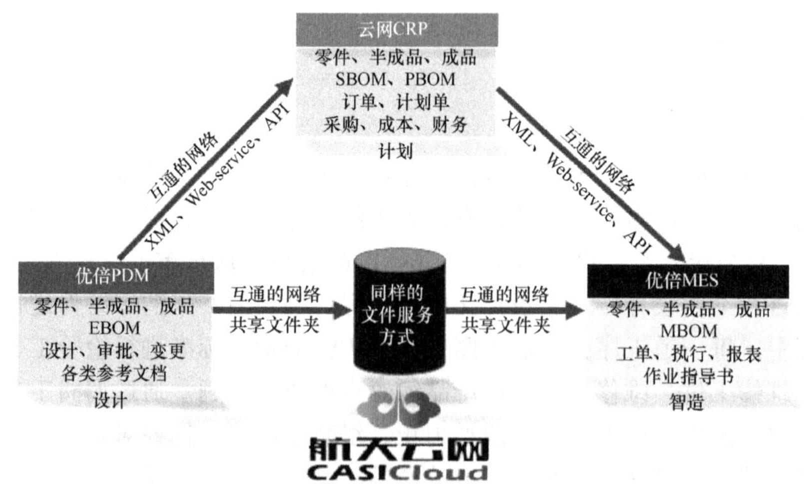

图 6-8　南京优倍电气有限公司业务关系图

首先在 PDM 系统中创建产品，编辑产品对应的 EBOM，创建对应的用户角色，涉及相关人员角色进行协同设计，对设计结果进行评审，通过后导入产品到 CRP 系统，在 CRP 接到销售订单后进行 MRP 运算，形成计划单和外协外购单，采购和仓储进行采购备料，车间根据 MES 工单进行协同生产，完工后通过看板等可视化进行展示，演示流程图如图 6-9 所示。

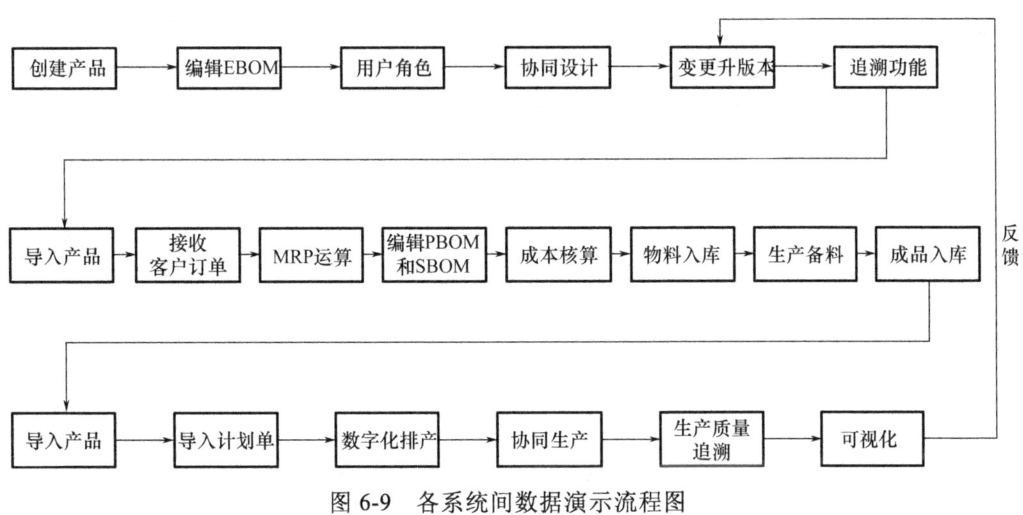

图 6-9 各系统间数据演示流程图

1) 订单管理

南京优倍电气有限公司销售业务员通过云端业务工作室获取公司自有 PDM 系统中设计的产品，根据订货需求订单(云端业务)，在云端应用工作室创建订单，进行一级(各级)任务规划。订单数据作为输入驱动云端应用工作室订单管理流程。

2) 工艺设计

工艺设计人员拿到产品图纸后上传附件图纸，安排工艺设计责任人或录入到工程 BOM，进行工艺设计或改进，完成工艺设计任务后，将工艺设计文档反馈客户进行确认，将确认后的 EBOM 等相关文档资料同步至 ERP 系统中。

云端应用工作室接收到研发设计任务输出后，启动工艺设计任务。总工艺师收到对应设计产品的工艺设计任务后，启动云端应用工作室工艺设计任务流程。使用 CPDM 软件或是南京优倍电气有限公司自有的 PDM 系统完成工艺设计任务后，形成成果物：三维工艺模型、工艺路线、工艺规程等，通过上传/链接/集成方式传递云端应用工作室。根据任务模板逻辑设计，输出数据作为生产计划任务的基础数据输入，具备生产计划任务执行的条件。

3) 生产制造

车间主管根据接收的车间生产任务，将计划数据传递至南京优倍电气有限公司的 MES 系统，经过 MES 系统的排产和其他约束，如订单交期，制定采购计划(采购物品、型号、数量等)。主管人员将生产制造环节进行划分，定义采购计划与车间生产子任务，指定对应的任务内容、责任人、成果物要求、时间节点等。

云端应用工作室接收到工艺设计及订单管理任务输出后，启动生产制造任务。车间主管收到 MES 系统下发的生产任务后，启动云端应用工作室生产制造任务流程，使用 CRP 完成采购计划和产品生产。自制采购计划等，通过上传/链接/集成方式传递云端应用工作室。根据任务模板逻辑设计，输出数据作为制造执行任务输入，具备制造执行任务执行的条件。

4) 产品交付

销售订单对应的产品，在设计生产完成后，将质量文档、组装完成的产品、工艺文件以及甲方送过来的图纸都需要交付给客户，完成整个订单的生产与交付。

云端应用工作室接收到制造执行任务输出后，启动产品交付任务。销售员收到对应的销售产品任务后，启动云端应用工作室产品交付任务流程。

3. 价值分析

(1) 基于任务的数据采集，形成工艺设计、生产制造、产品交付等环节数据可视化。业务订单到生产订单的转换通过云端应用工作室云端业务功能或者云 ERP 来实现，产品研发基于企业自研的 PDM 进行管控，工艺设计通过自研的 MES 进行工艺设计及流程设计，实现关键型号的三维模型、BOM、工艺路线等，生产制造、产品交付实现订单的生产计划及进度、质量统计。提供运营、生产过程一体化、透明化管控平台，缩短全生命周期过程的非增值周期，提高效率，降低运营成本。

(2) 基于计划节点的警示信息驱动阶段任务转下一阶段，提高计划完成率，保障交付周期、提高客户满意度。

(3) 基于数据驱动的子任务，实现数据传输及变更同步、实时、准确。所订阅的任务数据和任务的完成情况，实现下游或相关任务的数据驱动，提高全生命周期过程各任务的质量一致性。

(4) 企业自研的 MES 有限产能计划进行产能约束排程，优化资源利用效率，有限产能计划驱动生产执行，提高生产效率。企业 PDM 提供数据规范统一的产品数据管理，缩短研制周期，提高质量一致性，降低运营成本。

附录1 名词解释

(1) 三类制造：智能制造、协同制造和云制造。

(2) 智能制造：将控制技术和机器逻辑引入制造过程，制造的体力劳动及人的智力劳动均得到一定程度的解放，实现生产线级乃至车间级的流水线自动化生产。

(3) 协同制造：将计算机网络技术、软件技术引入制造企业运行管理的内核之中，形成企业级乃至包括配套商、供应链和物流在内的协同制造体系。

(4) 云制造：运用大数据技术、人工智能技术以及互联网平台技术对制造业进行革命性改造所形成的一种全新制造形态。

(5) 工业互联网：能够支持工业企业智能制造、协同制造、云制造过程实现，支持企业智慧化运行，支持企业与用户从产品定制到售后服务的全程互动，支持企业间“信息互通、资源共享、能力协同、开放合作、互利共赢”的业务活动，支持“企业有组织、资源无边界，企业有产品、制造无限制，企业有规模、能力无约束，企业有销售、市场无障碍”生态形成的系统。

(6) 云制造产业集群生态：让制造业进一步专业化、分布化、社会化、智能化、协同化，简而言之，即实现制造业的云化改造。在实现制造业的云化改造过程中，完整独立的中小微企业将被迫或主动逐步压缩业务范围、减少管理职能、消减自成一体的生产性支撑机构，以工业互联网公共服务平台为依托，利用云制造产业集群生态提供的各种共享资源，形成深深植根于云制造产业集群生态、自身也是云制造产业集群生态一部分的新型企业。同时，积极加入云制造产业集群生态的大型、特大型制造企业，必将大幅削减那些并非自身强项、不具生态竞争力的业务和机构，以适应生态环境对于企业生存与发展的无形约束。

(7) 航天云网：采用 INDICS+CMSS 搭配，构建和涵养以工业互联网为基础的云制造产业集群生态，兼容智能制造、协同制造和云制造三种现代制造形态，运用大数据和人工智能技术以及第三方商业与金融资源，服务于制造业技术创新、商业模式创新和管理创新。其内在商业驱动力为 3M（省钱（to save money）、赚钱（to get money）、生钱（to make money））；其内在商业逻辑是促进技术创新、商业模式创新与企业管理创新关联互动，推动企业转型产业升级。

(8) CMSS：云制造支持系统（cloud manufacturing support system），主要包括工业品营销与采购全流程服务支持系统、制造能力与生产性服务外协与协外全流程服务支持系统、企业间协同制造全流程支持系统、项目级和企业级智能制造全流程支持系统四个方面，采用“一脑一舱两室”(企业大脑、企业驾驶舱、云端业务工作室、云端应用工作室)的业务界面提供用户服务。企业大脑为科学决策层提供支撑和服务；企业驾驶舱为企业经营层管理提供服务；云端业务工作室为产供销提供集群化业务及周边业务提供支撑；云端应用工作室为定制、设计、研发、试验及售后技术服务提供支撑。

(9) INDICS：航天云网工业互联网空间(industrial internet cloud space)平台是以区块链、边缘计算、大数据智能、新一代人工智能技术等为核心的工业互联网开放空间，面向全球开发者、设备制造商和集成商以及合作伙伴提供全生命周期工业应用的开发、部署和运行环境。

(10) AOP (aerospace open platform)：航天开放平台，是一套应用开发与运行支撑平台，为开发者提供一站式开发、部署运行环境；是一套以工业数据为驱动，以云计算、大数据、物联网、人工智能为核心技术，面向工业应用的开放平台；是 INDICS 平台的重要组成。

(11) API (application programming interface)：支撑应用开发、应用部署及设备接入的程序接口。

(12) 工业 IoT (industrial internet of things)：工业物联网，是指将具有感知、监控能力的各类采集或控制传感器，以及泛在技术、移动通信、智能分析等融入工业生产过程各环节，从而大幅地提高制造效率，改善产品质量，降低产品成本和资源消耗。

(13) CRP (cloud resource plan)：云资源计划协同管理系统，是一套对企业间生产动态资源协同共享，并通过对资源的科学匹配、智能推荐开展企业内、跨企业有限产能高级排产的管理系统。通过有限产能高级排产实现对企业去库存、降成本和专业单元设备的有效利用，达到企业均衡生产的目的。

(14) CPDM (cloud product data management)：跨企业协同设计的云端产品数据管理系统，主要包括多维项目管理、协同设计管理、产品数据管理、协同研讨与审签管理、技术状态管理、基础数据与工程资源管理、消息管理和云端设计及三维可视化等功能，支持跨部门、跨企业和跨地域的云端协同设计。

(15) CMES (cloud manufacture execution system)：云制造执行系统，是利用云计算技术开发的针对企业生产制造过程管理和资源优化的集成运行系统，为企业提供生产计划、生产过程管控、质量管控、设备管理等日常管理业务解决方案，同时也为企业提供基于工业互联网的智能生产云服务，满足企业线上智能制造需求。通过线上与线下结合，为企业提供线上及工业现场整套智能制造解决方案。

(16) COSIM (collaborative simulation)：面向多学科领域，支持高层体系结构，基于 XML/Web 中间件技术和仿真组件引擎技术，由多个子部件组成，具有通用性、开放性和可扩展性的建模、调试、运行、评估一体化的建模仿真环境。

(17)虚拟工厂：在云平台上构建与实际工厂中物理环境、生产能力和生产过程完全对应的虚拟制造系统，集成企业接入的各类制造信息，支持企业生产能力展示、产线规划仿真、车间生产监控管理等功能。

(18)IPv6(internet protocol version 6)：扩展互联网IP地址数量，满足更多设备需求，增加了安全性，但是不能改变已有的连接速度。IPv6是互联网工程任务组(internet engineering task force，IETF)设计的用于替代现行版本IP协议(IPv4)的下一代IP协议。IPv4最大的问题是网络地址资源有限，严重制约了互联网的应用和发展。IPv6的使用不仅解决了网络地址资源数量有限的问题，而且也解决了多种接入设备连入互联网的障碍。

(19)人工智能：研究开发用于模拟、延伸和扩展人的智能的理论、方法、技术及应用系统的一门新的技术科学。

(20)区块链：一种公共记账的机制，通过建立一组互联网上的公共账本，由网络中的所有用户共同在账本上记账与核账，以保证信息的真实性和不可篡改性。区块链具有去中心化、去信任化、可扩展、匿名化、安全可靠等特点。

(21)边缘计算：在靠近物或数据源头的网络边缘侧，融合网络、计算、存储、应用核心能力的开放平台，就近提供边缘智能服务，满足行业数字化在敏捷连接、实时业务、数据优化、应用智能、安全与隐私保护等方面的关键需求。

(22)协作用户：通过发布需求、响应报价、进行优选、完成交易、质量认证等方式使用INDICS平台的用户。

(23)工业互联网指数：智能制造指数、协同制造指数和云制造指数。其中，智能制造指数反映制造企业智能化改造的进程与程度；协同制造指数由行业协同指数和跨域协同指数构成，反映制造企业在智能制造基础上依托互联网技术和并行工程的协同制造程度；云制造指数反映制造企业在协同制造基础上开展云制造业务的程度与广度。

附录 2　产品及专业术语

(1) 企业大脑。企业决策支持系统，俗称企业大脑，英文为 enterprise decision support system，缩写为 EDSS。

(2) 企业驾驶舱。企业运行支持系统，俗称企业驾驶舱，英文为 enterprise operational support systems 缩写为 EOSS。

(3) 云端业务工作室。企业交易流程支持系统，俗称云端业务工作室，英文为 enterprise transaction process support system，缩写为 ETPSS。

(4) 云端应用工作室。企业制造过程支持系统，俗称云端应用工作室，英文为 enterprise manufacturing process support system，缩写为 EMPSS。

(5) 企业上云服务站。网络接入服务系统，俗称企业上云服务站，英文为 enterprise network access service system，缩写为 ENASS。

(6) 中小企业服务站。企业管理外包服务系统，俗称中小企业服务站，英文为 enterprise management outsourcing service system，缩写为 EMOSS。

(7) 数据淘金软件。价值挖掘服务系统，俗称数据淘金软件，英文为 data value mining service system，缩写为 DVMSS。

(8) 现金流量是现代理财学中的一个重要概念，是指企业在一定会计期间按照现金收付实现制，通过一定经济活动(包括经营活动、投资活动、筹资活动和非经常性项目)而产生的现金流入、现金流出及其总量情况的总称，即企业一定时期的现金和现金等价物的流入和流出的数量。

(9) 收入利润率指企业实现的总利润对同期的销售收入的比率。收入利润率指标既可考核企业利润计划的完成情况，又可比较各企业之间和不同时期的经营管理水平，提高经济效益。收入利润率=利润总额/销售收入。

(10) 资产负债率又称举债经营比率，它用于衡量企业利用债权人提供资金进行经营活动的能力，以及反映债权人发放贷款的安全程度的指标，通过将企业的负债总额与资产总额相比较得出，反映在企业全部资产中属于负债比率。资产负债率=负债总额/资产总额×100%。

(11) 全员劳动生产率。根据产品的价值量指标计算的平均每一个从业人员在单位时间内的产品生产量。全员劳动生产率是考核企业经济活动的重要指标，是企业生产技术水平、经营管理水平、职工技术熟练程度和劳动积极性的综合表现。全员劳动生产率=工业增加值/全部从业人员平均人数。

(12) 工资产出比。工资率是指单位时间内的劳动价格。工资率=单位劳动的产出，即 $w = Y/L$，因为劳动的投入一般只用时间来度量，所以也就是单位时间的报酬。工资产出比=人均劳动生产力/人均薪资×100%。

(13) 净资产收益率又称股东权益报酬率或净值报酬率或权益报酬率或权益利润率或净资产利润率，是净利润与平均股东权益的百分比，是公司税后利润除以净资产得到的百分比率，该指标反映股东权益的收益水平，用以衡量公司运用自有资本的效率。指标值越高，说明投资带来的收益越高。该指标体现了自有资本获得净收益的能力。净资产收益率=税后利润/所有者权益。

(14) 周转率。周转率=销售成本/平均存货余额；货周转率(次数)=营业收入/存货平均余额(该式主要用于获利能力分析)。

参 考 文 献

李伯虎, 张霖, 2015. 云制造[M]. 北京: 清华大学出版社.

魏毅寅, 柴旭东, 2017. 工业互联网:技术与实践[M]. 北京: 电子工业出版社.